全国高校古委会资助项目 "宋代经学著述汇考"

辽宁省社会科学基金资助项目 "宋代经学史论"（编号L07DZS010）成果

本书由大连市人民政府资助出版
The published book is sponsored by the Dalian Municipal Government

北宋经学史论

BEISONG JINGXUE SHILUN

高明峰 ◎ 著

人民出版社

目录

绪　论

第一节　关于经学、儒学、理学等概念

　　"经学"一词中的"经"，专指儒家经典。一方面，从"经"字的起源来看，甲骨文中未见"经"字，"经"、"巠"最早见于周代的金文。据郭沫若考证，"巠"乃"经"的初字，"象织机之纵线形"，而"经"字则是后起字。① 按之《说文》："经，织也。从糸，巠声。"② 段玉裁《说文解字注》作："经，织从丝也。从糸，巠声"，并加注云："从、丝二字依《太平御览》卷八百二十六补。古谓横直为衡从，《毛诗》云'衡从其亩'是也，字本不作'纵'。后人妄以代之，分别其音有慈容、足容之不同。《韩诗》作'横由其亩'，其说曰：'东西耕曰横，南北耕曰由。'由即从也，何必读如纵乎？织之从丝谓之经。必先有经而后有纬，是故三纲五常六艺谓之天地之常经。"③ 可见，"经"的本义是从（纵）丝，后引申为"经纬"，有天地万物之常理的意思。另一方面，从文献学来考察，"经"在春秋战国时期就被作为一些重要的或者常用的典籍的称呼，正如《释名·释典艺》所云："经，径也，如径路无所不通，可常用也。"举例来说，在诸子百家书中，道家有《道德经》，墨家的代表著作《墨子》有《经上》《经下》篇，医家则有《黄帝内经》，就连兵家的著作也被称作"经"④，至于《诗》《书》《礼》《乐》《易》《春秋》，则似乎是当时人所共同认可的经，据《庄子·天运》记载，"孔子谓老聃曰：'丘治《诗》《书》《礼》《乐》《易》《春秋》六经，自以为久矣。孰知其故

---

　　① 参见郭沫若《金文丛考·金文余释·释巠》，人民出版社 1954 年版，第 194 页。

　　② 许慎：《说文解字》，中华书局 1963 年版，第 271 页。

　　③ 段玉裁：《说文解字注》，江苏广陵古籍刻印社 1997 年版，第 644 页。

　　④ 如《国语·吴语》："挟经秉枹。"韦昭注云："左挟曰挟。经，兵书也。秉，执也。"

矣。……'老子曰：'幸矣，子之不遇治世之君也！夫六经，先王之陈迹也，岂其所以迹哉！"① 可见，孔子自称其所治《诗》《书》等为"六经"，而老子也予以赞同，并称其为先王之陈迹。尽管《天道》篇属外篇，出于后人依托，但也是战国时的作品。这就说明，至迟在战国时期，孔子所研治的"六经"已经被当作"经"，并有了明确的记载。这在当时的典籍中也有反映，如《庄子·天道》云："（孔子）翻十二经以说。"王先谦注曰："《释文》：说者云《诗》《书》《易》《礼》《乐》《春秋》六经加六纬合为十二经也。一说云《易》上下经并十翼为十二，又一云《春秋》十二公经也。"② 在《荀子·劝学》中也提到："学恶乎始，恶乎终？曰：'其数则始乎诵经，终乎读礼。'"王先谦注曰："数，术也。经谓《诗》《书》，礼谓典礼之属也。卢文弨曰：'典礼疑当是"曲礼"之谓。'"③ 从这些记载也可以看出，孔子及其弟子，是以"六经"为教的，而这"六经"又都是经过孔子修订过的。由于孔门弟子众多，使得孔子的学说得到了广泛的传播，于是，"经"一词就逐渐被用来专指经过孔子修订过的"六经"，后来就成了儒家经典的代名词。④

就儒家经典而言，其领域有一个逐渐扩大的过程，"在记载上每每有六经、五经、七经、九经、十经、十二经、十三经及十四经、二十一经等"⑤，所谓"六经"，即指《诗》《书》《礼》《乐》《易》《春秋》，本是中国古代早期的一批书籍，"《诗》是周代的诗歌总集，《书》是三代历史文献及部分追述上古史迹的材料，《礼》（《仪礼》）是西周、春秋时各国礼仪的记载，《乐》当有乐谱以教人音律、舞蹈方面的知识，《易》是古代占卜之书，《春秋》是鲁国的一种编年史"⑥。一般认为，在孔子之前就已经有"六经"存在了，但后世所传的"六经"又多经过孔子的整理或修订⑦。到汉代，汉武帝于建元五年（前136）春置五经博士，即为《诗》《书》《礼》《易》《春秋》五经设

① 王先谦：《庄子集解》，上海书店1986年影印世界书局《诸子集成》本，第95页。
② 王先谦：《庄子集解》，第85页。
③ 王先谦：《荀子集解》，上海书店1986年影印世界书局《诸子集成》本，第7页。
④ 周予同撰，朱维铮编《周予同经学史论著选集》（上海人民出版社1996年增订版）第841—845页对"经"的定义有详细解说，笔者亦有所参考。另外，周予同还提到历代儒家对"经"的定义有"五常说"、"专名说"、"通名说"、"文言说"等说法，可供参考。
⑤ 周予同撰，朱维铮编：《周予同经学史论著选集》，第845页。
⑥ 蔡方鹿：《朱熹经学与中国经学》，人民出版社2004年版，第6页。
⑦ 参见吴雁南、秦学顼、李禹阶主编：《中国经学史》，福建人民出版社2001年版，第5—6页。

置博士，至元光元年（前134），汉武帝又采纳了董仲舒的建议，"罢黜百家，表彰六经"，在官学中废黜了诸子百家之学的博士官，从而确立了五经在官学的垄断地位，儒学遂定于一尊。① 后来，经书范围又不断增多，直到宋代形成"十三经"，大略如皮锡瑞《经学历史》所说："汉人以《乐》经亡，但立《诗》《书》《易》《礼》《春秋》五经博士，后增《论语》为六，又增《孝经》为七。唐分三《礼》、三《传》，合《易》《书》《诗》为九。宋又增《论语》《孝经》《孟子》《尔雅》为十三经。"② 尽管"经"的领域不断扩大，甚至有"十四经"、"二十一经"之说，但按照普遍的习惯，经学最基本的研究对象以"十三经"为限。中国古代图书分为四大类：经、史、子、集，其中经部的书籍即是经学研究的基本对象，而其他史、子、集部的书籍中有关儒家经典的资料也属于经学的范围。

　　所谓"经学"，即指训释、阐述、研究儒家经典的学问。经学的基本任务，就是"阐发经典的思想内涵，用以指导人们的思想和实践。经学研究的内容主要有以下四项：（1）校订、解释经典的词句；（2）阐发经典的义理；（3）研究既有的经学研究成果；（4）为了解释经典而进行的有关儒家学者的研究。"③ 显然，这一基本任务和内容体现在两个层面：一为学理层面；一为致用层面。从整个经学发展史来看，经学在各个时期都有其特色，具有鲜明的时代特征，这是经学作为一种经典阐释学所不可避免的；但与之同时，各个时期的统治者都把经学作为统治学说来对待，以期发挥其经世致用的功效，

---

　　① 据《汉书·武帝纪》。庄春波《汉武帝"罢黜百家，独尊儒术"说考辨》（《孔子研究》2000年第4期）对汉武帝"罢黜百家，独尊儒术"说重新提出质疑，指出"汉武虽尊儒，却并未如董仲舒所期待的那样，'罢黜百家，独尊儒术'"，并以为汉初置五经博士在元光五年，董仲舒上《天人三策》则"在元光五年（前130）察举之后"。此处我们仍按照一般通行的说法。关于《乐》经的有无问题，今文学家认为"乐"本无经，"乐"就在"诗"与"礼"中。古文学家则认为乐本有经，后因秦朝"焚书"而亡佚了，可参见《周予同经学史论著选集》第847—848页。
　　② 皮锡瑞著，周予同注释：《经学历史》，中华书局1959年版，第68页。
　　③ 田汉云《六朝经学与玄学》，南京出版社2003年版，第13页。蔡方鹿认为经学"包括研究和探讨儒家经典产生、演变和发展的历史，对经传文字、名物度数的训诂，对经传义理的阐释发挥，对经书的考据等，都在经学的范围之内。而对经学流派及各派理论演变发展及其相互关系的研究，对经学与中国社会及中国文化关系的研究等，都是与经学相关的经学研究的范畴和内容"，亦可参考，见蔡氏《朱熹经学与中国经学》第4页。

这又是经学作为经世之学的本质属性所规定了的。①

"经学"之名，最早见于《汉书》。②虽然在汉武帝时，经学才正式确立，然经学之实早已有之，可以追溯到春秋战国时期孔子及其门人对"六经"的整理和授受。毫无疑问，经学与孔子有着莫大的关系。孔子对"六经"的教化作用有着深刻的认识，《论语·泰伯》有云："子曰：'兴于《诗》，立于《礼》，成于《乐》。'"《史记·滑稽列传》中也提到："孔子曰：'六艺于治一也。《礼》以节人，《乐》以发和，《书》以道事，《诗》以达意，《易》以神化，《春秋》以义。"③《礼记·经解》亦记载：

> 孔子曰：入其国，其教可知也。其为人也，温柔敦厚，《诗》教也；疏通知远，《书》教也；广博易良，《乐》教也；絜静精微，《易》教也；恭俭庄敬，《礼》教也；属辞比事，《春秋》教也。故《诗》之失，愚；《书》之失，诬；《乐》之失，奢；《易》之失，贼；《礼》之失，烦；《春秋》之失，乱。其为人也，温柔敦厚而不愚，则深于《诗》者也；疏通知远而不诬，则深于《书》者也；广博易良而不奢，则深于《乐》者也；絜静精微而不贼，则深于《易》者也；恭俭庄敬而不烦，则深于《礼》者也；属辞比事而不乱，则深于《春秋》者也。④

这里更是详细地记述了孔子对《诗》《书》《礼》《乐》《易》《春秋》"六经"之教的认识，认为"六经"各有不同的教化功能，并指出如果存在

----

① 姜广辉主编《中国经学思想史》（中国社会科学出版社 2003 年版，第一卷，第 2—3 页）亦指出："一般说来，经学包括两大方面的内容：一是学术层面，古代经籍由于时代变迁等原因，已使后人难以读懂，需要经师加以文字训读；而经书中涉及历史上的人物事件、名物制度，也需要对之加以注解；经书中的微言大义，亦需经师作义理阐释。此外，关于经学学派、传承、演变的研究等等都属于学术层面。二是信仰层面，在古代，经典二字，不是可以滥用的，它特指圣贤所作之书，是人们尊信奉行的人生箴言。'经'有'常'的意义，是人类社会的常行之道；'经'也有'法'的意义，人们通常说'大经大法'，即有必须遵照执行的意思。对经典尊奉是通过对经典价值观的自觉认同来实现的。这属于信仰的层面，也可以说属于价值的层面"，与笔者所论相近，可供参考。

② 如《汉书·邹阳传》："（邹）阳曰：'邹鲁守经学，齐楚多辩知，韩魏时有奇节，吾将历问之'"，《汉书·兒宽传》："（兒宽）见上，语经学。上说之，从问《尚书》一篇，擢为中大夫，迁左内史"，《汉书·匡衡传》："（萧）望之奏衡经学精习，说有师道，可观览"，《汉书·张禹传》："（萧望之）奏禹经学精习有师法，可试事"，等等。

③ 此处的"六艺"即指《诗》《书》《礼》《乐》《易》《春秋》"六经"。

④ 郑玄注，孔颖达疏：《礼记正义》，《十三经注疏》整理委员会整理、李学勤主编《十三经注疏》（标点本），北京大学出版社 1999 年版，第 1368 页。

缺失的话，就会出现愚、诬、奢、贼、烦、乱等弊端。正是由于孔子对"六经"教化作用的清醒认识，他平时在施教的时候，就以"六经"为主要内容，这在《论语》一书中多有反映①，司马迁《史记·孔子世家》亦称："孔子以《诗》《书》《礼》《乐》教，弟子盖三千，身通六艺者七十有二人。"为了更好地教学，孔子还对"六经"加以整理、删定②，于是，这些经过孔子修订的"六经"就成为了儒家的经典，也因而使得研究儒家经典的"经学"的产生成为了可能。由此可见，没有孔子，就没有经学，也正因如此，皮锡瑞才把经学的开辟追溯到孔子整理"六经"："经学开辟时代，断自孔子删定六经为始。孔子以前，不得有经；犹之李耳既出，始著五千之言；释迦未生，不传七佛之论也"③。

在另一方面，孔子又是儒家学派的创始人，与儒家学说即儒学有着密切的关系。"儒"的概念，在孔子以前就已经存在了，章太炎撰有《原儒》一文，认为"题名由古今异"，指出"儒"之名可分达名、类名、私名三者，具有广狭不同的三种含义。所谓达名，指的是"术士"；所谓类名，指的是"知礼乐射御书数"者；所谓私名，即指《七略》所说"出于司徒之官，助人君顺阴阳明教化"、"游文于六经之中，留意于仁义之际，祖述尧、舜，宪章文、武，宗师仲尼，以重其言，于道为最高"的"儒家者流"。④ 其后，胡适、郭沫若、徐中舒等人对这个问题展开了讨论，虽然意见不尽一致甚至截然相反，但章太炎的观点仍然是没被驳倒的、较为符合历史真实的意见。庞朴主编的四卷本《中国儒学》对章太炎的观点作了很好的发挥，对于我们认识孔子以前的"儒"的概念颇有帮助：

孔子以前，"儒"之含义大凡三变：最早的"儒"可以追溯到殷商

----

① 如《论语·季氏》："尝独立，鲤趋而过庭，曰：'学《诗》乎？'对曰：'未也。''不学《诗》，无以言。'鲤退而学《诗》。他日，又独立，鲤趋而过庭，曰：'学《礼》乎？'对曰：'未也。''不学《礼》，无以立。'鲤退而学《礼》。"又如《论语·述而》："子所雅言，《诗》《书》、执礼，皆雅言也。"

② 这在《史记·孔子世家》中有较为详细的记载，蔡方鹿《朱熹经学与中国经学》第9—13页亦做了细致分析，可供参考。

③ 皮锡瑞著，周予同注释：《经学历史》，第19页。

④ 参考章太炎《原儒》一文，载傅杰编校：《章太炎学术史论集》，中国社会科学出版社1997年版，第192—195页。

时代，当时的"儒"专职为贵族祭祀祖先、办理丧事、担当司仪等，其社会地位是比较高的。周灭商以后，除了继续以祭祀礼仪为职的"儒"，还出现了以教"六艺"为职的"儒"，他们隶属于司徒之官，系教官之属，而其所教则是"官府之学"。西周灭亡以后，中国的历史进入了动荡的春秋时代，随着当时周天子"共主"地位的沦落，"官学"系统瓦解了，学术开始下移，那些从事祭祀礼仪和以"六艺"教民的"儒"，纷散于各地，其中较多的人集中在文化较发达的齐鲁之地。他们中的一些人继续从事"六艺"知识的教授，而更多的人则凭借自己熟悉礼仪的本领，从事赞礼、相礼，尤其是婚丧礼的职事。由于社会的急骤变动，汉语礼俗变迁，"儒"的社会地位大大下降。①

从这段话可知，"儒"者早已有之，随着社会的变迁，其从事的工作有了很大的变化，社会地位因而日益下降，其概念所指也越来越窄，由高贵的术士逐渐变为官学中乃至私学中以"六艺"教民的"师儒"。而孔子，即是春秋末期鲁国的一个以"六艺"传授私学的"儒"者。由于孔子以整理过的"六经"为教材，长期从事教育活动，培养出大批学生，逐渐形成了儒家学派。孔子去世后，其学生在各地传播、散布老师的学说，造成了普遍的影响。据《韩非子·显学》记载，儒家与墨家是当时并称的显学，在孔子死后，"儒分为八"，有所谓子张之儒、子思之儒、颜氏之儒、孟氏之儒、漆雕氏之儒、仲良氏之儒、孙氏之儒、乐正氏之儒。这种分化意味着儒学自身的发展及其深广的包容性，也为后世儒学在各个时期的演变提供了借鉴。自汉武帝"罢黜百家，表彰六经"之后，儒家经典取得独尊的地位，经学亦于此时正式确立，其情形略如《史记·儒林传》所云："今上（指汉武帝）即位，赵绾、王臧之属明儒学，而上亦乡之。于是招方正贤良文学之士。自是之后，言《诗》于鲁则申培公，于齐则辕固生，于燕则韩太傅。言《尚书》自济南伏生。言《礼》自鲁高堂生。言《易》自菑川田生。言《春秋》于齐鲁自胡毋生，于赵自董仲舒。及窦太后崩，武安侯田蚡为丞相，绌黄老刑名百家之言，延文学儒者数百人，而公孙弘以《春秋》白衣为天子三公，封以平津侯，天下之学士靡然乡风矣。"故而皮锡瑞以为："经学至汉武始昌，而汉武时之经学为

_____

① 庞朴主编：《中国儒学》（二），东方出版中心1997年版，第4页。

最纯正"，"经学至汉元、戓至后汉，为极盛时代"。① 以经学为依托，儒学也就不再作为先秦时诸子百家中一家而存在，而成为了统治中国封建社会长达两千余年的学说。②

所以，孔子开创了儒家学派，所谓的"儒学"，即"孔子所创立，后儒所继承发展的以仁爱为核心、以三纲五常（君为臣纲，父为子纲，夫为妻纲；仁、义、礼、智、信）为主要内容的儒家学说"③，自孔子时起就已初步形成，而经孔子修订的"六经"，也成了儒家的经典，自汉武帝"罢黜百家，表彰六经"以来逐渐定于一尊。这种情况，决定了儒学与经学是有着密切联系的，其根源即在孔子及其修订的"六经"。我们认为，可以从以下几个方面来把握经学与儒学的关系：

首先，从各自的发展史来看，儒学的产生要略早于经学，孔子修订"六经"，以之传授门徒，形成了儒家经典和儒家学派，其后，研究儒家经典的"经学"才得以奠基，其时在战国时代，直至汉武帝时期，"经学"才得以正式确立，与之同时，儒学也成了统治学说。其后，儒学即以经学为依托，或者说以经学为主要表现形式而得到流传和发展，在各个不同的时期，儒学和经学也因为时代的需要而表现出不同的面貌，如儒学在魏晋时期糅合儒、道而出现玄学，赵宋时期的需、释、道融合而代之以理学，在经学方面则分别相应地出现经学的玄学化、理学化。自1911年辛亥革命推翻封建帝制后，传统意义上的经学和儒学都不复存在，当下的经学主要是作为学术研究的意义而存在，不再具有学术独尊的地位；而儒学则转型为现代新儒学④，在现代化的进程中不断地予以扬弃，在人们的思想观念和行为方式方面仍然有着根深

---

① 分别见皮锡瑞著，周予同注释《经学历史》第70页和第101页。

② 关于儒学以经学为依托，这在"二十五史"的"儒林传"中多有反映，其实早在《史记》和《汉书》《后汉书》的"儒林传"中就有较为明显的体现。如《史记》有《儒林列传》一卷，《史记正义》曰："姚承云：'儒谓博士，为儒雅之林，综理古文，宣明旧艺，咸劝儒者，以成王化者也'"，《后汉书》卷七十九《儒林列传》的"引言"则称"但录其能通经名家者以为《儒林篇》"。

③ 庞朴主编：《中国儒学》（四），第5页。

④ 庞朴主编《中国儒学》（四）第38页指出：五四以来的现代新儒学，"代表人物众多，按其年龄辈分、学术著作及所产生的时代影响，可划分为几个不同的代与阶段。对此，学术界也没有统一的看法。一般认为，梁漱溟、张君劢和熊十力为第一代中第一阶段（五四时期）的现代新儒家；冯友兰、贺麟和钱穆为第一代中第二阶段（抗战时期）的现代新儒家；方东美、牟宗三、唐君毅和徐复观则是第二阶段的现代新儒家；余英时、刘述先、成中英和杜维明为第三代即当代新儒家"。

蒂固的影响。

其次，就其内涵而言，经学主要是注解、阐释儒家经典，是为专门之学，掌握经学的人必须具备一定的专业知识；而儒学则是"游文于六经之中，留意于仁义之际，祖述尧、舜，宪章文、武，宗师仲尼，以重其言"的儒家者流的学说，其宗旨在于"助人君顺阴阳明教化"，故而其内涵要比经学更为宽泛，除以经学形式出现外，在社会生活的各个领域，几乎都有儒学的影响和渗透。

最后，从本质属性来讲，儒学作为儒家学说，本质上是一种特定的学术思想，而经学的本质则是一种经典阐释学，只不过因为研究的对象是儒家经典，故而其阐释也带有浓厚的儒家思想特征，也即作为儒家思想的载体或依托而存在，这种存在方式，也从根本上决定了经学的经世致用性。

故而，经学与儒学是两个既有联系又有区别的概念，我们既不能将两者混为一谈，无视其明显的区别；又不能将两者截然分开，割裂其有机的联系。

此外，"理学"一词的概念也值得辨析。与之相关的，是"道学"、"新儒学"、"宋学"、"性理之学"、"义理之学"等概念。解释这些概念，还得从经学史谈起。

自汉武帝采纳董仲舒的建议"罢黜百家，表彰六经"之后，经学就取得独尊地位，历时达两千多年。在这漫长的发展演变过程中，经学可以有不同的分期，也形成了众多的流派，四库馆臣指出：

> 自汉京以后垂二千年，儒者沿波，学凡六变。其初专门授受，递禀师承，非惟诂训相传，莫敢同异，即篇章字句，亦恪守所闻，其学笃实谨严，及其弊也拘。王弼、王肃稍持异议，流风所扇，或信或疑，越孔、贾、啖、赵以及北宋孙复、刘敞等，各自论说，不相统摄，及其弊也杂。洛、闽继起，道学大昌，摆落汉、唐，独研义理，凡经师旧说，俱排斥以为不足信，其学务别是非，及其弊也悍。（如王柏、吴澄攻驳经文，动辄删改之类。）学脉旁分，攀缘日众，驱除异己，务定一尊，自宋末以逮明初，其学见异不迁，及其弊也党。（如《论语集注》误引包咸、夏瑚、商琏之说，张存中《四书通证》即阙此一条以讳其误。又如王柏删"国风"三十二篇，许谦疑之，吴师道反以为非之类。）主持太过，势有所

偏，才辨聪明，激而慣决，自明正德嘉靖以后，其学各抒心得，及其弊也肆。（如王守仁之末派皆以狂禅解经之类。）空谈臆断，考证必疏，于是博雅之儒引古义以抵其隙。国初诸家，其学征实不诬，及其弊也琐。（如一字音训动辨数百言之类。）要其归宿，则不过汉学、宋学两家互为胜负。夫汉学具有根柢，讲学者以浅陋轻之，不足服汉儒也。宋学具有精微，读书者以空疏蓄之，亦不足服宋儒也。消融门户之见而各取所长，则私心祛而公理出，公理出而经义明矣。盖经者非他，即天下之公理而已。①

在这里，四库馆臣认为经学自汉代以来经历了六次大的变化，每次变化都各有特点，也各有流弊，并归纳出经学流派可分为汉学和宋学两派，且两派各有优长，汉学根柢扎实，宋学精微高明，主张"消融门户之见而各取所长"。此种分法具有较大的影响。后来江藩撰《国朝汉学师承记》和《国朝宋学渊源记》，也是将经学分为汉学与宋学两派。② 应该看到，这种分法是有其合理性的，在一定程度上揭示了经学史发展的面貌，然而，此处所谓的"汉学"，偏于东汉的古文经学，实不能包括西汉的今文经学。除此"两派说"之外，还有所谓的"三派说"、"四派说"③，周予同则在前人分派的基础上提出了"新三派说"，即将经学分为"汉学"（包括今文学与古文学）、"宋学"、"新史学"等，并列表说明各派的开创者、特征及其流弊，认为汉今文学的开创者是十四博士及其先师，注重点是微言大义，特征是功利的，流弊是狂妄；汉古文学的开创者是刘歆，注重点是名物训诂，特征是考证的，流弊是烦琐；

---

① 永瑢等：《四库全书总目》"经部总叙"，中华书局1965年版，第1页。
② 笔者撰有《江藩〈国朝汉学师承记〉、〈国朝宋学渊源记〉述论》（《求索》2005年第2期）一文，对《国朝汉学师承记》和《国朝宋学渊源记》有细致分析，可供参考。
③ "三派说"和"四派说"都有多种提法，如持"三派说"的主要有：龚自珍分经学为汉学、宋学和清学（国朝学）；康有为分经学为汉学（专指西汉今文学）、新学（即新莽之学，指刘歆所兴的古文经学，包括贾逵、马融、许慎、郑玄之学）和宋学；王葆玹分经学为今文经学、古文经学和形上化的经学（包括魏晋玄学、隋唐经学、宋代理学及明代心学等），并认为今文经学偏重信仰，形上学化的经学偏重哲学，古文经学则介于两者之间。持"四派说"的主要有：叶德辉分经学为今文学、古文学、郑氏（玄）学、朱子（熹）学等四派；刘师培按朝代先后将经学分为两汉、三国至隋唐、宋元明、近儒（清）等四派；许道勋、徐洪兴将经学分为汉学系统、宋学系统、清学系统、晚清系统等四大系统。（参见《周予同经学史论著选集》第858—860页和蔡方鹿《朱熹经学与中国经学》第102—103页。）

宋学的开创者是北宋五子，注重点是理气心性，特征是玄想的，流弊是空疏；新史学的开创者是梁启超，注重点是思想体系，特征是批判的，流弊是武断。① 综合以上各家说法，我们认为，划分学派只能是相对而言的，不能绝对化，任何学派的形成，都有其渊源，又必然地会产生种种或隐或显的影响。从经学史演变的实际情况来看，汉唐是一个时期，以"六经"为主要研究对象，偏重于字词章句的训诂、典章制度的考证，以孔颖达等人的《五经正义》为集大成的代表，可称之为"汉学"，包括今文经学和古文经学等派别；宋明又是一个时期，这一时期从对汉学的怀疑甚至否定开始，以南宋理宗将程朱理学定于一尊为分界点，逐渐由"六经"转向以"四书"（指《大学》《中庸》《论语》《孟子》）为主要研究对象，偏重于心性义理的阐发，以朱熹的《四书集注》为集大成的代表，可称之为"宋学"，形成了讲求义理的"荆公新学"、"苏氏蜀学"和偏于性命的"程朱理学"、"陆王心学"等派别；清代自成一个时期，开端于对宋学的反拨，以"十三经"为主要研究对象，既强调章句训诂、名物考证，又不废心性义理的阐发，是对汉学与宋学的一次集成式的跨越，主要成果体现在《皇清经解》和《续皇清经解》中，可称之为"清学"，形成了乾嘉学派和清代今文经学等学派。②

　　明乎此，我们就可以来解释"理学"一词的概念了。需要引起注意的是，解释一个概念，我们不仅要考虑它在当下的使用环境，更要考察它所产生的环境以及自产生以来的使用情况，对于"理学"这样一个复杂而有争议的概念尤需如此。

　　"理学"作为宋明间持续将近七百年的学术主潮，长期以来有多种称呼，

---

① 此种分派见于周予同所著《中国经学史讲义》（载周予同撰，朱维铮编《周予同经学史论著选集》第830—944页，据编者"增订版前言"可知，许道勋于1962年成为周予同的中国经学史研究生，《中国经学史讲义》乃是许道勋以其听课笔记为主，参照刘修明的笔记，整理而成的。）一书的第五章"经学的学派"中。值得注意的是，周予同曾在《经学史与经学之派——皮锡瑞〈经学历史〉序》（载周予同撰，朱维铮编《周予同经学史论著选集》第92—104页，据编者注，此文于1928年初次发表在《民铎》杂志第九卷第一号）一文中将经学粗略地分为西汉今文学、东汉古文学、宋学三大派。故此，把经学分为"汉学""宋学""新史学"三派可视为周予同晚年的意见。
② 崔大华《论经学的历史发展》（《中国社会科学院研究生院学报》1994年第6期）指出经学"由其学术内容和方法的倾向或特色的不同，而显示的历史发展或派别更迭，还是比较清晰的。大体而言，可分为汉学、宋学和清学三个阶段"；蔡方鹿《朱熹经学与中国经学》（第103页）将经学派别"区分为汉学（汉至唐，包括今文经学、古文经学等）、宋学（宋至明，包括理学和讲义理的非理学学派等）和新汉学（清，包括乾嘉学派和清代今文经学等）三派"，均与笔者所论相近，可参考。

或"道学"，或"理学"，或"宋学"，或"新儒学"，如此等等。徐洪兴指出："'新儒学'一名，原为本世纪三四十年代冯友兰、陈寅恪等先生一度采用，以后主要被海外学界广泛沿用，只是近十年来才在国内部分学者的论著中出现。究其含义，乃是指称宋代开始的、有别于先秦原儒、汉唐经儒的新的儒学形态。至于'道学'、'理学'和'宋学'三者，均为中国历史上旧有的名称，尽管它们出现的时间有先后之别。"① 事实上，这些概念可以从不同的层面来解释，其内涵也多有交叉，而长期以来一直可以通用互换。这里尤其值得注意的是"理学"与"道学"。应该看到，"理学"之名始于南宋②，而早在北宋，"道学"之名就已出现③，二程兄弟及其门人即自称其学为"道学"；而且，宋儒以韩愈为旗帜，倡扬孔孟道统，"道学"之"道"与韩愈《原道》之"道"是有着历史渊源的。据此，冯友兰主张用"道学"而不用"理学"，他指出："近来研究中国哲学史的同志们，有用理学这个名称代替道学这个名称的趋势。这两个名词从清朝以来是可以互用的。理学这个名称出现比较晚，大概出现在南宋，我们作历史工作的人，要用一个名称，最好是用出现最早的、当时的人习惯用的名称。照这个标准说，还是用道学这个名称比较合适，这也就是'名从主人'。而且用理学这个名称还使人误以为就是

---

① 徐洪兴：《思想的转型——理学发生过程研究》，上海人民出版社 1996 年版，第 3—4 页。

② 佛教中早有"理学"一词，乃佛门义理之学和性理之学的简称，如南朝宋时人宗炳《明佛论》（《弘明集》卷二）云："昔远和尚澄业庐山，余往憩五旬，高洁贞厉，理学精妙，固远流也。"但与此处所指非一回事。

③ "道学"一词在北宋之前即已有之，关于其内涵及归属问题，今人颇有争论，有人认为与儒家学说有关，如章权才指出："考史，'道学'一词起目汉代。王充在《论衡·量知》篇中引了时人的议论，就有'文史笔札之能，而治乩簿书，考理烦事，虽无道学，筋力才能尽于朝廷，此亦报上之效验'的提法。晋许穆之《孔门三子·子思子》中，也有'忧道学之失传而作也'的提法，汉魏两晋之际，一些经学家和思想家已把'道学'与思孟学派联系在一起……"（章氏《宋明经学史》，广东人民出版社 1999 年版，第 40 页。）有人则认为专指称道家、道教学说："道学应指中国传统文化中以老子的道的学说为理论基础形成的学术系统，其中包括道家、道教、丹道三个大的分支，老子为道学之宗。在中国文化史上，宋代以前，道学这个词儿也专指老子道的学说而言。……黄宗羲尝云《宋史》立《道学传》乃'元人之陋'，而后正史再无《道学传》。其实早在六朝时期陈代马枢就曾撰《道学传》二十卷，所收皆张天师、许迈、吴猛、陶弘景等道教精英。今有陈国符先生辑佚本转（当作'传'）世。《宋史·徽宗本纪》载政和六年（1116）春'置道学'，宣和元年（1119）五月'诏德士（僧人）并许入道学，依道士法'，是宋代朝廷将道教称为道学，元人将儒学称为道学乃名实不符之乱名。"（见胡孚琛、吕锡琛《道学通论——道家、道教、丹道》，社会科学文献出版社 2004 年版，第 3—7 页。）汤一介则在为胡孚琛、吕锡琛《道学通论——道家、道教、丹道》一书所作的序言中指出："我们不必过多地讨论'道学'这一名称的归属问题，但这一名称指'老庄道家'早于《宋史·道学传》却是事实。"

与心学相对的那种理学，引起混乱，不容易分别道学中程朱和陆王两派的同异。只有用道学才能概括理学和心学。"① 这个看法无疑是有道理的。然而，我们也该看到，自南宋以来，"理学"一词的使用也渐趋频繁，尽管其所指多有变化：如朱熹、陆九渊等人用"理学"来指称圣贤之学，宋理宗则表彰程朱一派理学而得庙号曰"理"；元张九韶编辑《理学类编》一书，收录程朱理学之言，而不辑陆九渊之言；明成祖朱棣诏命修纂《五经大全》《四书大全》《性理大全》，以性理为中心，把程朱理学和象山心学合起来编纂；王守仁、孙奇逢、黄宗羲等人也纷纷调和朱陆异同之论，倡导"理学"以囊括程朱和陆王两派。故而，张立文认为程朱理学"称谓为程朱道学更贴切"，而主张将宋明时期的学术主潮称为宋明理学，并指出是基于以下三点考虑：

其一，宋明理学已成为约定俗成的名称。虽然运用一个名称最好用出现最早的、当时人习惯用的名称，但更重要的是要用当时人所赋予此名称的特定含义和在历史发生过程中的演变，特别当称谓发生歧异时，更应该注重其本有的涵义。元明清以来，宋明理学蕴含程朱道学（狭义上亦称理学）和陆九渊心学，而非宋明道学蕴含理学和心学，并已约定俗成，为人们所认同，不会发生概念上的混乱。

其二，道学名称易混淆。宋明道学之名容易与"道家之学"、"道教之学"相乱。宋徽宗赵佶政和六年（1116），"从林之素之言立'道学'，自元士至志士，凡十三品"（《道教之崇》，《宋史纪事本末》卷五十一）。此"道学"指道教之学，而非老、庄道家之学的道学。可见这个名称的涵义在历史上较混乱而不确定。程朱道学因有《宋史·道学传》的规定，而不会发生歧义。

其三，道学未能反映宋元明清时代精神的精华和本质特征。理是这个时代的价值理想和终极关怀，道是这个时代的价值导向和进路。无论是性即理、心即理，抑或"气即理"。宋明理学各派围绕着对理的不同解释而展开各自哲学体系的建构，各派的哲学逻辑结构又可以宋明理学来统摄。况且自明中叶以来，李贽抨击"假道学"，历清至民国，道学家或道学先生被作为表面道貌岸然，内里欺世盗名或男盗女娼的代名词，为

---

① 见冯友兰《略论道学的特点、名称和性质》一文，载中国哲学史学会、浙江省社会科学研究所编：《论宋明理学》，浙江人民出版社1983年版，第37—56页。

避此嫌，可将"道学"与宋明理学分殊。①

我们认为，这三点考虑确实是值得重视的。其一，就"理学"一词的所指而言，其内涵是有变化的，或指圣贤之学，或指程朱之学，或兼指程朱与陆王两派学术，如果就整个宋明时代来考察的话，有必要考虑这种内涵变化的情况，以及长期以来的约定俗成性；其二，宋明"道学"之名易与"道家之学"、"道教之学"相混淆，这一点也不可否认；其三，认为道学不能反映宋元明清时代精神的精华和本质特征，指出理是这个时代的价值理想和终极关怀，道是这个时代的价值导向和进路，并揭示出宋明理学各派围绕着对理的不同解释而展开各自哲学体系的建构，各派的哲学逻辑结构又可以宋明理学来统摄，此论亦有其价值，在我们看来，道和理无疑是宋明时代的两个重要概念，当时的士人以"道统"为旗帜相号召，而其学术或理论的核心则在理（天理），将之作为其哲学的最高范畴；就其哲学建构而言，也确实是基于对"理"的不同理解而展开的，所谓的理学（狭义的）、心学、气学等派别的根本区别也即在此。然而，以上冯友兰、张立文关于"理学"或"道学"的看法都是从哲学史的角度出发的，我们觉得，仅仅从哲学层面去理解是远远不够的。尤其是宋代的士大夫，往往是官僚、学者、文人三位一体的，其所作的一些形上的理论思考，往往带有政治的、或者学术层面的意义，既受到宋代特殊的政治文化的制约，也与当时儒学或经学的转型有关。这里需要提到余英时所著的《朱熹的历史世界：宋代士大夫政治文化的研究》一书，它为我们生动而具体地展示了宋代士人在文化建设与政治变革之间的有机联系。在该书的《绪说》部分，作者努力"从整体（holistic）的观点将理学放回它原有的历史脉络（context）中重新加以认识"，并郑重指出："我仅仅强调理学系统中有必须通过政治解读才能澄清的部分，但并不是将全部理学都化约为政治问题。以往关于宋代理学的性质有两个流传最广的论点：第一，在'道统大叙事'中，论者假定理学家的主要旨趣在'上接孔、孟不传之学'。在这一预设之下，论者往往持孔、孟的'本义'来断定理学各派之间的分歧。第二，现代哲学史家则假定理学家所讨论的相当于西方形上学或宇宙论的问题。根据这个预设，哲学史家运用种种西方哲学的系统来阐释理学的不同流

_____

① 张立文：《宋明理学研究》，人民出版社 2002 年版，第 11—12 页。

派。这两种研究方式各有所见，但却具有一个共同之点，即将理学从宋代的历史脉络中抽离了出来。我在这篇《绪说》中所采取的则是另一预设。我假定理学家上承宋初儒学的主流，要求改变现实，重建一个合理的人间秩序；整顿'治道'则构成了秩序重建的始点。只有如此看，我们才能解释为什么熙宁初年北宋理学家曾一度参与变法运动，又为什么南宋各派理学之士那样争先恐后地响应孝宗末年的改革号召。实际行动也许更能说明他们的思想倾向。我并不否认理学家曾认真探求原始经典的'本义'，以期'上接孔、孟'，我也不否认他们曾同样认真地试建形上系统。但分析到最后，无论'上接孔、孟'，或形上系统都不是理学家追求的终点，二者同是为秩序重建这一终极目的服务的。前者为这一秩序所提供的是经典依据，后者则是超越而永恒的保证。一言以蔽之，'上接孔、孟'和建立形上世界虽然重要，但在整个理学系统中却只能居于第二序（'second order'）的位置，第一序的身份则非秩序重建莫属。"① 我们认为，这一看法是有启发意义的。它提示我们注意概念产生和运用的具体环境，甚至有必要从不同的层面来加以阐释。如果简单地作一些预设，单从某个层面去观照，势必会有所偏颇。"理学"一词，与政治文化和儒家道统都有关联，尽管在宋明的不同时期表现得或疏或密。易言之，"理学"的产生和运用具有特殊的背景，既有经济、政治等外在环境的影响，又受到学术传统内在理路的制约。宋代以来，经济发达，出现了新的社会经济结构和阶级结构，经济上的人身依附逐渐减轻，而政治上的中央集权却不断加强，需要在思想领域对人民大众取得更强有力的控制；科举制度的推广、文官制度的确立，庶族地主在经济和政治上开始崛起，士人的主体意识空前高涨，纷纷以天下为己任，"先天下之忧而忧，后天下之乐而乐"②、"为天地立心、为生民立道，为往圣继绝学，为万世开太平"③ 等口号成为时代的最强音。与之同时，作为统治学说的儒学却危机重重，面临着佛、道的严峻挑战，而汉唐以来的章句注疏之学已远远不能适应时代的需要，由疑传而疑经、摆落训诂而直寻义理渐成一时风气，而儒、释、道的深层融合也已

---

① 余英时：《朱熹的历史世界：宋代士大夫政治文化的研究》，生活·读书·新知三联书店 2011 年版，第 183 页。

② 见范仲淹《范文正集》卷七《岳阳楼记》。

③ 张载著，章锡琛点校：《张载集》，中华书局 1978 年版，第 376 页。

成为大势所趋。因此，研求义理尤其偏重性理的学问，即所谓的"理学"逐渐成为时代思潮①，而这种学问既有内圣的一面，又有外王的一面；既有形而上的哲理层面，又有形而下的实用层面。从哲学史的层面来说，"理学"具有浓厚的哲学意味，形成了一套以理、气、心、性等为核心范畴的较为谨严的哲学体系，可以认为它"不是一个学派，也不是一家完整的哲学学说，它是我国特定时期（公元 10 世纪到 19 世纪中叶）哲学史断代的统称"②。从儒学史的层面来说，它是儒学发展到宋明时代的新形态，"以先秦孔孟儒家思想为核心，批判吸收了老庄道家思想和佛家思想，建立了比先秦和两汉都更为精致、更具有思辨意义的新儒学体系"③，故而后人有所谓"新儒学"之称。再从经学史的层面来看，"理学"注重阐发儒家义理，尤其是性命之道，其目的虽然是在阐扬宋明时人自己的思想学说，但仍然主要是以注解经典的形式出现的，这在相当程度上影响了思想学说的完整性，在经典阐释上也形成了与汉唐训诂注疏之学相对的义理之学（包括性理之学，或者说偏重于性理之学、性理之学是其中的精髓④）。也即我们在上文中所引述的四库馆臣提出的在经

---

①　关于时代思潮，梁启超在《清代学术概论》一书中作了精彩的论述，并认为中国自秦迄清共出现过四次时代思潮，即汉代的经学、隋唐的佛学、宋明的理学以及清代的考证学，他这样说道："凡文化发展之国，其国民于一时期中，因环境之变迁，与夫心理之感召，不期而思想之进路，同趋于一方向，于是相与呼应涌涌，如潮然。始焉其势甚微，几莫之觉；寝假而涨——涨——涨，而达于满度；过时焉则落，以渐至于衰熄。凡'思'非皆能成'潮'；能成'潮'者，则其'思'必有相当之价值，而又适合于其时代之要求者也。凡'时代'非皆有'思潮'；有'思潮'之时代，必文化昂进之时代也。其在我国，自秦代以后，确能成为时代思潮者，则汉之经学，隋唐之佛学，宋及明之理学，清之考证学，四者而已。凡时代思潮，无不由'继续的群众运动'而成。所谓运动者，非必有意识、有计划、有组织，不能分为谁主动、谁被动。其参加运动之人员，各各不相谋，各不相知。其从事运动时所任之职役，各各不同。所采之手段亦互异。于同一运动之下，往往分无数小支派，甚至相嫉视相排击。虽然，其中必有一种或数种之共通观念焉，同根据之为思想之出发点。此种观念之势力，初时本甚微弱，愈运动则愈扩大，久之则成为一种权威。此观念者，在其时代中，俨然现'宗教之色彩'。一部分人，以宣传捍卫为己任，常以极纯洁之牺牲的精神赴之。及其权威渐立，则在社会上成为一种共公之好尚，忘其所以然，而共以此为嗜，若此者，今之译语，谓之'流行'；古之成语，则曰'风气'。风气者，一时之信仰耳，人鲜敢婴之，亦不乐婴之，其性质几比宗教矣。一思潮播为风气，则其成熟之时也。"（梁氏《清代学术概论》，上海古籍出版社 1998 年版，第 1—2 页。）

②　任继愈主编：《中国哲学史》（三），人民出版社 1963 年版，第 158 页。

③　庞朴主编：《中国儒学》（四），第 39 页。

④　徐洪兴亦认为义理之学涵盖了性理之学，并提出"理学"在性质上也应该有狭义和广义之分，"狭义的'理学'专指'性理之学'，即着重探究'理'、'气'、'心'、'性'之类概念范畴的学问，有时也往往称作'心性之学'。广义的'理学'，则是指'义理之学'，即有别于汉唐儒生治经所注重的章句训诂之学，旨在寻求儒经中蕴含的大义和道理的学问"。（徐氏《思想的转型——理学发生过程研究》第 5—8 页。）

学史上与"汉学"相对而言的"宋学"。

由此，我们可以形成这样一个基本的认识，即"理学"一词的概念是不断变化的，可以指称圣贤学说，也可以指称程朱一派的学术，更可以涵盖程朱、陆王两派的学说，甚至可以作更广义的解释，指称包括程朱学派、陆王学派、以张载、王夫之等人为代表的"气学"、以邵雍为代表的"数学"以及"荆公新学"、"温公朔学"、"苏氏蜀学"等众多学术流派在内的学术。①在理解这些变化的内涵时，我们需要把握其具体环境，并有必要从不同的层面观照。从上文的分析，我们可以清楚地看到"理学"与儒学、经学三者之间是既有紧密联系，又有重要区别的。

第二节 本课题的研究意义、研究现状与研究构想

一、本课题的研究意义

研究北宋经学史，具有重要的实际意义和理论意义。研究本课题的实际意义主要有：

1. 有助于较为系统地把握宋代经学的演变历程，了解其演变各个阶段的基本特征，并深入理解其内外成因。目前的有关研究，对宋代经学演变历程的概括过于疏略，对演变各个阶段基本特征的概括颇多分歧，至于对宋代经学演变的复杂成因，则更是语焉不详。研究本课题有助于扭转这种局面。

---

① 如徐洪兴主张将"理学"之名作狭义和广义之分，指出："一般而言，这种区分多从学派着眼：狭义的'理学'，仅指'程朱理学'；稍广一点，则既指'程朱理学'，亦指'陆王心学'，这是明代以来的传统说法。当代学者还有更广义的解释，那就是除了程朱、陆王两大派外，还包括'气学'（以张载、罗钦顺、王夫之为代表）和'数学'（以邵雍为代表）、'婺学'（又称吕学，以吕祖谦为代表）、'湖湘'（以张栻为代表）等。我个人的意见倾向于最后一种观点，只是觉得还应略作补充，加北宋中后期以王安石为代表的'新学'和以苏轼为代表的'蜀学'（详下说）。除此之外，从性质上看，'理学'也应有狭义和广义之分。"（徐氏《思想的转型——理学发生过程研究》第5页。）张立文则认为理学有主流派与非主流派之分，他指出："其区别就在于其作用和影响不同，社会效果各异。所谓主流与非主流，简言之是指一种社会思潮是起主导作用或居主要地位，还是起非主导作用和居次要地位。濂、洛、关、闽（周、程、张、朱），加上邵雍、张栻、陆九渊、王守仁、王夫之等为主流派；王安石的'新学'，苏轼、苏辙的'蜀学'，吕祖谦的'婺学'，陈亮的永康之学和叶适的永嘉之学为非主流派。"（张氏《宋明理学研究》第17—18页。）

2. 有助于较为全面地把握宋代经学的基本成就，深入理解宋代经学的基本特色。由于多种原因，学术界对宋代经学重视不够，相对于汉代、清代的经学研究，也甚显滞后。研究本课题有助于改变这种现状，有助于重新认识和客观评估宋代的经学成就，有助于我们清晰了解和全面把握宋代经学的成就和特色。

3. 有助于深入透彻地理解理学的形成与发展。目前，学术界对理学的理论研究取得了丰硕成果，但对其形成和发展的过程及原因的研究仍有待进一步深入。宋代经学是理学形成、发展的重要学术基础，如果脱离对宋代尤其是北宋经学发展和演变的认识和把握，就很难真正透彻地理解理学的形成与发展。研究本课题，可以说也是拓展和深化理学研究的一种需要。

研究本课题的理论意义主要有：

1. 可以从理论上阐明经学演变的规律性。如，经学的演变成因是复杂的，有其内外成因。经学演变既受制于经学领域内在的变动，也受到外部的社会环境、学术思潮等的影响。再如，经学演变有其阶段性。在不同的阶段，经学领域都会表现出较为或显或隐的阶段特征。宋代经学在不同时期的面貌都有其自身的特点，这充分说明了经学演变的阶段性。再如，经学演变是一个动态的过程，不是一蹴而就的。这就要求我们用发展的眼光来看待经学的演变。

2. 可以从理论上阐明宋代经学即"宋学"所固有的特色。"宋学"作为一种独特的经典阐释方式，与"汉学"有着诸多区别，在经典选择、阐释重点、思想体系等方面尤为明显。对于这些差异，需要我们从理论上予以揭示和阐述。研究本课题，可以史论结合地阐明"宋学"所固有的特色。

二、本课题国内外的研究现状

对于北宋乃至宋代经学史的研究，海内外学术界至今尚未出现一本系统而全面的专著。

就现有的成果来看，可分为宏观研究和微观研究两大类型。

在宏观研究方面，有的重在勾勒宋代经学发展的历史脉络。出现了汪惠敏《宋代经学之研究》（台北师大书苑 1989 年版），章权才《宋明经学史》（广东人民出版社 1999 年版），冯晓庭《宋初经学发展述论》（台北万卷楼图书有限公司 2001 年版)、吴国武《两宋经学学术编年》(凤凰出版社 2015 年版)等专著及郝明工《北宋经学论略》(《重庆师院学报》1995 年第 4 期)、《南宋经学略说》(《重庆师院学报》1997 年第 3 期),高明峰《北宋建隆至庆历间经学论略》(《临沂师范学院学报》2007 年第 2 期)、《论北宋庆历至熙宁间的经学新变》(《宝鸡文理学院学报》2007 年第 4 期)等论文。

有的则侧重展现经学思潮的演进与变迁,如漆侠《宋学的发展和演变》(河北人民出版社 2002 年版),杨新勋《宋代疑经研究》(中华书局 2007 年版)等。或者在讨论宋代儒学转型时涉及经学之新变,如刘复生《北宋中期儒学复兴运动》(台北文津出版社 1991 年版),徐洪兴《思想的转型——理学发生过程研究》(上海人民出版社 1996 年版),吴国武《经术与性理——北宋儒学转型考论》(学苑出版社 2009 年版)等。

在微观研究方面,有的是对学者或学术流派个案的剖析,如顾永新《欧阳修学术研究》(人民文学出版社 2003 年版),李祥俊《王安石学术思想研究》(北京师范大学出版社 2004 年版),刘成国《荆公新学研究》(上海古籍出版社 2006 年版),胡昭曦、刘复生、粟品孝《宋代蜀学研究》(巴蜀书社 1997 年版),萧永明《北宋新学与理学》(陕西人民出版社 2001 年版),等等。有的则属于专经研究,如余敦康《内圣外王的贯通——北宋易学的现代阐释》(学林出版社 1997 年版),谭德兴《宋代诗经学研究》(贵州人民出版社 2005 年版),夏微《宋代〈春秋〉学述论》(《西华大学学报》2007 年第 2 期),舒大刚《苏轼〈东坡书传〉述论》(《四川大学学报》2000 年第 5 期),等等。

当然,还有其他一些与宋代经学有关的成果。如杨世文《北宋贡举改革与经学变古》(《四川大学学报》2004 年第 1 期),旨在揭橥科举制度与经学变迁之关联;李建军《宋代〈春秋〉学与宋型文化》(中国社会科学出版社 2008 年版),侧重剖析宋代〈春秋〉学与宋代政治、理学、文学、史学之间的联系;蔡方鹿《中国经学与宋明理学》(人民出版社 2011 年版),旨在考察经学、理学及其相互关系;高明峰《北宋经学与文学》(辽宁师范大学出版社 2012 年版),着力探讨北宋经学与文学之互动;姜鹏《北宋经筵与宋学的兴起》(上海古籍出版社 2013 年版),涉及经筵制度与经学新变之因缘;等等。

综观以上这些成果,各有侧重,各有创获,对宋代经学之变迁、宋代经学之成就、宋代经学与文学、制度等方面的联系都作了初步的探讨。尽管这些成果在某些方面不乏深入独到之处，但由于体例、篇幅以及其他诸多原因的局限，它们尚不能系统而完整地揭示宋代经学演变的脉络和成因、全面而深刻地展现宋代经学的成就和特色。但毫无疑问，这些成果为深化北宋乃至宋代经学研究奠定了良好基础。

三、本课题的研究构想

探究北宋经学发展史，我们拟采用以史为纲，以人物和著述为纬的方式，梳理北宋一朝经学演变的历程，揭示其变迁的内外成因，凸显其取得的成就与特色。皮锡瑞在《经学历史》中称宋代是经学"变古时代"，那么，这一"变古时代"是如何造成的？所谓的"变古"又是如何体现的？有哪些代表性成果？之所以出现"变古"，其学理层面的原因是什么？又有哪些复杂的外在因素？这些，都是我们关注和试图解决的问题。

在具体研究中，我们注重以文献考据为基础，在充分掌握宋代经学著述的基础上，按照历史的线索剖析各个阶段经学的基本特征、主要成就和特色，并结合经学领域自身的守旧与革新的交替、经学与社会环境、学术思潮的互动来把握宋代经学"变古"的复杂原因。采用文献考证与理论分析相结合、内在理路与外部环境相结合、宏观把握与具体分析相结合的方法，力求做到文献与理论的统一、历史与逻辑的统一、宏观与微观的统一。

总之，本项课题研究力求做到在梳理北宋经学的变迁轨迹的同时，揭示其变迁的深层原因，并通过对代表性著述的剖析，彰显北宋经学有别于"汉学"的基本特征。当然，由于北宋经学流派纷呈、著述丰赡，要想予以全面梳理、深入剖析、客观评价，其难度是显而易见的，恐怕也不是一两本著作所能完成的。我们只是作一初步尝试，以收抛砖引玉之效。

第一章　中晚唐的经学新风

公元755年，持续八年之久的"安史之乱"爆发了。这一事件标志着李唐王朝由盛转衰，随之而来的是，在政治、经济、思想文化等领域都发生了一系列显著而深刻的变化。这些变化的深刻性，不仅在于它对唐朝历史是一个转关，更在于它是整个封建社会由前期转入后期的分界，这种情形，正如陈寅恪先生所说："综括言之，唐代之史可分前后两期，前期结束南北朝相承之旧局面，后期开启着宋以降之新局面，关于政治社会经济者如此，关于文化学术者亦莫不如此。"① 就经学而言，北宋以来，在经学领域所形成的舍传求经乃至疑经改经、摆落章句注疏而注重性命义理之风习，也已由中唐人导夫先路。

第一节　安史乱后的现状与变革

"安史之乱"最终得以平息，李唐王朝得以延续。经此一乱，盛世景况荡然无存，且带来了严重后果，即藩镇割据局面的形成。如安、史乱后，其余部盘踞在河北，形成"河北三镇，从此成为唐王朝统治区内的国中之国，形成半独立状态。一直到唐亡，这个局面，无所改观。"② 岑仲勉先生在所著《隋唐史》中对此做了详细说明："河朔三镇及淄青之割据，始自代宗，除淄青外，三镇虽中间一度由朝廷选任，然不旋踵而复失，成德之王氏，继世至八十余年，魏博田氏五十余年，是其最久者。此外横海、宣武、彰义，均启自德宗，宣武为时最暂，余两镇皆宪宗所收复。若泽潞则中唐割据之最后

---

① 陈寅恪：《论韩愈》，载《金明馆丛稿初编》，上海古籍出版社1980年版，第285—297页。
② 王仲荦：《隋唐五代史》，上海人民出版社1988年版，第522—523页。

者。"① 当然，中央政府也不断地对藩镇割据势力予以征讨，一度取得很大的胜利，甚至有所谓的"元和中兴"之称，但由于积弊难改，已成尾大不掉之势，加之宦官专政、朋党相争等等，李唐王朝不可避免地由衰落走向了灭亡。在这个过程中，士人们作了大量的反思，涉及经济、政治、科举、文化等各个领域，有些想法还得以付诸实施，甚至还出现了所谓的"永贞革新"。这些反思、措施以及改革，对后人来说，都是可供参考和借鉴的，有些甚至可以说是产生了深远的影响，尤其是在经济领域实施的"两税法"、对科举制度的批评以及在思想文化领域对儒学的张扬和复兴，更值得我们注意。

正如林继中所指出的，"王亚南《中国官僚政治研究》认为，两税法与科举制是支持官僚政治高度发展的二大杠杆。内藤湖南认为'两税法'使'人民从束缚在土地上的制度中得到解放'，而科举制使士子从有利于世族门阀的九品中正选人制度的束缚中解放出来，则是今人的共识。这两种'解放'就好比建筑工程上的前期工作'三通一平'，使北宋在此基础上顺利地完成其中央集权的官僚政治体制的建构"②，随着"两税法"和"科举制"的不断完善，赵宋以来的高度中央集权的官僚政治体制得以最终确立，在时代风貌和思想领域也出现了一系列显著的变化，其中突出的两点就是：庶族地主完全取代门阀士族而使得"以天下为己任"的士风高涨，对老百姓人身控制的松弛而代之以思想统治的加强。而这个过程，从中唐以来就已经开始。

李唐立朝，"在政治上迅速建立了以皇权为中心、从中央到地方的权力系统和选拔官吏的科举制；在经济上继承和完善了均田制，并在此基础上推行了半徭役性的租庸调制；在军事上继承和发展了府兵制。"③ 这种较为完整的统治体系，极大地推进了社会发展，一度造成"贞观之治"、"开元盛世"的可喜局面，但这种体系并非十全十美，其中某一方面的不足或松动，必然会连带引起其他方面的变化。从经济制度来看，由于生产力水平的不断提高、土地兼并的日益严重等原因，均田制逐渐遭到破坏，正如王仲荦先生所指出的："由于官僚、地主、僧侣等在永业、赐田、借荒、置牧等名义之下，分割去无数肥沃的国家土地，以致政府掌握的土地陷于枯竭状态；同时随着社会

---

① 岑仲勉：《隋唐史》，河北教育出版社2000年版，第263—264页。
② 林继中：《文化转型与宋代文学》，《东南学术》2004年第5期。
③ 张跃：《唐代后期儒学》，上海人民出版社1994年版，第5页。

生产的发展，人口的急剧增加，受田人数日益增多，应受田数额大大增加，更加使得均田的给受发生严重不足的情况"①，而这种均田给受严重不足的事实则标志着均田制已经名存实亡，其时则在唐玄宗时代，王仲荦先生即认为"唐玄宗时代的均田令的不真实性，在以上揭示的欠田文书中，完全暴露无遗"②。均田制的破坏，不仅导致了在其基础上建立的府兵制的瓦解，"由节度使召募的职业军队，取代了由朝廷征服调的亦农亦兵的府兵，成为唐朝的主要军事力量，导致了天宝以后边帅势力的膨胀，进而发展为军阀作乱和藩镇割据"③，而且在赋税方面也引起了根本性的变革，"以人丁为本"（《新唐书·食货志》）的租庸调制必然地被两税法所取代。诚如岑仲勉先生所说，"租庸调与均田相辅而行，均田制坏，租庸调不能独存"④，加之长期以来尤其是安史乱后租庸调制的种种弊病，如《旧唐书·杨炎传》中即对此有详细记载："开元中，玄宗修道德，以宽仁为理本，故不为版籍之书，人户浸溢，堤防不禁。丁口转死，非旧名矣；田亩移换，非旧额矣；贫富升降，非旧第矣。户部徒以空文总其故书，盖得非当时之实。旧制，人丁戍边者，蠲其租庸，六岁免归。玄宗方事夷狄，戍者多死不返，边将怙宠而讳，不以死申，故其贯籍之名不除。至天宝中，王铣为户口使，方务聚敛，以丁籍且存，则丁身焉往，是隐课而不出耳。遂案旧籍，计除六年之外，积征其家三十年租庸。天下之人苦而无告，则租庸之法弊久矣。迨至德（756）之后，天下兵起，始以兵役，因之饥疠，征求运输，百役并作，人户凋耗，版图空虚。军国之用，仰给于度支、转运二使；四方征镇，又自给于节度、都团练使。赋敛之司数四，而莫相统摄，于是纲目大坏，朝廷不能覆诸使，诸使不能覆诸州，四方贡献，悉入内库。权臣猾吏，因缘为奸，或公托进献，私为赃盗者动万万计。河南、山东、荆襄、剑南有重兵处，皆厚自奉养，王赋所入无几。吏职之名，随人署置；俸给厚薄，由其增损。故科敛之名凡数百，废者不削，重者不去，新旧仍积，不知其涯。百姓受命而供之，沥膏血，鬻亲爱，旬输月送无休息。吏因其苛，蚕食千人。凡富人多丁者，率为官为僧，以色役免；

① 王仲荦：《隋唐五代史》，第 272 页。
② 王仲荦：《隋唐五代史》，第 283 页。
③ 张跃：《唐代后期儒学》，第 11 页。
④ 岑仲勉：《隋唐史》，第 347 页。

贫人无所入则丁存。故课免于上，而赋增于下。是以天下残瘁，荡为浮人，乡居地著者百不四五，如是者殆三十年。"这就使得赋税制度到了非改不可的地步。于是，时任宰相的杨炎于大历十四年（779）上疏改革税法，提出以"两税法"来取代租庸调制，主张"户无主客，以见居为簿；人无丁中，以贫富为差"，这一建议得到了唐德宗的采纳，建中元年（780）就正式颁布推行，明令"丁租庸调，并入两税"，取得了良好的效果。① 从租庸调制转为两税法，这一变革是深刻的，因为它标志着赋税制度开始由税人走向税地、税财物，正如王仲荦先生所指出的："唐前期是'以丁夫为本'来征收租庸调的……而两税法中的户税，则是根据资产户等来征税的，所谓'唯以资产为宗，不以丁身为本，资产少者则其税少，资产多者则其税多'（陆贽《均节赋税恤百姓六条》）。至如两税法中的地税，按亩征粟，更是土地多者则纳粟多，土地少者则纳粟少。"② 而这种转变的最终确立，意味着统治者对广大民众人身控制的极大松弛，随之而来的，即是在政治体制上中央集权的空前加强③和意识形态领域的高度禁锢。可以说，宋明以来在政治体制上的集权，诸如为巩固皇权而分散宰相的权力、构建政府部门相互牵制的体系、实行监察百官的察举制度等等，以及思想领域以理学一统天下，严于天理人欲之辨、强化忠君观念等等，这些都是与人身控制的松弛密切相关的。

就科举制而言，它是隋唐以来所采取的且影响深远的选拔制度。所谓科举，即设科取士，包括常科和制举，常科又可分为秀才、明经、进士、明法、明书、明算六科，然其要者，则为进士和明经两科。④ 就这两科来说，"进士

---

① 事见《旧唐书·杨炎传》及《唐会要·租税》。

② 王仲荦：《隋唐五代史》，第314—315页。

③ 举一个能够说明问题的例子，就是关于封建制的讨论。自唐高祖以来，对实行封建制还是郡县制的争论就不绝如缕，《新唐书·宗室传赞》备载其事，而杜佑、柳宗元等人在安史乱后地方割据愈演愈烈的情况下力主实行郡县制，以维护中央政权的巩固和社会生活的安定，尤其是柳宗元，撰《封建论》一文，旁征博引，在通过对历史实际的考察后指出："封建非圣人之意也，势也"，"唐兴，制州邑，立守宰，此其所以为宜也。然犹桀猾时起，虐害方域者，失不在于州，而在于兵，时则有叛将，而无判州。州县之设，固不可革也"，并对"封建者，必私其土，子其人，适其俗，修其理，施化易也。守宰者，苟其心，思迁其秩而已，何能理乎"、"夏、商、周、汉封建而延，秦郡邑而促"、"殷、周圣王也，而不革其制，固不当复议"等论断进行了驳斥，充分论证了实行郡县制、用郡县制取代封建制的必然性。这种情况，正好说明了安史乱后要求加强中央集权的强烈愿望。

④ 可参王鸣盛撰，黄曙辉点校《十七史商榷》卷八十一《取士大要有三》，上海书店2005年版，第703—704页。

起初仅试策，后来也试帖经，但所重在文赋。明经也试策，但主要是帖经"①；而且，有史料记载表明，人们逐渐形成重进士而轻明经的风气②。陈寅恪先生认为此种风气的形成与门族有关，也造成了新旧阶级地位的更替：

> 李唐皇室者唐代三百年统治之中心也，自高祖、太宗创业至高宗统御之前期，其将相文武大臣大抵承西魏、北周及隋以来世业，即宇文泰"关中本位政策"下所结集团体之后裔也。自武曌主持中央政权之后，逐渐破坏传统之"关中本位政策"，以遂其创业垂统之野心。故"关中本位政策"最主要之府兵制，即于此时开始崩溃，而社会阶级亦在此际起一升降之变动。盖进士之科虽创于隋代，然当日人民致身通显之途并不必有此。及武后柄政，大崇文章之选，破格用人，于是进士之科为全国干进者竞趋之鹄的。当时山东、江左人民之中，有虽工于为文，但以不预关中团体之故，致遭屏弃者，亦因此政治变革之际会，得以上升朝列，而西魏、北周、杨隋及唐初将相旧家之政权尊位遂不得不为此新兴阶级所攘夺替代。③

他在《唐代政治史述论稿》一书中结合门族、党派等对此观点作了充分发挥，并一再指出："进士科主文词，高宗、武后以后之新学也；明经科专经术，两晋、北朝以来之旧学也。究其所学之殊，实由门族之异。故观唐代自高宗、武后以后朝廷及民间重进士而轻明经之记载，则知代表此二科之不同社会阶级在此三百年间深沉转变之概状矣。"④ 应该说，这一观点是颇有启发意义的。尽管还有学者对此提出了不同意见⑤，但从历史事实来看，科举制无疑是有利于选拔人才，尤其是选拔贫寒士人的，正所谓"前代选举之权，操之郡县，

———————

① 张跃：《唐代后期儒学》，第 24 页。

② 陈寅恪《唐代政治史述论稿》（上海古籍出版社 1997 年版）第 81—83 页对此有详细说明，可参考。

③ 陈寅恪：《唐代政治史述论稿》，第 18 页。

④ 陈寅恪：《唐代政治史述论稿》，第 81 页。

⑤ 如岑仲勉《隋唐史》第 185 页指出："进士科之初立，与明经本无轩轾，经过数次无意中之改制，始造成进士比明经优胜之趋势，非政府原来分科早有如是之企图，从举子来说，应进士或应明经，一方面为社会上意见所范围，另一方面又因个人志趣、能力或家计之不同决定其选择，寒族虽可借进士科而新兴，旧族却未尝受进士科之影响而堕落（六朝至唐所谓'门第'，并不以官宦为重要标准，可参看前六节引太宗之言），进士即多落在世家，如何能说两科各以一定之社会阶级为代表？如何能划分进士为新兴阶级？"

士有可举之材，而郡县不之及，士固无如之何，今则可以怀牒自列于州县。夫苟怀牒自列，州县即不得不试之；试之，即不得不于其中举出若干人。是就一人言之，怀才者不必获信，而合凡自列者而言之，则终必有若干人获举；而为州县所私而不能应试者，州县亦无从私之；是遏选举者之徇私，而俾怀才者克自致也"①，而且随着科举制重要性的日益凸显，"三百年来，科甲之设，草泽望之起家，簪绂望之继世。孤寒失之，其族馁矣；世禄失之，其族绝矣"（《唐摭言·好及第恶登科》），士人们更是争相应科入考，因而唐太宗可以得意地说"天下英雄入吾彀中"（《唐摭言·述进士上篇》），其大致情形也略如陈寅恪先生所言："唐代自安史乱后，其宰相大抵为以文学进身之人。此新兴阶级之崛起，乃武则天至唐玄宗七八十年间逐渐转移消灭宇文泰以来胡汉六镇民族旧统治阶级之结果。若取《新唐书·宰相表》及《宰相世系表》与《列传》所载其人之家世籍贯及出身等互相参证，于此三百年间外廷士大夫阶级废兴转移之大势尤易明瞭"②，对庶族势力逐渐取代门阀士族而登上历史舞台起到了不可估量的作用，从而也在很大程度上影响了社会发展的走向。随着贫寒庶族逐渐加入到统治阶层，这给封建统治注入了新鲜的血液，又顺应着安史之乱以来社会危机的刺激，士风一度高涨，从"致君尧舜上，再使风俗淳"的杜甫，到为弘扬孔孟儒道而"虽灭死万万无恨"的韩愈，再到主张"文章合为时而著，歌诗合为事而作"及"为君、为臣、为民、为物、为事而作，不为文而作"的白居易，都彰显了士人励精图治、以天下为己任的精神风貌。尽管终唐一朝，这种精神风貌由于现实政治局势的日益不堪等原因而未能一贯延续下去，即便是力倡讽喻之作的白居易，在后期的文学创作和人生态度中也多表现出追求自我闲适的面貌；但到了宋人那儿，出现了"先天下之忧而忧，后天下之乐而乐"的呐喊，无疑是对它最有力的接续和回应。从这个角度而言，科举制度的确立和完善，其意义是显而易见的。当然，承袭隋代而来的科举制度在唐代虽然取得了很大的发展，成为重要的选拔人才的重要手段，且直接促成了庶族的崛起，但其弊端也在此难免，并逐渐暴露无遗。就作为常选主要科目的明经和进士而言，明经主要是帖经，专务记

---

① 吕思勉：《隋唐五代史》，上海古籍出版社 1984 年版，第 1108 页。
② 陈寅恪：《唐代政治史述论稿》，第 22—23 页。

诵而不求大义主旨；进士则偏重诗赋，讲求声律、对偶等形式而不重关乎治道的内容，① 诚如开元二十五年二月所颁敕令所言："近日以来，殊乖本意。进士以声律为学，多昧古今；明经以帖诵为功，罕穷旨趣"；也就在这条敕令中，已有见于科举制的弊端而提出了改革的措施，即"明经自今已后每经宜帖十取五已上，免旧试一帖，仍按问大义十条取六已上，免试经策十条，答时务策三道，取粗有文理者与及第。其进士宜停小经，准明经帖大经十帖取通四已上，乃准例试杂文及策考，通与及第。"② 但效果并不明显，明经仍重在考察士子对经书及注疏的记诵功夫，而进士考帖经也因为有所谓的"赎帖"③ 而不了了之。如此设科取士，势必造成士人徒记章句而不通大义，唯务

---

① 关于明经科，《新唐书·选举志》载："凡明经，先帖文，然后口试，经问大义十条，答时务策三道。"由于逐场定去留，故首场帖文是关键。所谓帖文，即填空，要求举子熟记经文及其注疏，如《通典·选举三》所说："凡举司课试之法，帖经者，以所习经掩其两端，中间惟开一行，裁纸为帖，凡帖三字，随时增损，可否不一，或得四得五得六者为通。（后举人积多，故其法益难，务欲落之，至有帖孤章绝句、疑似参互者以惑之，甚者或上抵其注，下余一二字，使寻之难知，谓之倒拔。既甚难矣，而举人则有驱悬孤绝、索幽隐为诗赋而诵习之，不过十数篇，则难者悉详矣，其于平文大义，或多墙面焉。）"而第二场口试，经问大义十条，傅璇琮《唐代科举与文学》第120页认为"实际上仍不过是另一种方式的帖文，是考应试者对经书及其注疏的记诵功夫"，第三场答时务策，傅璇琮《唐代科举与文学》第116页认为"对明经来说恐怕只不过是虚应故事，唐代文献中没有一篇明经时务策的文章保留下来，连这方面稍微具体一点的记载都没有"。关于进士科，唐初仅试策，在务实的同时也表现出对文辞的重视，傅璇琮把这些策文称作"策赋"，到高宗后期、武后实际掌权时则改为试帖经、杂文、策文三场，逐场定去留，三场的次序本来依次是帖经、杂文、策文，大概到中唐以后就改为先诗赋、次帖经、最后试策。这表明，随着诗赋地位的提高，进士科考也越来越偏重于诗赋，讲究其文学性。（参考傅璇琮《唐代科举与文学》第七章"进士考试与及第"，陕西人民出版社2003年5月第2版。）

② 王溥：《唐会要》卷七十五《帖经条例》，中华书局1955年版，第1377页。

③ 所谓"赎帖"，即以作诗赋代替帖经，《封氏闻见记·贡举》《太平广记·阎济美》《唐语林·补遗》《唐诗纪事·阎济美》《历代制度详说·科目》《文献通考·举士》《唐音癸签·诂笺三》等均有记载，如《封氏闻见记·贡举》云："文士多于经不精，至有白首举场者，故进士以帖经为大。天宝初达奚珣、李岩相次知贡举，进士文名高而帖落者，时谓试时放过，谓之赎帖"，《唐语林·补遗》作："文士多于经不精，至有白首举场者，故进士以帖经为大厄。天宝初达奚珣、李岩相次知贡举，进士声名高而帖落者，时或试诗放过，谓之赎帖"，则是以作诗代帖经，又或有以作文或赋代帖经者，如《历代制度详说·科目》《文献通考·举士》均记载说："当时进士却有帖经之制，他文士都不屑去记这传义，于是有赎帖才。进士科试帖经，不知或是作一篇文或作一赋便可赎经。"然以作诗代帖经为故事，如《太平广记·阎济美》载录了一条出自《乾鐉子》的详细记载："十一月下旬，遂试杂文。十二月三日天津桥放杂文榜，景庄与某（阎济美）俱过，其日苦寒。是月四日，天津桥作铺帖经。景庄寻被黜落，某具前白主司曰：'某早留心章句，不工帖书，必恐不及格。'主司曰：'可不知礼闱故事亦许诗赎？'某致词后纷纷去留，某又遽前白主司曰：'侍郎开奖劝之路，许作诗赎帖，未见题出。'主司曰：'赋天津桥望洛城残雪诗。'某只作得二十字，某诗曰：'新霁洛城端，千家积雪寒。未收清禁色，偏向上阳残。'"又如唐人吕温《吕衡州集》即收有《河南府试赎帖赋得乡饮酒诗》。

文才而不崇德行，不仅不利于选拔适用的人才，更为严重的是，导致了教育的衰败、师道的不尊、学风的浇薄，竟无从培养适用的人才了。就参加科举的人员而言，可分为由各级学校选送的生徒和投牒自举的乡贡。从学校这面讲，长期以来讲授的主要是经学而不是文学："凡博士、助教，分经授诸生，未终经者无易业"（《新唐书·选举志》），这种教育自然不能适应社会上重视以文学为鹄的的进士科考的风气，另外，高宗、武后以来，多重文吏而薄于儒术，不吝官爵而广加封赏。博士、助教等尚且仅有学官之名而无儒雅之实，所教之生徒也多不以经学为意而希冀侥幸，如《旧唐书·儒学传》记载："高宗嗣位，政教渐衰，薄于儒术，尤重文吏。于是醇醲日去，毕竟日彰，犹火销膏而莫之觉也。及则天称制，以权道临下，不吝官爵，取悦当时。其国子祭酒，多授诸王及驸马都尉。准贞观旧事，祭酒孔颖达等赴上日，皆讲《五经》题。至是，诸王与驸马赴上，唯判祥瑞按三道而已。至于博士、助教，唯有学官之名，多非儒雅之实。是时复将亲祠明堂及南郊，又拜洛，封嵩岳，将取弘文国子生充齐斋郎行事，皆令出身放选，前后不可胜数。因是生徒不复以经学为意，唯苟希侥幸。二十年间，学校顿时隳废矣。"由是，学校教育日趋衰落，甚至到了安史乱后，"太学空设，诸生盖寡。弦诵之地，寂寥无声，函丈之间，殆将不扫。"（《旧唐书·代宗记》）而与学校紧密联系、互为盛衰的乡贡，则随着学校教育的衰落而更趋兴盛："学校有名无实；而不论其为由乡贡，由学校，凡应举者皆意在得官，欲得官必求速化，务声华、事奔竞之术正多，何必坐学？此则学校之所以日衰，乡贡之所以日盛。"① 韩愈所言"今之举子，不本于乡，不序于庠，一朝而群至于有司"（《进士策问十三首》其六），即是对乡贡投牒自举、士人自学应考的生动反映。学校教育的衰落，也势必导致师道的不尊、学风的浇薄②，韩愈在《师说》一文中指出："师道之不传也久矣，欲人之无惑也难矣！……巫医乐师百工之人，不耻相师。士大夫之族，曰师、曰弟子云者，则群聚而笑之。问之，则曰：彼与彼

---

① 吕思勉：《隋唐五代史》，第 1109 页。
② 当然，一些以儒学文章知名者身边也多有弟子随而受学，如尹知章，《旧唐书·儒学传》载其"虽居吏职，归家则讲授不辍，尤明《易》及庄、老玄言之学，远近咸来受业。其有贫匮者，知章尽其家财以衣食之。"又如萧颖士，《新唐书·文艺传》载其"奉使括遗书赵、卫间，淹久不报，为有司劾免，留客濮阳。于是尹征、王恒、卢异、卢士式、贾邕、赵匡、阎士和、柳并等皆执弟子礼，以次授业，号萧夫子。"

年相若也，道相似也。位卑则足羞，官盛则近谀。呜呼，师道之不可复知矣"，可以说是对当时士人耻学于师、师道不传的真实揭露，而其《进学解》一文，则通过设问的形式表达了对士人不勤于学问、不修于德行这一不良风气的有力反讽，亦如杨绾《条奏贡举疏》中所云："幼能就学，皆诵当代之诗；长而博文，不越诸家之集。递相党与，用致虚声，六经则未尝开卷，三史则皆同挂壁。况复征以孔门之道，责其君子之儒者哉！祖习既深，奔竞为务。矜艺者曾无愧色，勇进者但欲凌人，以毁讟为常谈，以向背为己任。投刺干谒，驱驰于要津；露才扬己，喧腾于当代。"① 其实，科举制本身的一些弊端以及由之引起的一系列相关问题，早已引起人们的注意，尤其是安史之乱以来的社会现实，更加促使人们去思考导致叛乱的原因以及寻求解决的办法，而对于科举制度的思考、批判、改革，也正是其中的一个重要方面。查考有关文献，我们可以发现，上至君王诏令，下至百官奏疏、士人策论，对于科举制的有关问题都作了思考，诸如刘峣、杨绾、赵匡、柳冕、权德舆、元稹等人，对于文风浮艳、德行不修、不通儒术、不达政事等弊端都有分析，杨绾甚至偏激地要求废除进士、明经等科举制度，反对投牒自举而主张依古察举。尤其值得注意的是，人们不仅在思考科举弊端的同时拿出了建议，更在实践中加以改革，如赵赞、权德舆、李德裕等人，特别值得一提的是李德裕的改革，动作比较大，影响也较为深远，傅璇琮曾对此作了专门研究，指出李德裕的改革主要有以下几项：一是进士体试诗赋；二是罢宰相阅榜；三是禁止进士及第与知举者有进一步的密切联系；四是禁止曲江大会；并给予了肯定的评价。② 尽管人们对科举制的问题思考得不够全面，"有些问题，在唐人的议论中根本没有接触到，如因公荐而引起的通关节、托人情而因缘为奸，贵门势要之家的把持举选权，宦官、藩镇等之干预考试，等等"③，改革也不够彻底，且未能长期延续，但这些思考和改革，无疑是为后人提供了许多有益的借鉴。更为值得注意的是，人们在对科举制的批评中，对儒道不举、士风浇薄的强调是十分突出的，如柳冕《与权德舆书》以为："进士以诗赋取

---

① 见姚铉编《唐文粹》卷二十八，《旧唐书·杨绾传》亦引。
② 见傅璇琮《唐代科举与文学》，第395—399页。另，该书第十三章为"唐人论进士试的弊病及改革"，可参考。
③ 傅璇琮：《唐代科举与文学》，第400页。

人，不先理道；明经以墨义考试，不本儒意；选人以书判殿最，不尊人物。故吏道之理天下，天下奔竞而无廉耻者，以教之者末也"①，即在宣扬儒道，布施廉耻；而元稹在应才识兼茂明于体用制科的对策中也主张改革科举以期"儒术之道兴，而经纬之文盛"②；至于提出废除科举制的杨绾，更是从敦实人物、化成天下的角度出发的："所冀数年之间，人伦一变，既归实学，当识大猷。居家者必修德业，从政者皆知廉耻，浮竞自止，敦庞自劝，教人之本，实在兹焉。"（《旧唐书·杨绾传》）应该指出，这种对儒术、士风的高度重视，既是对科举弊端思考的产物，也是随着人身控制松弛后迫切需要强化思想控制的一种反映。也就是说，人们的思考，不是停留于科举制度的本身，而是力求寻找实现社会长治久安的良策；要求人才不仅能通晓事务，更在于品行敦厚；不是仅仅强调选拔人才，而是更加重视培养人才。因而，要求振兴儒术、敦实士风，成为士人们一致的呼喊，不仅体现在对科举制度的思考和改革中，也体现于与之相关的教育制度上；不仅涉及制度层面的反思，更引发了整个思想领域的重整。而中唐以来的儒学复兴运动，即由之拉开序幕。

唐代自李渊建国以来，即实行了三教并举的政策，不仅确立儒家学术为立国指导思想，尊儒崇经，施行仁政，又大力推崇佛、道两教，以为辅弼，甚至使得佛教超越儒、道而成为一代之学术主潮。从历史实际来看，"三教争衡"是唐代学术思潮的重要特点，儒、释、道三者互相争斗、排斥，又彼此吸收、融合，这个过程是贯穿始终的，大致说来，在唐朝前期是以冲突为主，后期则逐渐趋于融合。在"三教争衡"的大环境下，儒学经历了一个恢复、发展、中衰再到振兴、转型的过程。如果要考察儒学中衰的原因，大致与科举、教育中存在的弊端、儒释道三者之争衡等有关；而儒学复兴运动，也是由此而展开的，其表现也主要集中在科举、教育及思想文化领域，不仅有实践的意义，也有理论的辨析；不仅针对儒家经学，也影响了文学。关于儒学复兴运动的成就或者说安史乱后儒者所取得的思想成果，张跃作了深入研究，他指出：

---

① 姚铉编：《唐文粹》卷八十三。
② 元稹撰，冀勤点校：《元稹集》卷二十八《才识兼茂明于体用策一道》，中华书局1982年版，第337页。

第一，开创儒学以经驳传的风气。从春秋学派到韩愈、柳宗元，都力求摆脱两汉经学的束缚，否定汉人传注的经典性，注重直接从先秦儒学中领会封建宗法的基本精神，寻找思想发展的新的可能性。他们还利用先秦儒学有较大的发挥余地的特点，通过重新解释儒学的早期经典，较自由地发挥自己的思想，形成新的学风。第二，以批判的武器推翻了汉代以来官方经学的理论基石天命神学世界观，使旧的经学体系变得支离破碎，为建立新的宇宙观清除了一个主要障碍。第三，站在儒家的立场上深入讨论了儒释道三教关系。排斥异端和统合三教两种观点，既对立又统一，使儒家学者一方面能坚持儒家的立场，抵制佛教和道教的过大影响，不致为其所俘虏；另一方面，又可使他们从佛教和道教思想中吸取营养，为发展儒学找到方便的思考途径。第四，适应中国哲学向心性论发展的趋势，吸收佛教的心性理论，在新的水平上探讨了人性问题，推进了儒家性情学说的发展。①

应该说，这一看法是抓住了儒学复兴运动的重点的。复兴儒学，既要回应外部的挑战，诸如佛道的争辩、维护统治秩序的需要等等，又要整合自身的资源以扬长避短乃至重建体系，以上四个方面都可算是很好的说明。由于儒学主要以经学为依托，经学既是一种统治学说又是一种经典阐释学，既可以"我注六经"，也同样可以"六经注我"，而且自古以来形成的依经立义的传统，都使得儒学复兴的各个方面也体现在经学领域，可以看作是经学的"新风"。所以，我们认为，中晚唐经学研究领域出现的新风，既是儒学复兴下的产物，也可看作是儒学复兴的重要表现与内容。

第二节　中晚唐的经学新风

儒家经学，是历代的统治学说，唐代更是如此。从整个经学史来看，唐代是一个重要时期，处于承前启后的转折关头。它的前期总结了自汉以来的章句注疏之学，代表性成果就是孔颖达等人奉诏撰著的《五经正义》，后期则

---

① 张跃：《唐代后期儒学》，第156—157页。

开启了宋明以来的义理之学，可以啖、赵《春秋》学派为代表。皮锡瑞在《经学历史》一书中把唐代看作是"经学统一时代"，主要着眼于作为明经取士标准的《五经正义》所具有的总结、一统的作用："夫汉帝称制临决，尚未定为全书；博士分门授徒，亦非止一家数；以经学论，未有统一若此之大且久者"①，这一认识应该说是深刻的；而把宋代称作是"经学变古时代"，则似乎对中晚唐的经学新风认识不足，其实，所谓的"变古"在中晚唐就已初见端倪。

据《旧唐书·儒学传》记载，唐高祖李渊"雅好儒臣"，于武德元年即下诏，表彰周、孔，并"兴化崇儒"。唐太宗更是深刻认识到尧、舜、周、孔之道于治国安邦的重要作用，并做了大量弘扬的工作。他曾对臣子说："朕近所好者，惟在尧舜之道、周孔之教，以为如鸟有翼，如鱼依水，失之必死，不可暂无耳。"（《贞观政要·慎所好》）本此认识，他在其父的基础上进一步大力推进了崇儒兴学的局面，包括尊崇孔子为先圣、表彰一批前代的经学家、广纳儒士、扩建学校、征集遗书等等，尤其值得注意的是，统一了《五经》的文字和义疏，并颁布作为明经取士的依据："太宗又以经籍去圣久远，文字多讹谬，诏前中书侍郎颜师古考订《五经》，颁于天下，命学者习焉。又以儒学多门，章句繁杂，诏国子祭酒孔颖达与诸儒撰定《五经》义疏，凡一百七十卷，名曰《五经正义》，令天下传习。"（《旧唐书·儒学传》）自高宗永徽四年《五经正义》最后定稿并颁行天下之后②，学校教育以之为教材，科举考试以之为标准，这既使得儒家经学得到了高度的统一，也使统治思想得到了规范和强化。从魏晋到南北朝，政治分裂，学术多门，隋唐以来结束了政治分裂的局面，势必也要求在思想领域达到统一，从《五经正义》的撰著意图——统一文字和义疏，作为教学和取士的定本、从《五经正义》所选用的注疏本及注疏内容——兼顾、综合了南北经学，且不拘泥于疏不驳注的原则、从《五经正义》颁行后发挥的实际效用——适应了教育和科举之需，统一了当时知识分子的思想等方面来看，都体现出了这一要求，具有综合、规范的

---

① 皮锡瑞著，周予同注释：《经学历史》，第198页。
② 《五经正义》从撰著到颁行经历了一个过程，章权才《魏晋南北朝隋唐经学史》（第252页）将之分为酝酿、撰定、驳正、颁行等四个互相衔接的阶段。其后，又在《五经正义》的基础上增加《周礼》《仪礼》《公羊》《穀梁》四经的正义而成《九经正义》，用以取士。

意义。但是，任何事物都具有两面性，《五经正义》在统一儒学的同时，也造成了思想的禁锢，窒息了儒学自身的发展。就在《五经正义》大行其道的同时，一些驳正的意见逐渐提出，社会上开始呼吁一种自由议论的风气。一个值得注意的事例，就是在武则天长安三年王元感表上其有关著作以挑战定于一尊的《五经正义》，《旧唐书·儒学传》对此事有详细记载：

> 长安三年，（王元感）表上其所撰《尚书纠谬》十卷、《春秋振滞》二十卷、《礼记绳愆》三十卷，并所注《孝经》《史记》稿草，请官给纸笔，写上秘书阁。诏令弘文、崇贤两馆学士及成均博士详其可否。学士祝钦明、郭山恽、李宪等皆专守先儒章句，深讥元感掎摭旧义，元感随方应答，竟不之屈。凤阁舍人魏知古、司封郎中徐坚、左史刘知几、右史张思敬，雅好异闻，每为元感申理其义，连表荐之。寻下诏曰："王元感质性温敏，博闻强记，手不释卷，老而弥笃。掎前达之失，究先圣之旨，是谓儒宗，不可多得。可太子司议郎，兼崇贤馆学士。"魏知古尝称其所撰书曰："信可谓《五经》之指南也。"①

从这一记载可知：其一，王元感所著《尚书纠谬》《春秋振滞》《礼记绳愆》等书，虽已失传而无法窥其原貌，但从其书名"纠谬"、"振滞"、"绳愆"来看，显然是对现行的官方定本《五经正义》提出质疑和驳正的。其二，此事引发了一场争论，墨守章句的祝钦明等人予以讥斥，而雅好异闻的魏知古、徐坚、刘知几、张思敬等人则持支持态度，魏知古甚至给予了高度评价，称其书"信可谓《五经》之指南"，这说明，尽管谨守章句的不乏其人，自由议论的呼声也并非空谷足音，特别是刘知几，善于独立思考而不迷信盲从，对经学多有自己的看法，《新唐书》本传称其"尝议《孝经》郑氏学非康成注，举十二条左证其谬，当以古文为正；《易》无子夏传，《老子》书无河上公注，请存王弼学。宰相宋璟等不然其论，奏与诸儒质辩。博士司马贞等阿意，共黜其言，请二家兼行，惟子夏《易传》请罢。诏可"。又著有《史通》一书，其中的《疑古》《惑经》《申左》等篇，主要从历史真实的角度，对《尚书》《春秋》等儒家经典虚美隐恶之义提出质疑和批评，可以说是在疑经

---

① 刘昫等：《旧唐书》卷一百八十九《儒学传》，中华书局 1975 年版。

方面跨出了一大步，也在一定程度上消解了经典神圣的外衣，极大地促进了思想解放。顺便值得一提的是，在《史通·自叙》中刘知几自言"及年以过立，言悟日多，常恨时无同好可与言者。维东海徐坚，晚与之遇，相得甚欢。虽古者伯牙之识钟期，管仲之知鲍叔，不是过也。复有永城朱敬则、沛国刘允济、吴兴薛谦光、河南元行冲、陈留吴兢、寿春裴怀古，亦以言议见许，道术相知，所有权扬，得尽怀抱。每云：'德不孤，必有邻'，四海之内，知我者不过数子而已矣"①，这在一定程度上说明，怀疑传注乃至经书并非个别行为。其三，就此事件的结果而言，王元感的著述及其行为得到了统治者的赞许，以为"掎前达之失，究先圣之旨，是谓儒宗，不可多得"，并给以加官晋爵。姑且不论武则天此举是否出于政治斗争、打击李唐王室势力的需要，但有一点是毋庸置疑的，那就是最高统治者这种支持自由议论的做法必然会进一步打破墨守章句注疏的局面而促进经学领域的开拓创新。于是，在复兴儒学的呼唤日益强烈的大气候下，经学领域的"新风"逐渐形成，倘若用一句话来概括，那就是轻章句之学而重义理之学，这也恰恰可以看作是在一定程度上对柳冕《与权德舆书》中所言科举之弊端——"明六经之义，合先王之道，君子之儒，教之本也；明六经之注与六经之疏，小人之儒，教之末也。今者先章句之学，后君子之儒，以求清识之士，不亦难乎"的反拨。这种经学领域"新风"的表现，既属于形式层面，更属于内容层面，主要可以分作两个方面：一是舍传求经、以己意解经；二是原经求道、依经立义。马宗霍先生曾指出："自大历而后，经学新说日昌，初则难疏，继则难注，既则难传，于是离传言经"，并广稽史料，详加辨识，就《五经正义》颁行后的经学发展作了较为细致的梳理。他在引述上文所举武后长安中王元感上书一事后，紧接着指出：

> 盖官学虽尊，而执守一家之言，每不足以厌通人之望，缘罅思难，亦其势也。其后玄宗刊过《礼记·月令》一卷，命李林甫、陈希烈、徐安贞等注解，自第五易为第一，（见《唐书·艺文志》）擅改旧本之次。魏光乘复请用魏征《类礼》列于经，（《旧唐书》云：魏征以戴圣《礼

---

① 其中"及年以过立"一句，浦起龙《史通通释·自叙》作："及年以（已通）过（一多而字）立。"

记》编次不伦，遂为《类礼》廿卷，以类相从，删其重复，采先儒训注，择善从之。）帝命元行冲与诸儒集义作疏，将立学官，张说奏驳而止。此则经亦几欲以新者乱之矣。及乎大历之间，啖助、赵匡、陆质（本名淳，避宪宗名改）以《春秋》，施士匄以《诗》，仲子陵、袁彝、韦彤、韦茝以《礼》，蔡广成以《易》，强蒙以《论语》，皆自名其学，益不复守旧说。（见《唐书·儒学传》）仲、袁、韦、强不闻有书，蔡氏之《周易启源》《周易外义》，《唐志》未著录，仅见《宋志》，（晁公武曰：《周易外义》有"德恒"、"德言"、"德肤"、"德翰"四目，皆作问对，凡三十六篇。）今已佚。施氏《诗说》亦佚，惟韩愈为志墓，言士匄明毛、郑《诗》，通《春秋左氏传》，善讲说，朝之贤士大夫从而执经考疑者继于门，《唐语林》又载刘禹锡与柳八、韩七诣施氏听《毛诗》，说毛传之失及毛、郑不注数事，（说"维鹡在梁"，梁，人取鱼之梁也，言鹡自合求鱼，不合于人梁上取其鱼，譬之人自无善事，攘人之美者，如鹡在人之梁。毛注失之。又说山无草木曰"岵"，所以言"陟彼岵兮"，言无可怙也，以岵之无草木，故以譬之。又说《甘棠》之诗，"勿翦勿拜，召伯所憩"，拜言如人身之拜，小低屈也，上言"勿翦"，终言"勿拜"，明召伯渐远，人思不得见也，毛注"拜犹伐"非也。又言"维北有斗，不可挹酒浆"，言不得其人也，毛、郑不注。）颇近穿凿。其《春秋传》未甚传。后文宗喜经术，宰相李石因言士匄《春秋》可读，帝曰："朕见之矣。穿凿之学，徒为异同。"（见《唐书·儒学传》）则知《春秋传》亦其《诗》说之流也。今可见者，惟陆质所作《春秋纂例》《辨疑》《微旨》三书，其说本之啖助、赵匡。（质与赵匡同师啖助，助撰《春秋集传总例》，质为裒录，请匡损益，匡随而疏之。质又纂会之，号《纂例》。）以为《左传》解义多谬，其书乃出于孔氏门人，非《论语》之邱明，公、穀口受子夏所传，密于左氏，但后人据其大义，散配经文，亦多乖谬，失其纲纪。此等议论，前世范升、王接、刘兆等虽发其端，而三传并攻，不如此甚。且诸治《春秋》者，大抵颛门名家，尊传过于尊经，苟有不通，宁言经误，啖、赵、陆氏，则援经击传，自谓契于圣人之旨，故其书一出，好异者惊之。柳宗元至以得执弟子礼于陆氏为荣。同时卢全撰《春秋摘微》，解经亦不用传，故韩愈赠全诗，有"《春秋》三传束高阁，独抱遗经究终始"之句。成伯玙撰《毛诗指说》，述作诗大旨及师承次序，以《诗》众篇之小序子夏惟裁初句，其余为毛公所续，（伯玙又撰《毛诗断章》，《崇文总目》谓大抵取春秋赋诗断章之义，抄取诗语，汇而出之。）亦《春秋》《毛诗》之新派也。嗣是李翱《易诠》，论八卦之性，陆希声《易传》，削去爻象，高重《春秋经传要略》，分诸国各为书，陈岳《春秋折衷论》，以三传异同三百余条，参求其长，以通《春秋》之义，并以己意说经。（以上书今皆不传，惟《山堂考索》载有《春秋折衷论》廿七条。）而大中时陈商立《左氏》学议，以孔子修经为法家，左邱明作传为史家，杜元凯参贯经传殊失旨。（案令狐澄《大中遗事》、孙光宪《北梦琐言》、王谠《唐语林》并载此议，其略曰：孔子修经，褒贬善恶，类例分明，法家流也；左邱明为鲁史载述时政，惜忠贤之泯灭，恐善恶之失坠，以日系月，修其职官，本非扶助圣言，录饰经旨，盖太史氏之流也。举其《春秋》，则明白而有实，合之《左氏》，则丛离而无征。杜元凯曾不思孔子所以为经，当与《诗》《书》《周易》等列；邱明所以为史，当与司马迁、班固等列，取二义乖刺不侔之语，参而贯之，故微旨有所不尽，婉章有所未一。）其议实啖、赵有以启之，故陆龟蒙亦引啖、赵为证，与商议同。①

此段论述具体反映了大历以来经学领域的"新风"，尤其是舍传求经、以己意解经的一面，并展示了所取得的成就。当然，如果我们结合《新唐书·艺文志》等材料，可以发现有些著述还未能得到反映，如成伯玙除了撰有《毛诗指说》《毛诗断章》之外，还有《礼记外传》四卷，陆质（淳）除了著有《春秋纂例》《辨疑》《微旨》三书外，还有《集注春秋》二十卷、《类礼》二十卷，陆希声除了《易传》之外，还撰有《春秋通例》三卷，此外，张镒《五经微旨》十四卷和《三礼图》九卷、韩愈《注论语》十卷②、柳宗元

① 马宗霍：《中国经学史》，上海书店1984年版，第103—104页。
② 《注论语》十卷已佚，今存《论语笔解》二卷，旧本题"唐韩愈、李翱同注"，为《四库全书》收录，四库馆臣在该书"提要"中以为："疑愈注《论语》时，或先于简端有所记录，翱亦间相讨论，附书其间。迨书成之后，后人得其稿本，采注中所未载者，别录为二卷行之。"查屏球《韩愈〈论语笔解〉真伪考》一文（《文献》1995年第2期）指出："《论语笔解》二卷本是宋人对《论语注》十卷本的整理本，两书在内容上基本一致，故亦可视《笔解》为韩愈《论语注》的别一传本。"

《非国语》二卷、刘轲《三传指要》十五卷等等，也都是这一时期出现的舍传求经、以己意解经的著作。结合此段所述大历以来经学发展的状况和其他相关材料，我们可以着重指出如下几点：

一、关于经学"新风"的出现，不能仅仅看作是反拨《五经正义》定于一尊的产物，我们有必要把它放到儒学复兴的大环境中去理解。具体说来，主要有以下几个方面，其一，是科举制度的弊端日趋严重，选拔出来的人才或不通事务，或不修德行，或不求理道，当时人如杨绾等已有所论，而科举制的弊端更导致了教育的衰败、师道的不尊、学风、士风的浇薄。人才可以说是国家的支柱，如果无从培养和选拔人才，那么国家的振兴乃至维持都是相当吃力的。于是，重振儒学，以之来修正科举、教育中的种种弊端，造就和选拔德才兼备的人才，成了统治者和士人的一致要求。从上文所引马宗霍先生所述大历以来的经学发展实际来看，啖、赵《春秋》学派在舍经求传方面是有代表性的，也确实产生了深远的影响，但它并非只是对《五经正义》独尊地位的一种反动，其轻章句而重义理的意义不仅在于科场①，也在于教育以及现实政治等方面，可以看作是复兴儒学的一种表现。吕温曾有这样一种求学思想："儒风不振久矣！某生于百代之下，不顾昧劣，凛然有志翘企圣域，莫知所从，如仰高山、临大川，未获梯航而欲济乎深而臻乎极也。凡学之道，严师为难，师资道丧八百年矣……夫学者岂徒受章句而已，盖必求所以化人，日日新，又日新，以至乎终身。夫教者岂徒博文字而已，盖必本之以忠孝，申之以礼义，敦之以信让，激之以廉耻，过则匡之，失则更之，如切如磋，如琢如磨，以至乎无瑕。"（《与族兄皋请学春秋书》）从他后来受学于陆质（淳）并被陆氏寄予厚望、视作传人以发扬其学来看，吕温对啖、赵《春秋》学复兴儒学的一面是颇有认识的。其二，从思想领域来说，儒佛道"三教争衡"贯穿始终、愈演愈烈，尽管儒家经学仍然是统治者认定的正统思想，但佛道也都得到了大力发展，甚嚣尘上，而儒学的影响则日见衰微，如韩愈在《原道》中即指出："周道衰，孔子没，火于秦，黄老于汉，佛于晋、魏、梁、隋之间，其言道德仁义者，不入于杨，则入于墨；不入于老，则入

---

① 关于啖、赵《春秋》学派对科场之影响，查屏球《唐学与唐诗——中晚唐诗风的一种文化考察》（商务印书馆 2000 年版）第 34—37 页有所论述，可参考。

于佛。入于彼，必出于此。入者主之，出者奴之；入者附之，出者污之。"而佛学尤具影响，以至于梁启超在《清代学术概论》中推为隋唐之时代思潮。①因此，轻章句注疏而重义理阐发、倡扬儒家道统与佛道对抗、挖掘儒家经典中有关心性的理论与佛道一较短长等，逐渐成为经学领域的新动向。其三，就安史乱后的政治局势来说，藩镇割据、宦官专权、朋党相争等问题日趋严重，迫切需要重新阐扬儒家思想来挽回世道人心，以巩固封建统治。于是，在经学领域，在训释经典以及依经立义的著作中，尊王攘夷、君臣之分、忠君守礼等观念得到了突出的强调，而《春秋》学于此兴起也就势所必然了。

　　二、中晚唐经学的"新风"具体表现为舍传求经、以己意解经和原经求道、依经立义两大方面。②在这里，我们可以举啖、赵《春秋》学派和韩愈、李翱等人的经学为例。关于啖、赵学派，其现存著述为啖助弟子陆质（淳）撰著的《春秋集传纂例》十卷、《春秋微旨》三卷、《春秋集传辨疑》十卷，此三种书乃陆氏在纂录啖助、赵匡二人学说基础上的进一步整理，因此可以视为此一学派及其学说的代表性著述。对于啖、赵学派的学说，特别值得注意的有两个方面，一是在学风上舍传求经、会通三传；二是在内容上关于《春秋》的主旨以及三传的得失的阐释。关于前者，啖氏说得极为清楚，他在评论《春秋》经、传、注疏时指出："微言久绝，通儒不作，遗文所存，三传而已。传已互失经者，注又不尽传意，《春秋》之义几乎泯灭，唯圣作则譬如泉源，苟涉其流，无不善利。在人贤者得其深者，其次得其浅者。若文义隐密，是虚设大训，准能通之？故《春秋》之文简易如天地焉，其理著明如日月焉。但先儒各守一传，不肯相通，互相弹射，仇雠不若，诡辞迁说，附会本学，鳞杂米聚，难见易滞，益令后人不识宗本，因注迷经，因疏迷注，党于所习，其俗若此"③，因而他们会通三传，舍传求经，这从四库馆臣的评语中可见一斑，如其论《春秋集传纂例》曰："唐陆淳撰。盖释其师啖助并赵匡之说……助之说《春秋》，务在考三家得失，弥缝漏阙，故其论多异先儒"，

---

① 梁启超《清代学术概论》第 1 页指出："在我国，自秦代以后，确能成为时代思潮者，则汉之经学，隋唐之佛学，宋及明之理学，清之考证学，四者而已。"

② 冯晓庭《宋初经学发展述论》（台北万卷楼图书有限公司 2001 年版）上编第二章第一节"唐五代经学新风气的展现概述"亦有专门论述，虽然讨论的角度与重点和笔者不尽一致，但对于丰富读者对唐五代以来经学新风的认识颇有参考价值。

③ 陆淳：《春秋集传纂例》卷一《啖氏集传注义第三》，《四库全书》本。

评《春秋微旨》道："是书先列三传异同，参以啖、赵之说而断其是非"，在《春秋集传辨疑》一书的"提要"中则指出："淳所述《纂例》一书，盖啖助排比科条，自发笔削之旨。其攻击三传，总举大意而已。此书乃举传文之不入《纂例》者，缕列其失，一字一句而诘之，故曰《辨疑》。"举例来说，如《春秋集传纂例》卷二释"雩"，陆质（淳）记赵匡之说曰：

> 凡祈泽曰雩。称大，国遍雩也。勤民之祀也，故志之。
>
> 《左氏》云："龙见而雩，过则书之"，又曰："书不时也"，盖并为踰建巳之月为不时耳。若然，则但言某月日雩，可知也不时，何用书大哉？故知此说非也。雩者为旱书也，以明旱而雩有益也，忧民，故书之，与书不雨义同，《穀梁》云："雩，得雨曰雩，不得曰旱"，此说是也。旧说大谓礼物有加也，若礼物有加即书大，何者？是祈雨之雩乎？假令实谓礼物有加故书大，则礼物合度、但失时者，当但书雩，何得总云大哉？《公羊》曰："大雩者，旱祭也。何以不言旱？言雩，则旱见，言旱，则雩不见。"此说亦非也。雩，祭名尔，旱乃灾也。以雩言旱，非举重之义。[1]

此论先就"雩"的含义以及称"大雩"的原因等作出解释，然后辨析《春秋》三传的有关意见，这充分体现了啖、赵学派舍传求经、会通三传的特色，而像这样的解说，在《春秋集传纂例》等书中是较为多见的。关于《春秋》主旨和三传得失的问题，《春秋集传纂例》卷一首列《春秋宗指议第一》《三传得失议第二》两篇，于此可见其重要性。对于《春秋》主旨，《春秋宗指议第一》详细记录了啖助的看法，他首先指出"夫子所以修《春秋》之意，三传无文"，继而引述了说《左氏》者、言《公羊》者、解《穀梁》者的三种看法，认为"三家之说，诚未达乎《春秋》大宗，安可议其深指？可谓宏纲既失，万目从而大去者也"，于是他接着提出了自己的看法：

> 予以为《春秋》者，救时之弊，革礼之薄。何以明之？前《志》曰："夏政忠，忠之弊野；殷人承之以敬，敬之弊鬼；周人承之以文，文之弊僿。救僿莫若以忠，复当从夏政。"夫文者，忠之末也，设教于本，

---

[1] 陆淳：《春秋集传纂例》卷二。

其弊犹末；设教于末，弊将若何？武王、周公承殷之弊，不得已而用之，周公既没，莫知改作，故其预弊甚于二代，以至东周，王纲废绝，人伦大坏。夫子伤之，曰："虞夏之道，寡怨于民；殷周之道，不胜其弊。"又曰："后代虽有作者，虞帝不可及已。"盖言唐虞淳化，难行于季末；夏之忠道，当变而致焉。是故《春秋》以权辅正（天王狩于河阳之类是也），以诚断礼（褒高子、侔孙之类是也），正以忠道，原情为本，不拘浮名（不罪栾书之类是也），不尚狷介（不褒泄台之类是也），从宜救乱，因时黜陟，或贵非礼勿动（诸非礼悉讥之是也），或贵贞而不谅（即合权道是也），进退抑扬，去华居实，故曰救周之弊，革礼之薄也。①（笔者按：括号内注释为陆淳所作，为便于理解，一并移录，下同），

在提出《春秋》之旨在"救时之弊，革礼之薄"这一观点之后，啖助还对祖述三传而得出的三种相应的观点予以驳斥，认为"《春秋》参用二帝、三王之法，以夏为本，不全守周典"，而杜氏所论"褒贬之指，唯据周礼"自然是错误的；何氏所云"变周之文从先代之质"，则"虽得其言，用非其所，不用之于性情（性情即前章所谓月忠道、原情），而用之于名位（谓黜周王鲁也），失指浅末，不得其门者也。周德虽衰，天命未改，所言变从夏政，唯在立忠为教，原情为本，非谓改军爵列，损益礼乐者也。故夫子伤主威不行，下同列国，首王正以大一统，先王人以黜诸侯，不言战以示莫敌，称天王以表无二尊，唯王为大，邈矣崇高。反云黜周王鲁，以为《春秋》宗指（隐元年'盟于眜'传何休注然），两汉专门，传之于今，悖礼诬圣，反经毁传，训人以逆，罪莫大焉"。至于范氏之说，仅可算是"粗陈梗概，殊无深指，且历代史书，皆是惩劝，《春秋》之作，岂独尔乎？是知虽因旧史，酌以圣心，拨乱反正，归诸王道"。最后，啖助还通过《春秋》为何始于隐公的设问来进一步强化自己的观点，指出："夫子之志，冀行道以拯生灵也……悲大道不行，将托文以见意，虽有其德而无其位，不作礼乐，乃修《春秋》，为后王法……所以拯薄俗，勉善行，救周之弊，革礼之失也。（言此时周礼既坏，故作《春秋》以救之）"从啖助提出观点、驳斥谬论、强化观点来看，体现出了他舍传求经、会通三传的努力，尤其值得注意的是，他所提出的"救时之弊，革礼

① 陆淳：《春秋集传纂例》卷一《春秋宗指议第一》。

之薄"的《春秋》之旨，一方面强调了《春秋》的经世之意，认为《春秋》
具有革除弊政、厚实礼度，乃至"拨乱反正，归诸王道"的作用；另一方面，
则指出《春秋》发挥其作用，是通过"立忠为教，原情为本"来实现的，也
即所谓"以权辅正，以诚断礼，正以忠道，原情为本"，而非"名位"，"非
谓改革爵列，损益礼乐"，这说明，他所强调的并非礼乐制度层面的变革，而
主张从人的性情来厚实礼度，即"以权辅正，以诚断礼"，也即"正以忠道，
原情为本"。众所周知，春秋时期，"礼坏乐崩"，孔子起而拯之，但正如李泽
厚所说，"几乎为大多数孔子研究者所承认，孔子思想的主要范畴是'仁'而
非'礼'"，孔子"把整套'礼'的血缘实质规定为'孝悌'，又把'孝悌'
建筑在日常亲子之爱上，这就把'礼'以及'仪'从外在的规范约束解说成
人心的内在要求，把原来的僵硬的强制规定，提升为生活的自觉理念，把一
种宗教性神秘性的东西变而为人情日用之常，从而使伦理规范与心理欲求融
为一体"，"孔子用'仁'解'礼'，本来是为了'复礼'，然而其结果却使手
段高于目的，被孔子所发掘所强调的'仁'——人性心理原则，反而成了更
本质的东西，外在的血缘（'礼'）服从于内的心理（'仁'）：'人而不仁，
如礼何？人而不仁，如乐何？''礼云礼云，玉帛云乎哉？乐云乐云，钟鼓云
乎哉？''礼与其奢也宁俭，丧与其易也宁戚'；'今之孝者，是谓能养，至犬
马，皆能有养，不敬，何以别乎？'……不仅外在的形式（'仪'：玉帛、钟
鼓），而且外在的实体（'礼'）都是从属而次要的，根本和主要的是人的内
在的伦理——心理状态，也就是人性"。① 孔子以仁复礼的思想和做法，在后
世衍生出一些新的观念体系，就儒家内部来说，主要分成两派，一派以孟子
为代表，突出强调内在的"仁"的一面，将仁政王道的实现建立在心理情感
的基础之上，认为人性本善，一切社会伦常秩序都是心性"扩而充之"的自
然表现和反映，而不在于靠外在的种种仪制来规范，如孟子指出："人皆有不
忍人之心……以不忍人之心，行不忍人之政，治天下可运之掌上。……恻隐
之心，仁之端也；羞恶之心，义之端也；辞让之心，礼之端也；是非之心，
智之端也。人之有四端，犹其有四体也。……苟能充之，足以保四海；苟不
充之，不足以事父母。"（《孟子·公孙丑上》）另一派则以荀子为代表，偏重

---

① 分别见李泽厚《中国古代思想史论》，天津社会科学院出版社 2003 年版，第 9、14、15—16 页。

于"礼"的一面，讲究外在的礼、乐、刑、政等仪制，认为人性本恶，需要靠外在的制度来加以规范、引导，外在的社会秩序也需要各种仪式制度来维持，如荀子在谈及"礼"的起源时指出："礼起于何也？曰：人生而有欲，欲而不得，则不能无求。求而无度量分界，则不能不争；争则乱，乱则穷。先王恶其乱也，故制礼义以分之，以养人之欲，给人之求，使欲必不穷于物，物必不屈于欲，两者相持而长，是礼之所起也"，① 他还作有《乐论》，认为圣人立乐之方也在治乱，在"恶其乱也，故制雅颂之声以道之，使其声足以乐而不流，使其文足以辨而不諰，使其曲直繁省廉肉节奏足以感动人之善心，使夫邪污之气无由得接焉。"② 由此可知，啖助是接近孟子一派的，他所揭示的《春秋》之旨，不仅是要发挥其整顿秩序、重振纲常的作用，更主张立忠道、本性情，从心性的角度入手，来维护社会秩序。显然，这与安史之乱以来藩镇割据局面逐渐形成、中央集权日渐中衰有关，随着皇权失落、号令不遵的情况日益严重，要维持纲常秩序，靠礼乐刑政一套外在的制度是难以奏效的，而这种局面与孟子所处的战国纷争时代倒颇为相似，孟子把"一切社会伦常秩序和幸福理想都建筑在这个心理原则——'不忍人之心'的情感原则上。这固然是由于氏族传统崩溃，理想的'仁政王道'已完全失去现实依据的历史反映……"③，啖助此论可以算是对于孟子的异代的回音，其理论意义和现实意义是显而易见的。然而，对于啖助的这个观点，赵匡是不尽同意的，他说：

> 啖氏依《公羊》家旧说云："《春秋》变周之文，从夏之质。"予谓《春秋》因史制经，以明王道。其指大要二端而已。兴常典也，著权制也。故凡郊庙（郊庙常事悉不书之）、丧纪（卒葬之外杂丧事皆记，非礼也）、朝聘（变文者皆讥非礼也，杞伯姬来朝其子之类是也）、搜狩昏取（此二礼常事亦不书）。皆违礼则讥之（据五礼皆依周礼），是兴常典也（明不变周）；非常之事，典礼所不及，则裁之圣心以定褒贬，所以穷精理也（谓变例也），精理者非权无以及之（权衡所以辨轻重，言圣人深见

---

① 王先谦：《荀子集解》，第231页。
② 王先谦：《荀子集解》，第252页。
③ 李泽厚：《中国古代思想史论》，第37页。

是非之礼有似于此），故曰可与适道，未可与立，可与立，未可与权。是
以游夏之徒不能赞一辞。然则圣人当机发断，以定厥中，辨惑质疑，为
后王法，何必从夏乎?①

显然，赵匡对啖助所论《春秋》"变周之文，从夏之质"是不赞同的。前面
已经提到，啖助认为何氏所云"变周之文从先代之质"是有道理的，可谓
"得其言"，问题在于"用非其所，不用之于性情，（性情即前章所谓用忠道、
原情）而用之于名位，（谓黜周王鲁也）"，他特别指出"变从夏政"在于
"立忠为教，原情为本，非谓改革爵列，损益礼乐者"。而赵匡则认为《春
秋》"因史制经，以明王道。其指大要二端而已，兴常典也，著权制也"，他
还指出《春秋》救世的宗指在"尊王室、正陵僭、举三纲、提五常，彰善瘅
恶，不失纤芥，如斯而已"，"褒贬之指在乎例，缀叙之意在乎体"，"知其
体，推其例，观其大意，然后可以议之"，② 可见，赵匡虽然也强调《春秋》
的经世之意，在于维护常典纲纪，但认为是通过《春秋》纂述的体例以寄寓褒
贬来实现的，他所言"何必从夏"，即不赞成啖助所主张、重视的夏朝用以立政
的"忠道、性情"，而这正是两人观点之间的重要区别，虽然他们都认同修《春
秋》是为阐明、复兴"王道"。赵匡重视制度层面的实用性，这是他的一贯认
识，他在《举选议》中曾对科举考试提出批评，认为进士考试"时共贵之，主
司褒贬，实在诗赋，务求巧丽，以此为贤。不唯无益于用，实亦妨其正习。不
唯挠其淳和，实又长其佻薄。自非识度超然，时或孤秀，其余溺于所习，悉昧
本源，欲以启导性灵，奖成后进，斯亦难矣。故士林鲜体国之论"，虽然认识到
进士试有导致学风浇薄的弊端，但他强调的还是"无益于用"、"士林鲜体国
之论"之类实用的一面；对于明经考试，赵匡也对于不切实用的弊端作了尖
锐批评："疏以释经，盖筌蹄耳。明经读书，勤苦已甚，既口问义，又诵疏
文，徒竭其精华，习不急之业，而当代礼法，无不面墙，及临人决事，取办
胥吏之口而已。所谓所习非所用，所用非所习者也，故当官少称职之吏"，在
《举人条例》中，赵匡针对科举的弊端提出了一些建议，关于进士试，他建议
"杂文请试两首，共五百字以上六百字以下，试笺表论议铭颂箴檄等有资于用

---

① 陆淳：《春秋集传纂例》卷一《赵氏损益义第五》。
② 均见陆淳《春秋集传纂例》卷一《赵氏损益义第五》。

者，不试诗赋，其理通、其词雅为上，理通词平为次，余为否。其所试策于所习经史内征问，经问圣人旨趣，史问成败得失，并时务共十节，贵观理识，不用征求隐僻，诘以名数，为无益之能。言词不至鄙陋即为第"，强调的是"理识"、"圣人旨趣"、"成败得失"等"有益之能"，甚至为了实用而主张用"笺表论议铭颂箴檄"等来取代诗赋；关于明经试，他提出：

> 立身入仕，莫先于礼，《尚书》明王道，《论语》诠百行，《孝经》德之本，学者所宜先习。其明经通此，谓之两经举，《论语》《孝经》为之翼助，诸试帖一切请停，唯令策试义及口问。其策试自改问时务以来，经业之人鲜能属缀，以此少能通者。所司知其若此，亦不于此取人，故时人云明经问策，礼试而已。所谓变实为虚，无益于政。今请令其精习，试策问经义及时务各五节，并以通四以上为第。但令直书事义，解释分明，不用空写疏文及务华饰。其十节总于一道之内问之，余科准此。其口问诸书，每卷问一节，取其心中了悟，解释分明，往来问答，无所滞碍，不用要令诵疏，亦以十分通八以上为第。诸科亦准此。外更通《周易》《毛诗》，名四经举，加《左氏春秋》为五经举，不习《左氏》者，任以《公羊》《榖梁》充之，其但习《礼记》及《论语》《孝经》，名一经举，既立差等，随等授官，则能否区分，人知劝勉。

虽然他也强调道德，重视作为"德之本"的《孝经》，但还是把"《尚书》明王道"放在了第一位，再结合他对明经问策"变实为虚，无益于政"的批评来看，赵匡显然更加重视士人治国安邦的具体才能。尤其值得注意的是，他在《举人条例》中还专门列举了"《春秋》举"一项："学《春秋》者，能断大事，其有兼习三传，参其异同，商榷比拟得其长者，谓之《春秋》举，策问经义并口问，并准前"，[①] 在这里，赵匡认为学习《春秋》"能断大事"，而所谓的"断大事"当与汉时人董仲舒以《春秋》决狱[②]相类，所以这就更加明确地表明了他强调的是《春秋》在外在的制度层面对维护纲常秩序所具

---

① 以上所引赵匡《举选议》及《举人条例》，见《通典》卷十七《选举五》，中华书局 1988 年版。
② 王应麟《汉艺文志考证》（《四库全书》本）卷三于"《公羊董仲舒治狱》十六篇"后云："《隋志》：董仲舒《春秋决事》十卷。《唐志》：《春秋决狱》十卷。应劭曰：'仲舒居家，朝廷每有政议，遣廷尉张汤问其得失，于是作《春秋决狱》二百三十二事，动以经对。'《论衡》曰：'仲舒表《春秋》之义，稽合于律、无乖异者。'"

有的实用价值。以上这些，充分说明赵匡有着强烈的经世之志，他对科举制度的批评、建议，他所揭示的《春秋》"兴常典，著权制"的要旨，都与啖助等人一样，反映了当时人面对社会弊政所怀有的革新、救助的意图。但是，正如同归而殊途一样，啖助和赵匡兴复王道的目的是一致的，而所采取的方法则有着区别，相比而言，赵匡更加重视社会制度层面的建设，直接面向社会的实际应用，而对人的性情未能给予应有的重视。应该指出，赵匡对春秋时期的形势是有所认识的，他已经看到当时的礼典难以发挥其作用：

> 礼典者，（周之礼经典册也）所以防乱耳。乱既作矣，（言幽厉不守致令乱成）则典礼非能治也。喻之一身，则养生之法所以防病，病既作矣，（不依其法则病生矣）则养生之书不能治也，治之者在针药耳。故《春秋》者亦世之针药也。相助救世，理当如此。何云变哉？若谓《春秋》变礼典，则针药亦为变养生，可乎哉？①

认为《春秋》有救世的作用但并非变革礼典，这与他所谓的《春秋》之旨，即"兴常典、著权制"也是一致的。那么，《春秋》如何达到其救世的目的呢？赵匡的看法是以体例寓褒贬。但这所谓的褒贬之法，在当时诸侯纷争的局势下是难以奏效的，赵匡本人对此已有认识，前引所谓"圣人当机发断，以定厥中，辨惑质疑，为后王法，何必从夏乎"云云，即表明他认为《春秋》的作用是指向后世的，重在阐明礼制，为后王立法，故而他在现实的一些改革策略中强调制度层面也就很容易理解。而啖助所提出的《春秋》之旨——"立忠为教，原情为本"，则是着重从性情的角度来达到变革礼制、维护纲常的目的，强调的是"以诚断礼"、"忠道、原情"，主张从性情的根本上来挽回世道人心以维护统治秩序。所以，在如何实现王道，如何维护纲常秩序上，啖助和赵匡是有着严重分歧的。倒是啖助的弟子陆质（淳），对其师的"原情为本"说表示了相当的赞同。如前引啖助提出《春秋》之旨时所云"《春秋》以权辅正，（天王狩于河阳之类是也）以诚断礼，（褒高子、仲孙之类是也），正以忠道，原情为本，不拘浮名，（不罪栾书之类是也）不尚狷介，（不褒泄台之类是也）从宜救乱，因时黜陟，或贵非礼勿动，（诸非礼悉讥之是也）或

---

① 均见陆淳《春秋集传纂例》卷一《赵氏损益义第五》。

贵贞而不谅，（即合权道是也）进退抑扬，去华居实，故曰救周之弊，革礼之薄也"，文中括号内的注释为陆质（淳）所作，说明他对啖助之说是有深刻认识的。我们可以再举陆质（淳）所撰《春秋集传微旨》卷中的一例来看：

> 冬，公会晋侯、齐侯、宋公、蔡侯、郑伯、陈子、莒子、邾子、秦人于温，天王狩于河阳。
>
> 《左氏》云：是会也，晋侯召王，以诸侯见，且使王狩。仲尼曰："以臣召君，不可以训。"故书曰"天王狩于河阳"，言非其地也，且明德也。（明晋之功德也。）
>
> 《公羊》曰：狩不书，此何以书？不与再致天子也。鲁子曰："温近而践土远也"。
>
> 《穀梁》曰：会于温，讳会天王也。"天王狩于河阳"，全天王之行也，为若将狩而遇诸侯之朝也，为天王讳也。水北为阳，山南为阳，温，河阳也。
>
> 啖氏云：时天子微弱，诸侯骄惰，怠于臣礼。若令朝于京师，多有不从。又晋已强大，率诸侯而入王城，亦有自嫌之意。故请王至温而行朝礼，若天子因狩而诸侯得觐。然以常礼言之，晋侯召君，名义之罪人也，其可以为训乎？若原其自嫌之心，嘉其尊主之意，则晋侯请王之狩，忠亦至焉。故夫子特书曰"天王狩于河阳"，所谓《春秋》之作，原情为制，以诚变礼者也。①

此段诚如四库馆臣评《春秋集传微旨》时所说"先列三传异同，参以啖、赵之说而断其是非"，它在列举了三传之论后，直接引述了其师啖助之论。应该指出，其一，直接引述，即表明陆质（淳）对啖氏的说法——"以常礼言之，晋侯召君，名义之罪人也，其可以为训乎？若原其自嫌之心，嘉其尊主之意，则晋侯请王之狩，忠亦至焉。故夫子特书曰"天王狩于河阳"，所谓《春秋》之作，原情为制，以诚变礼者也"是认同的。而且，他在其他地方对啖氏的"原情"之论还有所引申，如他在《春秋集传微旨》卷中"十四年，晋人纳捷菑于邾，弗克纳"条下云："淳闻于师曰：据三传之说，晋师皆有名氏，则

---

① 陆淳：《春秋集传微旨》卷中，《四库全书》本。

必非微者矣。书曰人，何也？曰废置诸侯，王者之事，人臣专之，罪莫大焉。夫子善其闻义能徙，故为之讳也。凡事不合常礼而心可嘉者，皆以讳为善。"其所谓的"凡事不合常礼而心可嘉者，皆以讳为善"云云，显然是从"原情"的角度来考虑的。其二，比较三传和啖氏之说，可以发现，《公羊》和《穀梁》都没有从原情的角度来解释，尤其是对于晋侯的尊王根本就没有认识到。倒是《左传》，其传文"是会也，晋侯召王，以诸侯见，且使王狩。仲尼曰：以臣召君，不可以训。故书曰'天王狩于河阳'，言非其地也，且明德也"云云，除了反映出尊王的意旨外也表明了对晋侯功德的赞赏。对此，专研《左传》的注家也是有所认识的，在"是会也，晋侯召王，以诸侯见，且使王狩"句下，《春秋左传正义》载杜预注云："晋侯大合诸侯，而欲尊事天子以为名义，自嫌强大，不敢朝周，喻王出狩，因得尽群臣之礼，皆谲而不正之事"。孔颖达等疏云：

> 晋侯本意止欲大合诸侯之师，共尊事天子，以为臣之名义，实无觊觎之心。但于时周室既衰，天子微弱，忽然帅九国之师，将数十万众，入京师以临天子，似有篡夺之谋，恐为天子拒逆，或复天子怖惧，弃位出奔，则晋侯心实尽诚，无辞可解。故自嫌强大，不敢朝王，故召诸侯来会于温，温去京师路近，因加讽喻，令王就会，受朝天子，不可以受朝为辞，故令假称出狩，若言王自出狩，诸侯因会，遇王，遂共朝王，得尽君臣之礼，皆孔子所谓谲而不正之事。①

在"且明德也"句下，杜预注曰："隐其召君之阙，欲以明晋之功德，河阳之狩、赵盾之弑、泄冶之罪，皆违凡变例，以起大义危疑之理，故特称仲尼以明之"，孔颖达等疏云：

> 晋侯所以召王，志在尊崇天子，故解旧史隐其召君之阙，以明晋侯之功德，功德谓尊事天子是也。丘明为传，所以写仲尼之意，凡所改易，皆是仲尼，而于河阳之狩、赵盾之弑、泄冶之罪，此三事特称"仲尼曰"者，史策所书皆书实事。晋侯召王，使狩而作自狩之文，是言不实也。

---

① 左丘明传，杜预注，孔颖达正义：《春秋左传正义》，《十三经注疏》整理委员会整理、李学勤主编《十三经注疏》（标点本），第457页。

凡例，弑君称君，君无道，灵公不君而称臣以弑，似君无过也。大夫无罪见杀，不书其名，泄冶忠谏而被杀，书名，乃罪合死也。此三事皆违凡典，变旧例以起大义危疑之理，恐人不信，须圣言以为证，故特称仲尼以明之。①

对于《左传》以及杜预、孔颖达等人的注疏，啖助显然是注意到了，甚或可以说他就是在此基础上作的引申，从而明确地树起了"原情"这面大旗。啖助在《春秋集传纂例》卷一《三传得失议第二》中提出"三传之义本皆口传，后之学者乃著竹帛，而以祖师之目题之"的看法，并对《左传》有过这样的评论：

> 予观《左氏传》，自周、晋、齐、宋、楚、郑等国之事最详，晋则每一出师具列将佐，宋则每因兴废备举六卿，故知史策之文，每国各异，左氏得此数国之史以授门人，义则口传，未形竹帛，后代学者乃演而通之，总而合之，编次年月，以为传记。又广采当时文籍，故兼与子产、晏子及诸国卿佐家传并卜书及杂占书、纵横家、小说、讽谏等杂在其中，故叙事虽多，释意殊少，是非交错，混然难证。其大略皆是左氏旧意，故比余传，其功最高，博采诸家，叙事尤备，能令百代之下颇见本末，因以求意，经文可知，又况论大义，得其本源，解三数条大义（天王狩于河阳之类）亦以原情为说，欲令后人推此以及余事，而作传之人不达此意，妄有附益，故多迂诞。②

其"况论大义，得其本源，解三数条大义（天王狩于河阳之类）亦以原情为说"云云，即是指上述有关内容，这从上引杜预、孔颖达等人的注疏中清晰可见。而所言"欲令后人推此以及余事，而作传之人不达此意，妄有附益，故多迂诞"之语，则分明是对后人作传时未能完全领会左氏"原情"之旨深表遗憾，所以，从某种意义上讲，啖助所做的正是将他所认为的孔子、左氏的"原情"之旨充分阐发出来。而陆质（淳）对"解三数条大义亦以原情为

---

① 左丘明传，杜预注，孔颖达正义：《春秋左传正义》，《十三经注疏》整理委员会整理、李学勤主编《十三经注疏》（标点本），第458页。

② 陆淳：《春秋集传纂例》卷一《三传得失议第二》。

说"一句所作的注释，即指出以原情为说解三数条大义是指天王狩于河阳之类，也再次说明他对左氏、杜预、孔颖达尤其是啖助的"原情"之论是熟悉并且领会了的。但是，应该指出，啖氏、陆氏的"原情"之说不仅赵匡不予赞同，在社会上也没有引起人们的广泛注意，我们认为，其中的一个重要原因，就是啖氏等人并没有对其"原情"说作出深入的理论阐述，这显然与他们自身思想认识的局限有关。① 虽然啖氏提出了"原情"之论，表现出对性情的关注，但对儒家性情理论的建构与阐释，需要等到重新挖掘出《论语》《孟子》《周易》《大学》《中庸》等儒家经典有关性情的理论资源，并融会佛道的"玄妙"之理时才有可能，这个工作是由稍后的韩愈、李翱等人开始的。从这个意义上说，啖氏《春秋》新学，标志着中唐以后儒家经学的转型已经开始提上了日程，尽管它的主要贡献还在于引发的舍传求经的风气之形成以及在现实层面对"尊王攘夷"的强调与呼吁。当然，舍传求经本身，也可说是迈出了思想转型，即由汉唐章句之学转向宋明义理之学、由五经体系转为四书体系的第一步。此外，对于《春秋》三传的得失，啖、赵学派也提出了值得注意的意见，在《春秋集传纂例》卷一中有《三传得失议第二》一篇，集中记录了啖助对三传的看法，他指出三传之义本来都是口耳相传，后来的学者才将之著录成书，认为《左传》的长处在于"博采诸家，叙事尤备，能令百代之下颇见本末，因以求意，经文可知，又况论大义，得其本源"，其不足则在"作传之人不达此意（指以原情为说），妄有附益，故多迂诞。又左氏本末，释者抑为之说，遂令邪正纷揉，学者迷宗"，"叙事虽多，释意殊少，

───────────

① 有必要指出，在安史乱后王道日益不尊、君权日益松弛的情况，虽然也有人提倡忠情为治，如陆贽在《奉天请数对群臣兼许令论事状》（陆氏《翰苑集》卷十三《奏草》）中建议唐德宗推诚及人，"务询众心"，他说"诚者，物之终始，不诚无物。物者，事也，言不诚则无复有事矣。匹夫不诚，无复有事，况王者赖人之诚以自固，而可不诚于人乎？"又说："天生烝人，合以为国。人之有口，不能无言；人之有心，不能无欲。言不宣于上，则怨蓄于下；欲不归于善，则凑集于邪。圣人知众之不可以力制也。故植谤木、陈谏鼓、列争臣之位、置采诗之官以宣其言，尊礼义，安诚信，厚贤能之赏，广功利之途，以归其欲。使上不至于亢，下不至于穷，则人心安得，而离乱兆朕何从而起？古之无为而理者，其率用此欤。"但是，仅仅强调忠情是远远不够的。所以韩愈、李翱、白居易在谈到夏、商、周三代损益的时候，多强调因时革弊的一面，而对忠情为教并没有突出地重视，如韩愈《进士策问十三首》（其二）认为是"各适其时，救其弊而已矣"，白居易在《忠敬质文损益》（《白氏长庆集》卷六十二《策林》）中亦劝告君王"以继周为己任，以行夏为时宜。稍微益质而损文，渐尚忠而救僿"，仍将尚忠视为救弊的权宜之计，尤其值得注意的是李翱，他虽然大谈性情之论，也主张修身以齐家治国，但仍在《帝王所尚问》一文中认为："帝王之道，非尚忠也，非尚敬与文也。因时之变，以承其弊而已矣。"

是非交错，混然难正"；对于《公羊》《穀梁》，则认为其"传经密于《左氏》，《穀梁》意深，《公羊》辞辨，随文解释，往往钩深"，这是其优点，其不足在于"以守文坚滞，泥难不通，比附日月，曲生条例，义有不合，亦复强通，蹐驳不伦，或至矛盾不近圣人夷旷之体也"。啖氏又指出《春秋》之文，"一字以为褒贬"，三传在此问题上互有得失：

> 其中亦有文异而义不异者（旧史之文类是也），二传穿凿，悉以褒贬言之，是故繁碎甚于《左氏》。《公羊》《穀梁》又不知有不告则不书之义，凡不书者皆以义说之，且列国至多，若盟会、征伐、丧纪不告亦书，则一年之中可盈数卷，况他国之事不凭告命从何得书？但书所告之事，定其善恶，以文褒贬耳。《左氏》言褒贬者又不过十数条，其余事同文异者，亦无他解，旧解皆言从告及旧史之文，若如此论，乃是夫子写鲁史尔，何名修《春秋》乎？故谓二者之说俱不得中，详内以略外。①

总的来说，啖氏认为三传互有优劣，各有千秋，《左传》长于叙事，然"叙事虽多，释意殊少"，《公羊》《穀梁》长于传经，然"守文坚滞，泥难不通，比附日月，曲生条例"。应该说，这个看法是比较公允的，这也是啖氏等人会通三传、舍传求经的思想基础，因此，啖、赵《春秋》学派之所以产生深远影响，引发经学领域的舍传求经之风，与他们的客观评价、公允立论是分不开的。正如四库馆臣在《春秋集传纂例》一书的"提要"中所说，他们固然有矫枉过正的一面，"生臆断之弊，其过不可掩"，然也有实事求是的精神，"破附会之失，其功亦不可没"。

啖助、赵匡、陆质（淳）《春秋》学派，对于活跃学术思想，推动舍传求经的风气，具有突出的贡献，四库馆臣在《春秋集传纂例》一书的"提要"中指出："盖舍传求经，实导宋人之先路"，其实，在入宋之前，在啖、陆当时及其后的学界就已产生相当的影响。这种影响不仅仅局限于《春秋》经学，已涉及了整个学风，也在相当程度上影响了文风。啖氏等人的《春秋》新学，不仅具有经学的示范意义，也促使人们思考怎样进一步阐发"微言"，复兴儒道。既然章句之学已经不合时宜，并且由啖氏等人率先撕开了一道

---

① 陆淳：《春秋集传纂例》卷一《三传得失议第二》。

"口子"，那么更深刻地摆落章句，直寻义理，就成为势所必然的了，从这个意义上讲，韩愈、李翱等人沿着啖氏等人开辟的道路，在其"原情"的仁政思想的基础上，从形式到内容进一步舍弃章句之学，着重采用原经求道、依经立义的形式，来力图建构新型的王道仁政学说，可以说，既是逻辑的必然，又是关键的一步。通过考察安史之乱以来的经学史，我们可以发现，啖氏《春秋》新学和韩愈、李翱等人的经学是有典型性、代表性的，如果说啖氏等人的价值在于舍传求经的一面，意义更在于活跃思想的话，那么韩愈、李翱等人的价值则在于原经求道的一面，意义更在于建构思想。以下试论韩愈、李翱等人的经学。

作为"唐宋八大家"之一的韩愈，其崇高的文学地位自无须多言，但对于他的学术造诣及其在学术史上的评价，则历来争论颇多，誉之者推崇有加，如石介《徂徕集·尊韩》云："孔子后，道屡塞，辟于孟子，而大明于吏部。……孔子之作《春秋》，自圣人以来未有也；吏部《原道》《原仁》《原毁》《行难》《禹问》《佛骨表》《诤臣论》，自诸子以来未有也"，直以韩愈上接孔孟。贬之者则抑之太甚，如叶适《水心集·同安县学朱先生祠堂记》称："韩愈，李翱，文人也"，仅以文人目之。即便是以"文起八代之衰，而道济天下之溺"（《潮州韩文公庙碑》）高度评价韩愈的苏轼，也对其学术颇多微词，认为韩愈于圣人之道"知好其名矣，而未能乐其实"，"其论至于理而不精，支离荡侏，往往自叛其说而不知"（《韩愈论》）。异论相搅，莫衷一是。直至近人陈寅恪先生撰《论韩愈》一文，认为韩愈乃是"唐代文化学术史上承先启后转旧为新关捩点之人物"，对他在唐代文化史上的特殊地位作了高度肯定并予以具体的分析，着重指出韩愈在以下六个方面的重大贡献：一是建立道统证明传授之渊源；二是直指人伦，扫除章句之烦琐；三是排斥佛老，匡除政俗之弊害；四是呵诋释迦，申明夷夏之大防；五是改进文体，广收宣传之效用；六是奖掖后进，期望学说之流传。陈氏的立论具体而坚实，影响甚广，但还是有学者提出了不同的意见，如黄云眉先生专门撰文指出："这些新义创见，似乎大部分还没有足够的坚实的论据；也没有很好地结合着韩愈的历史的客观条件，及其阶级的局限性，因而过高估计了韩愈个人的作用，过高估计了韩愈在唐代文化史上的贡献。"① 可见，韩愈的学术成就到底如何，该怎样评估其学术史上的地位，一直以来都争议不休。我们认为，从经学史来看，韩愈的成就是显著的，应予以肯定。他和他的学生李翱一起，用自身的经学实绩，为宋明理学开辟了先路。从这个意义来看，说韩愈是唐代学术史上的转折人物，并不为过。具体说来，韩愈、李翱等人的经学值得注意的有以下几点：

一、舍传求经。韩愈、李翱等人对当时舍传求经的风气是深有认识并予以认可的。如晁公武《郡斋读书志》卷一下著录有唐卢仝《春秋摘微》四卷，称其"经解不用传"，韩愈《寄卢仝》则有句云"《春秋》三传束高阁，独抱遗经究终始"，对其舍传求经之法予以推许。又如当时以己意解《诗》名震一时的施士匄，韩愈为之撰有《施先生墓铭》，赞之云："古圣人言，其旨微密；笺注纷罗，颠倒是非；闻先生讲论，如客得归。"韩愈的得意门生李翱亦以求经为意，而对章句、传注之学多予批评，如他指出：

　　遭秦灭书，《中庸》之不焚者，一篇存焉。于是此道废阙。其教授者，唯节行、文章、章句、威仪、击剑之术相师焉。性命之源，则吾弗能知其所传矣。道之极于剥也必复，吾岂复之时邪？②

　　近代已来，俗尚文字为学者，以抄集为科第之资，曷尝知不迁怒、不贰过为兴学之根乎？入仕者以容和为贵富之路，曷尝以仁义博施之为本乎？由是经之旨弃而不求，圣人之心外而不讲，干办者为良吏，适时者为通贤，仁义教育之风，于是乎扫地而尽矣。③

在这种思想认识的指导下，韩愈、李翱还将舍传求经的做法运用到他们具体的经学实践中。譬如韩愈，据其《读仪礼》一文，可知他曾将《仪礼》一书"掇其大要，奇辞奥妙旨著三篇"，所采取的显然是舍传求经、摆落章句之法。其实，在韩愈和李翱两人合著的《论语笔解》中，舍传求经的做法更是有着鲜明、具体的体现。署名唐韩愈、李翱同撰的《论语笔解》，为二卷本，收入

① 黄云眉：《读陈寅恪先生论韩愈》，载《韩愈柳宗元文学评价》，山东人民出版社1957年版，第67—100页。
② 李翱：《李文公集》卷二《复性书上》，《四库全书》本。
③ 李翱：《李文公集》卷八《与淮南节度使书》。

《四库全书》中，卷首有北宋人许勃序，称："昌黎文公著《笔解论语》一十卷，其间'翱曰'者，盖李习之同与切磨，世所传率多讹舛。始愈笔大义则示翱，翱从而交相明辨，非独韩制此书也。噫！齐鲁之门人所记善言既有同异，汉魏学者注集繁阔，罕造其精，今观韩李二学，勤拳渊微，可谓窥圣人之堂奥矣，岂章句之技所可究极其旨哉？予缮校旧本数家，得其纯粹，欲以广传，故序以发之。"可见此书为韩愈、李翱二人合作而成，且重在大义主旨，而非章句之学。值得注意的是，关于此书的真伪，此书与《新唐书·艺文志》所著录的韩愈《注论语》十卷是何关系，自宋代以来就有争论，四库馆臣在综合前人的意见并加以分析后指出："以意推之，疑愈注《论语》时，或先于简端有所记录，翱亦问相讨论，附书其间。迨书成之后，后人得其稿本，采注中所未载者别录为二卷行之。……此本为明范钦从许勃本传刻，又赵希升《读书附志》曰：'其间"翱曰"者，李习之也。'明旧本愈不著名，而翱所说则题名以别之，此本改称'韩曰'、'李曰'，亦非其旧矣。"今人查屏球亦撰文认为"此书既非伪作，又非韩愈原本，而是宋人对'韩愈《论语》注十卷'的整理本"。① 尽管两家意见不尽一致，但都认为《论语笔解》是有所本的，是在韩愈《注论语》十卷本基础上形成的，所以，把《论语笔解》看作是韩愈、李翱的研究成果是没有问题的。而且，韩愈在《答侯生问论语书》中自言"愈昔注解其书，而不敢过求其意；取圣人之旨而合之，则足以信后生辈耳"，既说明了他曾注解《论语》，而"取圣人之旨而合之"的特点也是能够在现存的《论语笔解》一书中得到印证的。其实，《论语笔解》在舍传求经方面一点不比啖助解《春秋》、施士匄说《诗》逊色，反而称得上是变本加厉，为了求经，为了体道，韩愈、李翱肆力批驳、舍弃传注，譬如：

> 子张问善人之道，子曰："不践迹，亦不入于室。"孔（安国）曰："善人不但循旧迹，亦少能创业，然亦不入于圣人之奥室。"韩（愈）曰："孔说非也。吾谓善人即圣人异名尔，岂不循旧迹而又不入圣人之室哉？盖仲尼诲子张，言善人不可循迹而至于心室也，圣人心室惟奥惟微，无形可观，无迹可践，非子张所能至尔。"李（翱）曰："仲尼言'由也

---

① 查屏球：《韩愈〈论语笔解〉真伪考》，《文献》1995 年第 2 期。

升堂，未入于室'，室是心地也。圣人有心，有迹，有造形，有无形，堂堂乎，子张诚未至此。"①

更重要的是，韩愈、李翱还不惜以意改经，更改经文文字或以文本脱漏、错倒等来释经，如：

> 六十而耳顺，七十而从心所欲不逾矩。郑（玄）曰："耳，闻其言，知其微旨也。"马（融）曰："矩，法也，从心所欲无非法。"韩（愈）曰："耳当为尔，犹言如此也。既知天命又如此顺天也。"李（翱）曰："上圣既顺天命，岂待七十不逾矩法哉？盖孔子兴言时已七十矣，是自卫反鲁之时也，删修《礼》《乐》《诗》《书》，皆本天命而作，如其顺。"②
>
> 子畏于匡，颜渊后，子曰："吾以女为死矣。"曰："子在，回何敢死！"包（咸）曰："言夫子在，己无所敢死也。"韩曰："死当为先字之误也。上文云'颜渊后'，下文云'回何敢先'，其义自明，无死理也。"李曰："以回德行，亚圣之才，明非敢死之士也。古文脱误。包注从而讹舛，退之辩得其正。"③
>
> 子曰："由！知德者鲜矣。"王（肃）曰："君子固穷，而子路愠见，故谓之少于知德。"韩曰："此一句是简编脱漏，当在'子路愠见'下文一段为得。"李曰："溢当为愠字之误也。仲尼因由愠见，故云穷，斯愠焉，则知之固如由者亦鲜矣。"④
>
> 子曰："可与共学，未可与适道；可与适道，未可与立；可与立，未可与权。"孔曰："虽能之道，未必能有所立；虽有所立，未必能权量轻重。"韩曰："孔注犹矢其义。夫学而之道者，岂不能立耶？权者，经权之权，岂轻重之权耶？吾谓正文传写错倒，当云'可与共学，未可与立；可与适道，未可与权'，如此则理通矣。"李曰："权之为用，圣人之至变也。非深于道者，莫能及焉。下文云：'唐棣之华偏其反而'，此仲尼思权之深也。《公羊》云：'反经合道谓之权'，此其义也。"⑤

---

① 韩愈、李翱：《论语笔解》卷下，《四库全书》本。
② 韩愈、李翱：《论语笔解》卷上。
③ 韩愈、李翱：《论语笔解》卷下。
④ 韩愈、李翱：《论语笔解》卷下。
⑤ 韩愈、李翱：《论语笔解》卷上。

事实上，像这些以意释经而不惜更动经文的情况，在《论语笔解》一书中是随处可见的。而这些更改的说法，是没有多少训诂或版本依据的，多是以意为之，其目的就是为了阐明经典中的"道"；而与其说是经典中的"道"，还不如说是韩愈、李翱自己发现、认可的经典之道，如上举最后一例，为了说明学而之道者皆能自立并以经权释"权"，韩愈不仅批驳孔注，还认为是经文传写错倒，当变作"可与共学，未可与立；可与适道，未可与权"，方才理通。正是由于这种突出的舍传求经，不仅弃传驳注，进而以意改经，《论语笔解》产生了很大的影响，实为宋人疑传疑经开了先路。唐末人李匡乂在《资暇集》卷上"昼寝"、"问马"条已记载了其中的以"昼"为"画"、读"不"为"否"等训解，而邵博撰《闻见后录》卷四则称韩愈等人的一部分训解为伊川及其门人采纳："今世所传，如'宰予昼寝'，以昼作画字；'子在齐闻韶三月不知肉味'，以三月作音字；'浴乎沂'，以浴作沿字，至为浅陋，程伊川皆取之，何耶？又'子畏于匡，颜渊后，曰："吾以尔为死矣。"曰："子在，回何敢死！"''死'字自有意义，伊川之门人改云：'子在，回何敢先。'学者类不服也。"晁公武甚至说"唐人通经者寡，独两公名冠一代，盖以此"[1]，直将韩愈、李翱的盛名归功于此书。可以认为，韩愈、李翱的解经，不仅在某些具体观点上影响了宋人，尤其是在解经的学风上、在疑经、改经方面为宋人作了先期的示范。

二、原经求道，依经立义。自古以来，人们就以为先王之道尽在"六经"中，于是就形成了原经求道、依经立义的传统。孔子是第一个在这方面做出了重大贡献的人，他自称"述而不作"，治《诗》《书》《礼》《乐》《易》《春秋》六经，并以之讲论先王之道。[2]自孔子广授门徒，创立儒家学派后，儒家学者就多"游文于六经之中，留意于仁义之际，祖述尧、舜，宪章文、武，宗师仲尼，以重其言"（《汉书·艺文志》），而战国时的孟子，尤其可看作其代表。直至汉武帝时期确立了儒家六经的独尊地位之后，原经求道、依经立义的传统就在全社会逐渐得以确立。不仅是为了阐明先王之道要研究儒家经典，即"原经求道"，即便是有所论说，有所主张，也要引经据典，以六

---

① 马端临：《文献通考·经籍考》卷十一，"韩李《论语笔解》十卷"条，华东师范大学出版社1985年版，第278页。

② 王先谦：《庄子集解》，第95页。

经为准则，即所谓的"依经立义"，甚至处理具体的日常事务也要依从经典，如"以《禹贡》治河，以《洪范》察变，以《春秋》决狱，以三百五篇当谏书"①。但随着章句注疏之学的盛行，先王之道逐渐湮没在繁杂的章句训诂、名物制度中，圣贤的微言大义变得微茫难求。其情形，略如班固《汉书·艺文志》所批评的："古之学者耕且养，三年而通一艺，存其大体，玩经文而已，是故用日少而畜德多，三十而五经立也。后世经传既已乖离，博学者又不思多闻阙疑之义，而务碎义逃难，便辞巧说，破坏形体；说五字之文，至于二三万言。后进弥以驰逐，故幼童而守一艺，白首而后能言；安其所习，毁所不见，终以自蔽。此学者之大患也。"于是，就有学者开始改变分章析句的治学方式，直接叩问经文大义，以明圣贤之道，甚至模拟经典来著书立说，著名者如扬雄，"好古而乐道"，以为"经莫大于《易》"，"传莫大于《论语》"，故模拟《周易》作《太玄》，模拟《论语》作《太玄》；②据《旧唐书·王勃传》记载，又有隋时人王通③"依《春秋》体例，自获麟后历秦、汉至于后魏，著纪年之书，谓之《元经》。又依《孔子家语》、扬雄《法言》例，为客主对答之说，号曰《中说》。"自安史之乱以来，复兴儒学的思潮开始高涨，人们急切地追求明道，既然舍传求经已不能满足这一要求，那么就必然地转向原经求道、依经立义，而扬雄等人模拟经典的做法就成了后人效法的榜样，张籍在所作《与韩愈书》中的呼喊可以看成是此举的代表：

　　尝以为世俗陵靡，不及古昔，盖圣人之道废弛之所为也。宣尼殁后，杨朱、墨翟，恢诡异说，干惑人听，孟轲作书而正之，圣人之道复存于世。秦氏灭学，汉重以黄老之术教人，使人浸惑。扬雄作《法言》而辩之，圣人之道犹明。及汉衰末，西域浮屠之法，入于中国。中国之人，世世译而广之。黄老之术，相沿而炽。天下之言善者，惟二者而已矣。昔者，圣人以天下生亼之道旷，乃物其金、木、水、火、土、谷、药之用以厚之；因人资善，乃明乎仁义之德以教之，俾人有常，故治生相存

────────────────

①　皮锡瑞著，周予同注释：《经学历史》，第90页。
②　见《汉书·扬雄传赞》，中华书局1962年版，第3583页。
③　关于王通其人其学的真实性以及具体内涵，尹协理、魏明《王通论》（中国社会科学出版社1984年版）以及邓小军《唐代文学的文化精神》（台北文津出版社1993年版）中的"河汾之学考论"一节都有详细的考证、评述，可考参。

而不殊。今天下资于生者，咸备圣人之器用；至于人情，则溺乎异学而不由乎圣人之道，使君臣、父子、夫妇、朋友之义沉于世而邦家继乱，固仁人之所痛也。自扬子云作《法言》，至今近千载，莫有言圣人之道者。言之者，惟执事焉耳。习俗者闻之，多怪而不信，徒相为訾，终无裨于教也。执事聪明文章，与孟轲、扬雄相若。盍为一书，以兴存圣人之道，使时之人、后之人，知其去绝异学之所为乎？曷可俯仰于俗，嚣嚣为多言之徒哉？然欲举圣人之道者，其身亦由之也。比见执事多尚驳杂无实之说，使人陈之于前以为欢，此有以累于令德。又商论之际，或不容人之短，如任私尚胜者，亦有所累也。先王存六艺，自有常矣。有德者不为，益以为损，况为博塞之戏与人竞财乎？君子固不为也。今执事为之，以废弃时日，窃实不识其然。且执事言论文章，不谬于古人，今所为或有不出于世之守常者，窃未为得也。愿执事绝博塞之好，弃无实之谈，弘广以接天下之士，嗣孟轲、扬雄之作，辩杨墨、老释之说，使圣人之道复见于唐，岂不尚哉？籍诚知之，以材识顽钝，不敢窃居作者之位，所以资于执事而为之尔。若执事守章句之学，因循于时，置不朽之盛业，与夫不知言亦无以异矣。①

在这封书信中，张籍劝告韩愈抛弃章句之学，做成不朽之业，以孟子、扬雄为榜样，著书排斥释老异说、阐扬圣人之道，而不要求博塞之好、作无实之谈，且表示自己本有著书传道之意，但因"材识顽钝"而寄望于韩愈。对此，韩愈有自己的看法，他在《答张籍书》中表示出对张籍讥其所为乃无实驳杂之说不以为然，坦然承认自己是有意为之，"所以为戏耳"，对著书传道，则认为"所谓著书者，义止于辞耳"，"宣之于口"与"书之于简"没有多大差别，且指出自己"自得圣人之道而诵之，排前二家有年矣"，并且是不遗余力地去做了，而之所以不著书，还在于"惧吾力之未至……请待五六十然后为之，冀其少过也"。张籍对于韩愈的答复显然是不满意的，他又写信继续劝说，希望韩愈著书传道并且勿"以驳杂无实之说为戏"："天下至广，民事至众，岂可资一人之口而亲谕之者？近而不入则舍之，远而有可谕者又岂可以家至而说之乎？故曰莫若为书，为书而知者，则可以化乎天下矣，可以传于

---

① 张籍：《张司业集》卷八，《四库全书》本。

后世矣。若以不入者而止为书，则为圣人之道奚传焉？……古之学君臣父子之道，必资于师。师之贤者，其徒数千，或数百人，是以没则纪其师之说以为书，若孟轲者是已，传者犹以孟轲自论集其书，不云没后其徒为之也。后轲之世发明其学者，扬雄之徒，咸自作书。今师友道丧，浸不及扬雄之世，不自论著以兴圣人之道，欲待孟轲之门人必不可冀也。君子发言举足，不远于理，未尝闻以驳杂无实之说为戏也。执事每见其说，亦拊几呼笑，是挠气害性，不得其正矣。……"（《重与韩退之书》）韩愈接信后又做了答复，除了对驳杂之讥予以辩说外，还明言"己之道乃夫子、孟轲、扬雄之道"，表明直承道统的意志和自信；另外，尤其值得注意的是，韩愈关于排斥佛老的困难以及行道与著书的关系所作出的说明。他认为信事佛老的多为公卿辅相，不敢"昌言排之"，加之佛老行于中土"六百年有余"，"其植根固，其流波漫，非所以朝令而夕禁"，这些都是排斥佛老、倡明儒道的困难。而且，韩愈看到孔子"其道虽尊，其穷也亦甚矣！赖其徒相与守之，卒有立于天下"，因此他就更不可能"独言之而独书之"了。在行道与著书的关系上，韩愈指出："观古人，得其时行其道，则无所为书；书者，皆所以不行乎今而行乎后者也。今吾之得吾志失吾志未可知，俟五六十为之未失也。天不欲使兹人有知乎，则吾之命不可期；如使兹人有知乎，非我其谁哉？其行道，其为书，其化今，其传后，必有在矣。"可见，与著书以传道相比，韩愈更加注重现时的行道。但不论是传道还是行道，韩愈对儒道的信念是毋庸置疑的，"非我其谁"的气概也实在令人感佩，尽管他还有一定的天命论思想。通过韩愈和张籍两人的四封书信可以看出：一、排击佛老、阐扬儒道，已成为当时有识之士的迫切愿望。二、对于文学的价值，两人存在不同看法。张籍过于拘泥于理道，认为言语、作文和立身、行事一样，都要符合圣贤的经典和道义，所谓"发言举足，不远于理，未尝闻以驳杂无实之说为戏"；而韩愈则看到了文章戏谑的功能和价值，并引《诗》《礼记》等经典为据，认为"以文为戏"并不害于道。三、在此尤其值得注意的是，对于行道还是著书，虽然韩愈和张籍存在一定的分歧，但原经求道、依经立义的方式是他们共同认可的，他们都不愿固守章句之学，而主张直追孔孟儒道，韩愈则分明以"道统"继承者自居。张籍强调仿效孟子、扬雄等人著书立说以排击异端、传扬儒道，韩愈则希望直接在现实中实现孔孟的仁政王道，在不得志的情况下就著书传道。

由此，我们就可以明白，韩愈原经求道、依经立义的"五原"，即《原道》《原性》《原毁》《原人》《原鬼》的出现就不是偶然的了。① 据学者考证，韩愈和张籍之间往还的这四封书信，均作于贞元十四年（798），② 而所谓的"五原"，其作年难以定论，"宋以后不少人推论：其中某些篇章是韩愈少年或老年时代作品（如程颐、童第德等），也有人推论是韩愈中年时代作品（如朱熹、钱基博等）"③，朱熹的一条意见值得注意，他指出："《原性》，方作《性原》。今按《原道》《原人》《原鬼》之例，作《原性》为是。又此'五原'篇目既同，当是一时之作。《上兵部李侍郎书》所谓'旧文一卷，扶树教道，有所明白'者，疑即此诸篇也。然则皆是江陵以前所作，程子独以《原性》为少作，恐其考之或未详也。"④ 陈克明《韩愈年谱及诗文系年》赞同朱熹等人的分析，认为是韩愈中年时代所作⑤；张清华《韩学研究》（下册）亦在朱熹的意见的基础上，明确地将"五原"的作年系于贞元二十年（804），认为"五原篇目体例既同，当是一时之作"，疑即《上兵部李侍郎书》中所云"旧文一卷"诸篇，"当是江陵前困扼之境中作"，"《李员外寄纸笔》云：'莫怪殷勤谢，虞卿正著书。'（《韩昌黎全集》卷9）也当指此。"⑥ 又有学者则将"五原"的作年定于贞元十五年秋、冬之季。⑦ 尽管"五原"的具体作年难以

---

① 查屏球指出："张籍在《上韩昌黎书》中则极力鼓励韩愈作书……其所言'书'当指《论语注》之类的解经之作。"（《唐学与唐诗——中晚唐诗风的一种文化考察》第123页）我们认为，与其说张籍所言"书"是指《论语注》之类的解经之作，还不如说是"五原"这样的依经立义之作，因为张籍所效法的孟子、扬雄所作的都是依经立义乃至拟经的著作，与解经之作是有着重要区别的。

② 据张清华《韩学研究》（下册），江苏教育出版社1998年版，第97—107页。关于韩愈两封答书的作年，历来说法较多，有贞元十一年、贞元十二年、贞元十三年等说，陈克明《韩愈年谱及诗文系年》（巴蜀书社1999年版）将之系于贞观十二年；张清华《韩学研究》（下册）则对有关说法进行了考辨，据韩愈和张籍的交往情况以及韩愈正式就任汴州观察推官的时间、张籍书信的有关内容等断定韩愈两封答书的作年以及张籍书信的作年都在贞元十四年，颇可信从。屈守元、常思春主编《韩愈全集校注》（四川大学出版社1996年版）亦将韩愈两封答书的作年系于贞元十四年。

③ 陈克明：《韩愈年谱及诗文系年》，第680页。

④ 朱熹：《原本韩集考异》卷四"原性"题下按语，《四库全书》本。

⑤ 陈克明：《韩愈年谱及诗文系年》，第680—681页。

⑥ 张清华：《韩学研究》（下册），第185—186页。

⑦ 卞孝萱、张清华、阎琦：《韩愈评传》，南京大学出版社1998年版，第80页。作者还在该页加注云："此处断为作于贞元十五年的理由是：一、李翱贞元十八年二十九岁时作《复性书》上中下三篇，显然是因为读了《原道》《原性》之后有所发挥而作的。考李翱行踪，贞元十八年以前，仅在贞元十六年曾往徐州与韩愈相会，此外再未相间；二、贞元十六年，愈往京师朝正，同榜进士欧阳詹欲率四门生徒伏阙举韩愈为博士，此举的直接原因当因韩愈的'五原'写作。"

最终论断，但有一点可以肯定，"五原"是在韩愈仕途遭到挫折、抑郁不得志的情况下写成的。韩愈四举于礼部，于贞元八年中举，又三试于吏部，惜未果，可谓是"十年长安求仕，备尝辛苦，仅得一第，并未得到一官半职"①。无奈之下，从贞元十二年起，韩愈先后在汴州、徐州佐幕，然郁郁寡欢，并不得志②，直至贞元十七年，韩愈回京任国子博士，两年后迁监察御史，又因上疏《御史台上论天旱人饥状》指斥弊政而贬逐阳山，本为尽职尽忠，"拜疏移阁门，为忠宁自谋"，却落得贬官于蛮荒之地的下场，"乃反迁炎州"，其对欲行仁政王道的韩愈的打击是可想而知的，事后韩愈自己就作了深刻的反省，"孤臣昔放逐，血泣追愆尤，汗漫不省识，怳如乘桴浮"（《赴江陵途中寄赠王二十补阙李十一拾遗李二十六员外翰林三学士》）。既然不为人主所知、不能顺利地行道，韩愈自然也就会如其所说而于不得志时留意于著书传道，这在作于永贞元年（805）十二月九日的《上兵部李侍郎书》说得很清楚：

> 愈少鄙钝，……应兹觅官，凡二十年矣。薄命不幸，动遭谗谤，进寸退尺，卒无所成。性本好文学，因困厄悲愁无所告语，遂得究穷于经传史记百家之说，沉潜乎训义，反复乎句读，砻磨乎事业，而奋发乎文章。凡自唐虞以来，编简所存，大之为河海，高之为山岳，明之为日月，幽之为鬼神，纤之为珠玑华实，变之为雷霆风雨，奇辞奥旨，靡不通达。惟是鄙钝不通晓于时事，学成而道益穷，年老而智益困，私自怜悼，悔其初心，发秃齿豁，不见知己。……谨献旧文一卷，扶树教道，有所明白……③

由于"困厄悲愁无所告语"遂发奋于文章，以期"扶树教道，有所明白"，而"五原"主旨恰与此相类。尤其是作于贞元二十年的《李员外寄纸笔》更透露出此间的消息，其中有句云："莫怪殷勤谢，虞卿正著书"，文谠注曰："公自喻也。《史记》（《虞卿列传》）：'虞卿，游说之士也。去赵，困于梁。不得意，乃著书，上采《春秋》，下观近世，著《节义》《称号》《揣摩》凡

---

① 卞孝萱、张清华、阎琦：《韩愈评传》，第67页。
② 如作于贞元十三年的《复志赋（并序）》云："固余异于牛马兮，宁止于饮水而求刍？伏门下而默默兮，竟岁年以康娱"，作于贞元十五年的《从仕》云："居闲食不足，从仕力难任。两事皆害性，一生恒苦心。黄昏归私室，惆怅起欢音。弃置人间世，古来非独今"，都是韩愈壮志难酬的反映。
③ 韩愈撰，钱仲联、马茂元校点：《韩愈全集》，上海古籍出版社1997年版，第166页。

八篇，以讥刺国家得失，世传之曰《虞氏春秋》。太史公曰：虞卿非穷愁亦不能著书已自见于后世云。'"① 这些充分说明了，韩愈"五原"之作是在政治上不得志，无法行其道的情况下，才著书以传其道的。从"五原"本身来说，也与传道之旨相符合，可以视为原经求道、依经立义的代表。而李翱的《复性书》三篇，亦是原经求道、依经立义的著述，主要依据《中庸》来发挥其性命之"道"。兹一并讨论。

上文已经提到，经学领域的原经求道依经立义是在复兴儒学的大背景下出现的，而之所以要复兴儒学，一个重要的原因就是在三教争衡的形势下儒学地位的衰落，乃至出现了"举夷狄之法，而加之先王之教之上，几何其不胥而为夷"（韩愈《原道》）的担忧。而儒学在争衡中的劣势，与其自身有很大的关系，刘禹锡对此有所评说："儒以中道御群生，罕言性命，故世衰而浸息。佛以大悲救诸苦，广启因业，故劫浊而益尊。"（《袁州萍乡县杨岐山故广禅师碑》）从韩愈"五原"和李翱的《复性书》来看，他们著书传道的一个重要出发点和主旨就是在三教争衡中批驳佛老之学而倡扬儒道。由于他们自身对佛老异端之学的认识不尽相同，导致他们在批驳时的立论重点、选取的主要经典、叙述的道统等方面，都出现了很大的差异。具言之，韩愈认为的道德指的是仁义之道，倡扬的是孔孟仁政学说，叙述的是尧、舜、禹、汤、文、武、周公、孔、孟的道统，并以孔孟道统的继承人自居。而反对佛老之学，则主要从维护纲常秩序角度来立论，所以他特别拈出《礼记》中的《大学》一篇，指出："《传》曰：'古之欲明明德于天下者，先治其国；欲治其国者，先齐其家；欲齐其家者，先修其身；欲修其身者，先正其心；欲正其心者，先诚其意。'然则，古之所谓正心而诚意者，将以有为也。今也欲治其心，而外天下国家，灭其天常；子焉而不父其父，臣焉而不臣其臣，民焉而不事其事"（《原道》），并引述《春秋》《诗经》中的有关言论强调夷夏之变。这与韩愈在《论佛骨表》所持论基本一致。由此可见，韩愈反对异端之学不是从性情之辨等理论层面而是从封建纲常来批驳的，所采取的建议也只能是"人其人，火其书，庐其居"。对于性情理论，韩愈虽然有《原性》一篇专门讨论，也强调了《大学》中关于提高个人修养利于安邦治国的论述，

---

① 屈守元、常思春主编：《韩愈全集校注》第 163 页注释六引。

在与李翱合著的《论语笔解》以及贞元九年所作《省试颜子不贰过论》中也注意到了《论语》《中庸》中有关性命之学的见解，但遗憾的是，韩愈对性情理论没有深入地阐述，尤其值得注意的是，在《原性》一文中，他对孟子的性善论、荀子的性恶论、扬雄的性善恶混三种说法提出了批评："三子之言性也，举其中而遗其上下者也；得其一而失其二者也"，并依据孔子所谓的"惟上智与下愚不移"而持性三品说："上之性，就学而愈明；下之性，畏威而寡罪；是古上者可教，而下者可制也。其品则孔子谓不移也。"正是基于这种性三品论，韩愈在谈到致治之术的时候强调"制"民以权而不是"教"民以智："古之君天下者，化之不示其所以化之之道；及其弊也，易之不示其所以易之之道；政以是得，民以是淳。"（《本政》）① 所以，我们有必要指出：其一，韩愈推尊孟子，认为孟子得孔子真传，"求观圣人之道，必自孟子始"（《送王秀才序》），并倡扬孔孟仁政学说，这些都提升了孟子的地位，对《孟子》一书由子入经具有重要意义②，从这个意义上讲，韩愈对宋代儒学在选取经典时逐渐由五经转向四书，是有着开拓之功的；但是，我们也必须看到，韩愈对孟子的推崇，主要是基于其排击杨、墨异端之学，承传孔氏仁义之说的功绩，而韩愈自身也是把自己辟佛老比作孟子排杨、墨，从而厕身于儒家孔孟道统之列，这在他作于元和十五年（820）的《与孟尚书书》中有着更清晰的表白："孟子虽贤圣，不得位，空言无施，虽切何补？然赖其言，而今学者尚知宗孔氏，崇仁义，贵王贱霸而已。……向无孟氏，则皆服左衽而言侏离矣：故予尝推尊孟氏，以为功不在禹下者，为此也。……释、老之害过于杨、墨，韩愈之贤不及孟子，孟子不能救之于未亡之前，而韩愈乃欲全之

---

① 韩愈于贞元十四年主持汴州乡试所出策问中已提出共治抑或独运的问题，《进士策问十三首》[按：屈守元、常思春主编《韩愈全集校注》将之系于贞元十四年，张清华《韩学研究》（下）亦将之系于是年，并指出："非一岁所作，编者集之耳。其中前六个题目，是此次考试所出。"]（其一）云："问：《书》称'汝则有大疑，谋及乃心，谋及卿士，以至于庶人龟筮，考其从违，以审吉凶'，则是圣人之举事兴为，无不与人共之者也；于《易》则又曰：'君不密则失臣，臣不密则失身，几事不密则害成。'而《春秋》亦有讥'漏言'之词，如是，则又似不与人共之而独运者：《书》与《易》《春秋》，经也。圣人于是乎尽其心焉耳矣。今其文相戾悖如此，欲人之无疑，不可得已。是二说者，其信有是非乎？抑所指各殊，而学者不之能察也？谅非深考古训，读圣人之书者，其何能辨之？此固吾予之所宜无让者，愿承教焉！"韩愈《本政》所论，可以看作是他自己对这个问题的回答；显然，他是主张独运的，而其理论基础即是性三品论。

② 周予同先生称之为"孟子升格运动"，对之有详细考述，见《周予同经学史论著选集》第289—290 页。

于已坏之后……似其道由愈而粗传，虽灭死万万无恨。"尽管韩愈赞同孔孟仁政学说，在《原道》一文中孔孟所传的先王之教有详细阐述，内容涉及了仁义道德、文、法、民、位、服、居、食等各个方面，但他对孟子建立仁政学说的性善论并没有过多地关注并予以强调，对仁政王道的性情根源也没有深究并加以理论阐发，甚至坚持性三品论而对孟子的性善论作了批评，而这与宋儒以来偏于对《孟子》一书中性命之学的关注、认同并阐发，实在是大异其趣。所以，韩愈对《孟子》的推尊，与宋儒讲求性命之学而对《孟子》予以阐发，是有着重要差异的。其二，关于揭橥《大学》一篇，陈寅恪先生给予了高度评价，他说："退之首先发现《小戴记》中《大学》一篇，阐明其说，抽象之心性与具体之政治社会组织可以融会无碍，即尽量谈心说性，兼能济世安民，虽相反而实相成，天竺为体，华夏为用，退之于此以奠定后来宋代新儒学之基础。"① 我们认为，韩愈首次拈出《大学》一篇，确实能给宋人以重要启示，提示后人注意《大学》篇中关于性命之学的论述，并将之与安邦治国结合起来，但韩愈本人对其中的性命之学并没有给予理论阐述，他的目的在于引证儒家经典来批驳佛老异端只求修身养性，而不讲济世安民，这有悖先王之教，也无从践履王道仁政。韩愈并非如陈氏所云"天竺为体，华夏为用"，他主张的是承继先王之道，以夏制夷，在他看来，孔孟之道既是体又是用，"其为教易明，而其为教易行也"，对佛老异端则应该"人其人，火其书，庐其居，明先王之道以道之，鳏寡孤独废疾者有养"（《原道》），"何有去圣人之道，舍先王之法，而从夷狄之教以求福利也？"（《与孟尚书书》）其三，关于韩愈的性三品论，也不宜过高地估价。他依据孔子的个别言论，即"惟上智与下愚不移"以立说，从思想渊源来讲，则是对董仲舒性三品说的继承②，并没有在理论深度上作出多少发展，而且，就对回应佛老之学的挑战来说，也没多少力度，"不能使其徒无哗而劝来者"（李翱《去佛斋》）。究其原因，诚如张跃所说："在南北朝和唐代关于佛性的讨论中，有多数学者基本上接受了'一切众生皆有佛性'的观点，认为每一个人都有超凡成佛的可能。在这种情况下，韩愈仍然承袭旧说，认为人性的三品不可能根

① 陈寅恪：《论韩愈》，载《金明馆丛稿初编》第285—297页。
② 许凌云《中国儒学史·隋唐卷》（广东教育出版社1998年版）第216页即指出："董氏曾把人性分成圣人之性、中民之性、斗筲之性三种，韩愈的性三品说当来源于此。"

本改变，就等于告诉下品的人，即使修身养性也无济于事，这样就不能给全体社会成员指出普遍的希望，也就难以同佛家和道教争夺群众。"① 其实，关于韩愈在性情理论方面的缺憾以及由之表现出来的自相矛盾，北宋贯通儒释的僧人契嵩早就一针见血地指出：

> 始视韩子《原道》，止以仁义为道德，谓韩子如此当绝不识儒之道德也。其后见彼《颜子不贰过论》曰："圣人抱诚明之正性，根中庸之正德"，又引《中庸》曰："自诚明谓之性，自明诚谓之教"，又曰："皆谓不能无生于其心，而不暴之于外，考之于圣之道，差为过耳。"夫中庸、诚明者，真圣贤道德；仁义，百行之根原也。如此，韩子固亦知有中庸、诚明之道德，《原道》何故弃之而不言也？谓人不足与知此道耶？谓人固不可忽欤？或将匿善而不尽言耶？君子固不可匿善也。是必韩子徒见其诚明、中庸之语，而心未通其理乎。然理最为几微精审，而不易至也。七十二子之徒，孔子于此，独与颜渊乃曰"其殆庶几乎"，而颜子至之，故其言鲜过。今韩子推本乎圣人之道德，仁义与人何尚？其文字前无后有，自相反乱，是可谓至。其至乎心，不达诚明、中庸至理，虽益著书，可传以为法乎？②

所以，我们在称誉韩愈在倡扬孔孟儒道、推尊《孟子》、"发现"《大学》等方面对后人所起的示范和启发意义、在学术史上所具有的重要贡献之外，也要实事求是地指出其在性情理论方面的不足。易言之，韩愈在为适应社会巨变时代的思想转型而重振儒家孔孟道统，其功厥伟，但理论建设并不完备。

这一缺憾，主要是由韩愈的学生李翱来弥补的。可以这样认为，李翱《复性书》三篇，通过挖掘《中庸》《周易》等经典中的理论资源，对孔孟仁政王道的性情根源做了深入的理论阐释，从而修正了韩愈在性情学说方面的缺陷和矛盾。李翱认识到，对于佛老异端之学，"惑之者溺于其教，而排之者不知其心，虽辩而当，不能使其徒无哗而劝来者，故使其术若彼其炽也"。（《去佛斋》）故而，他能够着重从心性层面来排佛，而《复性书》三篇所言，

---

① 张跃：《唐代后期儒学》，第 128 页。
② 释契嵩：《镡津集》卷十八《非韩中·第二》，《四库全书》本。

完全可以看作是儒家的性情学说。在《复性书》中，李翱认为人性皆善，"可以循之不息而至于圣"，圣人制礼作乐即是为了"教人忘嗜欲而归性命之道"，是"尽性命之道"。这是对孔孟仁政学说的继承和发挥。继而，他构造了一个性命之道的传授统序，孔子传颜回，惜颜回"短命而死"以至"未到于圣人"；子路、曾子等亦得孔子之传；而孔子之孙子思，则"得其祖之道，述《中庸》四十七篇以传于孟轲"；孟子门人公孙丑、万章之徒，亦传之；后遭秦灭书，"《中庸》之不焚者，一篇存焉"，此道遂废阙，加之所教授者"唯节行、文章、章句、威仪、击剑之术相师"，故而性命之源不知其传矣。于是，李翱慨然以传性命之道者自居："道之极于剥也必复，吾岂复之时邪"，并"书于书，以开诚明之源，而缺绝废弃不扬之道，几可以传于时。命曰《复性书》，以理其心，以传乎其人"。这些都表明，李翱所重在阐发性命之道，他所叙述的道统、他所倚重的经典《中庸》都是为之服务的，而他自己也自视为性命之道的传人，认为"夫子复生，不废吾言"。具体而言，李翱的性命学说采择了《中庸》《易》《诗》《大学》《孟子》《论语》等经典，主要取资的则是《中庸》，欧阳修甚至明确指出"此《中庸》之义疏尔"（《读李翱文》）。李翱认为人皆有性有情，性皆是善的，而情则是邪的，"百姓之性与圣人之性弗差"，之所以有圣人、凡人之别，主要是因为"圣人者寂然不动，不往而到，不言而神，不耀而光，制作参乎天地，变化合乎阴阳，虽有情也，未尝有情"，而凡人则为情所困而迷失其性："情之所昏，交相攻伐，未始有穷，故虽终身而不自睹其性。"因此，他建议忘情以复性，"妄情灭息，本性清明，周流六虚，所以谓之能复其性"，经过斋戒、至诚、格物致知等途径，就不仅可以"修是道而归其本"，而且能够"教天下"，不仅可以复性，而且能够治世，即李翱所云："知至，故意诚；意诚，故心正；心正，故身修；身修，而家齐；家齐，而国治；国治，而天下平；此所以能参天地者。"最后，李翱还对复性的必要性作了解释：

> 人之不力于道者，昏不思也。天地之间，万物生焉，人之于万物，一物也。其所以异于禽兽虫鱼者，岂非道德之性乎哉？受一气以成其形，一为物而一为人，得之甚难也。生乎世，又非深长之年也，以非深长之年行甚难得之身，而不专专于大道，肆其心之所为，则其所以自异于禽

兽虫鱼者亡几矣。昏而不思其昏也，终不明矣。①

这样，在《复性书》三篇中，李翱就将修身养性的必要性、可能性、具体途径以及修身养性对个人和国家的意义都说得很清楚了。正是基于这样的认识，李翱在谈到治国安邦的时候，特别重视修身齐家、劝人正心向善，如他在《正位》一文中指出："古之善治其国者，先齐其家，言自家之刑于国也。欲其家之治，先正其名而辨其位之等级。……出令不当，行事不正，非义而言，三者不得，虽日挞于下，下畏其刑而不敢违，欲其心服而无辞也，其难矣。……彼人者，岂言其家之不治哉？纵其心而无畏，欲人之于我无违，故及于斯而不知也。然则可改而为善乎？曰：耳目鼻口，四支百骸，与圣人不殊也。圣人之道化天下，我独不能自化亦足羞也。思其不善而弃之，则百善成，虽希于圣人犹可也。改为何有？如不思而肆其心之所为，则虽圣人亦无可奈何。"又如在《学可进》一文中所强调的也恰恰在于养心复性以至于圣人："百骸之中有心焉，与圣人无异也，嚚然不复其性，惑矣哉！道其心弗可以庶几于圣人者，自弃其性者也，终亦亡矣"，而不像韩愈《进学解》中诲人以"业精于勤荒于嬉，行成于思毁于随。……业患不能精，无患有司之不明；行患不能成，无患有司之不公"，注重的是学业和行事，而并没对性情问题表现出浓厚的兴趣。所以，李翱的《复性书》三篇，从根本上说，也就是对仁政王道的一个性情根源的论证，从而对韩愈的"五原"作了重要的修正和补充。尤其值得注意的是，李翱不仅特别重视《中庸》，还对其中的性情理论作了深入的阐发，这些都对后人有深远影响。

因此，总的来说，韩愈和李翱实各有侧重、各有贡献，彼此密不可分，甚至可以说是相得益彰，正如宋人叶梦得在《岩下放言》卷下所说："二人要不可偏废，将以正人，则不可无退之；将以自治，则不可无习之（李翱）。"韩愈和李翱在舍传求经、原经求道方面对当时人以及后人都有影响，尤其是特别重视《孟子》《大学》《中庸》《论语》等经典，并依据这些经典对仁政王道及其性情理论作出阐发，使得儒家内圣外王之学逐渐由偏于外王向偏于内圣转型，由五经系统向四书系统转型，起到了示范和引导的作用，在经典选择和理论建构上都为宋明理学作了富于开创性的积累。

---

① 李翱：《李文公集》卷二，《四库全书》本。

　　以上所论，就是在复兴儒学背景下在经学领域出现的"新风"，这种"新风"主要表现为舍传求经、以己意解经和原经求道、依经立义两大方面。啖助、赵匡、陆质（淳）的《春秋》新学和韩愈、李翱的经学可以看作其中的代表。这种经学新风通过官学、私学教育以及科举等途径，不仅在当时产生了普遍影响，① 更为赵宋以来的经学新变奠定了重要基础。

---

　　① 陆质（淳）传其学于吕温、柳宗元等，韩愈本人又抗颜为师，门人众多，李翱、张籍等人为其中的佼佼者，而陆质、韩愈、李翱等人又都担任过国子博士，讲学于国子监，是为学术传播的教育途径；韩愈于贞元十四年主持汴州乡试时所出《进士策问十三首》（其四）所云："问：夫子既没，圣人之道不明，盖有杨、墨者，始侵而乱之，其时天下咸化而从焉；孟子辞而辟之，则既廓如也；今其书尚有存者，其道可推而知不可乎？其所守者何事？其不合于道者几何？孟子之所以辞而辟之者何说？今之学者有学于彼者乎？有近于彼者乎？其已无传乎？其无乃化而不自知乎？其去传也，则善矣；如其尚在，将何以救之乎？诸生学圣人之道，必有能言是者，其无所为让"，则显然可见其学术传播的科举途径，而查屏球《唐学与唐诗——中晚唐诗风的一种文化考察》一书中"《春秋》学派与科场文化"一节更是对权德舆主持科举考试与《春秋》新学的传播之关系作了具体考索。再从经学领域的实际情况来看，受此新风影响，出现了一批舍传求经的著述，如刘轲《三传指要》、李瑾《春秋指掌》、张杰《春秋指元》、陆希声《春秋通例》、陈岳《折衷春秋》等《春秋》学方面的著作以及韦彤《五礼精义》、丘敬伯《五礼异同》，等等。至如原经求道、依经立义，则有刘轲《翼孟》、柳宗元《非国语》《守道论》等。白居易《白氏长庆集》卷四十三《代书》称刘轲"开卷慕孟轲为人，秉笔慕扬雄司马迁为文，故著《翼孟》三卷、《豢龙子》十卷、杂文百余篇，而圣人之旨、作者之风，虽未臻极，往往而得"，可知《翼孟》乃为孟子之道而作，而据朱彝尊《经义考》卷一百七十七"刘氏轲《三传指要》"条下所载刘轲自述，可知《翼孟》和《三传指要》《十三代名臣议》都是元和年间所作。柳宗元则将其《非国语》比作李景俭《孟子评》，同视为明道之书，其《非国语序》云："左氏《国语》，其文深闳杰异，固世之所耽嗜而不已也。而其说多诬淫，不概于圣。余惧世之学者溺其文采而沦于是非，是不得由中庸以入尧、舜之道。本诸理，作《非国语》"，所谓"本诸理"，即本诸尧舜孔孟之道，观其篇中多引用孔孟之语可知也；而柳宗元于元和四年撰成《非国语》后又专门修书与吕温，其中明言："道不明于天下，而学者之至少也。……以道之穷也，而施乎事者无日，故乃挽引，强为小书，以志乎中之所得也。……苟不悖于圣道，而有以启明者之虑，则用是罪余者，虽累百世滋不憾而恶焉。"则柳氏《非国语》亦如韩愈《原道》之作，乃是不得行道之际的忧患之作，本为明道而发，依先王之道、孔孟之典而求道、立义。他如柳宗元的《守道论》，则更是依经立义之作，主要是依据《礼记》《孟子》等来辩驳"守道不如守官"之论。至于当时社会上对性命之学的探讨之风，如皇甫湜、杜牧、陆希声、皮日休等都有相关论述，以及人们对《孟子》一书的重视，如皮日休不仅建议让韩愈配享太学，甚至建议将孟子列入科举明经之目，这些也都反映了韩愈、李翱重视《孟子》、重视性命之学所产生的影响。

第二章　北宋庆历以前的经学面貌

公元960年，赵匡胤陈桥兵变，黄袍加身，建立了赵宋王朝，结束了五代战乱频仍、分崩离析的局面。这一时期，延续、加剧了中晚唐在经济、政治领域的深刻变化。在经济领域，均田制彻底崩溃，土地私有制占有绝对优势，正如漆侠先生所说："从唐中叶以来，均田、屯田、营田等国有（土）地日趋衰落，而土地私有制则日益发展，到北宋，私有土地远远超过了国有土地……自北宋以来土地私有制一直居于压倒的优势地位。这是唐中叶以来土地占有关系中一个具有关键意义的变化。"① 在此基础上，封建租佃制关系取代了农奴制，两税法取代租庸调制的措施也得以进一步巩固，这些都使得农民对地主的人身依附更趋松弛，从而在很大程度上调动了生产者的积极性，促使社会经济有了持续的发展，商品经济亦开始初具规模，而这些正是宋代发达的科技文化所得以造就的物质基础；另一方面，也正由于人身依附的松弛，使得不断加强在思想领域的控制，日益成为时代的需求，如"同风俗、一道德"的呼声是君臣一致而又非常强烈的，这在封建君主集权制日趋强化的制度层面也有所反映，譬如，在科举制度中由重诗赋而重策论，再到罢黜诗赋而以经义取士，并将中央颁布的经义作为科举取士的标准和学校教育的范本，这正是加强思想统治的需要。在政治领域，自隋唐以来的科举制度更趋完善，采取了"锁院"，"弥封"、"誊录"以及禁止"公荐"等措施以保证科考的公平，更向贫寒子弟倾斜而对官僚世家子弟应考作了诸如"别试"、"复试"等严格的限制，同时统治者又大幅度地扩大录取名额，如王水照援引张希清《北宋贡举登科人数考》一文的有关统计指出："据统计，北宋一代开科69次，共取正奏名进士19281人，诸科16331人，合计35612人，如果包括特奏名及史料缺载者，取士总数约为61000人，平均每年约360人。这不

---

① 漆侠：《宋学的发展和演变》，河北人民出版社2002年版，第62页。

仅与唐代每次取士二三十人相比数差悬殊，而且也为元明清所不及，真可谓
'空前绝后'。"① 加之，宋代举子考中后即可做官，而不必如唐代那样在贡举
考中之后要再经吏部考试合格方能担任官职，于是，利禄之路更趋简便，士
人向学之心亦炽矣。其结果，一方面使得贫寒庶族更进一步地取代士族而登
上历史舞台，如"在《宋史》有传的北宋 166 年间的 1533 人中，以布衣入仕
者占 55.12%，比例甚高；北宋一至三品官中来自布衣者约占 53.67%，且自
宋初逐渐上升，至北宋末已达 64.44%"②，从而使赵宋政治面貌呈现不同的
特质，"与士大夫治天下"的局面逐渐形成，正如柳诒徵所说："宋之政治，
士大夫之政治也。政治之纯出于士大夫之手者，惟宋为然。故惟宋无女主、
外戚、宗王、强藩之祸。宦寺虽为祸而亦不多，而政党政治之风，亦开于
宋。"③ 另一方面，由于贫寒士人多是通过艰苦的科举考试而进入政府的，因
而士风较为昂扬，纷纷以天下为己任，自范仲淹以来已成一时之风气。总之，
在科举制度的影响下，加之印刷术的广泛应用、学校教育的日趋完善，就政
府机构的成员而言，往往是集文人、学者、官僚于一身；就北宋政治的演进
而言，又与党议、党争密不可分，"庆历新政"与"熙宁变法"，可以说是北
宋政治进程中的两座里程碑。此外，鉴于中晚唐以来藩镇割据、内轻外重的
经验教训，赵宋王朝实行了重内轻外、以文抑武的政策，如削弱藩镇而加强
中央集权，"稍夺其权，制其钱谷，收其精兵"④，又如在官员选任方面、俸
禄待遇方面都明显地偏向于文士，借倚重文士以抑制武人，这些也都是士大
夫政治或者说是文官政治得以维系的有力保证。因而，研究北宋经学，离不
开对党争、科举等的考察，因为它们集于士人一身，学术的演进既在党争、
科举中有所反映，而党争、科举等又在很大程度上促进了学术的变迁。而统
治者采取的以儒为主，儒、释、道三教并用的政策，又从根本上决定了自中
唐以来的儒学复兴运动进一步地蓬勃展开，并最终确立了程朱理学体系的统
治地位。这些，都是北宋经学发展变化的重要背景，其演进也经历了一个漫

---

① 王水照主编：《宋代文学通论》，河南大学出版社 1997 年版，第 6 页。
② 王水照主编：《宋代文学通论》第 6 页，乃取资于陈义彦《从布衣入仕情形分析北宋布衣阶
层的社会流动》一文的统计。
③ 柳诒徵：《中国文化史》，东方出版中心 1988 年版，第 516 页。
④ 李焘：《续资治通鉴长编》卷二，"建隆二年七月戊辰"条，中华书局 1979 年起陆续出版，
第 49 页。

长的过程。基于此，再结合实际情况，我们以"庆历新政"和"熙宁变法"为分界点，将宋室南渡前的经学发展大致分为如下三期：庆历以前是过渡期，承中有变；庆历至熙宁前，是变革期，主要功绩是破汉学；熙宁以来直至北宋灭亡，是自立期，主要功绩是立宋学，出现了"荆公新学"、"苏氏蜀学"、"温公朔学"、"二程洛学"等鼎足而立的学派。

第一节　北宋庆历以前的政风、士风与学风

北宋庆历（1041—1048）之际，是政风、士风、学风转变的一大关捩点。在政治上，为改变积贫积弱的局面而掀起了由范仲淹等人主持的"新政"，虽然仅是昙花一现，但涉及面广、影响深远；在士风上，也由卑弱转而高昂，代表人物如范仲淹、欧阳修等，正如《宋史·忠义传序》所言："士大夫忠义之气，至于五季，变化殆尽。宋之初兴，范质、王溥犹有余憾，况其他哉！艺祖首表韩通，次表卫融，足示意向。厥后西北疆场之臣，勇于死敌，往往无惧。真、仁之世，田锡、王禹偁、范仲淹、欧阳修、唐介诸贤，以直言谠论倡于朝，于是中外缙绅知以名节相高，廉耻相尚，尽去五季之陋矣。"至于学风，则更是为之一变，'据王应麟说，是经学自汉至宋初未尝大变，至庆历始一大变也"①，即主要着眼于学风而言。但值得注意的是，虽然在赵宋立国到庆历间大约八十年的时间里，在政风、士风和学风上都表现出过渡的性质，较多地沿袭唐五代以来的鄙陋之习，但承继中亦有新变的因素在内，甚或可以说是为庆历的新变作了重要的积累。

赵宋王朝，是在唐末五代战乱频仍、军阀割据的局势下重新建立的统一帝国。有鉴于前朝兴亡的历史教训，宋朝立国的主导方针是强干弱枝，加强中央集权而削弱地方势力，宋太祖与赵普的一段对话，即体现了此条立国大计的深意。宋太祖问谋臣赵普道："天下自唐季以来，数十年间，帝王凡易八姓，战斗不息，生民涂地，其何故也？吾欲息天下之兵，为国家长久计，其道何如？"赵普回答说：'此非他故，方镇太重，君弱臣强而已。今所以治之，

---

① 皮锡瑞著，周予同注释：《经学历史》，第220页。

亦无他奇巧，惟稍夺其权，制其钱谷，收其精兵，则天下自安矣。"① 其后施行的一系列措施，都是此主导精神的体现，"诸如设置参知政事和枢密使以分相权，'杯酒释兵权'以去肘腋之患，置通判以'监州'，又各路设'监司'以收揽地方之权，等等，其目的在于'居中驭外'、'强干弱枝'。"② 结果导致"一兵之籍，一财之源，一地之守，皆人主自为之。"③ 此种强化中央集权的做法，固然有其有利的一面，可保地方势力无法与中央抗衡，以至"百年无心腹患"④，但也有着很大的弊端，譬如将不知兵，兵不知将，行军打仗又要受到中央的节制，以至军队的战斗力大大减弱，并形成恶性循环，所谓的三冗问题即冗兵、冗官、冗费等成为困扰统治者的大难题。朱熹曾对赵宋统治策略及其利弊做过分析，他说："本朝鉴五代藩镇之弊，遂尽夺藩镇之权，兵也收了，财也收了，赏罚刑政一切收了，州郡遂日就困弱，靖康之祸，金骑所过，莫不溃散。"⑤ 所以，尽管"从王朝内部来说，两宋三百多年时间，始终没有一股政治势力膨胀到足以威胁赵宋皇位的稳固"，但我们也不得不承认，"赵宋王朝是被一而再、再而三的外族入侵势力所颠覆"⑥ 而这种局面的形成，显然与赵宋统治者"强干弱枝"的主导思想和举措是分不开的。这些思想和措施，甚至被视为祖宗家法而严守勿失，如真宗即谕示宰相张贤齐、李沆曰："先朝皆有成宪，但与卿等遵守，期致和平尔。"⑦ 因此，自宋初的太祖、太宗、真宗三朝以及仁宗朝初年以来，此种因循苟且之风日甚，终至积弊难改，即所谓"因循不革，弊坏日甚"⑧，以至形成积贫积弱的局面，从而使得变革弊政逐渐提上了议事日程，庆历新政和熙宁变法都是在此大背景下出现的。

职此之故，北宋庆历以前政风的主要特征是因循苟且，上自君王、下至

---

① 李焘：《续资治通鉴长编》卷二，"建隆二年七月戊辰"条，第49页。

② 刘复生：《北宋中期儒学复兴运动》，台北文津出版社1991年版，第126页。

③ 叶适：《水心集》卷四《始论二》，《四部丛刊》本。

④ 邵伯温撰，李剑雄、刘德权点校：《邵氏闻见录》，中华书局1983年版，第196页。

⑤ 朱熹撰，黎靖德编，王星贤点校：《朱子语类》卷一百二十八《本朝二》，中华书局1986年版，第3070页。

⑥ 诸葛忆兵：《宋代士大夫的境遇与士大夫精神》，载诸葛氏《宋代文史考论》，中华书局2002年版，第259页。

⑦ 李焘：《续资治通鉴长编》卷四十三，"咸平元年十月乙未"条，第918页。

⑧ 李焘：《续资治通鉴长编》卷一百三十七，"庆历二年闰九月壬午"条，第3297页。

百官，举凡用人、议事多如此，而这些又与统治者对黄老之学的好尚不无关系，正如刘复生所说："统治者竭力提倡黄老'清静无为'之术，把它作为治国的指导思想。七八十年间，因循守旧、不知变化的所谓'俗儒'之气弥漫整个官场，形成政治风尚的最大特色。"① 对此，史料多有记载。如宋太祖，曾召见道士苏澄，问以养生之道，苏答道："臣养生，不过精思炼气耳。帝王养生，则异于是。老子曰：'我无为而民自化，我无欲而民自正。'无为无欲，凝神太和，昔黄帝、唐尧享国永年，用此道也。"宋太祖闻之大悦，并予以重赏。② 可见，宋太祖对清静无为之术是颇为倾心的。而其时辅弼太祖的重臣赵普，也习尚无为，安于清静，如《闻见录》卷六记载："国初，赵普中令为相，于厅事坐屏后置二大瓮，凡有人投利害文字，皆置中，满即椟于通衢。"此种清静无为的治国策略，在太宗一朝的君臣那里得到了进一步的发挥，如太宗极力推崇《道德经》，并以之作为施政重要的指导思想，认为"伯阳五千言，读之甚有益。治身治国之道，并在其内"③，主张"无为之道，朕当力行之"④。而宰相吕蒙正、吕端等人，更是附和乃至劝谕太宗奉行黄老"清静无为"之术，如《续资治通鉴长编》卷三十四所记载的太宗君臣的一段对话即很能说明问题：

> （淳化四年闰十月）丙午，上曰："清净致治，黄老之深旨也。夫万务自有为以至于无为，无为之道，朕当力行之。至如汲黯卧治淮阳，宓子贱弹琴治单父，此皆行黄老之道也。"参知政事吕端等对曰："国家若行黄老之道，以致升平，其效甚速。"宰臣吕蒙正曰："老子称'治大国若烹小鲜'，夫鱼，挠之则溃；民，挠之则乱。今之上封事议制置者甚多，陛下渐行清静之化以镇之。"⑤

而到了真宗朝，则诚如有的学者所说，"主张因循无为的保守势力集团，在太

---

① 刘复生：《北宋中期儒学复兴运动》，第126页。另，刘著第126—131页对宋初因循守旧的情状有详尽阐述，可参考。
② 李焘：《续资治通鉴长编》卷十，"开宝二年闰五月"条，第226页。
③ 江少虞：《事实类苑》卷二，上海古籍出版社1980年版，第21页。
④ 李焘：《续资治通鉴长编》卷三十四，"淳化四年闰十月丙午"条，第758页。
⑤ 李焘：《续资治通鉴长编》卷三十四，"淳化四年闰十月丙午"条，第758页。

宗时期已初步形成，到真宗时更有发展而盘结于朝。"① 诸如宰执李沆、王旦等人，都可称得上是其中的代表，对真宗一朝乃至仁宗初年因循之风的盛行影响甚大。如李沆，《闻见录》卷六称其"为相，当太平之际，凡建议务更张喜激昂者，一切不用。曰：'以报国耳。'"再如王旦，《宋史》本传载："真宗以无事治天下，旦谓祖宗之法具在，务行故事，慎所变改，帝久益信之，言无不听。"而其引导、示范性作用，宋人即深有认识，如苏辙指出："自真宗之世至仁宗初年，多得重厚之士，由（李）沆力也"②，吕中亦云："自李文靖（沆）、王文正（旦）当国，抑浮华而尚质实，奖恬退而黜奔竞，是以同列有向敏中之清谨，政府有王曾之重厚，台谏有鲁宗道之质直，相与养成浑厚诚实之风。"③ 而据司马光《涑水纪闻》卷三所载："吕相（夷简）在中书，奏令参知政事宋绶编例。又曰：'自吾有此例，使一庸夫执之，皆可为相矣。'"如此照本宣科即可为宰相，则可知仁宗前期的因循之风是何等之盛了。总之，宋初三朝以至仁宗初年，因循守旧之风是愈演愈烈，"务行故事，慎所变改"，从君王到宰执大臣，均是如此。正所谓"上有所好，下必甚焉"，如此政风，必然影响到士风乃至学风。

就宋初的士风而言，亦是因循苟安，衰飒不振。宋人对此多有批评，如孙沔上奏：

> 自后因循，咸以磨勘为转官之阶梯，不复有尚功之志节，但居官三周，例迁一级，虽数有失，亦不退覆，故士大夫以无过犯为能。是使庸愚不肖之人，晏然自得，不十年间，坐致员外郎。是以居常则朱紫相随，应用则玉石难辨，苟不更张弊辙，必恐浸废政纲。④

欧阳修《上仁宗论包拯不当代宋祁为三司使》亦云：

> 国家自数十年来，士君子务以恭谨静重为贤，及其弊也，循默苟且，颓堕宽弛，习成风俗，不以为非。至于百职不修，纪纲废坏，时方无事，固未觉其害也。一旦强敌犯边，兵出无功，而财用空虚，公私困弊，盗

---

① 刘复生：《北宋中期儒学复兴运动》，第128页。
② 苏辙：《龙川略志·别志》卷上，中华书局1982年版。
③ 吕中：《宋大事记讲义》卷六，《四库全书》本。
④ 李焘：《续资治通鉴长编》卷一百三十二，"庆历元年五月壬戌"条，第3124页。

贼并起，天下骚然。①

陈亮《铨选资格》亦指出：

> 朝廷尊严，大臣镇重，而天下之士，不以进取为能，不以利口为贤，历三朝，而士之善论时政是非利害者，百不一二也。②

由此可见，宋初因循、卑弱的士风是非常盛行的，这也就不难理解，为什么范仲淹、欧阳修等人"开口揽时事，论议争煌煌"（欧阳修《镇阳读书》）之举会造成那么大的影响了。如范仲淹，《宋史》本传称其"每感激论天下事，奋不顾身，一时士大夫矫厉尚风节，自仲淹倡之"，朱熹更是对其给予了高度评价，认为"祖宗以来，名相如李文靖、王文正诸公，只恁地善，亦不得，至范文正时便大厉名节，振作士气，故振作士大夫之功为多。"③ 再如欧阳修，苏轼对其砥砺士气之功亦甚为推许："宋兴七十余年，民不知兵，富而教之，至天圣、景祐极矣，而斯民终有愧于古。士亦因陋守旧，论卑而气弱。自欧阳子出，天下争自濯磨，以通经学古为高，以救时行道为贤，以犯颜纳说为忠，长育成就，至嘉祐末号称多士，欧阳子之功为多。"④ 通过这些鲜明的对比，我们不难感受到，在范仲淹、欧阳修登上历史舞台之前，也即宋太祖开国到仁宗初年一段时期内，其士风是何等的因循守旧、卑弱不振。

再从宋初的学风来看，与其时的科举关系甚大。北宋科举名目众多，"设进士、九经、五经、开元礼（后改《开宝通礼》，简称'通礼'）、三史、三礼、三传、学究（自九经至学究常合称明经）、明法等科，嘉祐二年（1057年）设立明经科，进士科以外的其他各科，合称'诸科'。"⑤ 其中，进士科最受人重视，欧阳修曾有"焚香答进士，撤幕待经生"的诗句⑥，而进士科考试中最注重的是诗赋，因而士子热衷于时文，讲求文辞、对偶、声律之美，这就使得他们在与时事相关的策论和蕴含先王之道的经义方面有所忽略，从

---

① 赵汝愚编：《宋名臣奏议》卷十四《君道门·用人二》，《四库全书》本。
② 陈亮：《龙川集》卷十一，《四库全书》本。
③ 朱熹撰，黎靖德编，王星贤点校：《朱子语类》卷一百二十九《本朝三》，第3086页。
④ 欧阳修：《欧阳修全集》，中国书店1986年版，第14页。
⑤ 陈振：《宋史》，上海人民出版社2003年版，第645—646页。
⑥ 北京大学古文献研究所编：《全宋诗》卷三〇三，北京大学出版社1991年起陆续出版。沈括《梦溪笔谈》卷一"贡举礼数轻重"条引作"焚香礼进士，彻幕待经生"。

而导致学风的浮泛浇薄，如陈襄"常患近世之士，溺于章句之学，而不知先王礼义之大。上自王公，下逮士人，其取人也，莫不以善辞章者为能，守经行者为迂阔，而士之荣辱，亦从而应之。以是天下之士习非舍是，固已涂瞶其耳目，而莫之能正矣。"① 欧阳修《论更改贡举事件札子》亦指出："今贡举之失者，患在有司取人先诗赋而后策论，使学者不根经术，不本道理，但能诵诗赋，节抄《六帖》《初学记》之类者，便可剽盗偶俪，以应试格，而童年新学全不晓事之人，往往幸而中选，此举子之弊也。"而在科举考试，无论是进士科还是诸科中考试儒家经典注疏时，都要求严格遵守已经颁布的通行的注疏，若有乖戾，即予以斥逐，如孙复即指出："国家以王弼、韩康伯之《易》、左氏、公羊、穀梁、杜预、何休、范宁之《春秋》、毛苌、郑康成之《诗》、孔安国之《尚书》镂板，藏于太学，颁于天下。又每岁礼闱设科取士，执为准的。多士较艺之际，一有违戾于注说者，即皆驳放而斥逐之。"② 而《续资治通鉴长编》所记载的一起发生在真宗景德二年的科场事件，则很有典型性：

> 先是，迪与贾边皆有声场屋，及礼部奏名，而两人皆不与。考官取其文观之，迪赋落韵；边论"当仁不让于师"，以"师"为"众"，与注疏异，特奏令就御试，参知政事王旦议：落韵者，失于不详审耳；舍注疏而立异论，辄不可许，恐士子从今放荡无所准的。遂取迪而黜边。当时朝论大率如此。③

无论是王旦持论的理由，即所谓"落韵者，失于不详审耳；舍注疏而立异论，辄不可许，恐士子从今放荡无所准的"，还是此事件的结果，即"取迪而黜边"，都充分强调并要求举子严守颁布的注疏而禁止自出议论。在这样的大环境下，出现"庆历以前，学者尚文辞，多守章句注疏之学"④ 的局面也就实在是不足为奇的了。

刘咸炘先生指出："真宗以前及仁宗初年，士大夫论治则主旧章，论人则

① 陈襄：《古灵集》卷十五《常州诸顾临秘校主学书》，《四库全书》本。
② 孙复：《孙明复小集·寄范天章书二》，《四库全书》本。
③ 李焘：《续资治通鉴长编》卷五十九，"景德二年三月甲寅"条，第1322页。
④ 吴曾《能改斋漫录》卷二《事始·注疏之学》引《国史》语，上海古籍出版社1960年版，第28页。

循资格，观人则主禄命，貌以丰肥为福，行以宽厚为尚，言以平易为长，文以缛丽为美，修重厚笃谨之行而贱振奇跅弛之才。"① 此论较为全面地概括了宋初的政风、士风以及学风，就其总体面貌来说，是比较准确的，我们上面所做的论述，正可与之相发明。但有必要指出，在因循、卑弱之风笼罩之下的庆历以前的一段时期里，也还存在着诸多变革、昂扬的潜质，这些潜质正是庆历、熙宁大事更张、足成燎原之势的"星星之火"。

第二节　北宋庆历以前的经学面貌

北宋庆历以前的经学，是在上文所述的政风、士风、学风下演进、发展的，其主要的特征，即是表现为守旧与革新的并存。

历来的论者多以为，庆历前后，是北宋经学的一个转变时期；对于庆历以前的经学，论者又多认为是谨守章句之学而不出己意、不取新奇。如宋朝史臣即指出："庆历以前，学者尚文辞，多守章句注疏之学……"②，陆游也有这样的评论："唐及国初，学者不敢议孔安国、郑康成，况圣人乎！自庆历后，诸儒发明经旨，非前人所及。……"③ 王应麟亦认为："自汉儒至于庆历间，谈经者守训故而不凿。"④ 受其影响，清人皮锡瑞、近人马宗霍先生等亦持论相近，如皮氏认为："经学自唐以至宋初，已陵夷衰微矣。然笃守古义，无取新奇；各承师传，不凭胸臆；犹汉、唐注疏之遗也。"⑤ 马氏指出："宋初经学，大都遵唐人之旧。……因循雷同，既不出唐人《正义》之范，则宋初经学，犹是唐学，不得谓之宋学。讫乎庆历之间，诸儒渐思立异。"⑥ 我们认为，这一论断，就其总本面貌来说是大致不错的。但是，在谨守注疏之学

---

① 见刘咸炘《推十书·史学述林·北宋政变考》，转引自刘复生《北宋中期儒学复兴运动》第131页。

② 吴曾：《能改斋漫录》卷二《事始·注疏之学》，第28页。

③ 王应麟撰，翁元圻等注，栾保群、田松青、吕宗力校点《困学纪闻》卷八《经说》，上海古籍出版社2008年版，第1095页。

④ 王应麟撰，翁元圻等注，栾保群、田松青、吕宗力校点：《困学纪闻》卷八《经说》，第1094页。

⑤ 皮锡瑞著，周予同注释：《经学历史》，第220页。

⑥ 马宗霍：《中国经学史》，第109—110页。

的背后，也不乏学者开始对之予以反思并努力突破，因此，在一些学者身上，无论是在官方组织编著或认可的还是私人性的经学著述中，都较为鲜明地体现出守旧与革新的二重性。

首先，谈一下官方组织编著或认可的经学著述。

赵宋立国后，统一的政权需要在思想领域也达到高度的一致，为此，统治者开始着力于文化建设。虽然，唐代以来儒、释、道三教并用的政策在宋朝仍然得到贯彻，但相对而言，赵宋统治者更加强调的是儒家学术，认为儒术兴衰关乎国运，而佛、道两教对于统治亦有所裨益，崇佞道教出了名的宋真宗言之甚明："儒术污隆，其应实大，国家崇替，何莫由斯？……太祖、太宗，丕变敝俗，崇尚斯文。朕获绍先业，谨遵圣训，礼乐交举，儒术化成……"①，而"道、释二门，有助世教"②。南宋孝宗在淳熙八年所撰《原道辩》中提出的"以佛修心，以道养生，以儒治世"③，亦当可视为统治者对三教关系的一贯认识。基于此，宋代统治者不遗余力地推进儒家学术事业的建设，校订、编纂经学注疏，并板刻颁布，作为学校教育的教材和科举之标准。如上文已提到孙复之言论："国家以王弼、韩康伯之《易》、左氏、公羊、榖梁、杜预、何休、范宁之《春秋》、毛苌、郑康成之《诗》、孔安国之《尚书》镂板，藏于太学，颁于天下。又每岁礼闱设科取士，执为准的。"④ 而其主要的成绩，略如冯晓庭所说："在典籍的编修方面，中央政府先后完成了《三礼图集注》与'三经《注疏》'、《孟子音义》五部经学作品；在经书经说文字的统一方面，当时儒官不但重新校勘十二部于五代时期完成校勘板刻工程的经书、结束了《经典释文》的审定工作，也检核刊定了十二部经书的'《疏》'。"⑤ 对此，学者已有专门的讨论⑥，此处不拟赘述，我们只想着重指出以下两点：

一、无论是编纂经学注疏还是校刊经书经说，都体现出明显的因袭色彩。

一方面，从其动机、目的来看，这些工作都是为了学校教育和科举考试

---

① 李焘：《续资治通鉴长编》卷七十九，"大中祥符五年冬十月辛酉"条，第1798—1799页。

② 李焘：《续资治通鉴长编》卷六十三，"景德三年五月乙酉"条，第1419页。

③ 王应麟：《玉海》卷三十二《淳熙原道辩》，《四库全书》本。

④ 孙复：《孙明复小集·寄范天章书二》。

⑤ 冯晓庭：《宋初经学发展述论》，第26页。

⑥ 如冯晓庭《宋初经学发展述论》上编第一章第二节和下编第一章言之甚详，可参考。

的需要，从根本上说，也是适应了统治者强化思想控制的需要。如李至在建言太宗整理"七经疏义"时强调的即是"仁君垂训之意"："《五经》书疏已板行，惟二《传》、二《礼》《孝经》《论语》《尔雅》七经疏未备，岂副仁君垂训之意。今直讲崔颐正、孙奭、崔偓佺皆励精强学，博通经义，望令重加雠校，以备刊刻。"① 而要达到"同风俗、一道德"的目的，前朝是有现成的经验可以借鉴的，譬如明经取士的措施，《五经正义》《九经正义》之类的教材，等等。其实，就实质而言，宋初编纂经学注疏和校刊经书经说，与唐太宗诏颜师古考订《五经》文字和孔颖达等撰定《五经》义疏，是基本一致的，甚或可以认为，前者只是后者的延续和补充而已。因而，从动机到措施，其因袭色彩的浓厚就不足为奇了。章权才指出：宋初"由于建政不久，百废待兴，还来不及更大规模地开展这方面的工作。他们考虑的首先还是继承问题，即继承流传已久的唐代的经学，继承唐代已经颁行、已经成为定式的《五经正义》和《九经正义》……唐代经学，教本是现成的。唐代的明经取士，也已形成相对稳定的格局。想要在建政之初，控制知识分子以至整个社会的思想，除了继承历史传统以外，实在没有更好的选择。"② 这一看法无疑是有道理的，它多少也说出了宋初官方经学之所以因袭色彩浓厚的无奈之处。

另一方面，从其内容来看，因袭的色彩也是很明显的。譬如，关于"七经疏义"，王应麟指出：

> 至道二年，判监李至请命李沆、杜镐等校订《周礼》《仪礼》《穀梁》传疏及别纂《孝经》《论语》正义，从之。咸平三年三月癸巳，命祭酒邢昺代领其事，杜镐、舒雅、李维、孙奭、李慕清、王焕、崔偓佺、刘士元预其事，凡贾公彦《周礼、仪礼疏》各五十卷，《公羊疏》三十卷，杨士勋《穀梁疏》十二卷，皆校旧本而成之。《孝经》取元行冲《疏》，《论语》取梁皇侃《疏》，《尔雅》取孙炎、高琏《疏》，约而修之，又二十三卷。③

---

① 见脱脱等《宋史·李至传》，中华书局 1977 年版。
② 章权才：《宋明经学史》，第 62 页。
③ 王应麟：《玉海》卷四十一《咸平孝经论语正义》。

由此可知，"七经疏义"中的贾公彦所撰《周礼疏》《仪礼疏》《公羊疏》，杨士勋所撰《穀梁疏》，都是"校旧本而成之"，所作的仅仅是文字校勘工作，于经说未有发明；而邢昺主事的《孝经》《论语》《尔雅》三经义疏，也皆有所本，"约而修之"，对此，其他典籍也多有说明，如《直斋书录解题》卷三称《孝经正义》乃邢昺与直秘阁杜镐等"据元氏本增损，定为《正义》"，《郡斋读书志》卷一下著录云："《论语正义》十卷，右梁王侃（一云皇甫侃）采卫瓘、蔡谟等十三家说为《疏》，国朝邢昺等因之撰此书。"《直斋书录解题》卷三亦载："《尔雅疏》十卷，邢昺等撰。其叙云：'为注者刘歆、樊光、李巡、孙炎，虽各名家，犹未详备，惟郭景纯最为称首。其为义疏者，惟俗间有孙炎、高琏，皆浅近。今奉敕校订，以景纯为主。'共其事者杜镐而下八人。"可见，即便是《孝经》《论语》《尔雅》三经义疏，也多依据前人的注疏，创新的成分不会太多。冯晓庭就此指出："参与纂修'三经《注疏》'的官方学者似乎在经书解释的形式、内容与精神上仍然是完全因袭着传统规范，没能突破'汉唐注疏之学'旧藩篱。"① 所论是较为切合实际的。

二、在因袭的面貌中也存在着一些革新的因素。

就其要者而言，突出表现在两个方面：一是在解经方面开始出现讲求义理的趋向；二是对《孟子》的重视。

先说第一项。在邢昺主撰的《孝经》《论语》《尔雅》三经义疏中，固然有较多谨守章句之学的成分，体现出注疏之学的特色，但也开始讲究对经书义理的探研。较有代表性的，如邢昺主撰的《论语正义》（或题作《论语义疏》）。诚如《郡斋读书志》所称，此书是依据皇侃所采诸儒之说而撰成的；就其内容而言，重点也确实在于训解《论语》的章句字词以及有关的典章、器物制度，四库馆臣即引《中兴书目》称其"于章句训诂名物之际详矣"。所有这些，都未能摆脱汉唐注疏之学的藩篱。但是，值得注意的是，该书有许多地方体现出以义理说经的一面。如《论语·学而》中有这样一段："有子曰：礼之用，和为贵。先王之道斯为美，小大由之。有所不行，知和而和，不以礼节之，亦不可行也。"邢疏指出："此章言礼乐为用，相须乃美。'礼之用，和为贵'者，和谓乐也，乐主和同，故谓乐为和。夫礼胜则离，谓所居

---

① 冯晓庭：《宋初经学发展述论》，第30页。

不和也，故礼贵用和，使不至于离也。'先王之道斯为美'者，斯，此也，言先王治民之道以此，礼贵和美，礼节民心，乐和民声，乐至则无怨，礼至则不争，揖让而治天下者，礼乐之谓也。是先王之美道也。'小大由之，有所不行'者，由，用也，言每事小大皆用礼，而不以乐和之，则其政有所不行也。'知和而和，不以礼节之，亦不可行也'者，言人知礼贵和而每事从和，不以礼为节，亦不可行也。"① 其中固然多属对章句的说解，但"礼胜则离，谓所居不和也，故礼贵用和，使不至于离也"云云，以及认为"先王治民之道以此，礼贵和美，礼节民心，乐和民声，乐至则无怨，礼至则不争，揖让而治天下者，礼乐之谓也。是先王之美道也"等等，分明体现出了对义理的阐扬。再如下面这段：

> 子贡曰：'夫子之文章，可得而闻也。"注：章明也，文彩形质著见，可以耳目循。'夫子之言性与天道，不可得而闻也。"注：性者，人之所受以生也；天道者，元亨日新之道，深微，故不可得而闻也。音义：著，知虑反。见，贤遍反。循音巡。亨，许庚反。天道，何云元亨日新之道，郑云七政变通之占。疏：正义曰：此章言夫子之道深微难知也。子贡曰"夫子之文章，可得而闻也"者，章明也。子贡言夫子之述作威仪礼法，有文彩形质著明，可以耳听目视，依循学习，故可得而闻也。"夫子之言性与天道，不可得而闻也"者，天之所命，人所受以生，是性也；自然化育，元亨日新，是天道也。与，及也。子贡言若夫子言天命之性及元亨日新之道，其理深微，故不可得而闻也。注："性者"至"闻也"。正义曰：云"性者，人之所受以生也"者，《中庸》云"天命之谓性"，注云天命谓天所命生人者也，是谓性命。木神则仁，金神则义，火神则礼，水神则知，土神则信，《孝经》说曰"性者，生之质命，人所禀受度也"，言人感自然而生，有贤愚吉凶或仁或义，若天之付命遣使之然。其实自然天性，故云"性者，人之所受以生也"。云"天道者，元亨日新之道"者，按《易·乾卦》云：乾，元亨利贞。《文言》曰：元者，善之长也。亨者，嘉之会也。利者，义之和也。贞者，事之干也。谓天之体

---

① 何晏注，邢昺疏：《论语注疏》，《十三经注疏》整理委员会整理、李学勤主编《十三经注疏》（标点本），第10页。

性，生养万物，善之大者，莫善施生，元为施生之宗，故言"元者，善之长也"。嘉，美也，言天能通畅万物，使物嘉美而会聚，故云"嘉之会也"。"利者，义之和也"者，言天能利益庶物，使物各得其宜而和同也。"贞者，事之干也"者，言天能以中正之气成就万物，使物皆得干济，此明天之德也。天本无心，岂造元亨利贞之德也？天本无心，岂造元亨利贞之名也？但圣人以人事托之，谓此自然之功为天之四德也。此但言元亨者，略言之也。天之为道，生生相续，新新不停，故曰日新也。以其自然而然，故谓之道。云"深微，故不可得而闻也"者，言人禀自然之性及天之自然之道，皆不知所以然而然，是其理深微，故不可得而闻也。①

我们从中不难看出，邢疏在解释章句的同时，也融入了对义理的思考，其中关于性与天道的阐释，可以说是达到了一定的理论深度，对后人的解释也不无影响，正如章权才所言，如果我们拿邢疏与朱熹在《论语注》中对子贡这段话所作的解释加以对照的话，两者"不完全相同，但也不是迥然有别。两者在理论体系上的相承，仍然有蛛丝马迹可循。"②而四库馆臣也早已指出："昺复因皇侃所采诸儒之说为之疏，于章句训诂名器事物之际详矣。朱子《集注》出，义理更为精深，亦实始基于此。"③

因此，就邢昺主撰的《论语正义》而言，既较多地保留了汉唐注疏之学的特色，又在一定程度上体现出讲求义理的努力。四库馆臣有如下评价："今观其书，大抵剪皇氏之枝蔓而稍傅以义理，汉学宋学，兹其转关。是《疏》出而皇《疏》微，迨伊洛之说出而是《疏》又微。故《中兴书目》曰：'其书于章句训诂名物之际详矣。'盖微言其未造精微也。然先有是疏，而后讲学诸儒得沿溯以窥其奥。祭先河而后海，亦何可以后来居上，遂尽废其功乎？"④应该指出，此论是较为公允的，颇有见地地指出了邢疏是汉学宋学转关之际的一部开风气之作，在经学史上具有承前启后的地位，这自然是值得我们注意的。另外，值得一提的是，邢昺除了校订、编纂诸经"义疏"外，还做了

① 何晏注，邢昺疏：《论语注疏》，第61—62页。
② 章权才：《宋明经学史》，第65页。
③ 何晏集解，陆德明音义，邢昺疏：《论语注疏》卷首附四库馆臣"解题"，《四库全书》本。
④ 永瑢等：《四库全书总目》卷三十五，"《论语正义》二十卷"条，第291页。

一件重要的事，那就是为统治者说解经义，而其特色则在于能够征引时事以为譬喻，并注重对经典大义的阐发，《宋史》本传对此多有记载，如其中有云："昺在东宫及内庭，侍上讲《孝经》《礼记》《论语》《书》《易》《诗》《左氏传》，据传疏敷引之外，多引时事为喻，深被嘉奖。"又称："雍熙中，昺撰《礼选》二十卷献之，太宗探其帙，得《文王世子篇》，观之甚悦，因问卫绍钦曰：'昺为诸王讲说，曾及此乎？'绍钦曰：'诸王常时访昺经义，昺每至发明君臣父子之道，必重复陈之。'太宗益喜"；"昺视壁间《尚书》《礼记图》，指《中庸篇》曰，凡为天下国家有九经，因陈其大义，上嘉纳之"。当然，邢昺不论是引时事为喻，还是强调君臣大义，都体现出为统治者、为治国安邦服务的宗旨，因此，其对经典义理的注重与解释都是有现实层面的选择性的，但这无碍于其突破汉唐章句注疏之学的藩篱，四库馆臣所谓的"汉学宋学，兹其转关"，于此也能得到一定的反映。

再看第二项。关于《孟子》一书，自唐韩愈极力推崇、皮日休请立学科以来，逐渐为人们所重视，但并未形成一股声势浩大的潮流。进入赵宋，一些学者如柳开、王禹偁、穆休等人继承韩愈等人的遗志而重新倡扬《孟子》，而种放更是撰《述孟志》上下二篇来阐明孟子之志，并高度评价了孟子的王道思想，表现出崇王道黜霸道的倾向。这在当时是有现实意义的。宋朝统治者对五代群雄争霸、战乱纷纭、政权更替频繁、礼义廉耻丧尽的局面是记忆犹新并深以为鉴的，他们认识到，只有敦行王道、重振纲纪，才能巩固新政权，才是保持长治久安之良方。马上得天下，焉能马上治天下？儒家孔孟王道学说的价值于此得以凸显。因此，《孟子》一书受到士人的重视，同时也为统治者所利用，是有其现实根源的。孙奭撰《孟子音义原序》云：

> 夫总群圣之道者，莫大乎六经，诏六经之教者，莫尚乎《孟子》。……其书（指《孟子》）由炎汉之后，盛传于世。为之注者，则有赵岐、陆善经；为之音考，则有张镒、丁公著。自陆善经已降，其所训说，虽小有异同，而共宗赵氏。今既奉敕校订，仍据赵注为本。惟是音释，宜在讨论。臣今详二家撰录，俱未精当，张氏则徒分章句，漏略颇多；丁氏则稍识指归，讹谬时有，若非刊正，讵可通行？谨与尚

书虞部员外郎、同判国子监臣王旭，诸王府侍讲、太常博士、国子监直讲臣马龟符，镇宁军节度推官、国子学说书臣吴易直，前江阴军江阴县尉、国子学说书臣冯元等，推究本文，参考旧注，采诸儒之善，削异说之烦，证以字书，质诸经训，疏其疑滞，备其阙遗，集成《音义》二卷。①

从中可知：其一，所谓"诏六经之教者，莫尚乎《孟子》"云云，指明了《孟子》一书在传承儒道方面不可替代的作用，这在代表官方立场的孙奭口中道出，表明统治者和士人都逐渐认同了韩愈以来对《孟子》传道之功的推崇。而《孟子音义》一书，本就是孙奭等人奉命校订《孟子》经文和赵岐《注》时的一项工作，乃统治者授意而为之，此举本身就可充分说明，统治者开始对《孟子》一书愈加重视起来了。其二，《孟子音义》一书的撰著，远有所本，大抵依据张镒、丁公著二人之说删定而成，亦即如四库馆臣所称孙奭"奉敕校订赵岐《注》，因刊正唐张镒《孟子音义》及丁公著《孟子手音》二书，兼引陆善经《孟子注》以成此书"。应该指出，《孟子》一书由子部入经部，是宋代学术的重要走向，也是宋代"四书"学得以形成的重要一环，意义重大。所以，尽管《孟子音义》仅只两卷，重点也只在于说解字音，实在算不上是《孟子》学史上的厚重之作，但它至少表明统治者开始重视《孟子》，其引领之功是值得高度肯定的，四库馆臣曾对之加以特别的强调，辩之甚详：

> 按：宋《礼部韵略》所附条式，自元祐中即以《论语》《孟子》试士。是当时已尊为经。而晁氏《读书志》，《孟子》仍列儒家。至陈氏《书录解题》，始与《论语》同入经部。盖宋尊《孟子》，始王安石。元祐诸人务与作难，故司马光《疑孟》，晁说之《诋孟》作焉。非攻《孟子》，攻安石也。白珽《湛渊静语》所记，言之颇详。晁公武不列于经，犹说之家学耳。陈振孙虽改晁氏之例，列之于经，然其立说，乃以程子为词，则亦非尊《孟子》，仍尊程子而已矣。考赵岐《孟子题词》，汉文帝时已以《论语》《孝经》《孟子》同置博士。而孙奭是编，实大中祥

---

① 孙奭：《孟子音义》卷首，《四库全书》本。

符间奉敕校刊《孟子》所修。然则表章之功，在汉为文帝，在宋为真宗。训释之功，在汉为赵岐，在宋为孙奭，固不始于王安石，亦不始于程子。纷纷门户之爱憎，皆逐其末也。①

其次，再来看一些私人的经学著述。诚如史书所载，"庆历以前，学者尚文辞，多守章句注疏之学"②，在此风气之下，宋初私人性的经学著述，数量既少，发明亦乏。但这也仅仅是整体面貌而言，在一些特出之士如柳开、王禹偁等人那里，经学研究还是呈现出了一些新的变化，预示了新的研究趋向、研究面貌正在逐渐形成，而这些，也正是宋初私人性经学著述的主要价值所在。

上文已经提到，中唐以来，经学"新风"逐渐兴起，主要在舍传求经、以己意解经和原经求道、依经立义两大方面展开。经过晚唐五代的洗礼，此股经学新风日渐衰微，基本上处于苟延残喘的地步，直至入宋以来，才在一部分学者那儿又得到了进一步的阐扬。一方面，是对注疏之学多有批判，既批驳注疏之学的具体篇章，又不满注疏之学过于烦琐的分章析句、名物训诂而直寻义理，注重舍传求经、以己意解经。另一方面，由不满传注而直面经典，进而超越经典而直寻先王之道、周孔之义，于是出现依据经典来立义、求道的状况，甚至为了阐明、传承心中所认同的先王周孔之道而疑经、改经。其中，成绩较大且影响较广的，可以柳开、王禹偁等人为代表。以下试稍作阐述。

一、柳开（947—1000），字仲涂，大名（今属河北）人，开宝六年（973）进士。年少时喜慕韩愈、柳宗元古文，遂自名"肩愈"，字"绍先"（指绍续其先祖柳宗元），后倾慕文中子王通，效其续经之举而为经书修补亡篇，"遂易名曰开，字曰仲涂，其意将谓开古圣贤之道于时也，将开今人之耳目使聪且明也，必欲开之为其涂矣，使古今由于吾也，故以仲涂字之，表其德焉。"③ 有《河东集》十五卷传世，另有"博采世之逸事"而成的《野史》和补缀经书亡篇章句的《补亡篇》，惜二书均已亡佚。柳开受韩愈影响很深，

---

① 永瑢等：《四库全书总目》卷三五，"《孟子音义》二卷"条，第 292 页。
② 吴曾：《能改斋漫录》卷二《事始·注疏之学》，第 28 页。
③ 柳开：《河东先生集》卷十六附张景《故如京使金紫光禄大夫检校使司空知沧州军州事兵马钤辖兼御史大夫上柱国河东县开国伯食邑九百户柳公行状》，《四部丛刊》本。

对韩愈的"道统说"和古文都极力推崇，并有意承续之，其门人张景即指出："韩之道大行于今，自公（指柳开）始也"①。值此之故，柳开在经学研究中的着力点，也即其主要的贡献，一方面是批驳注疏之学而讲求义理；另一方面则在于为经书修补亡篇而原经明道。具体而言，他对传注之学多有批驳，讲求经书大义而不拘泥于章句注疏，张景称之曰："公凡诵经籍，不从讲学，不由疏义，悉晓其大旨，注解之流，多为其指摘"②，柳开自己也在《补亡先生传》中用夫子自道的口吻说道：

> 先生又于诸家传解笺注于经者，多未穷达其义理，常曰："吾他日终悉别为注解矣。"大以郑氏笺《诗》为不可，曰："吾见玄之为心，务以异其毛公也，徒欲强已一时之名，非能通先师之旨。且《诗》之立言，不执其体，几与《易》象同奥，若玄之是《笺》，皆可削去之耳。"又以《论语集解》阙注者过半，曰："古之人何若是。吾闻韩文公昔重注之，今吾不得见。吾将下笔，又虑与韩犯。使吾有斯艰也，天乎哉！"③

这段话中，柳开表明了对经传注疏的态度，认为这些注疏大多没有"穷达义理"，因而拟重新为经书做注解，并点名批评了郑玄笺注《毛诗》和何晏《论语集解》的严重不足。在《补亡先生传》中，还记载了这样一则事例，基本可以反映出柳开批驳注疏之学态度和做法，其云：

> 有讲书以教后学者，先生或诣其精庐，适当至《虞书·尧典篇》曰"日中星鸟，以正仲春"，说云："春分之昏，南方朱鸟之星毕见，观之以正仲春之气也。"先生乃问曰："然夫云'日中星鸟，以正仲春'者，是仲春观朱鸟之星以正其候也。且云朱鸟者，南方之宿以主于夏也，既观其星以正其候，即龙星乃春之星也，春主于东，可观以正其候也。今何不云是而反观朱鸟之星，何谓也？"说者乃不能对，

---

① 柳开：《河东先生集》卷十六附张景《故如京使金紫光禄大夫检校使司空知沧州军州事兵马钤辖兼御史大夫上柱国河东县开国伯食邑九百户柳公行状》。

② 柳开：《河东先生集》卷十六附张景《故如京使金紫光禄大夫检校使司空知沧州军州事兵马钤辖兼御史大夫上柱国河东县开国伯食邑九百户柳公行状》。

③ 柳开：《河东先生集》卷二《补亡先生传》。

惟云："传疏若是，无他解矣。"先生挥其座者曰："起前，吾语汝。夫岁，周其序，春居其始，四星各复其方，圣人南面而坐以观天下，故春之时，朱鸟之星当其前，故云观之以正仲春矣。"四座无不拜而言曰："先生真达于经者也。"所以于补亡不谬矣。先生于诸经若此者，不可遍纪。①

可见，对于《虞书·尧典篇》中"日中星鸟，以正仲春"一句，柳开认为通常的注疏并未穷达其义理，故为之申说；但他却是按照自己所体认的义理来解说的，较多地体现出以己意解经的色彩，故而从学理上讲，其解说亦不尽然，冯晓庭即指出："这样的解释，可以说是忽略了星座的运行，如果采用这个解释，则其他三个季节的天象观测就无法解说了。"② 要之，尽管柳开的义理解经容或还有可以商榷的地方，但它一反注疏之学一统天下的局面，开始批驳、修正注疏之学，并突出强调经书义理，这对于冲破注疏之学的牢笼、向义理之学迈进，实有不可磨灭的开拓之功。

与批驳注疏之学相比，为经书修补亡篇可以视为柳开更重要的贡献。尽管他撰著的《补亡篇》今已不存，我们无从具体考察其情状，但钩稽相关材料可知，柳开补亡的目的在于效法王通"续经"而承传孔孟之道。一方面，他认为经书遭秦焚毁以来多有亡佚："读夫子文章，恨《诗》《书》《礼》《乐》下至《经》，遭秦焚毁，各有亡逸，到今求一字语要加于存者，无复可有，况其尽得之乎！又念汉获壁间科斗书，以编简断裂，巫蛊事起，不能比类寻究，深为痛惜。圣人没，其言无得而更闻，譬犹登丘望天远不见者，其何能尽，亦何能知游秦止陇宁穷京邑之壮观哉！至于他美余珍，半存半失，心目有爱，曾是无思"③；"始尽心于《诗》《书》，以精其奥，每当卷，叹曰：'呜呼！吾以是识先师之大者也。不幸其有亡逸者哉！吾不得见也，未知圣人之言复加如何耳'"。另一方面，柳开又自觉地倡导了韩愈提出的"道统"说，效法孟子等人著书传道，如他明言孟轲氏、扬雄氏、王通氏、韩愈氏"数子之书，皆明先师夫子之道者也，岂徒虚言哉！自韩

---

① 柳开：《河东先生集》卷二《补亡先生传》。
② 冯晓庭：《宋初经学发展述论》，第156页。
③ 柳开：《河东先生集》卷一一《五峰集序》。

愈氏没，无人焉。今我之所以成章者，亦将绍复先师夫子之道也"①，"吾进其力于道而迁其名于己耳，庶几吾欲达于孔子者也"②，而其为经书补缀亡篇之举措，则主要是踵武王通之"续经"，他对王通的著述与学问极为推崇，如他在《补亡先生传》中夫子自道："先生每读《中说》，叹曰：'后之夫子续六经矣。世敝道否，吾家不克有之，甚乎年之始成也，逝矣。天适与其时，行之为事业，尧舜不能尚也。苟不死，天下何有于唐哉？'"故而柳开"乐为文中子王仲淹齐其述作"③，张景亦称其"慕文中子王通，读经且不得见，故经籍之篇有亡其辞者，辄补之"④。至于柳开补亡的具体做法，则是按照经书传记所述或者柳开自己所认定的经书义理来修补经书亡篇，他在《补亡先生传》中言之甚明，即："凡传有义者，即据而作之；无之者，复以出辞义焉。……既而辞义有俱亡不知其可者，虑人之惑，先生即皆先立论以定其是非，用质其旨要。"从中我们不难看出，柳开在为经书修补亡篇时亦含有较多的以己意说经的成分。要之，柳开对于为经书补亡之举自视甚高，认为可以借之传承先师孔子之道；在补亡时虽然也依据了经书传记，但在相当程度上是以自己所认定的经书义理为出发点的。因此，从某种意义上讲，柳开补亡的贡献倒不在于提供了多少新的经书篇章，而是开了一种以己意说经的风气，历史地看，则可以说是中唐以来韩愈等人以己意解经精神的继承和发扬；而柳开之所以补经，倒也不在于怀疑经典的神圣价值，而是为了更完满地体现经典的价值，为了更好地传授孔孟道统，这与庆历以后兴起疑经、改经之风，其主导精神是一致的。冯晓庭在谈到这个问题时指出："柳开解经，由经学史的角度看，可以说是精神意义大于实质意义，他为多少经书修补篇章，为多少经文增添义理，因为并无可以依赖的标准，其实并不重要，重要的是修补经书的意义。会为神圣崇高、居典范地位的经书作修补工作，在基本上已经蕴藏着对现行经书的不信任，虽然柳开觉得现行经书有所不足，但是并不表示他对经典不尊崇，相反地，

---

① 柳开：《河东先生集》卷六《答臧丙第一书》。
② 柳开：《河东先生集》卷二《补亡先生传》。
③ 柳开：《河东先生集》卷二《补亡先生传》。
④ 柳开：《河东先生集》卷十六附张景《故如京使金紫光禄大夫检校使司空知沧州军州事兵马钤辖兼御史大夫上柱国河东县开国伯食邑九百户柳公行状》。

就是因为他极度尊经，才会以补经的方式解决经书中矛盾讹误的问题。这样的精神，与后世因尊经而疑传疑经的概念实无二致，两者都想要厘清经书中的问题，只是柳开补经，后世删经改经，表现的方式不一样罢了。"① 我们认为是颇中肯綮的。

二、王禹偁（954—1001），字元之，钜野（今属山东）人，太平兴国八年（983）年进士。一生著述颇多，有《小畜集》《小畜外集》《奏议集》《承明集》《五代史阙文》等，长于文学和史学。王禹偁并没有专门的经学著述，我们在此之所以要提出来讨论，主要是基于他在拓展经学研究新风气方面的贡献。这种贡献，主要表现为用议论的方式来解说有关的经书义理，也即所谓的"议论解经"。冯晓庭对此作了专门研究，② 我们据以扼要叙述，并作出补充。根据冯晓庭的研究，王禹偁关于经学议题讨论的，即"议论解经"的文章有五篇，"分别是《明夷九三爻象论》《既往不咎论》《死丧速贫朽论》《省试四科取士何先论》《五福先后论》"，并认为这五篇文章"充分地表明了王禹偁的经学方法和经学观"。③ 确实，从这五篇议论解经的文字中，我们可以了解王禹偁对注疏之学的态度以及他对义理之学的追求。他非常看重经书义理，以至于他在为文的主张方面也强调要不违背、体现出经书的义旨，如他在《与张扶书》中提到："夫文，传道而明心也"，"文不背经旨，甚可嘉也。姑能远师六经，近师吏部，使句之易道，义之易晓……"，"子又谓六经之文，语艰而义奥者十二三，易道而易晓者十七八，其艰奥者，非故为之语，当然矣。"④ 这种主张，与他不重视注疏之学是一致的。他没有专门的经典注疏之作，也并未采用注疏之学的形式，而是采用议论解经的方式来阐发有关经典的义理，这些都可以说明王禹偁不重视注疏之学；不仅如此，从《明夷九三爻象论》等篇章中，我们还可以看出他或批驳注疏，如《明夷九三爻象

---

① 冯晓庭：《宋初经学发展述论》，第 157 页。
② 冯晓庭：《宋初经学发展述论》下篇第二章第二节"王禹偁'议论解经'所开拓的经学方法"。
③ 冯晓庭：《宋初经学发展述论》，第 162 页。
④ 王禹偁：《小畜集》卷十八《与张扶书》，《四部丛刊》本。

论》"主要是王禹偁针对王弼《周易注》解释经文的错误而发"①，或不满足于注疏而对经书义理作进一步挖掘，如《既往不咎论》《死丧速贫朽论》《省试四科取士何先论》《五福先后论》等篇皆有此意味，表现出对义理的强烈追求，同时也凸显了王禹偁以己意解经的色彩。兹举《既往不咎论》以明之。为叙述的方便，引全文如下：

> 仲尼之教，应机而设，语于一时，流于千载。千载之下，君子学之乃可以为事业，小人学之亦可以资奸佞，明圣得之谓之稽古，庸主得之因而饰非。胡以言之？所谓"成事不说，遂事不谏，既往不咎"是也。原其斯言之始，则鲁君问社于宰我，对曰："夏后氏以松，殷人以柏，周人以栗"，因曰"使民战栗"。夫子疾其无稽，故云。欲其深慎之也。后之人由儒术位于朝，睹国家昏乱、政教缺失，不能扶救者，率曰："事已成矣，吾不说矣；事已遂矣，吾不谏矣；且既往不咎，圣人之旨也。"万一有匪躬之士奋命而言者，庸主又引以为拒，亦如上之云云，以至上安其危，下稔其祸，事卒不言，言卒不听，覆亡而后已也。呜呼！世之鄙夫，驾大车实重物，又不息其力，疾驰乎九折之坂，旁观者知其必覆也，而不之告，及轮摧辕折，人坠而伤，物倾而坏，然后曰："向若下其人，损其物，轻而进之，无是苦也。"闻之者怒而答之可也，谓其无益于事矣。苟治其车，升其人，复其物，又辇而驰，复遇乎险如向之所谓九折者，人有疾呼曰："不下其人，损其物，车必如前之覆也。"闻之者谢而从之可也，若又怒且答曰"子焉能言吾既往之事邪"，虽庸人不至是，而为君臣有国家者反若是欤？且圣人立教，于君臣之道最大，其为诫诰，固亦多矣，不可毕数，将引其尤著者以明之。夫训于君者，不曰"能自得师者王，谓人莫己若者亡"？又不曰"有言逆于汝心，必求诸道；有言逊于汝志，必求诸非道"？为君者胡不奉而行之，独曰"既往不咎"哉？训于臣者，不曰"进思尽忠，退思补过"？又不曰"有犯无隐，见危致命"？为臣者胡不践而行之，独曰"既往不咎"哉？是知圣人能立言，不能使人从其言。施之明君，则为政之师也；施之庸主，则饰非之资也；

---

① 冯晓庭：《宋初经学发展述论》，第162页。

用之君子，则嘉言之本也；用之小人，则巧言之助也。教之存亡，在人而已。予见汉成帝师张禹，拜于床下，问以灾异，而对以"罕言命，不语怪力"，是非盗圣人之语为巧言之助邪？王莽窃大位，据威斗，南阳之师入矣，犹曰"天生德于予，汉兵其如予何？"是非盗圣人之语为饰非之资邪？班固谓莽诵六经，以文奸言。权德舆谓亡西汉者张禹，斯得之矣。永惟"成事不说，遂事不谏，既往不咎"，夫子诚宰我一时之言也，为君者为臣者深志之。①

此文开宗明义即提出中心论点："仲尼之教，应机而设，语于一时，流于千载。千载之下，君子学之乃可以为事业，小人学之亦可以资奸佞，明圣得之谓之稽古，庸主得之因而饰非。"而其立论的主要依据或材料，则是出自《论语·八佾》的孔子回答宰我的"成事不说，遂事不谏，既往不咎"之语。作者认为这是孔子针对宰我言论的无稽可考而言的，其目的在于"欲其深慎之"。接着，作者对此反复申论，再三致意，强调对孔子的话要深刻领会，而不能随意滥用，否则会有"上安其危，下稔其祸，事卒不言，言卒不听，覆亡而后已"的严重后果，并由此上升到一般的层面，指出对孔子之教要深入把握其精神实质，这关乎政教的存亡："施之明君，则为政之师也；施之庸主，则饰非之资也；用之君子，则嘉言之本也；用之小人，则巧言之助也。教之存亡，在人而已。"最后，再举张禹、王莽两个事例，来强调主旨，要求君臣对于包括"成事不说，遂事不谏，既往不咎"在内的孔子言论"深志之"。从整篇文章来看，我们不难发现，王禹偁对于"既往不咎"意义的阐发可谓是再三致意的，其采用议论解经的形式，也有助于旁征博引、深入细致地阐发义理。如果我们拿它和《论语》注本如何晏《论语集解》、皇侃《论语义疏》等的有关此章的注解来比较的话，两者对义理的重视和阐发，显然是有着天壤之别的。当然，我们还应该指出，王禹偁强调对孔子之教要深入把握其精神实质，其意旨已经超越了对"成事不说，遂事不谏，既往不咎"的解说，已不再为具体的经文所局限了，而这，也正充分地体现出了以己意说经的色彩。总之，王禹偁《既往不咎论》等篇章，不满于注疏之学而强调

---

① 王禹偁：《小畜集》卷十五《既往不咎论》。

对义理的推求，以议论解经的形式来阐释经书义理，在开拓经学新风气方面是较为突出，也是颇有贡献的。

在另一方面，我们还要指出，王禹偁以议论解经，也是有其根源的。上文我们已经提到，自中唐以来，韩愈、柳宗元等人就开始注重原经求道、依经立义，当然，他们引经据典的主旨还在于说明事理或表达某种主张，但有的篇章已经表现出运用单篇议论的形式来解说经文的特点，如柳宗元的《六逆论》，就是对《春秋左氏》中的六逆之说，即"贱妨贵，少陵长，远间亲，新间旧，小加大，淫破义，六者。乱之本也"所作出的解释、阐发，可谓是议论解经而出以己意。更值得注意的是，在科举考试中，通常要考经文大义，很多考试题目是来自经书当中，这也为议论解经提供了巨大的动力和市场。譬如，韩愈在主持科考所出的试题中即有这样一道："问：《易》之说曰：'乾，健也。'今考《乾》之爻在初者曰'潜龙勿用'，在三者曰'夕惕若厉无咎'，在四者亦曰'无咎'，在上曰'有悔'。卦六位：一'勿用'，二'苟得无咎有一悔'，安在其为健乎？又曰：'乾以易知，坤以简能。'《乾》之四位既不为易矣，《坤》之爻又曰'龙战于野'，战之于事，其足为简乎？《易》六经也。学者之所宜用心，愿施其词陈其义焉。"（《进士策问十三首》其九）分明就是要求考生议论以解经。而韩愈自己的应试篇章《省试颜子不贰过论》，亦是一篇不折不扣的议论解经文字。再来看王禹偁，其《省试四科取士何先论》亦是一篇应试文章，徐规《王禹偁事迹著作编年》将之系于太平兴国八年，并称王禹偁是年为"省试第一人，试题为《四科取士何先论》"。①由此，我们就可以明白，王禹偁的议论解经，既是对韩愈等人的继承，又与科举考试有着密切的关系，而且随着人们对科举考试中经书义理的强调而逐渐抛弃"帖经"、"墨义"等专考记诵之法，议论解经势必会更加流行，这也正是宋代议论解经之作大量涌现的一大原因，而这一流行趋势，在王禹偁的身上，就已经可以预见了。

除了柳开、王禹偁之外，其他一些人在经学研究方面也体现出了突破章句注疏之学的努力，如王昭素，著有《易论》三十三卷，"其书以注、疏异

---

① 徐规：《王禹偁事迹著作编年》，商务印书馆 2003 年版，第 46、51 页。

同，互相诘难，蔽以己意"①；再如胡旦，著有《演圣通论》②，"以《易》《诗》《书》《论语》，先儒传、注得失参糅，故作论而辨正之"③，"论六经传、注得失，《易》十六卷、《书》七卷、《诗》十卷、《礼记》十六卷，而《春秋论》别行。天圣中，尝献于朝，博辨精详，学者宗焉"④，对于其中别行的《春秋论》，《崇文总目》卷二也指出其"多摭杜氏之失，有裨经旨"。

---

① 晁公武撰，孙猛校证：《郡斋读书志校证》卷一，"《易论》三十三卷"条，上海古籍出版社1990年版，27页。

② 关于《演圣通论》的所指与卷数，文献记载不尽一致。较早的《崇文总目》卷二记载："《演圣通论》三十六卷，皇朝秘书监致仕胡旦撰，以《易》《诗》《书》《论语》，先儒传、注得失参糅，故作论而辨正之。《易》百篇、《书》五十六篇、《诗》七十八篇、《论语》十八篇，凡二百五十二，天圣中献之。"则是有关《易》《诗》《书》《论语》四种，卷数为三十六卷，天圣中献于朝。而其后的《郡斋读书志·后志》卷一作四十九卷，并云："论《六经》传、注得失。《易》十六卷、《书》七卷、《诗》十卷、《礼记》十六卷，而《春秋论》别行。天圣中，尝献于朝，博辨精详，学者宗焉。"《直斋书录解题》卷三作六十卷，并载："知制诰渤海胡君周父撰。《易》十七、《书》七、《诗》十、《礼记》十六、《春秋》十，其第一卷为目录。旦，太平兴国三年进士第一人，恃才轻躁，累坐摈斥，晚尤黩货，持吏驳长，为时论所薄，然其学亦博矣。"此二种所记载的《演圣通论》在所指和篇目上是一致的，《郡斋读书志·后志》所言的"《易》十六卷、《书》七卷、《诗》十卷、《礼记》十六卷"，再加上《春秋论》十卷和目录一卷，正好是六十卷，其具体细目与总卷数都与《直斋书录解题》所言一致。这种情况与《崇文总目》所载《演圣通论》在篇目和卷数上都有出入。对于此歧异之处，王应麟《玉海》卷六十二"天圣演圣通论"条云："天圣《演圣通论》，天圣五年十二月二十二日秘书监胡旦上，七十二卷。（驳正《五经》）景祐元年七月壬辰，又上《续演圣通论》。（《崇文目》云三十六卷）胡旦《演圣通论》，论《六经》传注、得失，《易》十六卷、《书》七卷、《诗》十卷、《礼记》十六卷，而《春秋论》别行，博辨精详，学者宗焉。"《玉海》卷四十七"唐乘五代史略"条亦云："天圣五年十二月二十一日辛卯，秘书监致仕胡旦上《唐乘》七十卷、《五代史略》四十三卷、《演圣通论》七十二卷、《将帅要略》五十三卷，诏以旦子彤为监簿。景祐元年七月壬辰又上《续演圣论》。"则指明胡旦曾两度献书，故而造成了有关文献记载的差异；然其在景祐元年所上的《续演圣通论》后注明是指《崇文目》所云三十六卷，而上面引述的《崇文总目》卷二中分明说是"天圣中献之"，殊不可解。值得注意的是，《玉海》"胡旦《演圣通论》，论《六经》传、注得失，《易》十六卷、《书》七卷、《诗》十卷、《礼记》十六卷，而《春秋论》别行，博辨精详，学者宗焉"云云，与《郡斋读书志·后志》所载基本一致，很可能就是抄自《郡斋读书后志》，观《玉海》卷四十二所载亦可知，其云："胡旦《演圣通论》七十二卷，论《六经》传、注得失，《易》十六、《书》七、《诗》十、《礼记》十六，《春秋论》别行。（《晁氏志》四十九卷，'博辨精详，学者宗焉'。）"这条材料还提供一个信息，那就是王应麟所言的这个七十二卷本，与《郡斋读书志·后志》所言四十九卷本、《直斋书录解题》所言六十卷本，所指篇目是一致的，都是指《易》《书》《诗》《礼记》《春秋》五种（《郡斋读书后志》未计入《春秋论》）；再就其细目而言，均是《易》十六卷、《书》七卷、《诗》十卷、《礼记》十六卷，而《春秋论》别行。故而，王应麟此处所记之七十二卷本，与四十九卷本、六十卷本的差异当在于《春秋论》卷数的不一致。另外值得注意的是，《玉海》卷三十八著录有"胡旦《毛诗演圣通论》二十卷"，与王氏他处所言以及晁氏、陈氏所言《诗》十卷亦都有出入。

③ 王尧臣等编次，钱东垣等辑释：《崇文总目》卷一，"《演圣通论》三十六卷"条，《丛书集成初编》本，第33页。

④ 晁公武撰，孙猛校证：《郡斋读书志校证》卷四，"《演圣通论》四十九卷"条，第143页。

而范谔昌，则可以视为"疑经改经"的代表，他著有《易证坠简》，虽已亡佚，但通过有关记载，我们仍可以窥其一斑。《郡斋读书志》卷一上云："《证坠简》一卷，右皇朝天禧中毗陵从事建溪范谔昌撰。其书酷似郭京《举正》，如《震卦·彖辞》内云脱'不丧匕鬯'，程正叔取之；《渐卦》'上六'，疑'陆'字误，胡翼之取之。"《直斋书录解题》卷一亦载："《易证坠简》二卷，毗陵从事建溪范谔昌撰。……其上卷如郭京《举正》，下卷辨《系辞》非孔子命名，止可谓之《赞》，系今爻辞乃可谓之《系辞》。又重定其次序。又有《补注》一篇，辨周、孔述作，与诸儒异，为《乾》《坤》二传。末有《四辞晷刻图》一篇。《馆阁书目》止一卷。"其中都提到了《易证坠简》"疑经改经"的情况，非常明显，自无须多论。而据冯晓庭的研究，"疑经"的还有王昭素、乐史等人，"改经"的亦有王昭素、胡旦等人。[①]

综上所述，庆历以前的经学，尽管在总体上表现出谨守注疏之学的面貌，但其中也体现出了很多新的质素，在代表官方的学者和私人性的学者方面都是如此。他们或批驳注疏之学，或疑经改经甚至补经，或以议论的方式来解经，凡此种种，既是对中唐以来经学新风的继承和发扬，又是庆历以后经学面貌新变的重要积累。

---

① 冯晓庭：《宋初经学发展述论》，第84—92页。

第三章　庆历、熙宁间的经学新变

关于宋学之演进，周予同先生指出："欧阳修等人是在'破'汉唐经学，而北宋五子（指周敦颐、邵雍、张载、程颢、程颐）的成就是'立'的方面，其中以程颐的影响最大。南宋朱熹是集大成者，最重要的著作是《四书章句集注》"，并认为宋学是"从欧阳修、王安石等开始"的，进而把宋学学派分成了程朱学派、陆王学派和浙东学派三大派别。[①] 此论明显受到朱熹以来的传统看法的影响，以"理学"为学术主流，而对自熙宁、元丰以来"独行于世者六十年"的"荆公新学"强调不够，也未注意到二程理学是等到南宋以后由其弟子的大力倡导以及统治者扶持才逐渐大行其道的，而在当时却只不过是学术界的一派而已，其影响也难与作为官学的"荆公新学"相提并论。漆侠先生注意到了这一史实，指出"把刚刚形成、在社会上还没有多大影响的理学，置于得到政府大力支持、在学术上起着决定作用的荆公学派之上，是无甚根据的，因而也是不恰当的"[②]，并进而将荆公学派、温公学派、苏蜀学派、关、洛道学派一并视为宋学发展阶段出现的学术流派，而将二程理学在南宋的大行其道视为宋学演变阶段的重要组成部分。我们认为，周氏和漆氏所说都有其合理成分，自北宋庆历以来，欧阳修、刘敞等人大兴疑传惑经，其主要功绩在于"破"汉学，而自熙宁八年《三经新义》颁行天下之后，就标志着以《五经正义》为代表的"汉学"被推倒而代之以"宋学"，苏蜀学派、关、洛道学派等也能够自立面目，成为其有力的辅助，至于二程理学在南宋以来的大发展乃至唯我独尊，则只能看作是学术的重要演变。所以，就学术特点和历史定位而言，庆历、熙宁间的经学，其特点在较为彻底地"破"汉学，而熙宁以来的经学，则主要在于挺立"宋学"。当然，破中亦有立，立

---

① 周予同撰，朱维铮编：《周予同经学史论著选集》，第 897 页。
② 漆侠：《宋学的发展和演变》，第 6 页。

时更需要破，两者并不能截然区分，但在前后两个时期的侧重点还是很明显的。

第一节　庆历、熙宁间的经学新变

自真宗大中祥符元年（1008）以来，君臣唯务因循、苟且偷安，在一片歌舞升平的表象下，已潜藏着严重的社会危机。到北宋仁宗天圣（1023—1031）年间，社会弊政更趋暴露，冗官、冗兵、冗费等问题也日趋严重，积贫积弱的局面已初步形成，使得因循苟安、粉饰太平的国策难以为继，改弦更张也就势在必行。庆历新政就是在这样的情况下拉开序幕的。而新政的执行者范仲淹（989—1052），早在天圣五年（1027）的《上执政书》中就针对当时的社会危机提出了改革方案，内容包括强调以儒家政教为治国之策，以儒学来教育士人、敦实习俗，重视以"策论"和"明经"来选拔官吏，通过考核的方式来决定官吏的升迁，以及"固邦本、厚民力，重名器，备戎狄，杜奸雄，明国听"等等。显然，范仲淹在文中对于振兴儒道是再三强调的，认为治国以及养士都需要借重儒学。而当时的实际情况却是，章句注疏之学笼罩着学术界，而统治者在推崇儒术的同时，又不禁佛老，实行三教并用。所以，在现实的呼吁和刺激下，一些有识之士纷纷以复兴儒学为己任，力图将儒学的振兴与政治变革的需要结合起来，于是，有人以经术为变革的理论武器，有人为振兴儒学而排佛老、斥异端，而胡瑗等人倡导的所谓"明体达用"之学，则更是应运而生的产物。历史地看，庆历以来经学的新变，正是以天圣以来的经学新风为近源的，其突出代表即是有"宋初三先生"之称的胡瑗、孙复、石介三人所身体力行并通过教学而广为传布的"明体达用"之学。由于胡瑗等人倡导"明体达用"之学的主要活动时间在庆历前后，他们在庆历以前既讲学于地方，又都生活到庆历以后，在庆历新政期间以及其后的时间里还一度执教于太学，所以，他们的学术影响在庆历前后都是显著的，其学既可以看作是庆历期间学术过渡的代表，同样也可以视为庆历以来经学的组成部分。另一方面，庆历以来经学的新变，其主要方面在于疑传惑经的盛行和通经致用的取向。相对而言，前者较为注重经学本身，后者，则强调了经学致用的一面；而无论是前者还是后者，实际上都体现出胡瑗等人倡导的"明体达用"之学的渗透。以下，就对这两个方面分别阐述。

一、"宋初三先生"与"明体达用"

胡瑗（993—1059）、孙复（992—1057）、石介（1005—1045），人称"宋初三先生"，主要生活于仁宗庆历以前，但胡瑗、孙复则在庆历以后仍生活了十余年时间，因此可以视作过渡期的人物，而其学术也确实带有明显的过渡性质。

"宋初三先生"在教育和学术方面都取得了重大成就，可谓桃李满天下，著述亦等身，在重振师道尊严、长育适用人才，力倡儒家道统、弘扬儒家学术等方面都着力甚多，效果明显，堪为后人楷模。而教育与学术两个方面，在他们身上又是极有关联的，他们的著作多是讲学时的讲义，其教学方法和理念也可看作是学术思想的某种反映。所以，有必要先谈一下他们的教育。

胡瑗、孙复、石介三人都曾在地方和太学教学，影响较大，门徒众多，尤其是胡瑗，独创了所谓的"湖学教法"，设"经义"和"治事"两个学斋：

> 经义则选择其心性疏通、有器局、可任大事者，使之讲明六经。治事则一人各治一事，又兼摄一事，如治民以安其生，讲武以御其寇，堰水以利田，算历以明数是也。①

其实质，即胡瑗高足刘彝在回答宋神宗问胡瑗与王安石孰优时所指出的"明体达用"之学：

> 臣师胡瑗以道德仁义教东南诸生时，王安石方在场屋中修进士业。臣闻圣人之道，有体、有用、有文。君臣父子，仁义礼乐，历世不可变者，其体也。《诗》《书》史传子集，垂法后世者，其文也。举而措之天

---

① 黄宗羲原著，全祖望补修，陈金生、梁运华点校：《宋元学案》卷一《安定学案》，中华书局1986年版，第24页。

下，能润泽斯民，归于皇极者，其用也。国家累朝取士，不以体用为本，而尚声律浮华之词，是以风俗偷薄。臣师当宝元、明道之间，尤病其失，遂以明体达用之学教授诸生。夙夜勤瘁，二十余年，专切学校，始于苏、湖，终于太学，出其门者无虑数千余人。故今学者明夫圣人体用，以为政教之本，皆臣师之功，非安石比也。①

这种教学方法有助于为统治者培养富于学行，又有技能的适用人才，同时也正好适应了庆历新政的实施者要求教育部门革除弊端，长育人才的需要，因而被取为法式，在太学推广；同时，胡瑗还采用了群居讨论、个别辅导等多种教学方法，收效甚好，《宋元学案》卷一《安定学案》"附录"即记载："先生（指胡瑗）初为直讲，有旨专掌一学之政，遂推诚教育多士。亦甄别人物，故好尚经术者，好谈兵战者，好文艺者，好尚节义者，使之以类群居讲习。先生亦时时召之，使论其所学，为定其理。或自出一义，使人人以对，为可否之。或即当时政事，俾之折衷。故人人皆乐从而有成效。朝廷名臣，往往皆先生之徒也。"而孙复、石介，虽然影响要略小于胡瑗，但同样是以明体达用之学相倡，如石介即这样评价他的老师孙复：

> 孙明复先生，学周公孔子之道而明之者也。周孔之道，非独一身而兼利天下者也。先生畜周孔之道，于其身，苟畜而不施，徒自膏润肥硕而已，万物则悴枯瘠病，而自膏润肥硕，岂周公孔子之道也欤？是以先生凡四举进士，则是先生非苟畜其道以膏润肥硕于其身，将以利天下也，润万物也。四举而不得一官，鬓发皆皓白，乃退而筑居于泰山之阳，聚徒著书，种竹树果，盖有所待也。②

正是由于胡瑗等人在教育方面的突出成就，才赢得了欧阳修的高度评价："师道废久矣，自景祐、明道以来，学者有师，惟先生（指胡瑗）暨泰山孙明复（复）、石守道（介）三人，而先生之徒最盛。"③ 此论可谓公允。

---

① 黄宗羲原著，全祖望补修，陈金生、梁运华点校：《宋元学案》卷一《安定学案》，第25页。
② 石介：《徂徕集》卷九《明隐》，《四库全书》本。
③ 欧阳修：《欧阳修全集》，第178页。

下面再来谈一下他们的学术成就。主要有以下几个方面特别值得注意：

（一）倡导儒家道统，批判佛老异端，指斥科举时文，以传承儒道为己任。如胡瑗，"十三通《五经》，即以圣贤自期许"，神宗在题像赞中亦称其"敦尚本实，还隆古之谆风；倡明正道，开来学之颛蒙"。① 而上引刘彝所云"国家累朝取士，不以体用为本，而尚声律浮华之词，是以风俗偷薄。臣师当宝元、明道之间，尤病其失，遂以明体达用之学教授诸生"，则不难看出胡瑗对科举时文的针砭态度。

再如孙复，明确倡导孔孟道统，其《信道堂记》云："圣贤之迹，无进也，无退也，无毁也，无誉也，唯道所在而已。……吾之所为道者，尧、舜、禹、汤、文、武、周公、孔子之道也，孟轲、荀卿、扬雄、王通、韩愈之道也。吾学尧、舜、禹、汤、文、武、周公、孔子、孟轲、荀卿、扬雄、王通、韩愈之道三十年，处于今之世，故不知进之所以为进也，退之所以为退也，毁之所以为毁也，誉之所以为誉也。"在《董仲舒论》中则极力表彰董仲舒的传道之功，以为可与孟子、荀子、扬雄并列于儒家传道统序。② 而在《上孔给事书》中，孙复对尧舜孔孟之道统作了更详尽的表述，并称颂其传道继统、排斥异端之功：

> 所谓夫子之道者，治天下经国家大中之道也。其道基于伏羲，渐于神农，著于黄帝、尧、舜，章于禹、汤、文、武、周公。然伏羲而下，创制立度，或略或繁，我圣师夫子从而益之损之，俾协厥中，笔为六经，由是治天下经国家大中之道焕然而备。此夫子所谓大也，其出乎伏羲、神农、黄帝、尧、舜、禹、汤、文、武、周公也远矣。噫！自夫子殁，诸儒学其道得其门而入者鲜矣。惟孟轲氏、荀卿氏、扬雄氏、王通氏、

---

① 黄宗羲原著，全祖望补修，陈金生、梁运华点校：《宋元学案》卷一《安定学案》，第29页。

② 孙复在《董仲舒论》中说道："孔子而下至西汉间，世称大儒者，或曰孟轲氏、荀卿氏、扬雄氏而已。以其立言垂范，明道救时，功丰德钜也。至于董仲舒则忽而不举，此非明有所未至、识有所未周乎？……噫！暴秦之后，圣人之道晦矣，晦而复明者，仲舒之力也。彼孟轲、荀卿，当战国之际，虽则诸子纷乱，然去圣未远，先王之典经尽在。扬雄处新室之间，虽则大祸是惧，然汉有天下滋久，讲求典礼，抑亦云备，故其微言大法，盛于闻见，揭而行之，张以为教，易尔。若仲舒，燔灭之余，典经已坏，其微言大法，希于闻见，探而索之，驾以为说，不其难哉？况乎暴秦之祸，甚于战国之乱与新室之惧耶？然四子之道一也，使易地而处，则皆然矣。"

韩愈氏而已，彼五贤者，天俾夹辅于夫子者也。天又以代有空阔、诞谩、奇崄、滛丽、谲怪之说乱我夫子之道，故不并生之，一贤殁，一贤出，羽之翼之，垂诸无穷，此天之意也，亦甚明矣。不然，则战国迫于李唐，空阔、诞谩、奇崄、滛丽、谲怪之说，乱我夫子之道者数矣，非一贤殁，一贤出，羽之翼之，则晦且坠矣。既晦且坠，则天下夷狄矣，斯民鸟兽矣。由是言之，则五贤之烈大矣。后之人不以夫子之道为心则已，若以为心，则五贤之烈其可忽乎哉！①

在此书信中，孙复还坦言自己："学夫子之道三十年，虽不为世之所知，未尝以此摇其心，敢一日而叛去"，并表示希望孔给事（即孔道辅，曾任龙图阁直学士、给事中）像孟轲、荀卿、扬雄、王通、韩愈那样振兴儒道，接续道统。此外，孙复还撰有《儒辱》一篇，将杨墨、佛老异端之说盛行而儒家仁义礼乐不兴视为"儒者之辱"，并盛赞孟子、荀子、韩愈排击异端学说的功绩，但扼腕叹息其未竟全功，以至于今天仍然是佛老横行，并感慨"不得其位，不剪其类，其将奈何！其将奈何！"对不能驱除佛老而忧心忡忡。而对于当时的科举时文，孙复也以为有害圣道，他在《寄范天章书一》中说："复窃尝观于今之士人，能尽知舜、禹、文、武、周公、孔子之道者鲜矣。何哉？国家踵隋唐之制，专以辞赋取人，故天下之士皆奔走致力于声病对偶之间，探索圣贤之阃奥者百无一二，向非挺然持古，不徇世俗之士，则孰克舍于彼而取于此乎？"因而，他提出取法六经，效法董仲舒、扬雄、王通、韩愈等人作"始终仁义，不叛不杂"的"载道"之文：

> 夫文者，道之用也。道者，教之本也。故文之作也，必得之于心而成之于言。得之于心者，明诸内者也；成之于言者，见诸外者也。明诸内者，故可以适其用；见诸外者，故可以张其教。是故《诗》《书》《礼》《乐》、大《易》《春秋》之文也，总而谓之经者，以其终于孔子之手，尊而异之尔。斯圣人之文也，后人力薄不克以嗣，但当左右名教，夹辅圣人而已，或则列圣人之微旨，或则摛诸子之异端，或则发千古之

① 孙复：《孙明复小集·上孔给事书》。

未瘳，或则正一时之所失，或则陈仁政之大经，或则斥功利之末术，或则扬圣人之声烈，或则写下民之愤叹，或则陈大人之去就，或则述国家之安危，必皆临事摭实，有感而作。为论、为议、为书、疏、歌、诗、赞、颂、箴、辞、铭、说之类，虽其目甚多，同归于道，皆谓之文也。若肆意构虚，无状而作，非文也，乃无用之赘言尔，徒污简册，何所贵哉？明远无志于文则已，若有志也，必在潜其心而索其道。潜其心而索其道，则其所得也必深。其所得也既深，则其所言也必远。既深且远，则庶乎可望于斯文也。不然，则浅且近矣，曷可望于斯文哉！噫！斯文之难至也久矣。自西汉至李唐，其间鸿生硕儒摩肩而起，以文章垂世者，众矣。然多杨墨佛老虚无报应之事、沈谢徐庾妖艳邪哆之言杂乎其中，至有盈编满集，发而视之，无一言及于教化者。此非无用赘言，徒污简册者乎？至于始终仁义，不叛不杂者，惟董仲舒、扬雄、王通、韩愈而已。由是言之，则可容易至之哉？若欲容易而至，则非吾之所闻也。①

以上这些都表明，孙复确然是信奉儒家道统，力诋佛老，排斥时文，以复兴夫子之道为己任的。

其实，在"宋初三先生"中倡儒道、排佛老、诋时文最突出的，还是石介。他字守道，其意即是标榜以孔孟儒道相守。《宋史》本传载："介为文有气，尝患文章之弊、佛老为蠹，著《怪说》《中国论》，言去此三者，乃可以有为。"可见，石介确实是以排佛老、树儒道为己任的。他所倡导是尧舜孔孟之道，即《怪说》下篇所云："孔子，大圣人也，手取唐、虞、禹、汤、文王、武王、周公之道定以为经，垂于万世矣。尧、舜、禹、汤、文王、武王、周公之道，万世常行不可易之道也。"《怪说》中篇在批驳杨亿破碎圣人之道时也提出了儒家道统，即："昔杨翰林欲以文章为宗于天下，忧天下未尽信己之道，于是盲天下人目，聋天下人耳，使天下目盲，不见周公、孔子、孟轲、扬雄、文中子、吏部之道；使天下耳聋，不闻有周公、孔子、孟轲、扬雄、文中子、吏部之道。周公、孔子、孟轲、扬雄、文中子、吏部之道，尧、舜、

---

① 孙复：《孙明复小集·答张洞书》。

禹、汤、文、武之道也,三才、九畴、五常之道也。"为了弘扬儒家道统的需要,石介对当时佛老之说盛行大为不满,著《中国论》严夷夏之辨,又著《怪说》上篇极力诋之,其中有云:"夫中国道德之所治也,礼乐之所施也,五常之所被也,而汗漫不经之教行焉,妖诞幻惑之说满焉,可怪也","释老之为怪也,千有余年矣,中国蠹坏亦千有余年矣,不知更千余年释老之为怪也如何?中国之蠹坏也如何?尧、舜、禹、汤、文、武、周公、孔子不生吁!"石介排佛的主张在实践中也有体现,如据其自撰《去二画本记》可知,他在刘随幕下以幕僚兼任应天府学官时,曾利用职权,抽去书库所藏《三教画本》中佛老二氏之教的画像,只留孔子儒教的画像,"朝夕令学者拜事,庶几知吾师之尊,吾教之一,吾道之正"。此外,石介对以杨亿为代表的西昆时文破碎圣人之道亦大肆批判,其《怪说》中篇云:"今杨忆穷研极态,缀风月,弄花草,淫巧侈丽,浮华纂组,刐镂圣人之经,破碎圣人之言,离析圣人之意,蠹伤圣人之道。……其为怪大矣!是人欲去其怪而就于无怪,今天下反谓之怪而怪之,呜呼!"当然,在当时统治者提倡三教并用,信佛崇道之风依然盛行,以及科举以文辞为尚的时代里,要禁毁佛老之说和杨亿时文,其阻力的巨大是可以想见的。石介在《怪说》下篇中借"或者"之口指出:"然今举中国而从佛老,举天下而学杨亿之徒,亦云众矣,虽子之说长,又岂能果胜乎?子不唯不能胜万亿千人之众,以万亿千人之众反攻子,且恐子不得自脱,将走于蛮夷险僻深山中而不知避也。子亦诚自取祸矣。"尽管形势如此严峻,但石介崇儒意旨极为坚定,为了卫道宁可死而后已,其云:"吾学圣人之道,有攻我圣人之道者,吾不可不反攻彼也。……吾亦有死而已,虽万亿千人之众,又安能惧我也。"(《怪说》下篇)这与韩愈为了传儒道、斥佛老而"虽灭死万万无恨"并无二致。

(二)批判章句注疏之学,注重以义理说经。

一方面,胡瑗等人都批判注疏之学。就他们对章句注疏之学的态度来看,孙复指出:

> 孔子既殁,七十子之徒继往,六经之旨郁而不章也久矣。加以秦火
> 之后,破碎残缺,多所亡散。汉魏而下,诸儒纷然四出,争为批注,俾

我六经之旨益乱，而学者莫得其门而入。……噫！专主王弼、韩康伯之说而求于大《易》，吾未见其能尽于大《易》者也；专守左氏、公羊、穀梁、杜预、何休、范宁之说而求于《春秋》，吾未见其能尽于《春秋》者也；专守毛苌、郑康成之说而求于《诗》，吾未见其能尽于《诗》者也；专守孔安国之说而求于《书》，吾未见其能尽于书者也。彼数子之说，既不能尽于圣人之经，而可藏于太学，行于天下哉？又后之作疏者，无所发明，但委曲踵于旧之注说而已。①

并希望范仲淹上奏皇帝，"广诏天下鸿儒硕老，置于太学，俾之讲求微义，殚精极神，参之古今，覆其归趣，取诸卓识绝见大出王、韩、左、穀、公、杜、何、毛、范、郑、孔之右者，重为批注，俾我六经廓然莹然，如揭日月于上，而学者庶乎得其门而入也"。

石介批评注疏之学的言论更多，如：

> 《春秋》者，孔氏《经》而已，今则有左氏、公羊、穀梁氏三家之《传》焉；《周易》者，伏羲、文王、周公、孔子而已，今则说者有二十余家焉；《诗》者，仲尼删之而已，今则有齐、韩、毛、郑之杂焉；《书》者，出于孔壁而已，今则有古今之异焉；《礼》则周公制之、孔子定之而已，今则有大戴、小戴之《记》焉。是非相扰，黑白相渝，学者茫然恍惚，如盲者求诸幽室之中，恶睹夫道之所适从也？②

再如在《录蠹书鱼辞》中，石介将传记注疏和杨墨佛老、诗文辞赋一并视为经书圣道之"蠹"：

> 文中子曰："九师兴而《易》道微，《三传》作而《春秋》散，齐、韩、毛、郑，《诗》之末也，大戴、小戴，《礼》之弃也。"又杨墨之言出，而孔子之道塞；佛老之教行，而尧舜之道潜。斯则《易》，其九师为蠹乎？《春秋》，其三传为蠹乎？《诗》，其齐、韩、毛、郑为蠹乎？

---

① 孙复：《孙明复小集·寄范天章书二》。
② 石介：《徂徕集》卷十五《上孙少傅书》。

《礼》，其大戴、小戴为蠹乎？孔子道，其杨墨为蠹乎？尧舜道，其佛老为蠹乎？魏晋以降迄于今，又有声律、对偶之道，雕镂文理，刊刻典经，浮华相淫，工伪相衒，劙削圣人之道，离析六经之旨，道日以刻薄而不修，六经之旨日以解散而不合。斯文，其蠹也。①

至于胡瑗，我们今天虽然无从看到他对整个注疏之学的基本评价，但他在经学研究中无疑是不满注疏之学的，以至于朱熹认为"安定（指胡瑗）之传，盖不出于章句诵说"。②

此外，他们在经学研究著述中还就具体问题对章句注疏之学作了批驳。

如胡瑗有《周易口义》，在卷首《周易口义发题》中即对《乾凿度》以及孔颖达《周易正义》等关于"易""一名三义"之说作了批驳，认为只有"变易"之义，其云："谓之'易'者，按《乾凿度》云：'易一名而含三义，简易也，不易也，变易也。'故颖达作《疏》泪崔觐、刘正简，皆取其说。然谓不易、简易者，于圣人之经谬妄殆甚！且仲尼曰：'名不正则言不顺，言不顺则事不成。'是言凡兴作之事，先须正名，名正则事方可成，况圣人作《易》为万世之大法，岂复有二三之义乎？……故大《易》之作，专取变易之义。"胡瑗又有《洪范口义》，对以往注疏中的谶纬之说多有驳正，四库馆臣即指出："谓天锡《洪范》为锡自帝尧，不取神龟负文之瑞；谓五行次第为箕子所陈，不辨洛书本文之多寡；谓五福六极之应通于四海，不当指一身而言：俱驳正注疏，自抒心得。"③

再如孙复，以《春秋》学著称，撰有《春秋尊王发微》十二卷和《春秋总论》三卷，以舍传求经、发明义理为特色，《郡斋读书志》卷一下"《春秋尊王发微》十二卷"条即提到："史臣言明复治《春秋》，不取传、注，其言简而义详，著诸大夫功罪，以考时之盛衰，而推见治乱之迹，故得《经》之意为多。"

---

① 石介：《徂徕集》卷七《录蠹书鱼辞》。
② 黄宗羲原著，全祖望补修，陈金生、梁运华点校：《宋元学案》卷一《安定学案》，第29页。
③ 永瑢等：《四库全书总目》卷十一，"《洪范口义》二卷"条，第90页。

至于石介的经学著述，则有《周易解义》① 和《春秋说》二种，现都已经亡佚②，虽然前者"止解六十四卦，亦无大发明"③，"说本王弼旨"④，而后者，根据《宋元学案》卷二《泰山学案》所录《春秋说》来看，与孙复有关《春秋》的解说是基本一致的，如关于《春秋》为何而作的问题，石介认为"《春秋》为无王而作，孰谓隐为贤且让而始之哉?"，与孙复所言"孔子之作《春秋》也，以天下无王而作也，非为隐公而作也。……春秋自隐公而始者，天下无复有王也"⑤，可谓是如出一辙的；而这样的解说，与孔颖达在

---

① 关于该书的书名和卷数，各种文献记载颇不一致：《郡斋读书志·后志》卷一著录作"徂徕先生《周易》五卷"，《遂初堂书目》作"石介《口义》"，不著卷数，《直斋书录解题》卷一作"《周易解义》十卷"，《文献通考·经籍考》作"石徂徕《易解》五卷"，《宋史·艺文志》作"石介《口义》十卷"，《经义考》卷十八作"石氏（介）《周易解》（《宋志》作《口义》，建本作《解义》），《宋志》十卷（《绍兴书目》卷同，题曰《易义》，《通考》作五卷）"。我们在此采用《直斋书录解题》所著录的书名。特别值得提到的是，徐洪兴《思想的转型——理学发生过程研究》一书第377页对石介的著作有考证，认为石介有关《周易》的研究著作有《易口义》十卷和《易解》五卷两种，分别依据了上面提到的《宋史·艺文志》《遂初堂书目》《直斋录解题》和《郡斋读书志》《文献通考》。我们认为，朱彝尊《经义考》的考述是值得信从的，有关文献中所记书名和卷数的差异只是同一种书而已，其情形当与胡瑗《周易口义》相类似，《经义考》卷十七"胡氏（瑗）《易传》"条引李振裕曰："《宋·艺文志》既列胡瑗《易解》，复列《口义》十卷、《系辞说卦》三卷，而《扬州志》亦仍其目，误也。盖安定讲授之余，欲著述而未逮，倪天隐述之，以其非师之亲笔，故不敢称《传》，而名之曰《口义》。传诸后世，或称《传》，或称《口义》，各从其所见，无二书也。"而且，就徐洪兴认为有两种书所分别依据的《直斋录解题》和《郡斋读书志》来说，《郡斋读书志·后志》卷一云："徂徕先生《周易》五卷，右皇朝石介守道撰。景迂云：'《易》古文十二篇，先儒谓费直专以《彖》《象》《文言》参解《易》爻，以《彖》《象》《文言》杂入卦中者，自费直始，孔颖达云："王辅嗣又分爻之《象辞》，各附当爻。"则费氏初变古制时，犹如今《乾》卦《彖》《象》系卦之末欤？古经始变于费氏，卒大乱于王弼，惜哉！今学者曾不之知也。石守道亦曰："孔子作《彖》《象》于六爻之前，《小象》系逐爻之下，惟《乾》悉属之于后者，让也。"呜呼，他人尚何责哉！'家本不见此文，岂介后觉其误而改之欤？"《直斋书录解题》卷一载："《周易解义》十卷，直讲徂徕石介守道撰。止解六十四卦，亦无大发明。晁景迂尝谓：'守道说："孔子作《彖》《象》于六爻之前，《小象》系逐爻之下，惟《乾》悉属之于后者，让也。他人尚何责哉！"'今观此《解义》言王弼注《易》，欲人易见，使相附近，他卦皆然，惟《乾》不同者，欲存旧本而矣，更无他说。不知景迂何以云尔也。按：宋咸《补注》首章，颇有此意，晁殆误记也耶？"两者的记述极其相近，当是就同一种书而言的。另外，在宋人的官私书目那里，并无一种书同时记载了上列两种石介有关《周易》的著述，这也可为各家书目所记实际上是同一种书提供旁证。

② 在他人著述中还保留了一些，如董真卿《周易会通》征引了石介有关说解《周易》的文字，《宋元学案》则收录了石介《春秋说》的片段。冯晓庭《宋初经学发展述论》第186—194页对此有所讨论，可参考。

③ 陈振孙撰，徐小蛮、顾美华点校：《直斋书录解题》卷一，"《周易解义》十卷"条，上海古籍出版社1987年版，第11页。

④ 董真卿：《周易会通》卷首《姓氏》，"石氏"条，《四库全书》本。

⑤ 孙复：《春秋尊王发微》卷一，"元年春王正月"条，《四库全书》本。

《春秋左传正义》中所说的"隐公让位贤君，故为《春秋》之首"① 显然是大相径庭的。另外，据冯晓庭研究，石介还撰有《释汝坟卒章》和《忧勤非损寿论》两篇"议论解经"的文字，对前人注疏作了批驳，《释汝坟卒章》乃是"讨论郑玄笺《诗》错误的文章"，《忧勤非损寿论》则是"讨论郑玄注《礼记·文王世子篇》失误的文字"。② 这都可以说明，石介在经学研究方面虽对注疏之学还有一定依赖，但也表现出了批驳的一面。

另一方面，胡瑗等人在经学研究中注重对义理的阐发。如胡瑗有《周易口义》，为《四库全书》所收录，四库馆臣在"提要"中称其"在宋时，固以义理说《易》之宗也"。该书接续王弼，罢黜象数而说以义理，但又改变王弼掺杂老、庄之学的弊病而一归于儒理，可谓是程颐以纲常名教、性命道德说解《周易》的先声，四库馆臣在谈到《易》学史上"两派六宗"时即指明了胡瑗《易》学特色和地位，其云：

> 《易》之为书，推天道以明人事者也。《左传》所记诸占，盖犹太卜之遗法。汉儒言象数，去古未远也。一变而为京、焦，入于禨祥。再变而为陈、邵，务穷造化。《易》遂不切于民用。王弼尽黜象数，说以老、庄。一变而胡瑗、程子，始阐明儒理。再变而李光、杨万里，又参证史事。《易》遂日启其论端。③

胡瑗留存至今的经学著作尚有《洪范口义》二卷，亦以义理为指归，四库馆臣评论道："其说惟发明天人合一之旨，不务新奇。……虽平近而深得圣人立训之要，非谶纬术数者流所可同日语也"④，由此可见一斑。再如孙复，其代表性著述是《春秋尊王发微》，主旨在于发挥"尊王"之意，认为《春秋》"以天下无王而作"；为了阐发这一义旨，孙复认为《春秋》所记之事都含有贬斥之意，而孔子正是通过这些贬斥"乱臣贼子"的所作所为来达到强调"尊王"之目的的。因过于深文锻炼，遭到了四库馆臣的苛责，其云：

> （孙）复之论，上祖陆淳，而下开胡安国，谓《春秋》有贬无褒，

---

① 左丘明传、杜预注、孔颖达正义：《春秋左传正义》，第49页。
② 参见冯晓庭《宋初经学发展述论》，第99—100、183—185页。
③ 永瑢等：《四库全书总目》卷一"易类小叙"，第1页。
④ 永瑢等：《四库全书总目》卷十一，"《洪范口义》二卷"条，第90页。

大抵以深刻为主。晁公武《读书志》载常秩之言曰："明复为《春秋》，犹商鞅之法，弃灰于道者有刑，步过六尺者有诛。"盖笃论也。而宋代诸儒，喜为苛议。顾相与推之，沿波不返，遂使孔庭笔削变为罗织之经。夫知《春秋》者莫如孟子，不过曰"《春秋》成而乱臣贼子惧"耳。使二百四十二年中无人非乱臣贼子，则复之说当矣。如不尽乱臣贼子，则圣人亦必有所节取。亦何至由天王以及诸侯、大夫无一人一事不加诛绝者乎？过于深求而反失《春秋》之本旨者，实自复始。虽其间辨名分，别嫌疑，于兴亡治乱之机亦时有所发明。①

但这也正可以说明，孙复所重在于经文"大义"，而不以章句训诂为意。至于石介，其《春秋》学与孙复相近，自然也是于"微言大义"再三致意的。

（三）讲求明体达用，致力于内圣外王。

"宋初三先生"既以明体达用教人，又以明体达用治学。以胡瑗为例，其明体达用的教学法，上文提到的刘彝已做了精准的概括，所谓"君臣父子，仁义礼乐，历世不可变者"，即是"体"；所谓"举而措之天下，能润泽斯民，归于皇极者"，即是"用"，其实也就是通常所谓的"内圣外王"。易言之，就是使之既有符合纲常名教的品行，又有治国安邦的才能，亦即"修己以安人"之术。基于此，胡瑗在教学中有两个方面是特别突出的，一是尊崇师道，二是注重才能。关于后者，在"治事"斋中有所谓"治民以安其生，讲武以御其寇，堰水以利田，算历以明数"，就是为了培养治世而才能的；而关于师道尊严的问题，胡瑗更是一丝不苟，如《宋元学案》称其"虽盛暑，必公服坐堂上，严师弟子之礼。视诸生如子弟，诸生亦爱敬如父兄"②。其实，胡瑗不仅严于律己，也要求学生端正品行、挺立人格，如以下一则事例："徐积初见先生（胡瑗），头容稍偏。先生厉声云：'头容直！'积猛然自省，不特头容要直，心亦要直，自是不敢有邪心。"③ 由此即可见一斑。

至于胡瑗的学术，诚如宋人黄震所说，乃是"明体用之学"。④ 据石介记载，孙复有这样一种看法："尽孔子之心者，大《易》；尽孔子之用者，《春

---

① 永瑢等：《四库全书总目》卷二十六，"《春秋尊王发微》十二卷"条，第214页。
② 黄宗羲原著，全祖望补修，陈金生、梁运华点校：《宋元学案》卷一《安定学案》，第29页。
③ 见黄宗羲原著，全祖望补修，陈金生、梁运华点校：《宋元学案》卷一《安定学案》"附录"。
④ 黄震：《黄氏日抄》卷五十《读史》，《四库全书》本。

秋》，是二大经，圣人之极笔也，治世之大法也。"① 应该指出，首先，这一看法反映出了孙复对经典的认识和选择，强调的是两个方面，即"尽心"和"尽用"，其实质也就是所谓的"体"和"用"。其次，这一看法在"宋初三先生"那儿是一致的。就其经学著述来说，孙复有《易说》六十四篇、《春秋尊王发微》十二卷、《春秋总论》三卷，师事孙复的石介亦有《周易解义》和《春秋说》，而胡瑗，尽管涉猎的经典要比孙复和石介来得多，但对《周易》和《春秋》二书亦用力甚勤，据徐洪兴考订，胡瑗的著作有《周易口义》十二卷（存）、《洪范口义》二卷（存）、《皇祐新乐图记》三卷（存）、《尚书全解》二十八卷（佚）、《中庸义》一卷（佚）、《春秋要义》三十卷（佚）、《春秋口义》五卷（佚）、《春秋辩要》（不知卷数，佚）、《吉凶书仪》二卷（佚）、《景祐乐府奏议》一卷（佚）、《皇祐乐府奏议》一卷（佚）、《资圣集》十五卷（佚）、《武学规矩》一卷（佚）、《学政条约》一卷（佚）以及《宋元学案》卷一《安定学案》辑《论语说》片段七则、朱熹辑《善教名臣安定先生言行录》一卷、许正绶辑《安定言行录》二卷。② 这种对《周易》和《春秋》的认识和选择，已经能够表明，孙复、胡瑗等人是以明体达用为治学指归的。此外，在胡瑗众多的著述中，我们也不难发现，他一方面对君臣父子、道德仁义之类的"体"再三致意；另一方面又格外强调经世以致用。兹举其《论语说》数则以明之：

> 命者禀之于天，性者命之在我。在我者修之，禀于天者顺之。愚、鲁、辟、喭，皆道其所短而使之修者也。（愚、鲁、辟、喭）

> 公叔文子与大夫僎同升诸公，孔子曰"可以为'文'"；臧文仲知柳下惠之贤而不举，孔子谓之"窃位"。由此观之，君子以荐贤为己任。（臧文仲窃位）③

显然，胡瑗的解说是富有明体达用的特色的。下面的一则记载当更能说明问题：

---

① 石介：《徂徕集》卷十九《泰山书院记》。
② 见徐洪兴《思想的转型——理学发生过程研究》，第 322—325 页。需要指出的是，《周易口义》实为十三卷，《宋元学案》辑《论语说》片段应为八则。另外，《宋元学案》卷一《安定学案》还辑有《春秋说》七则。
③ 黄宗羲原著，全祖望补修，陈金生、梁运华点校：《宋元学案》卷一《安定学案》，第 26 页。

　　　　安定胡翼之，皇祐、至和间国子直讲，朝廷命主太学。时千余士，
　　日讲《易》，余执经在诸生列。先生每引当世之事明之。至《小畜》以
　　谓："畜，止也，以刚止君也。"已乃言及中令赵公相艺祖日，上令择一
　　谏臣，中令具名以闻，上却之弗用。异日又问，中令复上前札子，亦却
　　之。如此者三，仍碎其奏，掷于地。中令辄怀归。他日复问，中令仍补
　　所碎札子呈于上。上乃大悟，卒用其人。①

胡瑗引赵普在选择谏臣问题上坚持己见，最终令宋太祖幡然醒悟之事来说明
《小畜》卦"以刚止君"之意，既达到了解说经义的目的，又具有观照现实
的意味。

　　事实上，儒家经典被视为"载道之具"，人们有可能在每一部经典中都挖
掘出微言大义来，而这些所谓的微言大义又常常指向经世致用，正可谓是
"体用一源"。所以，不论是"尽心"的《周易》，还是"尽用"的《春秋》，
都是既有"体"又有"用"的，只不过有所偏重。胡瑗在谈到《周易》的主
旨时指出：

　　　　大《易》之作，专取变易之义，盖变易之道，天人之理也。以天道
　　言之，则阴阳变易而成万物，寒暑变易而成四时，日月变易而成昼夜；
　　以人事言之，则得失变易而成吉凶，情伪变易而成利害，君子小人变易
　　而成治乱。故天之变易，则归乎生成而自为常道；若人事变易，则固在
　　上位者裁制之如何耳。何则？在位之人，苟知其君子小人相易而为治乱，
　　则当常进用君子而摈斥小人，则天下常治而无乱矣；知其情伪相易而成
　　利害，当纯用情实而黜去诈伪，则所为常利而无害矣；知其得失相易而
　　成吉凶，当就事之得而去事之失，则其行事常吉而无凶矣。是皆人事变
　　易，不可不慎也。故大《易》之作，专取变易之义。②

显然，胡瑗认为《周易》专讲变易之义，而这又关乎天道人事。正是这样讲
"体"又及"用"，即如胡瑗所说"变易之道，天人之理"，使得他在解说
《周易》时多如上文所引解《小畜》卦"以刚止君"之意那样，由"体"而

---

①　王得臣：《麈史》卷上《忠说》，《丛书集成初编》本，第11—12页。
②　胡瑗：《周易口义》卷首《周易口义发题》，《四库全书》本。

达"用"了。

虽然孙复《易说》六十四篇已经失传，我们无从考察他对"尽孔子之心"的《周易》是如何研究的，而石介《周易解义》则是"说本王弼旨"、"无大发明"，成就甚微，但胡瑗的《周易解义》却开了宋儒以"义理"解义的先河，对程颐的《易传》亦有影响。尤其值得注意的是，胡瑗对性命之理多有关注，其《周易解义》中即谈到性、情，《论语说》中亦有涉及，而《中庸义》一卷则专论性、情，其高足徐积即指出："安定说《中庸》始于情性。"① 择要而言，胡瑗认为"性者，天所禀之性也。天地之性，寂然不动，不知所以然而然者，天地之性也。然而元善之气，受之于人，皆有善性，至明而不昏，至正而不邪，至公而不私。"② 又指出性乃"天生之质"，"仁、义、礼、智、信五常之道无不具备，故禀之为正性"，③ 这些都与孟子的"性善论"相近。但胡瑗在《论语说》中又指出："命者禀之于天，性者命之在我。在我者修之，禀于天者顺之。愚、鲁、辟、喭，皆道其所短而使之修者也。（愚、鲁、辟、喭）"④ 则又认为性亦有待修治。实际上，胡瑗所说性的两种情况，亦即张载、程颐等人所区分的"天地之性"（"天命之性"）与"气质之性"，只是远不如张氏、程氏他们说得那么清晰，所以反而给人一种似乎自相矛盾的感觉。胡瑗又认为，人会由于受到外界事物的干扰而起"喜、怒、哀、乐、爱、恶、欲"七情，若不以性治之，则会流于"邪情"，而圣人正是以正性治情才不致以情乱性：

> 性者，天生之质，仁、义、礼、智、信五常之道无不备具，故禀之为正性。喜、怒、哀、乐、爱、恶、欲七者之来，皆由物诱于外则情见于内，故流之为邪情。唯圣人则能使万物得其利而不失其正者，是能性其情，不使外物迁之也。然则圣人之情固有也，所以不为之邪者，但能以正性制之耳。不私于己，而与天下同也。圣人莫不有喜之情，若夫举贤赏善，兴利于天下，是与天下同其喜也；圣人莫不有怒之情，若夫大奸大恶、反道败德者从而诛之，是与天下同其怒也；圣人莫不有哀之情，

---

① 黄宗羲原著，全祖望补修，陈金生、梁运华点校：《宋元学案》卷一《安定学案》，第39页。
② 胡瑗：《周易口义》卷十一《系辞上》。
③ 胡瑗：《周易口义》卷一《乾》。
④ 黄宗羲原著，全祖望补修，陈金生、梁运华点校：《宋元学案》卷一《安定学案》，第26页。

若夫鳏寡孤独则拯恤之，凶荒札厉则赒贷之，是与天下同其哀也；圣人莫不有乐之情，若夫人情欲寿则生而不伤，人情欲安则扶而不危，若此之类，是与天下同其乐也。是皆圣人有其情则制之以正性，故发于外则为中和之教，而天下得其利也。小人则反是，故以情而乱其性，以至流恶之深则一身不保，况欲天下之利正乎？①

而程颐在《颜子所好何学论》一文中认为：

> 天地储精，得无形之秀者为人。其本也真而静，其未发也五性具焉，曰仁义礼智信。形既生矣，外物触其形而动其中矣。其中动而七情出焉，曰喜怒哀乐爱恶欲。情既炽而益荡，其性凿矣。是故觉者约其情使合于中，正其心，养其性，故曰性其情。愚者则不知制之，纵其情而至于邪僻，梏其性而亡之，故曰情其性。凡学之道，正其心，养其性而已。中正而诚，则圣矣。②

两相比较，持论是相当接近的。这就无怪乎，胡瑗见到此文后"大惊异之，即请相见，遂以先生（指程颐）为学职"；而那个时候，程颐才刚到"始冠"之年。③ 这就表明，胡瑗的性情之论，有导夫先路之功，或者可以说与所谓的"伊洛"之学在一定程度上是契合的。④ 当然，胡瑗在性情方面的理论远不如程颐等人那么成熟，在某些方面也不尽一致，譬如关于情或欲的善恶问题，胡瑗认为情和欲都是有善恶之别的，其徒弟徐积述其说云：

> 安定说《中庸》始于性情。盖情有正与不正，若欲亦有正与不正，德有凶有吉，道有君子有小人也。若"天地之情可见"，"圣人之情见乎辞"，岂得为情之不正乎？若"我欲仁，斯仁至矣"，岂为不正之欲乎？

---

① 胡瑗：《周易口义》卷一《乾》。
② 程颢、程颐著，王孝鱼点校：《二程集》，中华书局2004年2月第2版，第577页。
③ 据程颢、程颐著，王孝鱼点校：《二程集》第577页《颜子所好何学论》题下注释。
④ 值得注意的是，根据朱熹所编《伊川先生年谱》的记载，程颐一四五岁的时候就和其兄程颢一同受学于周敦颐，"每令寻颜子、仲尼乐处，所乐何事"（见《二程集》第16页）。周敦颐认为圣人可学，其要点则在"一"，"一者，无欲也，无欲则静虚动直，静虚则明，明则通；动直则公，公则溥，明通公溥，庶矣乎！"（见周敦颐《周元公集》卷一《圣学第二十章》）。程颐在《颜子所好何学论》中也认为圣人可学，其道在"正其心，养其性"，亦即以性制情，当是源自于周敦颐；程颐主张的"灭私欲，明天理"（见《二程集》第312页），其精神实质，也与周敦颐所言的"无欲"相一致。

故以凡言情为不正者，非也；言圣人无情者，又非也。圣人岂若土木哉！①

而胡瑗在谈论以性制情时也已提到："圣人之情固有也，所以不为之邪者，但能以正性制之耳。不私于己，而与天下同也"②，指明了情的正与不正，其区别在于"私于己"抑或"与天下同"。而像周敦颐、"二程"等理学家一般认为情欲都是恶的，要养心正性，就必须去掉情欲，所以他们在开示"成圣成贤"的路径时指出要"去欲"，要"灭人欲，存天理"。如周敦颐说"去欲"：

> 孟子曰："养心莫善于寡欲。其为人也寡欲，虽有不存焉者，寡矣；其为人也多欲，虽有存焉者，寡矣。"予谓养心不止于寡焉而存耳，盖寡焉以至于无。无则诚立、明通。诚立，贤也；明通，圣也。是圣贤非性生，必养心而致之。养心之善有大焉如此，存乎其人而已。③

而"二程"虽然有时也区分"公欲"与"私欲"，如其云："'养心莫善于寡欲。'多欲皆自外来，公欲亦寡矣"④，又说："合而听之则圣，公则自同。若有私心便不同，同即是天心"⑤，但更多的是只提私欲，人欲，将之视为与天理不可共容之物，因而就有了"去人欲、存天理"，"灭私欲、明天理"之类的主张：

> 人心私欲，故危殆。道心天理，故精微。灭私欲则天理明矣。⑥
>
> 视听言动，非理不为，即是礼，礼即是理也。不是天理，便是私欲。
>
> 人虽有意于为善，亦是非礼。无人欲即皆天理。⑦

这是一种在"天理"的原则下，将私欲、人欲统统去掉的做法，哪怕是有意为善，只要不合"理"，即是"非礼"，即是"私欲"，便要去除。这与胡瑗将情欲分为正与不正来区别对待，显然是存在差异的。

---

① 黄宗羲原著，全祖望补修，陈金生、梁运华点校：《宋元学案》卷一《安定学案》，第23页。
② 胡瑗：《周易口义》卷一《乾》。
③ 周敦颐著，陈克明点校：《周敦颐集》，第52页。
④ 程颢、程颐著，王孝鱼点校：《二程集》，第366页。
⑤ 程颢、程颐著，王孝鱼点校：《二程集》，第145页。
⑥ 程颢、程颐著，王孝鱼点校：《二程集》，第312页。
⑦ 程颢、程颐著，王孝鱼点校：《二程集》，第144页。

总之，胡瑗、孙复、石介三人的影响是巨大的，他们治学注重"明体达用"，同时又以其学教育广大门徒，因而对于养育人才、促进学风新变，都有着不容忽视的影响.起到了积极的先导和推波助澜的作用。全祖望称："宋世学术之盛，安定、泰山为之先河，程、朱二先生皆以为然"①，而南宋理学家黄震的一段话，更是对"宋初三先生"的功绩给予了具体分析和高度评价，也谈及了伊洛之学与"宋初三先生"之关系，其云：

> 师道之废、正学之不明久矣！宋兴八十年，安定胡先生，泰山孙先生，徂徕石先生，始以其学教授而安定之徒最盛，继而伊洛之学兴矣。故本朝理学虽至伊洛而精，实自三先生而始，故晦庵有'伊川不敢忘三先生'之语。震既读伊洛书，抄其要，继及其流之或同或异，而终之以徂徕、安定笃实之学，以推发源之自，以示归根复命之意，使为吾子孙毋蹈或者末流谈虚之夫，而反之笃行之实。②

结合我们在上文中所作分析来看，黄氏此论洵非虚语。

二、疑传惑经与通经致用

沿着"宋初三先生"开辟的路径，庆历以来的经学面貌豁然一变，而其主要方面则在于疑传惑经的盛行和通经致用的取向。前者可以刘敞《七经小传》为主要代表，而后者则以李觏为代表人物。这一过程甚至延续到了熙宁以后，典型代表是王安石《三经新义》，在其身上明显可见刘敞和李觏经学的影响。

（一）疑传惑经

关于这一时期经学方面疑传惑经的情况，南宋的陆游有过详细说明，他说："唐及国初，学者不敢议孔安国、郑康成，况圣人乎！自庆历后，诸儒发明经旨，非前人所及。然排《系辞》，毁《周礼》，疑《孟子》，讥《书》之《胤征》《顾命》.黜《诗》之《序》，不难于议经，况传注乎"③，皮锡瑞就

---

① 黄宗羲原著，全祖望补修，陈金生、梁运华点校：《宋元学案》卷一《安定学案》，第23页。
② 黄震：《黄氏日抄》卷四十五《读诸儒书》。
③ 王应麟撰，翁元圻等注，栾保群、田松青、吕宗力校点：《困学纪闻》卷八《经说》，第1095页。

此指出："宋儒拨弃传注，遂不难于议经。排《系辞》谓欧阳修，毁《周礼》谓修与苏轼、苏辙，疑《孟子》谓李觏、司马光，讥《书》谓苏轼，黜《诗序》谓晁说之。此皆庆历及庆历稍后人。"① 在皮氏指出的这些代表人物中，欧阳修、李觏主要是生活在庆历前后，司马光则在熙宁以来仍生活了十余年，且一度主政，尽去"新法"，而苏轼、苏辙、晁说之，则是熙宁前后登上历史舞台的；由此可见，疑传惑经的风习盛行了很长一段时间，至熙宁后仍未稍歇，甚至可以说是有愈演愈烈之势。就庆历、熙宁间的"疑传惑经"来说，是由欧阳修导之于前，刘敞承之于后；而就实际成绩和影响来说，则刘敞似更值得注意，宋人即对此多有评说，如吴曾《能改斋漫录·事始·注疏之学》引《国史》云：

> 庆历以前，学者尚文辞，多守章句注疏之学，至刘原父为《七经小传》，始异诸儒之说。王荆公修经义，盖本于原父。

又晁公武《郡斋读书志》卷一下"《七经小传》五卷"条云：

> 元祐史官谓："庆历前学者尚文辞，多守章句注疏之学，至敞始异诸儒之说，后王安石修《经义》，盖本于敞。"公武观原父说"伊尹相汤伐桀，升自陑"之类，《经义》多剿取之，史官之言，良不诬也。

再如陈振孙《直斋书录解题》卷三"《七经小传》三卷"条说：

> 前世经学大抵祖述注疏，其以己意言经，著书行世，自敞倡之。

而王应麟《困学纪闻》卷八《经说》也指出："自汉儒至于庆历间，谈经者守训故而不凿。《七经小传》出而稍尚新奇矣。至《三经义》行，视汉儒之学若土梗。"这些记载，都指出了刘敞及其《七经小传》在异先儒之说、以己意说经、转移经学风气方面的突出贡献，同时也强调了其对王安石《三经新义》的影响。我们认为，这一看法是值得注意的，虽然欧阳修较早地疑传惑经，排《系辞》、批《诗序》、疑《周礼》，但在广度和深度方面都大大推进一步，在著述和影响方面更有实绩的，则无疑要数刘敞及其《七经小传》；如

---

① 皮锡瑞著，周予同注释：《经学历史》，第220页。

果说欧阳修重在疑经典、黜邪说以尊经的话，那么，刘敞所重则在由怀疑经传而改动经文，自立新说，涉及的经典则有《毛诗》《尚书》《周礼》《仪礼》《礼记》《论语》以及《春秋》三传等。正是由此范围广而程度深的疑传惑经之举，刘敞及其《七经小传》才风行一时，学术风气也为之一变。欧阳修撰于熙宁二年的《集贤院学士刘公（敞）墓志铭》有"《七经小传》，今盛行于学者"之语，而司马光于熙宁二年六月所上《论风俗札子》谈到当时的学术风气时说：

> 窃见近岁公卿大夫好为高奇之论，喜诵老庄之言，流及科场，亦相习尚。新进后生，未知臧否，口传耳剽，翕然成风。至有读《易》未识卦爻，已谓《十翼》非孔子之言，读《礼》未知篇数，已谓《周官》为战国之书；读《诗》未尽《周南》《召南》，已谓毛、郑为章句之学；读《春秋》未知十二公，已谓《三传》可束之高阁。循守注疏者谓之腐儒，穿凿臆说者谓之精义……①

此种疑经惑传、自出己意风气之盛行，正与刘敞及其《七经小传》的风靡一时是分不开的。下面，我们就以刘敞及其《七经小传》为例略加叙述，以见庆历、熙宁间疑传惑经之经学风貌之一斑。

刘敞（1019—1068），字原父，号公是，临江新喻（今江西新余）人，庆历年间进士。《宋史》本传称其"学问渊博，自佛老、卜筮、天文、方药、山经、地志，皆究知大略。……长于《春秋》，为书四十卷，行于时"。欧阳修《集贤院学士刘公（敞）墓志铭》亦赞刘敞"于学博，自六经、百氏、古今传记，下至天文、地理、卜医、数术、浮图、老庄之说，无所不通"。确实，刘敞的学问是极其渊博的。尤其是长于《春秋》、精于礼学，且对六艺经传均有研究，主要经学著述有《春秋》"五书"，即《春秋传》《春秋权衡》《春秋说例》《春秋文权》《春秋意林》和《七经小传》《先秦古器图》以及《公是集》中有关经学研究的篇章。刘敞精于礼学，除了在《七经小传》中涉及了《周礼》《仪礼》和《礼记》外，据朱彝尊《经义考》考证，又有《士相见礼》一卷、《投壶义》一篇、《公食大夫义》一卷、《小功不税解》一篇、

---

① 司马光：《温国文正公文集》卷四十二，《四部丛刊》本。

《君临臣丧辨》一篇、《祭法小传》一卷、《与为人后议》一篇等篇章，而刘敞在解《春秋》时也显示了他深厚的礼学功底，四库馆臣在刘敞《春秋权衡》十七卷的"提要"中即指出："叶梦得作《石林春秋传》，于诸家义疏多所排斥，尤诋孙复《尊王发微》，谓其不深于礼学，故其言多自抵牾，有甚害于经者。虽概以礼论当时之过，而不能尽礼之制，尤为肤浅。惟于敞则推其渊源之正。盖敞邃于礼，故是书进退诸说，往往依经立义，不似复之意为断制。"刘敞甚至因为礼学而名重一时，《宋史》本传记载称："朝廷每有礼乐之事，必就其家以取决焉。"刘敞亦长于《春秋》，所著《春秋》"五书"在北宋《春秋》学史乃至整个古代的《春秋》学史上都有重要地位，是以己意解析《春秋》的代表性著作，四库馆臣指出："北宋以来，出新意解《春秋》者，自孙复与敞始。复沿啖、赵之余波，几于尽废三《传》。敞则不尽从《传》，亦不尽废《传》，故所训释为远胜于复焉。"①刘敞《春秋》学的特点，诚如四库馆臣所言是"不尽从《传》，亦不尽废《传》"，既承其是又去其非，而多以己意为去取，《直斋书录解题》卷三著录云："《春秋传》十卷、《权衡》十七卷、《意林》一卷、《说例》一卷，集贤院学士清江刘敞原父撰。始为《权衡》以平三家之得失，然后集众说，断以己意，而为之《传》。《传》所不尽者，见之《意林》。其《传》用《公》《穀》文体。《说例》凡四十九条"，于此可见一斑。以己意为去取，有时难免穿凿，但也容易提出新意，四库馆臣有一段分析颇能说明问题，其云：

> 敞说《春秋》，颇出新意，而文体则多摹《公》《穀》。诸书皆然，是编（指《春秋传说例》一卷）尤为简古。惟说《大夫帅师例》一条，称鲁不当有三军，而以《周礼》为后人附会，未免稍偏。又宣公十八年经文"归父还自晋"，敞《春秋传》从《左氏》作"至笙"，而是编则从《公》《穀》作"至柽"，亦颇自相抵牾。其余则大致精核，多得经意。②

而这一特点，正是疑传惑经风气下的产物。当然，《春秋》历来作为"经世"之书，其以一字寓褒贬的微言大义必然是学者阐发之重点所在，刘敞也不例

---

① 永瑢等：《四库全书总目》卷二十六，"《春秋传》十五卷"条，第215页。
② 永瑢等：《四库全书总目》卷二十六，"《春秋传说例》一卷"条，第216页。

外，四库馆臣在评论《春秋意林》时即征引叶梦得《石林春秋传》云："不知经者以其难入，或诋以为用意太过，出于穿凿。然熟读深思，其间正名分，别嫌疑，大义微言，灼然圣人之意者，亦颇不少。"① 而刘敞在《春秋》学方面如此用力，著有《春秋》"五书"，"多达四十一（一无此字）卷"②，并且据朱彝尊《经义考》考证，又有《子囊城郢论》一篇、《非子产论》一篇、《叔孙昭子讥叔辄论》一篇等相关篇章，也可显见刘敞在经学研究中确实又具有一定的关注现实的取向。另外，刘敞所撰《公是集》卷三十八中有《易本论》一篇，在大谈了一番太极、阴阳、五行、象数之类的玄妙之理后，将所论归结到了所谓的"君子之道"、"小人之道"，可见刘敞具有由天道及于人事的《易》学思想，这同样说明他对现实是较为措意的。

全祖望在《公是先生文抄序》中指出："先生于书无所不窥，尤笃志经术，多自得于先圣。所著《七经小传》《春秋五书》，经苑中莫与抗。"③ 其中所列《七经小传》《春秋五书》，成就不斐，影响突出，确实是刘敞代表性的经学著述，而就比较全面地反映刘敞的经学态度、经学方法和经学成就来说，则无疑要首推《七经小传》。

《七经小传》，《宋史·艺文志》和《郡斋读书志》均作五卷，《直斋书录解题》则作三卷，收录《四库全书》之《七经小传》亦为三卷。据其卷首目录可知，卷上为《尚书》《毛诗》，卷中为《周礼》《仪礼》《礼记》《公羊》（《国语》），卷下为《论语》。对此篇目，四库馆臣有个说法，我们认为是比较符合实际的，其云：

> 其曰"七经"者，一《尚书》，二《毛诗》，三《周礼》，四《仪礼》，五《礼记》，六《公羊传》，七《论语》也。然《公羊传》仅一条，又皆校正《传》文衍字，于《传》义无所辨正，后又有《左传》一条、《国语》一条，亦不应独以《公羊》标目。盖敞本欲作《七经传》，惟《春秋》先成。凡所札记，已编入《春秋传》《意林》《权衡》《文权》《说例》五书中。此三条一校衍字，一论都城百雉，一论禘郊祖宗

① 永瑢等：《四库全书总目》卷二十六，"《春秋意林》二卷"条，第216页。
② 欧阳修：《集贤院学士刘公（敞）墓志铭》，载《欧阳修全集》，第250页。
③ 黄宗羲原著，全祖望补修，陈金生、梁运华点校：《宋元学案》卷四《庐陵学案》，第208页。

报，于经文无所附丽，故其文仍在此书中。其标题当为《春秋》，故得兼及《外传》。传写者见第一条为《公羊》，第二条末亦有"公羊"字，遂题曰《公羊》而注曰"《国语》附"，失其旨矣。①

所以，根据四库馆臣的意见，所谓"七经"当指《尚书》《毛诗》《周礼》《仪礼》《礼记》《春秋》《论语》。总的来看，刘敞的《七经小传》，其特点在于改易经文和以己意解经，而这两个方面正是在疑传惑经的风习下的进一步的推进，因为疑传，所以不信从传注而出以己意；因为疑经，所以改动经文来使之完备，以体现出该学者认为所当然的义理或者说大道。关于改易经文，在《七经小传》中例子甚多，或更改文字，如《七经小传》卷上《尚书》云："'《九共》九篇'，共当作丘"；或更定次序，典型者如：

> 《武成》曰："武王伐殷，往伐归兽，识其政事，作《武成》。"识，记也，言史官具记武王克商所施行之政以为此书也。然此书简策错乱，兼有亡逸，粗次定之于下曰："惟一月壬辰，旁死魄。越翼日癸巳，王朝步自周，于征伐商"，此下当次以"底商之罪，告于皇天后土，所过名山大川"云云。下至"大赉于四海，而万姓悦服"，皆在纣都所行之事也，然后次以"厥四月哉生明，王来自商至于丰"，然后又次以"丁未祀于周庙"云云，下至"予小子其承厥志"，此下武王之诰未终，当有百工受命之语，计脱五六简矣，然后次以"乃偃武修文"云云，然后又次以"列爵惟五"云云。②

而四库馆臣在刘敞《七经小传》的"提要"中也指出："以己意改经，变先儒淳实之风者，实自敞始"，并详加举例道：

> 如谓《尚书》"愿而恭"当作"愿而荼"、"此厥不听"当作"此厥不德"；谓《毛诗》"烝也无戎"当作"烝也无戒"；谓《周礼》"诛以驭其过"当作"诛以驭其祸"，"士田贾田"当作"工田贾田"，"九筮，五曰巫易"当作"巫阳"；谓《礼记》"诸侯以《狸首》为节"当作"以《鹊巢》为节"：皆改易经字以就己说。至《礼记》"若夫坐如尸"

---

① 永瑢等：《四库全书总目》卷二十六，"《七经小传》三卷"条，第270页。
② 刘敞：《七经小传》卷上《尚书》，《四库全书》本。

一节则疑有脱简，"人喜则斯陶"九句则疑有遗文，"礼不王不禘及庶子
王亦如之"则疑有倒句。而《尚书·武成》一篇考定先后，移其次序，
实在蔡沈之前。①

由这些例子，当不难想见刘敞《七经小传》在疑传惑经甚至改经方面所做出
的突出努力。另外，刘敞《七经小传》还表现出了以己意解经的鲜明特色，
四库馆臣也作了详细的分析，指出："如解《尚书》'鸟兽跄跄'，谓古者制
乐或法于鸟，或法于兽；解《毛诗》'葛之覃兮'，谓葛之茂盛，则有人就而
刈之，以为绤绤，如后妃在家，德美充茂，则王者就而聘之，以为后妃；解
《论语》'乘桴浮于海'，谓夫子周流列国，如桴之在海，流转不定：其说亦
往往穿凿，与安石相同。……谓敞之说经，开南宋臆断之弊，敞不得
辞。……略其厄词，采其粹语，疏通剔抉，精凿者多。"② 此论一分为二地看
待刘敞的《七经小传》以己意解经的做法，指出其有臆断之弊，同时又不乏
精凿之见，可谓是较为客观公允的。事实上，像四库馆臣所列举的以己意解
经的例子，在《七经小传》中并不鲜见，时常在商榷旧说的同时又出以己意，
如下面这段：

> 子夏《诗序》云："礼义废，政教失，国异政，家殊俗，而变风变雅
> 作矣。"然则诸国风，其言正义善事合于道者，皆正风也；其有刺讥怨讽
> 者，乃变风也。亦犹二雅，言文武成康为正雅，言幽厉为变雅矣。今说
> 者皆断《周南》《召南》为正风，自邶以下为变风，遂令《淇奥》《缁
> 衣》与《南山》《北门》同列，非夫子之意、子夏之指。且"国史明乎
> 得失之迹，伤人伦之废，哀刑政之苛"，为变风可矣；若人伦不废，刑政
> 不苛，何故（一本无何字，故作顾）不得为正风乎？既横生分别，不与
> 二雅同；又褒贬错谬，实无文可据，未足以传信也。③

所以，正是刘敞在解经时注重出以己意，同时又疑经以改经，程度之深、范
围之广，使之产生巨大的影响自然也就不足为奇。四库馆臣所谓"以己意改

① 刘敞：《七经小传》卷上《尚书》。
② 永瑢等：《四库全书总目》卷三十三，"《七经小传》三卷"条，第270页。
③ 刘敞：《七经小传》卷上《毛诗》。

经，变先儒淳实之风者，实自敞始"，"敞之说经，开南宋臆断之弊……略其
戹词，采其粹语，疏通剔抉，精凿者多"，① 都已精辟地指出了刘敞及其《七
经小传》在经学研究方面的成绩和影响所在。

（二）通经致用

庆历之际，范仲淹等人掀起一股改革之风，终于形成"庆历新政"这一
高潮。与现实变革有关的是，在经学研究领域也呈现出强烈的通经致用，以
经学干预政治、服务政治的色彩。

通经致用，本是经学的重要价值所在；以经术缘饰政治，更是古已有之
的传统。可惜，随着章句注疏之学的盛行，人们的注意力逐渐转向于章句训
诂、名物考证等琐细方面，而无暇考究经文大义，更遑论以经术来为政治服
务。但是，随着中唐以来社会危机的日益沉重以及儒学的日趋中衰，士人们
纷纷希望通过复兴儒学来挽救世道人心，解决社会危机，这促使了儒学复兴
运动得以蓬勃展开，谨守章句注疏之学的面貌逐渐有所改观，人们开始注重
经文义理，讲求先王之道，以臻于"三代"之治为现实归依。这种情况，一
直延绵至赵宋，或者可以说，北宋以来的经学面貌，也是在这样一种大背景
下展开的。于是，出现了邢昺、胡瑗等人在讲经时注重"引时事为喻"、"引
当世之事明之"；出现了范仲淹援引《周易》的"变易"之道为政治革新的
立论依据；出现了李觏直接从经典中寻找治国方案，有《周礼致太平论》等
著述；这些，都是通经致用的鲜明体现，而其中，尤以李觏为最。下面，我
们就以李觏及其《周礼致太平论》来讨论一下当时学者通经致用的情况。

李觏（1009—1059），字泰伯，建昌军南城（今江西南城县）人，人称
"盱江先生"或"直讲先生"。他同范仲淹一样，主张变革弊政、富国强兵。
因而，他的著述中多有关切现实的文字，诸如《潜书》《平土书》《富国强兵
安民策》《庆历民言》等，多是针对现实而发，而《寄上范参政书》则是勉
励、支持范仲淹政治革新的一份声明，《周礼致太平论》则是为"庆历新政"
提供了一份可供参考的蓝图。这种关注现实的思想，甚至在很大程度上决定
了李觏在经学研究方面注重致用的取向。

---

① 永瑢等：《四库全书总目》卷三十三，"《七经小传》三卷"条，第270页。

总的来看，李觏在经学方面主要是对《易》学和《礼》学用功颇深，著述也多，关于《易》学的主要有《易论》十三篇以及《删定易图序论》六篇；关于《礼》学的则更多，有《礼论》七篇、《礼论后语》一篇、《平土书》二十章、《周礼致太平论》五十一篇以及《明堂定制图序》一篇、《五宗图序》一篇、《读儒行》一篇等。

李觏的《易》学，不取象数而独寻义理，多系乎君臣之义，万事之理。他在谈到《易》的主旨时指出：

> 圣人作《易》，本以教人，而世之鄙儒，忽其常道，竞习异端，有曰："我明其象，则卜筮之书未为泥也"，有曰："我通其意，则释老之学未为荒也"，昼读夜思，疲心于无用之说，其以惑也，不亦宜乎？包牺画八卦而重之，文王、周公、孔子系之辞，辅嗣之贤，从而为之注，炳如秋阳，坦如大逵，君得之以为君，臣得之以为臣，万事之理犹辐之于轮，靡不在其中矣。[1]

正是基于这样一种认识，李觏在《易论》十三篇中多谈人事，首篇即论"为君之道"，以下依次论"任官之急"、"为臣之道"、"治身与治家"、"遇于人"、"动而无悔"、"人事之变"、"常与权"、"慎祸福"、"招患与免患"、"心一而迹殊"、"乾坤卦时"、"以人事明卦象"等。显而易见，这些篇章都是与现实生活密切相关的。值得注意的是，李觏对《周易》变易之理是比较重视的，他指出："夫救弊之术，莫大乎通变。然民可与乐成，难与虑始，非断而行之，不足以有为矣"[2]，又在《易论第八》中专论常与权的问题，他说："常者，道之纪也，道不以权，弗能济矣。是故权者，反常者也。事变矣，势异矣，而一本于常，犹胶柱而鼓瑟也"，"排患解纷，量时制宜，事出一切，愈不可常也"。这种注重变易的言论，与范仲淹用《周易》的通变理论来为政治变革提供依据[3]，在精神风貌上是相当一致的。事实上，李觏于庆历四年作《寄上范参政书》，对范仲淹主持新政予以支持和勉励，也正是建立在

---

[1]　李觏撰，王国轩校点：《李觏集》卷三《易论第一》，中华书局1981年版，第27页。

[2]　李觏撰，王国轩校点：《李觏集》卷三《易论第一》，第28—29页。

[3]　范仲淹《范文正奏议》卷上《答手诏条陈十事》云："《易》曰：'穷则变，变则通，通则久。'此言天下之理，有所穷塞则思变通之道，既能变通则成长久之业。我国家革五代之乱，富有四海垂八十年，纲纪制度日削月侵，官壅于下，民困于外，敌人骄盛，寇盗横炽，不可不张以救之。"

这样一种通变的思想基础之上的。所以，李觏《易》学所表现出来的经世致用的特点，是相当显著的。这也正如李觏自己所说，"著《易论》十三篇，援辅嗣之注以解义，盖急乎天下国家之用，毫杪幽微所未暇也。"①另一方面，李觏不仅立正学，而且黜邪说，他对属于象数、图书派《易》学的刘牧的《易》学攻击甚力，批评是"力穿凿以从傀异，考之破碎，鲜可信用，大惧诖误学子，坏隳世教"，并专门作《删定易图序论》以诋之，以期"庶乎人事修而王道明"。②

当然，李觏影响更大、通经致用特色更为鲜明的，还要数他的《礼》学，尤其是《周礼致太平论》五十一篇。《宋史》本传提到的经学著作即是《周礼致太平论》《平土书》《礼论》三种，这都是李觏《礼》学类著作。《宋史》本传还载录了一篇《明堂定制图序》，此文博征载集，论析细致，从中可见李觏对于《礼》学的精通；而此篇得以被史臣载录史册，也可反映出它影响之深远，这在一定程度上也可说明刘敞确实是长于《礼》学的。

李觏的《礼》学，突出地发挥了其经世致用的一面。他对"礼"是非常重视的，甚至以之为治国修身之本，他说："夫礼，人道之准，世教之主也。圣人之所以治天下国家，修身正心，无他，一于礼而已矣。"③他进而把与礼相关的乐、刑、政以及仁、义、智、信等都归于礼，以礼为统率，他指出："饮食、衣服、宫室、器皿、夫妇、父子、长幼、君臣、上下、师友、宾客、死丧、祭祀，礼之本也；曰乐、曰政、曰刑、礼之支也；而刑者，又政之属矣；曰仁、曰义、曰智、曰信，礼之别名也，是七者盖皆礼矣。"④于是，他在专门的研究《礼》学的著作如《礼论》十三篇中，就充分发挥了这一观点，所论多强调以礼为主，以礼为治国修身之本、以礼来统帅仁、义、智、信及乐、刑、政的主旨得到了具体成分的阐释和发挥，从而既强调了礼的功用，又凸显了其经世的意义，我们从中也就不难看出李觏治经注重致用的特色。而李觏又曾明言其撰著《礼论》的目的在于"推其本以见其末，正其名以责其实，崇先圣之遗制，攻后世之乖缺；邦国之龟筮，生民之耳目，在乎

① 李觏撰，王国轩校点：《李觏集》卷四《删定易图序论》，第52页。
② 李觏撰，王国轩校点：《李觏集》卷四《删定易图序论》，第52页。
③ 李觏撰，王国轩校点：《李觏集》卷二《礼论第一》，第5页。
④ 李觏撰，王国轩校点：《李觏集》卷二《礼论第一》，第5—6页。

此矣"，① 所谓"邦国之龟筮，生民之耳目"，既可反映出李觏对其著作自视甚高、期待甚高的一面，又明确显示出李觏著论是以服务现实社会、通经致用为宗旨的。这与《礼论》十三篇的主旨和具体内容都是相当一致的。

再看李觏的《平土书》。这是他针对当时现实问题土地兼并现象日益严重、贫富差距不断扩大，各种社会矛盾也日益激化而提出的对策，而其采取的路径则是从经典中寻找答案，即根据《周礼》中的"井田制"而提出"平土"的主张。他在《平土书》的序言中写道：

> 生民之道，食为大。有国者未始不闻此论也，顾罕知其本焉。不知其本而求其末，虽尽智力，弗可为已。是故土地本也，耕获末也。无地而责之耕，犹徒手而使战也，法制不立，土田不均。富者日长，贫者日削，虽有耒耜，穀不可得而食也。食不足，心不常，虽有礼义，民不可得而教也。尧舜复起，末如之何矣！故平土之法，圣人先之，夏商以前，其传太简，备而明者，莫如周制。自秦用商鞅，废井田，开阡陌，迄今数千百年，学者因循，鲜能道平土之谓；虽道之，犹卤莽未见其详。于戏！古之行王政，必自此始。儒有欲谈三王，可不尽心哉！抑焉知其不复用也！于是本诸经，该诸传记，条而辩之。②

显然，李觏著论的意旨在于仿周制井田而倡"平土"，其指向在于解决现实问题，并期待其主张被人君所采纳而实现先王之治。其中"本诸经，该诸传记，条而辩之"云云，说明了李觏提出、阐明意见的方式，兹举其第一、第二条以明之：

> 一曰：按《周礼·大司徒职》曰："以土圭之法测土深，正日景以求地中。日至之景，尺有五寸，谓之地中，乃建王国焉，制其畿方千里，而封树之。"此王畿广轮之数也。

> 二曰：按《司马云》曰："王国百里为郊，二百里为州，三百里为野，四百里为县，五百里为都。"又按《周礼·载师职》曰："以廛里任国中之地，以场圃任园地，以宅田士田贾田，任近郊之地。以官田牛田

---

① 李觏撰，王国轩校点：《李觏集》卷二《〈礼论七篇〉序》，第5页。
② 李觏撰，王国轩校点：《李觏集》卷十九，第183页。

赏田牧田，任远郊之地。以公邑之田任甸地。以家邑之田任稍地。以小
都之田任县地。大都之田任畺地。"杜子春以五十里为近郊，百里为远
郊。郑康成以二百里为甸地，三百里为稍地，四百里为县地，五百里为
畺地，（郑注不甚详，明其意然也。先儒皆同《周礼》，亦谓五百为都。
其曰"甸、稍、县、都"者，是也。）此王国远近之别也。然《司马法》
与《周礼》其言颇异，意者文王在岐作《司马法》，及周公摄天子位，
从而增损之，以为《周礼》乎？今本《周礼》为定。（下意仿此。）①

相对而言，李觏的《周礼致太平论》五十一篇，实更能反映他通经致用的治
经特色。据宋人魏峙撰《李直讲年谱》②，李觏于庆历三年撰有《庆历民言》
三十篇、《周礼致太平论》三十篇，而庆历三年恰恰是范仲淹等人施行政治改
革的一年；此外，在庆历四年六月四日，李觏又有《寄上范参政书》③，表达
自己支持、勉励范仲淹革新弊政的意愿。而李觏在《寄周礼致太平论上诸公
启》中也提到："世之儒者，以异于注疏为学，以奇其词句为文。而觏此书，
于注疏则不异，何足谓之学？于词句则不奇，何足谓之文？惟大君子有心于
天下国家者，少停左右，观其意义所归，则文学也者，筌蹄而已，日月光明
固不待灯烛之助；至于丰屋之下，幽室之中，照临所不到处，虽铢油寸蜡，
岂无顷刻之功邪？"④表明其著述旨趣在服务现实，是"有心于天下国家者"。
结合以上这些情况来看，完全可以认为，李觏撰著《周礼致太平论》，是有着
为庆历新政服务，为现实改革服务的意旨的，或者说，《周礼致太平论》是为
当时正在兴起的政治革新提供一份可参考的蓝图。这一点，在李觏所撰的
《周礼致太平论·序》中即已有明确的说明。此《序》谈到了对《周礼》的
看法、著述的主旨和具体内容，从中可清楚地看到李觏以《周礼》为范本为
现实政治提供蓝图的意旨和具体内容，兹引述如下：

> 昔刘子骏、郑康成皆以《周礼》为周公致太平之迹，而林硕谓末世
> 之书，何休云六国阴谋，然郑义获伸，故《周官》遂行。觏窃观六典之

① 李觏撰，王国轩校点：《李觏集》卷十九《平土书》，第183—184页。
② 李觏撰，王国轩校点：《李觏集》卷末附，第493—507页。
③ 李觏撰，王国轩校点：《李觏集》卷二十七，第299—301页。
④ 李觏撰，王国轩校点：《李觏集》卷二十六，第275—276页。

文，其用心至悉，如天焉，有象者在，如地焉，有形者载，非古聪明睿智，谁能及此？其曰周公致太平者，信矣。鄙儒俗士，各滞所见，林之学不著，何说《公羊》诚不合礼，盗憎主人，夫何足怪？今之不识者，抑又詨詨，将使人君何所取法是用？撮其大略而述之。天下之理，由家道正；女色阶祸，莫斯之甚。述《内治》七篇。利用厚生，为政之本；节以制度，乃无伤害，述《国用》十六篇。备预不虞，兵不可阙；先王之制，则得其宜，述《军卫》四篇。刑以防奸，古今通义；唯其用之，有所不至，述《刑禁》六篇。纲纪既立，持之在人；天工其代，非贤罔义，述《官人》八篇。何以得贤，教学为先；经世轨俗，能事以毕，述《教道》九篇。终焉并序，凡五十一篇，为十卷，命之曰《周礼致太平论》。噫！岂徒解经而已哉！唯圣人君子知其有为言之也。①

由此，我们当不难看到，李觏解经是汲汲以服务现实为务的，充分体现了通经致用的特色，正如李觏自己所说，"岂徒解经而已哉！唯圣人君子知其有为言之也"。也正是由于《周礼致太平论》具有鲜明的经世致用的色彩，魏峙才深刻地指出："《周礼致太平论》三十篇，而《内治》七篇居其首，其略曰……余按此篇三叹成王周公致太平之书，其精神心术尽在于是。使先生之志获行，如有用我，执此以往，岂特王河汾（王通）能言之？惜夫其不果也。"②

第二节　欧阳修的经学

欧阳修是庆历、熙宁间的文坛领袖，又是学术名家，高官贵胄。无论是在文学还是经学领域，他都既卓有实绩，又引领一时风尚。因此，欧阳修可视为研究庆历、熙宁间经学演进的一个重要的、富有代表性的个案。

欧阳修（1007—1072），字永叔，号醉翁，晚年又号六一居士，庐陵（今

---

① 李觏撰，王国轩校点：《李觏集》卷五《〈周礼致太平论〉序》，第67页。

② 李觏撰，王国轩校点：《李觏集》卷末附魏峙《李直讲年谱》，"庆历三年癸未三十五岁"条，第500页。

江西吉安）人。长于经史之学，著述颇丰，《宋元学案》专门列有"庐陵学案"。就经学而言，欧阳修对《诗经》《周易》《春秋》等均有深入研究，主要著述有《诗本义》十六卷①、《易童子问》三卷、金石学著作《集古录》十卷及《居士集》《居士外集》中"经旨"类的有关篇章，包括《易或问》三篇、《明用》一篇、《春秋论》三篇、《春秋或问》二篇、《泰誓论》一篇、《纵囚论》一篇、《石鹢论》一篇、《辨左氏》一篇、《三年无改问》一篇、《易或问》一篇等，另外还有《问进士策三首》《问进士策四首》等见于策问中的有关经学的篇章以及《传易图序》《张令注周易序》等文字。

欧阳修的经学成就②主要在于以下两个方面。

一、疑传惑经以尊经崇道

欧阳修在疑传惑经方面是很突出的，涉及《诗经》《尚书》《周礼》《中庸》《周易》《春秋》《尔雅》等经传及相关注疏。

关于《诗经》：欧阳修认为《诗序》的作者非卜商，也非卫宏，由于没有著录而无法考知，他说："《书》《春秋》皆有序而著其名氏，故可知其作者；《诗》之序不著其名氏，安得而知之？"（《诗本义》卷十四《序问》）他进而指出《诗序》的作者也不可能是子夏，他说："子夏亲受学于孔子，宜其得诗之大旨。其言风、雅有变正，而论《关雎》《鹊巢》系之周公、召公，使子夏而序《诗》，不为此言也。"（《序问》）对于《诗序》，欧阳修在总体上是遵从的，他说："今考《毛诗》诸序与孟子说诗多合，故吾于《诗》常

---

① 有关欧阳修的传记资料如《行状》《墓志铭》《神道碑》《神宗实录》本传（墨本）、《重修实录》本传（朱本）、《神宗旧史》本传、《事迹》等，均作十四卷。《郡斋读书志》作十五卷。《直斋书录解题》作《诗本义》十六卷，《图谱》附，《通志略·艺文略》著录欧阳修《诗谱补阙》三卷，《文献通考·经籍考》著录作《诗本义》十六卷、《诗谱》一卷，《宋史·艺文志》著录作《诗本义》十六卷、又《补注毛诗谱》一卷，《经义考》卷一百四著录其"《毛诗本义》，《宋志》十六卷，存；《诗谱补阙》，《通志》三卷，存"。《四库全书》收录，作《毛诗本义》十六卷，卷末附有《诗图总序》《郑氏诗谱补亡》及《后序》。对于这些著录的歧异之处，《居士外集》卷十《经旨》在载录《诗解总序》《诗解八首》之后附加了一条注文，可用来稍作解释，其云："按公《墓志》等，皆云《诗本义》十四卷，江、浙、闽本亦然，仍以《诗图总序》《诗谱补亡》附卷末。惟蜀本增《诗解统序》，并《诗解》凡九篇，共为一卷，又移《诗图总序》《诗谱补亡》，自为一卷，总十六卷。故锦州于集本，收此九篇，他本则无之。"

② 关于欧阳修的经学研究，何泽恒《欧阳修之经史学》（台湾大学中文研究所硕士论文，1976年）、顾永新《欧阳修学术研究》（人民文学出版社2003年版）论述颇详，笔者此节亦有所参考。

以序为证也。至其时有小失，随而正之，惟《周南》《召南》失者类多，吾固已论之矣。"（《序问》）欧阳修对《毛传》《郑笺》也多有批驳，《诗本义》十六卷即是为此而发。《直斋书录解题》卷二指出："《诗本义》，……先为论，以辨毛、郑之失，然后断以己见。"四库馆臣在《诗本义》的"提要"中有一段评论，说得较为透彻析，既分析了《诗本义》的特点，又指出了其在《诗》学史上的地位，其云：

> 自唐以来，说《诗》者莫敢议毛、郑。虽老师宿儒，亦谨守《小序》。至宋而新义日增，旧说几废。推原所始，实发于修。然修之言曰："后之学者，因迹先世之所传而较得失，或有之矣。使徒抱焚余残脱之经，伥伥于去圣人千百年后，不见先儒中间之说，而欲特立一家之学者，果有能哉？吾未之信也。"又曰："先儒于经不能无失，而所得固已多矣。尽其说而理有不通，然后以论正之。"是修作是书，本出于和气平心，以意逆志。故其立论未尝轻议二家，而亦不曲徇二家。其所训释，往往得诗人之本志。①

关于《尚书》：欧阳修自称其"取信于《书》"（《泰誓论》），但他对《泰誓》一篇是很怀疑的：一方面，他怀疑其中的谶纬之说，在《诗本义》卷十二《思文·臣工》这样指出：

> 自秦焚书之后，汉初伏生口传《尚书》先出，而《泰誓》三篇得于河内女子，其书有"白鱼赤乌"之事。其后鲁恭王坏孔子宅，得真《尚书》，自有《泰誓》三篇，初无怪异之说，由是河内女子《泰誓》，世知非真，弃而不用，先儒谓之伪《泰誓》。然则"白鱼赤乌"之事，甚为谬妄，明智之士不待论而可知。②

另一方面，他在《泰誓论》中又专辩"西伯受命称王十年"以及"西伯以受命之年为元年"之妄，而其主要依据则是其不合人情。

关于《周礼》：欧阳修既承认它的价值，认为"其祭祀、衣服、车旗似有可采者，岂所谓郁郁之文乎？"并极力推崇道："其为书备矣，其天地万物之

---

① 永瑢等：《四库全书总目》卷十五，"《毛诗本义》十六卷"条，第120页。
② 欧阳修：《诗本义》卷十二，《四库全书》本。

统，制礼作乐、建国居民、养生事死、禁非道善，所以为治之法，皆有条理。三代之政美矣，而周之治迹，所以比二代而尤详见于后世者，《周礼》著之故也。"但也提出了怀疑，主要依据有二：

> 夫内设公、卿、大夫、士，下至府、史、胥、徒以相副贰；外分九服，建五等，差尊卑以相统理，此《周礼》之大略也。而《六官》之属，略见于经者五万余人，而里、闾、县、鄙之长，军、师、卒、伍之徒不与焉。王畿千里之地，为田几井，容民几家，王官、王族之国邑几数，民之贡赋几何，而又容五万人者于其间，其人耕而赋乎？如其不耕而赋，则何以给之？夫为治者故若是之烦乎此？其一可疑者也。秦既诽古，尽去古制。自汉以后，帝王称号、官府制度，皆袭秦故，以至于今。虽有因有革，然大抵皆秦制也，未尝有意于《周礼》者，岂其体大而难行乎？其果不可行乎？夫立法垂制，将以遗后也，使难行而万世莫能行，与不可行等尔。然则，反秦制之不若也，脱有行者，亦莫能兴；或因以取乱，王莽、后周是也，则其不可用决矣。此又可疑也。①

在《南省试进士策问三首》其二中，作者又就此作了进一步的发挥，认为周制过于烦琐，若得施行，定会导致"官不得安其府，民不得安其居"，从而无暇"修政事、治生业"，进而对用《周礼》以致太平的看法提出了疑问：

> 周礼之制，设六官以治万民，而百事理，夫公卿之任重矣。若乃祭祀天地、日月、宗庙、社稷、四郊、明堂之类，天子、大臣所躬亲者，一岁之间有几？又有巡狩、朝会、师田、射耕、燕飨，凡大事之举，一岁之间又有几？而为其民者，亦有畋猎、学校、射乡、饮酒，按大聚（聚字一作事期）会，一岁之间有几？又有州党族官岁时月朔春秋酺禜（一作蜡祭）、询事、读法，一岁之间又有几？其斋戒供给，期召奔走，废日几何？由是而言，疑其官不得安其府，民不得安其居，亦何暇修政事、治生业乎？何其烦之若是也。然说者谓周用此以致太平，岂朝廷礼乐文物、万民富庶岂弟，必如是之勤且详，然后可以致之欤？后世苟简，不能备举，故其未能及于三代之盛欤？然为治者，果若是之劳乎？用之

---

① 欧阳修：《欧阳修全集》，第326页。

于今，果安焉而不倦乎？抑其设施有法而第弗深考之欤？

虽然欧阳修就《周礼》应用于当世的看法与倡言以《周礼》致太平的李觏相左，但同样也反映出他治经的现实意义，即有着通经致用的倾向。

关于《中庸》，欧阳修在《问进士策三首》其三集中作了驳斥，认为其说有异于圣人者。他先后列举了孔子、尧、舜、禹、汤等人的事迹，来驳斥《中庸》所谓的"自诚明谓之性，自明诚谓之教"及"诚者不勉而中，不思而得"等说法的荒谬，认为这些都是所谓的"虚言高论而无益者"，最后又强调指出："夫孔子必学而后至，尧之思虑或失，舜禹必资于人，汤孔不能无过，此皆勉人力，行不怠，有益之言也。若《中庸》之诚明不可及，则怠人而中止，无用之空言也。故予疑其传之谬也。"

关于《周易》：欧阳修认为《周易》自《系辞》《文言》《说卦》而下皆非圣人所作，且有害经惑世之弊，他说："何独《系辞》焉？《文言》《说卦》而下皆非圣人之作，而众说淆乱，亦非一人之言也。昔之学《易》者杂取以资其讲说，而说非一家，是以或同或异，或是或非，其择而不精，至使害经而惑世也。"（《易童子问》第三）所撰《易童子问》三卷，《直斋书录解题》即指出其"设为问答。其上、下卷专言《系辞》《文言》《说卦》而下皆非圣人所作"。在《易或问》《传易图序》中，作者也对此看法多有申说。如他在《易或问》中指出《系辞》"是讲师之传，谓之《大传》。其源盖出于孔子而相传于《易》师也。其来也远，其传也多，其间转失而增加者，不足怪也。故有圣人之言焉，有非圣人之言焉"。在《传易图序》中指出《周易》非完书，其中的《文言》亦非"孔子《文言》之全篇"，《系辞》也与《爻辞》混淆不清，他说：

　　说者言当秦焚书时，《易》以卜筮得独不焚，其后汉兴，他书虽出，皆多残缺，而《易经》以故独完，然如经解所引，考于今《易》，亡之。岂今《易》亦有亡者耶？是亦不得为完书也。昔孔子门人追记其言作《论语》，书其首必以"子曰"者，所以别夫子与弟子之言；又其言非一事，其事非一时，文联属而言难次第，故每更一事，必以"子曰"以起之，若《文言》者，夫子自作，不应自称"子曰"；又其作于一时，文有次第，何假"子曰"以发之？乃知今《周易》所载非孔子《文言》之全篇也。盖汉之《易》师择取其文以解卦体，至其有所不取，则文断而不属，故以"子曰"起之也。其先言何谓而后言子曰者，乃讲师自为答问之言尔。取卦体以为答也，亦如《公羊》《穀梁》传《春秋》先言何谒，而后道（一作导）其师之所传以为传也。今《上系》凡有"子曰"者，亦皆讲师之说也。然则今《易》皆出乎讲师临时之说矣。幸而讲师所引者，得载于篇，不幸其不及引者，其亡，岂不多邪？呜呼！历弟子之相传，经讲师之去取，不徒存者不完，而其伪谬之失，其可究邪？夫"系"者，有所系之谓也，故曰《系辞》焉；以断其吉凶，是故谓之爻，言其为辞各联属其一爻者也。是则孔子专指《爻辞》为《系辞》，而今乃以孔子赞《易》之文为上、下《系辞》者，何其谬也？卦爻之辞，或以为文王作，或以为周公作。孔子言"圣人设卦系辞焉"，是斥文王、周公之作为"系辞"，不必复自名其所作又为《系辞》也。况其文乃概言《易》之大体，杂论《易》之诸卦，其辞非有所系，不得谓之《系辞》也必然。

长期以来，人们一直把《十翼》看作是孔子所作，视为圣人之文，尊之尤恐不及，而欧阳修却大胆地怀疑，是第一个如此大规模地、言之凿凿地来否定《系辞》《文言》《说卦》等的神圣地位的学者，其勇气可嘉，其阻力亦可想见。欧阳修后来在《系辞说》中写道："予谓《系辞》非圣人之作，初若可骇。余为此论，迨今二十五年矣，稍稍以余言为然也。六经之传，天地之久，其为二十五年者将无穷而不可以数计也。予之言，久当见信于人矣，何必汲汲较是非于一世哉！"既反映出欧阳修排《系辞》的"石破天惊"，又表现出了欧阳氏尊经崇道的信仰和毅力。

关于《春秋》：欧阳修对《春秋》是相当推崇的，认为六经中只有它是孔子自己所作，其《论尹师鲁墓志》云："述其文，则曰：'简而有法。'此一句，在孔子六经，惟《春秋》可当之。其它经，非孔子自作文章，故虽有法而不简也。"他在《石鹢论》中则指出了《春秋》为后世立法的重大意义，他说："上揆之天意，下质诸人情，推至隐以探万事之元，垂将来以立一王之法者，莫近于《春秋》。"但他对《三传》则多有批评，他说："孔子圣人也，万世取信一人而已；若公羊高、穀梁赤、左氏（一本氏作丘明）三子者，博

学而多闻矣，其传不能无失者也。"（《春秋论上》）又说："经不待传而同者
十七八，因传而惑者十五六。"（《春秋惑问》）因而，欧阳修坚持舍传从经，
他说："予非敢曰不惑，然信于孔子而笃者也。经之所书，予所信也；经所不
言，予不知也。"（《春秋论上》）所以，他在《春秋论》三篇、《春秋或问》
二篇、《石鹢论》一篇等文字中，都秉持这个从经驳传的观点，对《三传》
之说多有批驳。但值得注意的是，欧阳修对于《三传》并未完全废弃，也充
分肯定了三传在述其事实、明其义理方面的价值，他在《春秋或问》中说道：

> 吾岂尽废之乎？夫传之于经，勤矣；其述经之事，时有赖其详焉；
> 至其失，传则不胜其戾也。其述经之意，亦时有得焉；及其失也，欲大
> 圣人而反小之，欲尊经而反卑之。取其详而得者，废其失者，可也；嘉
> 其尊大之心，可也；信其卑小之说，不可也。

无疑，这一态度是比较可取的。事实上，欧阳修在《诗本义》中对《毛传》
《郑笺》也不是一概排斥，陈振孙《直斋书录解题》卷二即指出欧阳修《诗
本义》"大意以为毛、郑之已善者皆不改，不得已乃易之，非乐求异于先儒
也"。欧阳修在《周易》研究方面对《系辞》《文言》等也不尽废，如其《易
童子问第三》中指出：

> 不必废也。古之学经者，皆有《大传》。今《书》《礼》之传尚存，
> 此所谓《系辞》者，汉初谓之《易大传》也，至后汉已为《系辞》
> 矣。……《系辞》者，谓之《易大传》，则优于《书》《礼》之传远矣；
> 谓之圣人之作，则僭偬之书也。盖夫使学者知《大传》为诸儒之作，而
> 敢取其是而舍其非，则三代之末，去圣未远，老师、名家之世学，长者、
> 先生之余论，杂于其间者在焉，未必无益于学也。使以为圣人之作，不
> 敢有所择而尽信之，则害经惑世者多矣。此不可以不辨也。

这样一种客观、冷静、唯是是求的态度，是我们在考察欧阳修疑传惑经时必
须注意到的，而实际上，这种态度正是欧阳修在疑传惑经的同时能够多得本
旨的重要保障。

　　另外，关于《尔雅》，欧阳修在《诗本义》中有所援引，但也在个别地
方给予了辩驳，如他在《诗本义》卷五《鸱鸮》中驳斥了"诸儒用《尔雅》

谓鸥鹆为鹡鸠"的解说。在《诗本义》卷十《文王》中也不采《尔雅》"缉熙，光也"的释义。他在总体上认为："《尔雅》非圣人之书，不能无失。"（《诗本义》卷五《鸥鹆》）他又进一步指出："《尔雅》非圣人之书。考其文理，乃是秦汉之间学《诗》者纂集说《诗》博士解诂之言尔。凡引《尔雅》者，本谓旁取他书以正说《诗》之失，若《尔雅》止是纂集说《诗》博士之言，则何烦复引也。"（《诗本义》卷十《文王》）

以上是欧阳修疑传惑经的总体情况。他在《问进士策四首》（其二）中也从总体上对儒家经典中的"异端邪说"表示了怀疑的态度，他说：

> 子不语怪，著之前说，以其无益于事而有惑于人也。然《书》载凤凰之来舜；《诗》录乙鸟之生商；《易》称河洛出图书；《礼》著龟龙游宫沼；《春秋》明是非而正王道。六鹢鹡鸠，于人事而何干？《二南》本功德于后妃，麟暨驺虞，岂妇人而来应？昔孔子见作俑者叹其不仁，以谓开端于用殉也；况六经万世之法，而容异说，自启其源。自秦汉已来，诸儒所述，荒虚怪诞，无所不有，推其所自，抑有渐乎？夫无焉而书之，圣人不为也；虽实有焉，书之无益而有害，不书可也。然书之亦有意乎？抑非圣人之所书乎？予皆不能谕也。

结合以上的分析，我们不难发现，欧阳修的疑传惑经是指向尊经传道的，他的目的在于排除经传中异端邪说以恢复圣人经典、经义原貌并发扬之。所以，他对传注之学不是完全抛弃、排斥，而是积极吸收其合理性；在批驳怪奇诡僻的谶纬之学时不遗余力，以至专门上书要求删除《九经正义》中的谶纬之说[①]；在揭示《系辞》非孔子所作时，虽然人多视为骇论，但欧阳修仍能坚持己见，而这背后即是他对儒家经典、道义的信仰。欧阳修曾经指出："夫世无师矣，学者当师经。师经必先求其意。"（《答祖择之书》）又认为："君子之于学也，务为道，为道必求知古，知古明道，而后履之于身，施之于事，而又见于文章而发之。"（《与张秀才第二书》）这种尊经重道的主张，与欧阳修在上述疑经惑传中的表现，显然是旨趣相通的。

---

① 欧阳修有《论删去九经正义中谶纬札子》，载《欧阳修全集》，第887页。

二、弃章句、重义理与推人情、重人事

一方面，欧阳修解经表现出明显的轻章句而重义理的特色。就上文提到的经学著述来看，欧阳修经学研究单篇文字，如《易或问》三篇、《明用》一篇、《春秋论》三篇、《春秋或问》二篇、《泰誓论》一篇、《纵囚论》一篇、《石鹢论》一篇、《辨左氏》一篇、《三年无改问》一篇、《易或问》一篇等，以及《问进士策三首》《问进士策四首》等见于策问中的有关经学的篇章和《传易图序》《张令注周易序》等，都可看作是议论解经的文字，所重显然都是在经文义理而非章句训诂、名物制度之类。再拿专门的经学著作来说，如《诗本义》十六卷、《易童子问》三卷等，也都是重在义理。《诗本义》诚如《直斋书录解题》所说，是"先为论，以辨毛、郑之失，然后断以己见"。兹举一例以明之，如《诗本义》卷二《野有死麕》篇下写道：

> 论曰：《诗序》失于《二南》者多矣。孔子曰："三分天下有其二，以服事殷。"盖言天下服周之盛德者过半尔。说者执文害意，遂云："九州之内奄有六州。"故毛郑之说皆云："文王自岐都丰，建号称王，行化于六州之内。"此皆欲尊文王而反累之尔。就如其说，则纣犹在上，文王之化止能自被其所治。然于《茉莒序》则曰："天下和平，妇人乐有子。"于《麟趾序》则曰："《关雎》化行天下，无犯非礼者。"于《驺虞序》则曰："天下纯被文王之化。"既曰如此矣，于《行露序》则反有"强暴之男侵陵正女而争讼。"于《桃夭、摽有梅序》则又云："婚姻，男女得时。"又似不应有讼。据《野有死麕序》则又云："天下大乱，强暴相陵，遂成淫风。虽被文王之化者，犹能恶其无礼也。"其前后自相抵牾，无所适从。然而纣为淫乱，天下成风犹文王所治，不宜如此。于《野有死麕》之序仅可为是，而毛、郑皆失其义。《诗》三百篇，大率作者之体不过三四尔，有作诗者自述其言以为美刺，如《关雎》《相鼠》之类是也；有作者录当时人之言以见其事，如《谷风》录其夫妇之言，《北风其凉》录去卫之人之语之类是也。有作者先自述其事，次录其人之言以终之者，如《溱洧》之类是也；有作者述事与录当时人语杂以成篇，如《出车》之类是也。然皆文意相属以成章，未有如毛郑解《野有死

麇》，文意散离不相终始者。其首章方言正女欲令人以白茅包麇肉为礼而来，以作诗者代正女告人之言，其意未终。其下句则云："有女怀春，吉士诱之"，乃是诗人言昔时吉士以媒道成思春之正女，而疾当时不然，上下文义各自为说，不相结以成章。其次章三句言女告人欲令以茅包麇肉而来，其下句则云："有女如玉"，乃是作诗者叹其女德如玉之辞，尤不成文理。是以失其义也。

本义曰：纣时，男女淫奔，以成风俗。惟周人被文王之化者，能知廉耻而恶其无礼。故见其男女之相诱而淫乱者，恶之曰："彼野有死麇之肉，汝尚可以食之，故爱惜而包以白茅之洁，不使为物所污。奈何彼女怀春，吉士遂诱，而污以非礼。"吉士犹然强暴之男可知矣。其次言朴樕之木犹可用以为薪，死鹿犹束以白茅而不污，二物微贱者犹然，况有女而如玉乎？岂不可惜而以非礼污之？其卒章遂道其淫奔之状曰："汝无疾走，无动我佩，无惊我狗吠。"彼奔未必能动我佩，盖恶而远却之之辞。

显然，作者着眼的是《诗》之大义，与注疏体著作《毛诗正义》之注重章句训诂及名物制度是迥然有别的。

至于《易童子问》三卷，则是以问答的形式，由卦象而推究天地万物之理，并明乎人情、系乎人事。如《易童子问第一》中针对童子关于《谦》之《彖》"天道亏盈而益谦，地道变盈而流谦，鬼神害盈而福谦，人道恶盈而好谦"的提问，作了这样的回答："圣人急于人事者也。天人之际罕言焉。惟《谦》之《彖》，略具其说矣。圣人，人也，知人而已。天地鬼神不可知，故推其迹。人可知者，故直言其情。以人之情而推天地鬼神之迹，无以异也。然则修吾人事而已，人事修则与天地鬼神合矣。"由此即可见一斑。

总之，无论是从欧阳修在经学研究方面所采用的形式，即采用议论而非注疏体的方式，还是注重的内容来看，欧阳修轻章句而重义理的特色是相当明显的。当然，他对章句注疏也不是一概排斥，如他《诗本义》中也涉及了一些字词的训诂，其中还引用了或驳斥了《尔雅》等书籍的有关解说。对于分章析句，他也认为不可等闲视之，若分析有误，则"文义乖离，害诗本义"。（《诗本义》卷八《车辖》）他曾明确指出："章句之学，儒家小之，然若乖其本旨，害于大义，则不可以不正也。"（《诗本义》卷七《斯干》）像这种不废考据、不弃章句的做法，显然是非常可取的，它有助于欧阳氏将观点建立在更为扎实的基础上而非空谈义理，同样是欧阳修经学研究取得较高成就的一个重要保障。

另一方面，欧阳修在解经方面又体现出鲜明的推人情、重人事的特色。从人情出发来考察经典，汪重人事，这是欧阳修解经的旨趣所在，也是他持论的重要依据。他说："圣人之言，在人情不远"（《答宋咸书》），又说："尧舜三王之治，必本于人情"（《纵囚论》）。既然圣人之言、先王之治都本于情，那么欧阳修在解经的时候必然会对人情高度重视，甚至以之为衡量是非曲折的准绳。如他在《泰誓论》中驳斥"西伯受命称王十年"之谬说时，提出了四条理由，其中有三条都是以人情为依据，他说：

> 《书》称商始咎厥以乘黎。乘黎者，西伯也。西伯以征伐诸侯为职事，其伐黎而胜也，商人已疑其难制而恶（一作患）之。使西伯赫然见其不臣之状，与商并立而称王，如此十年，商人反晏然不以为怪，其父师老臣，如祖伊、微子之徒，亦默然相与，熟视而无一言，此岂近于人情邪？由是言之，谓西伯受命称王十年者，妄说也。以纣之雄猜暴虐，尝醢九侯而脯鄂侯矣，西伯闻之窃叹，遂执而囚之，几不免死，至其叛己不臣而自王。乃反优容而不问者十年，此岂近于人情邪？由是言之，谓西伯受命称王十年者，妄说也。孔子曰："三分天下有其二，以服事商。"使西伯不称臣而称王，安能服事于商乎？且谓西伯称王者，起于何说？而孔子之言，万世之信也。由是言之，谓西伯受命称王十年者，妄说也。伯夷、叔齐，古之知义之士也。方其让国而去，顾天下皆莫可归。闻西伯之贤，共往归之。当是时，纣虽无道，天子也。天子在上，诸侯不称臣而称王，是僭叛之国也。然二子不以为非，依之久而不去，至武王伐纣，始以为非而弃去。彼二子者，始顾天下莫可归，卒依僭叛之国而不去，不非其父而非其子，此岂近于人情邪？由是言之，谓西伯受命称王十年者，妄说也。

其实，以人情解经在《诗本义》中有更全面地体现，甚至可以认为，欧阳修的《诗本义》十六卷，即是以人情求诗之本义之典范。欧阳修认为："诗文虽简易，然能曲尽人事，而古今人情一也，求诗义者以人情求之，则不远矣；

然学者常至于迂远，遂失其本义。"（《诗本义》卷六《出车》）本此看法，他在解《诗》时多以人情求之，如首篇《关雎》，即以人情为据，其云："为《关雎》之说者，既差其时世，至于大义，亦已失之。盖《关雎》之作，本以雎鸠比后妃之德，故上言雎鸠在河洲之上，关关然雄雌和鸣，下言淑女以配君子，以述文王太姒为好匹，如雎鸠雄雌之和谐尔。毛、郑则不然，谓诗所斥淑女者非太姒也，是太姒有不妒忌之行而幽闺深宫之善女皆得进御于文王，所谓淑女者，是三夫人、九嫔御以下众宫人尔，然则上言雎鸠，方取物以为比兴，而下言淑女，自是三夫人、九嫔御以下，则终篇更无一语以及太姒；且《关雎》本谓文王、太姒，而终篇无一语及之，此岂近于人情？古之人简质，不如是之迂也。"而像这样以人情为立论依据的情况，在《诗本义》中并不少见。据统计，直接出现"人情"二字，并且是以人情为依据来解《诗》的，有《诗本义》卷一《螽斯》、卷二《击鼓》、卷三《丘中有麻》、卷四《女曰鸡鸣》、卷六《出车》、卷七《节南山》、卷七《十月·雨无正·小旻·小宛》、卷八《何人斯》、卷八《四月》、卷八《车舝》、卷九《宾之初筵》、卷十《生民》、卷十二《有駜》、卷十三《取舍义》、卷十五《十五国次解》等十五处，而像《四月》《生民》等篇还是不止一次地提到和运用。而据四库馆臣统计，《诗本义》"凡为说一百十有四篇，《统解》十篇，《时世》《本末》二论、豳、鲁、序三问，而《补亡郑谱》及《诗图总序》附于卷末"[1]，则欧阳修以人情解经的比例已超过了百分之十。由此，欧阳修以人情解《诗》的特色，当不难想见了。在《诗本义》卷十五《定风雅颂解》中，欧阳修指出："王通谓诸侯不贡诗，天子不采风，乐官不达雅，国史不明变，非民之不作也；诗出于民之情性，情性其能无哉？职诗者之罪也。通之言，其几于圣人之心矣。"他将王通之论引为知言，而在《诗本义》中则自觉地实践了这一观点。

当然，我们也要看到，欧阳修以人情解经，其根本着眼点还在于人事。他对人事的重视是相当突出的。其《诗本义》之推究人情，实即切于人事。他在谈到《诗》之本末时指出："何谓本末？作此诗，述此事，善则美，恶则刺，所谓诗人之意者，本也；正其名，别其类，或系于此，或系于彼，所谓

---

① 永瑢等：《四库全书总目》卷十五，"《毛诗本义》十六卷"条，第120页。

太师之职者，末也。察其美刺，知其善恶，以为劝戒，所谓圣人之志者，本也；求诗人之意，达圣人之志者，经师之本也。讲太师之职，因其失传而妄自为之说者，经师之末也"，并要求学者"知前事之善恶，知诗人之美刺，知圣人之劝戒，是谓知学之本而得其要。其学足矣，又何求焉？其末之可疑者，阙其不知可也。"（《诗本义》卷十四《本末论》）可见，欧阳修是以诗之美善刺恶、知其劝戒为指归的。此外，欧阳修讥刺《泰誓》，又主张删除《九经正义》中的谶纬之学，其立足点即在于谶纬之说荒诞诡怪，不合事实，不近人情；认为《春秋》之作是"上揆之天意，下质诸人情，推至隐以探万事之元，垂将来以立一王之法者"（《石鹢论》），即将《春秋》的大旨归于为后王立法；他研究《周易》重在"推天地之理，以明人事之始终"（《张令注周易序》），因而对王弼在《易》学研究方面不取象数而讲求义理，给予了极高的推崇，甚至将之与孔子赞《易》相提并论，他说："呜呼！文王无孔子，《易》其沦于卜筮乎？《易》无王弼，其沦于异端之说乎"（《易或问三首》其三）。像这些，都反映出欧阳修对人事的高度关注。特别值得注意的是，欧阳修对《中庸》的态度。《中庸》有着丰富的心性理论资源，早在唐代的李翱，就著有《复性书》三篇对它作了较为精辟的阐释，而它更成为后来的理学家建构所谓的"理学"体系的重要依据。但欧阳修对心性之辨并无兴趣，上文已经提到，他在《问进士策三首》其三中驳斥了《中庸》中的有关言论，认为是"虚言高论而无益者"，"无用之空言也"。这在他对李翱《复性书》的态度中也可得到反映，他说："予始读翱《复性书》三篇，曰：此《中庸》之义疏尔，智者诚其性，当读《中庸》，愚者虽读此，不晓也，不作可焉。"（《读李翱文》）认为《复性书》乃至《中庸》，即便不作也无伤大雅。欧阳修在《夫子罕言利命仁论》中指出："斯文丧而仲尼出，……立道德之防，张礼乐之致，以达乎人情之大窦。……然独以利命仁而罕言其旨。"欧阳修还说："以人性为善，道不可废。以人性为恶，道不可废。以人性为善恶混，道不可废。以人性为上者善，下者恶，中者善恶混，道不可废。然则学者虽毋言性可也。"① 欧阳修甚至以世人多言性为祸患，并在《答李诩第二书》中劝说道：

---

① 刘敞：《公是弟子记》卷四，《四库全书》本。

夫性，非学者之所急，而圣人之所罕言也。《易》六十四卦，不言性，其言者，动静得失吉凶之常理也。《春秋》二百四十二年，不言性，其言者，善恶是非之实录也。《诗》三百五篇，不言性，其言者，政教兴衰之美刺也。《书》五十九篇，不言性，其言者，尧舜三代之治乱也。《礼》《乐》之书，虽不完而杂出于诸儒之记，然其大要治国修身之法也。六经之所载，皆人事之切于世者，是以言之甚详；至于性也，百不一二，言之，或因言而及焉，非为性而言也，故虽言而不究。

以上这些，都可以表明，欧阳修所谓的人情，与后来的理学家所津津乐道的性情之辨，实不是一回事，他所谓的人情是指向人事的，或者可以说他根本上就是切于人事。这一点，在他指示为学之道时所说的："君子之于学也，务为道，为道必求知古，知古明道，而后履之以身，施之于事，而又见于文章而发之"，以及他排佛时提出的"礼义者，胜佛之本也"（《本论》），即不是心性理论上而是现实的礼义教养上来排佛的主张，都是相呼应的。

第四章　熙宁、靖康间的经学勃兴

第一节　党争、科举与经学

一、熙宁、靖康间的经学实绩

熙宁、靖康（1068—1127）间的经学是沿着前人开辟的路径继续推进的。其实，早在欧阳修和刘敞那儿，就已经预示了其后的发展大势。据《公是弟子记》记载：

> 永叔曰："以人性为善，道不可废。以人性为恶，道不可废。以人性为善恶混，道不可废。以人性为上者善，下者恶，中者善恶混，道不可废。然则学者虽毋言性可也。"刘子曰："仁义，性也。礼乐，情也。以人性为仁义，犹以人情为礼乐也。非人情，无所作礼乐。非人性，无所明仁义。性者，仁义之本。情者，礼乐之本也。圣人惟欲道之达于天下，是以贵本。今本在性而勿言，是欲导其流而塞其源，食其实而伐其根也。夫不以道之不明为言，而以言之不及为说，此不可以明道而惑于言道，不可以无言而迷于有言者也。"①

这段话是值得注意的。它表明了当时同样是疑传惑经而尊经传道的学者对性情问题的不同看法。就欧阳修和刘敞的实际情况来说，欧阳氏确实对性情问题不甚重视，甚至以世人言性为患，而刘敞则对性情之辨颇有造诣，其弟刘攽在《公是先生集序》就称其"若夫原性命之统，贯诚明之本，考百家诸子之杂博，判其真伪，虽至于六经，可折衷也。"② 在我们所引的这段话里，刘

---

① 刘敞：《公是弟子记》卷四，《四库全书》本。
② 刘攽：《彭城集》卷三十四，《丛书集成初编》本，第456页。

敞认为辨性情即是明仁义礼乐，是"道之达于天下"之本。这就充分表明，传统儒者李翱对性情的强调，在同样有着深厚的儒学传统的刘敞这儿，已得到了强烈的回应。由此，性情问题在儒者内部广受重视，就是可以期待的了。刘敞逝世于熙宁元年，而司马光在熙宁二年所上的《论风俗札子》中，除了揭明疑传惑经风气之盛以外，也道出了性命之辨行于场屋的事实，他说：

> 窃见近岁公卿大夫好为高奇之论，喜诵老庄之言，流及科场，亦相习尚。新进后生，未知臧否，口传耳剽，翕然成风。至有读《易》未识卦爻，已谓《十翼》非孔子之言，读《礼》未知篇数，已谓《周官》为战国之书；读《诗》未尽《周南》《召南》，已谓毛、郑为章句之学；读《春秋》未知十二公，已谓《三传》可束之高阁。循守注疏者谓之腐儒，穿凿臆说者谓之精义。且性者，子贡之所不及；命者，孔子之所罕言，今之举人，发口秉笔，先论性命，乃至流荡忘返，遂入老庄，纵虚无之谈，骋荒唐之辞，以此欺惑考官，猎取名第。禄利所在，众心所趋，如水赴壑，不可禁遏。彼老庄弃仁义而绝礼学，非尧舜而薄周孔……①

尽管性命之辨流入异端，惑于老庄之学，但谈性论命风气之盛，已可想见了。所以，熙宁、靖康间的经学，除了在疑传惑经和经世致用方面更推进一步之外，在性命之辨方面也开始重视起来了，而这两个方面，正是此期经学的主要内容。具体说来，此期的经学，有的则偏于经世致用，如王安石；有的则偏于体道治心，如二程；有的则介于两者之间，如三苏、司马光。而这些代表人物，又都能自我树立，自成一派，分别形成了所谓的"荆公新学"、"温公朔学"、"苏氏蜀学"、"二程洛学"等。这些自我树立的、独重义理的经学流派，构成了熙宁、靖康间经学的总成绩，以"荆公新学"为官学而"独行于世者六十年"②，其他学派鼎立而存，相与为辅。正如员兴宗《苏氏王氏程氏三家之学是非策》所云："昔者国家古文之盛，蜀学如苏氏，洛学如程氏，临川如王氏，皆以所长，经纬吾道，务鸣其善鸣者也。程师友于康节邵公，苏师友于参政欧阳公，王同志于南丰曾公。考其渊源，皆有所长，不可废

---

① 司马光：《温国文正公文集》卷四十二，《四部丛刊》本。
② 晁公武撰，孙猛校证：《郡斋读书志校证》卷一，"《新经尚书义》十三卷"条，第57页。

也。"① 这些学派都有着标志性的经学著述、较为固定的成员组成以及自成体系、特色鲜明的学说，彼此之间也时常争论不休，以致"学者好恶，入乎彼则出乎此，入者附之，出者污之，此好恶所以萌其心者。苏学长于经济，洛学长于性理，临川学长于名数，诚能通三而贯一，明性理以辨名数，充为经济，则孔氏之道满门矣。岂不休哉！"② 与经学流派争衡相交织的，是纷繁复杂的党争和改弦更张的科举。所有这些，都影响到熙宁以来直至南宋的学术走向。

二、熙宁、靖康间的党争与经学

由范仲淹主持的"庆历新政"虽然前后只持续了一年多的时间，就在保守势力的围攻下遭到了失败，新法措施也大多被废除，但士人的精神已经振起，面对日益破败的局势，富有"治国平天下"理念的"士"必定会重新扬起改弦更张的旗帜，正如陈亮所说："方庆历、嘉祐，世之名士常患法之不变也。"③ 于是，规模更大、历时更久的"熙宁变法"开始拉开了序幕。但由于学术理念的不同、变革方案的不同、切身利益的不同等诸多的原因，以王安石为首的新党和以司马光为首的旧党开始直接对立④，人事矛盾也日益激化，正如《闻见录》卷十一所云："荆公欲变更祖宗法度，行新法，退故老大臣，用新进少年，温公以谓不然，力争之。"受到神宗皇帝支持的新党于主政期间，大事更张，任用新人，而"道不同、不相谋"的旧党人士多遭贬逐。到了"元祐更化"时期，旧党上台，新法被基本废除，旧党对新党人士实施打击、报复，新党人士又多贬黜。其后，绍圣时期、建中时期、崇宁时期新旧两党又交替上台，一度反复，人事变革也呈现相应的面貌，即"新党在朝，意味着旧党的放逐；而旧党执政，则意味着新党贬逐在外。"⑤ 而究其实质，尚不止如此简单，如果说熙宁、元祐间的党争尚属政见分歧下的产物的话，

① 员兴宗:《九华集》卷九.《四库全书》本。
② 员兴宗:《九华集》卷九《苏氏王氏程氏三家之学是非策》。
③ 陈亮:《龙川集》卷十一《铨选资格》。
④ 包弼德著，刘宁译《斯文：唐宋思想的转型》（江苏人民出版社2001年版）第七章"为了完美的秩序：王安石与司马光"对此有所论析，可参考。
⑤ 萧庆伟:《北宋新旧党争与文学》，人民文学出版社2001年版，第131页。

绍圣以来的党争，则更多地表现为党派之间的争权夺利或无谓倾轧，变法与否，甚至成为了徒有其名而无其实的东西。① 此种局面的出现，已肇端于元祐时期的旧党之分野。宋哲宗于元丰八年（1085）即位，太皇太后高氏垂帘听政，遂起用司马光尽废新法，史称"元祐更化"。然司马光主政后不久即于元祐元年（1086）病逝，旧党也就逐渐分化为洛、蜀、朔三党，并相互排挤，如邵伯温指出：

> 哲宗即位，宣仁同听政，群贤毕集于朝，贤者不免以类相从，故当时有洛党、蜀党、朔党之语。洛党以程颐为领袖，朱光庭、贾易为羽翼；蜀党以苏氏为领袖，吕陶等为羽翼；朔党以刘挚、梁焘、王岩叟、刘安石为领袖，而羽翼尤众。……元祐之所谓党，何人哉？程曰洛党，苏曰蜀党，刘曰朔党。彼皆君子也，而互相排轧，此小人得以有辞于君子也。程明道谓新法之行，吾党有过；愚谓绍圣之祸，吾党亦有过。然熙宁君子之过小，元祐君子之过大。熙宁之争新法，犹出于公；元祐之自为党，皆出于私者也。②

这样一种由政见之争逐渐变为意气之争、权势之争的党争，对学术产生了深远的影响。一方面，政见之争的根本在于学术之争。新党、洛党、蜀党、朔党，其形成党派的分野，自然与所持的政见密切相关，而其背后更为深层的，则是各派的学术主张。可以说，这是一种学术捆绑政治的形态，王安石《三经新义》的推行，即有着为新法张目和奠定学术根基的意义。通过下文对新学、朔学、蜀学、洛学的分析，我们不难看出，各派学术之间存在一些根本性的差异，而这些正是其施政主张和实践的出发点。譬如二程认为道、理有着先天的道德属性，而王安石则强调其自然属性；又如苏氏主人情，强调以人情衡量学术、政事的标准，而王安石重法度，讲求法先王之意、行先王之法。应该说，这种学术之争对促进学术发展和繁荣是有利的。熙宁以来的学

----

① 萧庆伟《北宋新旧党争与文学》第 24 页指出："自熙宁至靖康，持续半个多世纪的新旧党争，明显地表现为两个阶段的发展格局：一是熙宁、元丰、元祐两党的政见交争，二是绍圣以后的党人倾轧。前者全因国是即王安石新法而发；后者则不顾国是，直衍为党人倾轧之祸。"所论甚确。

② 吕中：《宋大事记讲义》卷二十，"诸君子自分党（洛党、蜀党、朔党）"条引，《四库全书》本。诸葛忆兵对此党派成员作过考察，认为："洛蜀两党成员可如此划定：洛党，朱光庭；蜀党：苏轼、苏辙、孔文仲。"（见诸葛氏《洛蜀党争辨析》，载《宋代文史考论》，中华书局 2002 年版。）

术勃兴，也正体现在新学、朔学、蜀学、洛学各自的成就中。当然，各学派彼此间的地位并不对等，一为官学，一为私学，但私学所处不利的形势更有助于其激发潜能，潜心钻研，以期臻于完善。洛学理论体系建构的严密、完整，当得益于此；洛学后得朱熹而集大成，并最终取代荆公新学而定于一尊，亦与此相关。另一方面，意气之争、权势之争的党争最终导致禁毁学术的出现。突出的事例就是元祐党案。全祖望指出："元祐之学，二蔡、二惇禁之，中兴而丰国赵公弛之。和议起，秦桧又禁之，绍兴之末又弛之。郑丙、陈贾忌晦翁，又启之，而一变为庆元之锢籍矣。此两宋治乱存亡之所关。"① 《宋元学案》为之专门列有《元祐党案》。这里所说的元祐之学，刚开始主要指三苏、黄庭坚等人的诗文集和范祖禹《唐鉴》等史学类著作，后来也涉及了二程洛学。其著述既遭焚毁，又禁止传习其学说与诗赋。② 更有甚者，是大兴文字狱。熙宁变法以来，文字狱渐趋盛行，先后有元丰"乌台诗案"、元祐"车盖亭诗案"、绍圣"同文狱'等牵连较广、影响较大的文字狱。③ 这些文字狱不仅与涉案者的仕途乃至性命相关联，更是普遍地对士人的心态产生了深远影响，从而影响到学术乃至文学。禁毁学术和文字狱的蔓延，直接导致学术的极度专制，士人的思想与学术逐渐被禁锢在《三经新义》的狭小圈子内，而《三经新义》本身所有的穿凿附会的流弊又因此而不断被放大，"文字语言习尚虚浮，千人一律"④，在千篇一律的因袭模仿中，"荆公新学"不可避免地走向了衰亡。

三、熙宁、靖康间的科举与经学

科举及教育，针对的是造就和选拔人才的问题。这个问题，关乎国家的兴衰，更关乎统治者的长治久安。因而，历来为人们所重视，在"庆历新政"和"熙宁变法"时期，也成了变法的重要内容。

---

① 黄宗羲原著，全祖望补修，陈金生、梁运华点校：《宋元学案》卷九十六《元祐党案》，第3153 页。

② 详见《宋元学案》卷九一六《元祐党案》。

③ 沈松勤《北宋文人与党争》（人民出版社1998 年版）第四章第一节"兴治文字狱：以'文字'排击异党"论述较详，可参考。

④ 陈善：《扪虱新话》卷十一，《四库全书》本。

关于科举，沈松勤指出有三次较大的改革，他说："第一次是仁宗天圣年间，在承受袭唐代以诗赋分等第的同时，兼以策论升降天下之士；第二次是仁宗庆历年间，进士重策论和诸科大义；第三次是神宗熙宁年间，罢诗赋、帖经、墨义，专考策议和经义。"① 但从性质上来说，主要有两次，一是庆历新政期间，由重诗赋而重策论；二是熙宁变法期间由诗赋改经义。结合实际情况来看，由于庆历新政历时甚短，失败后新政措施大多废除，所以重策论的改革措施并未产生多大的影响，科举取士仍以诗赋为主，刘唐老指出："治平（1064—1067）以前词赋取士，则去留主词赋"②，叶梦得《石林燕语》卷八亦云："熙宁以前，以诗赋取士。"大概到了嘉祐（1056—1063）年间，科举取士才逐渐以策论为重，如苏轼在《拟进士对御试策（并引状问)》中指出："自嘉祐以来，以古文为贵，则策论盛行于世，而诗赋几至熄。"而司马光在治平元年所上《贡院定夺科场不用诗赋状》也说道：

> 窃闻昨来南省考校，始专用论、策升黜，议者颇以为当。臣犹恐四方疏远未知所尚，有司各持所见，则人无适从。欲乞今来科场更不用诗赋，如未欲遽罢，即乞令第一场试论，第二场试策，第三场试诗赋，每遇廷试，亦以论压诗赋为先后升降之法。

进入熙宁这样一个合变时节，士人对科举及教育的争论更趋激烈。关于科举改革的意见，苏轼在《议学校贡举状》中有所说明，其云："今议者所欲变改，不过数端。或曰乡举德行而略其文章；或曰专取策论而罢诗赋；或欲举唐室故事，兼采誉望，而罢封弥；或欲罢经生朴学，不用帖、墨，而考大义。"所论大致有三，一是废科举而从乡举里选之法；二是专用策论而废诗赋；三是罢帖经、墨义而代之以经文大义。而王安石新法期间的贡举改革，即是在上述意见的基础上实施的。其改革的大纲，见于王安石《乞改科条制札子》：

> 伏以古之取士，皆本于学校，故道德一于上而习俗成于下。其人材皆足以有为于世。自先王之泽竭，教养之法无所本，士虽有美材，而无

---

① 沈松勤：《北宋文人与党争》，第 167 页。
② 李焘：《续资治通鉴长编》卷四百四十九，"元祐五年冬十月己未"条，第 10801 页。

学校师友以成就之，议者之所患也。今欲追复古制，以革其弊，则患于无渐。宜先除去声病对偶之文，使学者得以专意经义，以俟朝廷兴建学校，然后讲求三代所以教育选举之法，施于天下，庶几可复古矣。

从中可知，王安石的贡举改革是指向学校取士的，以"一道德"为旨归；而其步骤则分步进行的，一是考经义而去诗赋，二是兴学校渐以取代科举。在具体实施中，关于科举中以经义取代诗赋，《续资治通鉴长编》有如下记载：

今定贡举新制，进士罢诗赋、帖经、墨义，各占治《诗》《书》《易》《周礼》《礼记》一经，兼以《论语》《孟子》。每试四场，初本经，次兼经，并大义十道，务通义理，不须尽用注疏。次论一首，次时务策三道，礼部五道。[①]

关于学校建设，则实行了所谓的太学"三舍升贡法"：

近制增广太学，益置生员，除主判官外，直讲以十员为额，每二员共讲一经，委中书选差或主判官奏举。其生员分三等，以初入学生员为外舍，不限员。自外舍升内舍，内舍升上舍。上舍以百员，内舍以二百员为限。生员各治一经，从所隶官讲授。主判官、直讲月考试，优等举业上中书。学正、学录、学谕于上舍人内逐经选二员，如学行卓然尤异者，委主判及直讲保明，中书考察，取旨除官。其有职事者，受官讫仍旧管勾，候直讲、教授有阙，次第选充。其主判官、直讲、职事生员并第增给食钱。[②]

由于当时科举考试中举子好自出议论，无法统一，为了达到"一道德、同风俗"的目的，专门设置了经义局，由王安石提举，撰著新经义。熙宁八年，《三经新义》成，颁于学官，科举考试也以之为标准。[③] 于是，以《三经新义》为代表的"荆公新学"成为了官学，地位独尊，并借助于科举、州县学校而得到了进一步的推广。而且，自绍圣以后，基本上是新党主政，因而以

---

① 李焘：《续资治通鉴长编》卷二百二十，"熙宁四年二月丁巳朔"条，第5334页。
② 李焘：《续资治通鉴长编》卷二百二十七，"熙宁四年冬十月戊辰"条，第5529页。
③ 《宋史·选举志三》载："帝尝谓王安石曰：'今谈经者人人殊，何以一道德？卿所著经，其以颁行，使学者归一。'八年，颁王安石《书、诗、周礼义》于学官，是名《三经新义》。"

经义取士的举措得以维持，太舍升贡法也继续得到发展，甚至一度废科举而采用学校升贡的办法，与之相联系的《三经新义》也得到了持续的推广，正如晁公武《郡斋读书志》卷一上所说："用以取士，士或稍违异，辄不中程，由是独行于世者六十年。"

以经义取士，进而将"荆公新学"置于官学地位，独立一尊，这对当时的经学产生了深远影响。一方面，自然有其正面的意义。譬如，去诗赋而代之以经义，使得研读儒家经典，探求经书义理成为一时风潮，促进了经学的发展和繁荣。又譬如，《三经新义》的盛行，使汉唐注疏之学进一步为义理之学所取代，"宋学"开始自具面目。在另一方面，也有其负面的影响。"荆公新学"既然独尊，那么其他的学术流派就不可能真正取得平等交锋的地位，学界缺乏公平的交流和争鸣，必然会制约学术的发展。再者，"荆公新学"既有其卓越成就，又存在着穿凿之失，后者也会因其科举教科书的地位得以放大，导致一定程度上形成穿凿附会之风。更有甚者，学子奉《三经新义》为教条，以记诵、模仿为务，习尚浮虚、孤陋寡闻。如林希《野史》指出："既限一经，又试义减用五道，以此诱轻薄急进者，遂致百家子史之言，一不经目，更不复阅习，惟以新传模仿、敷衍其语耳。"[1] 陈师道《后山谈丛》中的一则记载揭示得更见犀利：

> 王荆公改科举，暮年乃觉其失，曰："欲变学究为秀才，不谓变秀才为学究也。"盖举子专诵王氏章句而不解义，正如学究诵注疏尔。教坊杂戏亦曰："学《诗》于陆农师，学《易》于龚深之。"盖讥士之寡闻也。王无咎、黎宗孟皆为王氏学。世谓黎为摸（模）画手，一点一画不出前人；王为转般仓，致无赢余，但有所欠。以其因人成能，无自得也。[2]

定于一尊，对经学作为意识形态发挥作用是有利的，而对其作为学术思想而言，则显然是消极的。这一现象，不仅存在于北宋，可以说是贯穿整个封建社会始终的。

---

① 李焘：《续资治通鉴长编》卷二百三十七，"熙宁五年八月戊戌"条，第5774页。
② 陈师道撰，李伟国校点：《后山谈丛》卷一，上海古籍出版社1989年版，第6页。

第二节　荆公新学

王安石（1021—1086），是北宋著名的政治家、学者及文人，主要以政治家留名青史，而其学术与文学，也与政治有着千丝万缕的联系。

熙宁、靖康间的经学，学派纷呈，"荆公新学"即是其中之一，且居于官学，"独行于世者六十年"。之所以称其为"新学"，主要是与旧学相对而言，《续资治通鉴长编》记载：

> 司马光言：昨已有朝旨，来年科场且依旧法施行。窃闻近有圣旨，其进士经义，并兼用注疏及诸家之说，或已见，仍罢律义，先次施行。臣窃详朝廷之意盖为士人经义文体专习王氏新学，为日已久，来年科场欲兼取旧学，故有此指挥，令举人预知而习之。[①]

此处司马光所言新学、旧学，即分别指王安石主持修撰、熙宁八年颁行的《三经新义》和唐孔颖达的《五经正义》。后者为注疏之学，前者则是义理之学。作为一种学说流派，其代表人物除了王安石之外，还包括王氏长子王雱以及王氏门人龚原、陆佃等，代表著作除了《三经新义》之外，还有王安石《易解》二十卷、《洪范传》一卷、《论语解》十卷、《孟子解》十四卷、《字说》二十四卷、《群经新说》十二卷、《淮南杂说》二十卷，以及王雱《论语口义》十卷、《孟子解》十四卷、龚原《易讲义》十卷、《论语解》一卷、陆佃《礼记解》四十卷、《礼象》十五卷、《述礼新说》四卷、《仪礼义》十七卷、《春秋后传》二十卷、《补遗》一卷等。[②]《宋元学案》出于门户之见，将其与苏氏蜀学视作"杂学"："荆公新学欲明圣学而杂于禅，苏氏出于纵横之学而亦杂于禅"，列于卷末，别谓之《荆公新学略》。

---

① 李焘：《续资治通鉴长编》卷三百七十六，"元祐元年四月庚戌"条，第9117页。
② 刘成国《荆公新学研究》（上海古籍出版社2006年版）第二章《荆公新学门人与著述考》有详细考订，可参考。

一、经学主旨：经世致用与道德性命

熙宁以来的经学，沿着前人开启的路径，在治世和治心两方面继续推进。"荆公新学"在经世致用方面臻于极致，在道德性命方面也有开启一时风气之功。这可以说是"荆公新学"在经学史上的地位和贡献。

（一）经世致用

"荆公新学"表现出强烈的经世致用的品格。王安石旗帜鲜明地指出："经术者，所以经事务也。果不足以经事务，则经术何赖焉？"[1] 基于此，他一方面鄙弃章句训诂之学，"蹈道者则未免离章绝句，释名释数，遽然自以圣人之术单此者，有焉。圣人之术，修其身，治天下国家，在于安危治乱。"（《答姚辟书》）在科举与培养人才方面，则主张"不独取训习句读而已，必也习典礼，明制度，臣主威仪，时政沿袭，然后施之职事，则以缘饰治道，有大议论，则以经术断之是也"，"策经学者，宜曰：礼乐之损益何宜？天地之变化何如？礼器之制度何尚？各傅经义以对，不独以记问传写为能"[2]；在注经中对先儒专注也多所摈弃，如王安石撰有《洪范传》一卷，《郡斋读书志》卷一云："安石以刘向、董仲舒、伏生明灾异为弊而思别著此《传》。以'庶徵'所谓'若'者，不当训'顺'，当训'如'；人君之五事，如天之雨、旸、寒、燠、风而已。大意言天人不相干，虽有变异，不足畏也。"他如《三经新义》中多有不取传注而出以己意者，兹不赘举。总的来说，正如刘静春所云："介甫不凭注疏，欲修圣人之经；不凭今之法令，欲新天下之法，可谓知务，第出于己，反补逮旧，故上误裕陵，以至于今。后之君子，必不安于注疏之学，必不局于法令之文，此二者既正，则人材自出，治道自举。"[3] 这不仅指出了"荆公新学"不凭注疏、务求新义的特点，也点明了其对士子学风的影响。

另一方面，王安石强调道、圣、经的三位一体，将儒家经典看作载道之

---

① 佚名：《宋史全文》卷十一，《四库全书》本。

② 王安石：《临川先生文集》卷六十九《取材》，中华书局 1959 年版，第 734—735 页。

③ 黄宗羲原著，全祖望补修，陈金生、梁运华点校：《宋元学案》卷九十八《荆公新学略》，第 3250 页。

具，着力阐发内蕴的"先王之道"、"先王之法"，并与现实政治相结合，为新法张目。王安石《答吴子经书》云："若欲以明道，则离圣人之经，皆不足以有明也。"王安石还提出在现实中以经典之道来考核、比照，有所谓"以道揆事"之法，如《续资治通鉴长编》载有王安石曾劝谕宋神宗据《尚书》"以道揆事"：

> 天锡陛下聪明，亦自秦汉以来鲜及。若每以道揆事，了无不可为者。《尚书》历代所宝，以为大训，其言乃孔子、孟子所取以证事。言服四邻，必先曰："食哉惟时，惇德允元而难任人。"言兼弱攻昧，必先曰："佑贤辅德，显忠遂良。'圣心诚能佑贤辅德，显忠遂良，惇德允元而难任人，虽有如冒顿之强敌，亦非所恤也。①

更显著的是，王安石甚至结合当时的现实困境，提出法经典中的先王之意以变法。王安石所处的时代，内有外困，其《上皇帝万言书》指出："天下之财力日益穷困，而风俗日以衰坏……患在不知法度故也。"又曰："臣以谓今之失，患在不法先王之政者，以谓当法其意而已。……法其意，则吾所改易更革，不至乎倾骇天下之耳目，嚣天下之口，而固已合乎先王之政矣。"熙宁二年二月，王安石又对宋神宗说："变风俗、立法度，方今所急也，凡欲美风俗，在长君子、消小人，以礼义廉耻为君子出故也。"②有鉴于此，王安石力行变法，彰立法度。王安石认为"政事所以理财，理财乃所谓义也。一部《周礼》，理财居其半，周公岂为利哉？"（《答曾公立书》）遂以《周礼》为变法理财之蓝本。王安石《〈周官新义〉序》云：

> 惟道之在政事，其贵贱有位，其后先有序，其多寡有数，其迟数有时。制而用之存乎法，推而行之存乎人。其人足以任官，其官足以行法，莫盛于成周之时；其法可施于后世，其文有见于载籍，莫具于《周官》之书。盖其因习以崇之，赓续以终之，至于后世，无以复加。则岂特文、武、周公之力哉？

认为政事方面的贵贱有位，后先有序，多寡有数，迟数有时都体现出了道，

① 李焘：《续资治通鉴长编》卷二百四十一，"熙宁五年十二月"条，第5886页。
② 佚名：《宋史全文》卷十一。

而这需要通过法度来实现，并指明《周官》正是记载了这些可供后世效法的先王法度。至于王安石亲自撰注的原因，该《序》接着说道：

> 自周之衰，以至于今，历岁千数百矣。太平之遗迹，扫荡几尽，学者所见，无复全经。于是时也，乃欲训而发之，臣诚不自揆，然知其难也。以训而发之之为难也，则又以知夫立政造事追而复之之为难。然窃观圣上致法就功，取成于心，训迪在位，有冯有翼，亹亹乎乡六服承德之世矣。以所观乎今，考所学于古，所谓见而知之者，臣诚不自揆，妄以为庶几焉。故遂昧冒自竭而忘其材之弗及也。①

正如方笑一所指出的，这里有两个目的，一是发明全经，揭其幽微。二是为宋神宗"制法就功"、推行新法提供依据和参考。② 王安石在熙宁五年十二月《上五事札子》中将新法的免役法、保甲法、市易法都归结到《周礼》一书，而青苗法也通过对《周礼·旅师》"平颁其兴积"的解释——"无问其欲否，概与之也，故谓之平"而找到了依据。再如《周官新义》注《天官大宰》"以八法治官府"有云："自官属至于官刑，皆法而已。徒法不能以自行，必得人焉为上行法，然后治成；听官府之六计，则所以进群吏，使各致其行能为上行法也。"这里彰显出对法度的重视，并强调了法不自行，需得人而行。一定程度上，为有效推进新法提供了支持。在《〈书义〉序》中，王安石强调了其中蕴含的验物和决事的功能："惟虞夏商周之遗文，更秦而几亡，遭汉而仅存，赖学士大夫诵说，以故不泯，而世主莫或知其可用。天纵皇帝大知，实始操之以验物，考之以决事。"③ 在《〈诗义〉序》中，王安石称："《诗》，上通乎道德，下止乎礼仪。放其言之文，君子以兴焉；循其道之序，圣人以成焉"④，突出其教化功能。这些都彰显了"一道德"、"使义理归一"的《三经新义》与变法的紧密联系。宋人林之奇曾撰有《周礼讲义》四十九卷、《尚书全解》四十卷，多处指摘王安石训解的新法指向，甚至语带夸张地评道："王氏《三经义》，虽其言以孔孟为宗，然寻其文，索其旨，大抵为新法

---

① 王安石：《周官新义》卷首，《四库全书》本。
② 方笑一：《北宋新学与文学》，上海古籍出版社 2008 年版，第 109 页。
③ 王安石：《临川先生文集》卷八十四，第 879 页。
④ 王安石著，邱汉生辑校：《诗义钩沉》，中华书局 1982 年版，第 1 页。

之地者十六七。"①

（二）道德性命

"荆公新学"除了突出的治世色彩外，还包含丰富的道德性命之学。梁启超《王安石传》指出："荆公之学术，内之在知命历节，外之在经世致用。凡其所以立身行己与夫施于有政者，皆其学也。"更可注意者，"荆公新学"还引发了一股探求道德性命之学的风潮。宋人陈瓘《尊尧集·序》云："臣闻先王所谓道德者，性命之理而已矣。此安石之精义也。有《三经》焉，有《字说》焉，有《日录》焉，皆性命之理也。"② 蔡卞亦称："宋兴，文物盛矣，然不知道德性命之理。安石初著《杂说》数万言，世谓其与孟轲相上下。于是天下之士始原道德之意，窥性命之端。"③

王安石撰有《易解》十四卷、《淮南杂说》以及《性情》《原性》《性论》《扬孟》等篇章，较多地谈到道德性命，在经世色彩浓厚的《三经新义》中，也常有涉及。蒙培元在《理学范畴系统》一书中，认为理学体系分为宇宙论和本体论、人性论和人生论、认识论和方法论三部分，分别对应理气、心性、知行等范畴，"这个系统的基本结构是，人和自然、主体和客体的有机统一，也就是天人合一。它由理气（天）、心性（人）、知行（中介）、天人四个部分组成，'天人合一'则是它的最终结论"④。王安石在这些方面也做出了可贵的探索。

在宇宙论和本体论方面，"王安石经学注解中关于宇宙本体和化生过程可以描述如下，即气是宇宙的本体，气分为阴阳二气和天地，阴阳和天地进一步演化为五行和万物。"⑤ 在作于晚年的《老子注》一书中，王安石认为，道是宇宙的本原和万物的根本，"道者天也，万物之所自生，故为天下母"，又指出道有体用，"体者，元气之不动，用者冲气运行于天地之间"，又有本末，"道，一也，而为说有二；所谓二者何也，有无是也。无则道之本，而所谓妙

---

① 林之奇：《拙斋文集》卷六《上陈枢密论行三经事》，《四库全书》本。
② 邵博撰，刘德权、李剑雄点校：《邵氏闻见后录》卷二十三，第179页。
③ 马端临：《文献通考·经籍考》卷四十一，"王氏杂说"条，第960页。
④ 蒙培元：《理学范畴系统》，人民出版社1989年版，第419页。
⑤ 李祥俊：《王安石学术思想研究》，北京师范大学出版社2000年版，第68页。

者也；有则道之末，所谓徼者也"，"本者，万物之所以生也，末者，万物之所以成也。本者，出之自然，故不假乎人之力而万物以生也；末者涉乎形器，故待人力而后万物以成也"。正如刘成国所评，王安石"在形式上运用了王弼的'体''用'，内容上却依然属于宇宙生成论。这样，安石的宇宙论往往与本体论问题混为一谈"，"在宇宙本原问题上尚未脱离汉儒的陈窠，未能如同时代的张载、二程兄弟那样，以'太虚之气'或'理'为核心建立起一个崭新的宇宙论"。但王安石又自觉地将社会伦理抬高到宇宙本原、本体的地位，王安石在《答韩求仁书》中说："语道之全，则吾不在也，无不为也，学者所不能据也，而不可以不心存焉。道之在我为德，德可据也。以德爱者为仁，仁譬则左也，义譬则右也。德以仁为主，……不知仁义之无以异于道德，此为不知道德者也。"在《周礼·春官·司服》的注解中，王安石也指出了人类的仁、礼都是一阴一阳之道的体现。在天人关系上，王安石也强调了二者的统一性，吸收了汉儒的天人感应论，认为通过阴阳相感可以沟通天人、个人的修养可以感通天地、君王的施政可以感通天地，等等，但他又不反对于天人之间的——对应，驳斥了保守派攻击新法导致天降灾异的说法，可以说是"既反对天象人事——对应的肤浅感应论，又反对割裂天人、主客辩证关系的形而上学的观点"。①

在人性论和人生论方面，王安石写有《性论》《原性》《性情》等重要文献。《性论》主要是辨析性与才之区别，认为"性者五常之谓也"，仁义礼智信是其内涵，而孔子所谓"上智与下愚不移"则属于"才"的范畴，指出"欲明其性，则孔子所谓'性相近习相远'、《中庸》所谓'率性之谓道'、孟轲所谓'人无有不善'之说是也"，表现出对孟子"性善说"的认同。但在《原性》《性情》二文中，王安石对孟子的"性善"说有了修正，对"性善情恶"说作了驳斥。其一，作者认为"性情一也"，性与情一是"未发"，一是"已发"，是心理活动的不同阶段和状态，"喜怒哀乐好恶欲，未发于外而存于心"，即是性，"喜怒哀乐好恶欲，发于外而见于行"，即为情。二者是体用的关系。性是情的根本，情是性的表现。二者密不可分，"性情之相须，犹弓矢之相待而用"。其二，关于善恶。作者指出："喜怒哀乐好恶欲"，"此七者，

---

① 李祥俊：《王安石学术思想研究》，第83页。

人生而有之，接于物而后动焉。动而当于理，则圣也、贤也；不当于理，则小人也"，也就是说，所谓善恶，只是"喜怒哀乐好恶欲"发于外见于行是否合于理的表现，也即是"情"的表现，"有情然后善恶形"，"然则善恶者，情之成名而已"，而性是不可以善恶言的。所以王安石指出："君子之所以为君子，莫非情也；小人之所以为小人，莫非情也。""夫太极，五行之所由生，而五行非太极也。性者，五常之太极也，而五常不可以谓之性"，"太极生五行，然后利害生焉，而太极不可以利害言也。性生乎情，有情然后善恶形焉，而性不可以善恶言也"。当然，王安石也提到"孟子曰养其大体为大人，养其小体为小人；扬子曰人之性善恶混，是知性可以为恶也"。既然善恶只是情的表现，那么其人性的根源何在，还需要追索；而且，若承认性无善无恶，善恶乃情之成名，那么王安石所谓的性情体用合一也无法落实，因为作为"用"的情的善恶，是无法从作为体的无善无恶的性决定出来的。王安石在《扬孟》中又谈道：

> 贤之所以贤，不肖之所以不肖，莫非性也。……孟子之所谓性者，正性也。扬子之所谓性者，兼性之不正者言之也。……夫人之生，莫不有羞恶之性，有人于此羞善行之不修，恶善名之不立，尽力乎善，以充其羞恶之性，则其为贤也孰御哉？此得乎性之正者，而孟子之所谓性也。有人于此羞利之不厚，恶利之不多，尽力乎利，以充羞恶之性，则其为不肖也孰御哉？此得乎性之不正，而扬子之兼所谓性者也。①

特别拈出人人具有的羞恶之性，此"羞恶之性"可以通过"尽力乎善"、"尽力乎利"之类后天的"习"来成善成恶，从而说明了善恶的根源。但由此也决定了，"在王安石的人性论中，现实中的善恶其实基本上是由后天之习所决定的，而非个体先天的内在善根或恶根在后天的自然生发，体与用实际上是走向了两橛。"② 值得注意的是，在颁于学官的《三经新义》中，王安石的人性论思想也多有流露，如在《诗经·郑风·溱洧》《诗经·小雅·小弁》的注解中，王安石就把羞恶之心、恻隐之心看作人性中固有的东西，表现出对

---

① 王安石：《临川先生文集》卷六十四。
② 刘成国：《荆公新学研究》，第143页。

孟子性善论的基本赞同。这就进一步于激发了社会上谈心论性的风潮。

王安石的人性论在孟子、扬雄、韩愈、李翱等人的基础上有了重大推进，用魏晋以来的体－用思辨模式来观照人性论，指出性为未发、情为已发、性为体、情为用，令人耳目一新，对理学心性论也极有启发意义。钱穆曾指出王安石"辨性、情，实颇近濂溪，此后晦翁仍沿此路"。① 当然，王安石的性情体用之说是有缺陷的，"运用体用之一思维模式时，并不是十分严格的，以至于在论证上不时出现疏漏"，其与朱熹性情相为体用，情之未发为性，性之已发为情的心性思想，论述虽然相似，但王安石拒绝直接以善恶来规定性之内涵，主张性"不可以善恶言"，"与程朱理学将伦理道德先验化、本体化的取向就有所不同"②。另外，有必要指出的是，王安石的人性论与佛学有着密切联系，其《答蒋颖叔书》云："所谓性者，若七大是也。所谓无性者，若如来藏是也。虽无性而非断绝，故曰一性所谓无性。曰一性所谓无性，则其实非有非无，此可以意通，难以言了也。惟无性，故能变。若有性，则火不可以为水，水不可以为地，地不可以为风矣。"由此亦可见一斑。钱穆就曾指出王安石的性情论是袭自《大乘起信论》的"一心开二门"之说。③

与"性"紧密联系的另一范畴是"命"。《中庸》有云："天命之谓性，率性之谓道，修道之谓教。"王安石《扬孟》开宗明义地指出："贤之所以贤，不肖之所以不肖，莫非性也。贤而尊荣寿考，不肖而厄穷死丧，莫非命也。"然学者对此有所怀疑，"若夫圣贤不肖之所以为圣贤不肖，则在我者也，何以谓之命哉？"（《问难》）王安石在《九变而赏罚可明》《答王深甫书》《推命对》等篇中作出了答辩，指出"天人之道合，则贤者贵不肖者贱。天人之道悖，则贤者贱而不肖者贵也。天人之道悖合相半，则贤不肖或贵或贱"，强调"君子修身以俟命，守道以任时，贵贱祸福之来不能沮也"，推许顺天知命、正己正物的"大人"。

天和人、主体和客体之间既有根本的统一性，又存在对立的一面。为了消解对立、重新实现统一，必须经过一系列自我认识、自我实践、自我修养

---

① 钱穆：《初期宋学》，载《中国学术思想史论丛》（第五册），台北联经出版事业公司 1998 年版。

② 刘成国：《荆公新学研究》，第 141 页。

③ 钱穆：《王荆公的哲学思想》，载《中国学术思想史论丛》（第五册）。

的过程。这就是与认识论和方法论密切相关的问题。王安石称"由杨子之道则不义，由墨子之道则不仁"，追求"兼杨、墨而无可无不可"的圣人之道（《杨墨》），立志成为"大"、"圣"、"神"三位一体的圣人（《大人论》）。在具体路径方面，王安石主张先仁后智、先知后行。《仁智》云：

> 仁者圣之次也，智者仁之次也，未有仁而不智者也，未有智而不仁者也。然则何智仁之别哉？以其所以得仁者异也。仁，吾所有也，临行而不思，临言而不择，发之于事而无不当于仁也，此仁者之事也；仁，吾所未有也，吾能知其为仁也，临行而思，临言而择，发之于事而无不当于仁也，此智者之事也。其所以得仁则异矣，及其为仁则一也。①

主张仁在智先，也就是涵养德性胜于提升知识。"盖君子之动，必于义无所疑而后发，苟有疑焉，斯无动也。"（《勇惠》）这里又强调先识得仁义，然后践履，即先知后行。此外，王安石又提出"致一"之法："万物莫不有至理焉。能精其理则圣人也。精其理之道，在乎致其一而已。致其一，则天下之物可以不思而得也。"（《致一论》）强调精通万物之"至理"，并会归于一，又据此反观天下万物，从而达到知微知彰、知柔知刚的"入神"之境。王安石在《洪范传》及《尚书·周书·多方》的注释中还指出可以从貌、言、视、听、思等处着手修养，以达到圣人之境。王安石甚至还有将修身之法和道家的养生论相调和之说："养生以为仁，保气以为义，去情却欲以尽天下之性，修神致明以趋圣人之域。"（《礼乐论》）。

二、经学特点：杂糅百家与解字通经

以上所论是"荆公新学"两大主要的成就。② 至于"荆公新学"的治经特点，今择要指出两点：

---

① 王安石：《临川先生文集》卷六十七。
② 当然，从王安石的主观倾向和荆公新学的内涵与影响来看，经世致用的一面是尤为突出的。杨天保《金陵王学研究》甚至指出王安石的学术经历了早年的"金陵王学"向熙宁期间作为官学的"荆公新学"的转变，其实质即由内圣向外王，或者说由道德性命之学向经世致用之学的转变。就王安石学术的发展脉络而言，这个看法无疑是有道理的，这也恰恰说明以《三经新义》为主要代表的"荆公新学"的突出成就在于经世致用。但有必要指出的是，道德性命之学与经世致用之学在王安石身上不是割裂的，而是并存的，即使在王安石的学术发展进程中，也不过是有所侧重而已。

（一）杂糅百家

王安石去世后，苏轼在《王安石赠太傅制》中称："具官王安石，少师孔孟，晚师瞿聃；网罗六艺之遗文，断以己意；糠秕百家之陈迹，作新斯人。"这可说是很好地概括了王安石治学的旨趣，主要是两点，一是求新，二是博杂。王安石《与曾子固书》已明确指出：

> 然世之不见全经久矣。读经而已，则不足以知经。故某自百家诸子之书，至于《难经》《素问》《本草》、诸小说无所不读，农夫女工无所不问，然后于经为能知其大体而无疑。盖后世学者与先王之时异矣，不如是不足以尽圣人故也。①

为求经明道，作者主张融汇百家，其中包括被儒生视为异端的佛老，甚至不局限于各种典籍，还切合生活实践。王安石所云"善学者读其书，惟理是求，有合吾心者，则樵牧之言犹不废；言而无理，周、孔所不敢从"②，不仅表达了同样的意思，更指出如此做法的原因在于求理。洪迈《容斋续笔》卷十五记载："王荆公《诗新经》'八月剥枣'解云：'剥者，剥其皮而进之，所以养老也。'毛公本注云：'剥，击也。'陆德明音普卜反，公皆不用。后从蒋山郊步至民家，问其翁安在？曰去扑枣。始悟前非，即具奏乞除去十三字，故今本无之。"这则材料可谓生动反映出王安石解经的认真态度以及广搜博取的特点。就"荆公新学"的著述而言，不仅以经证经，如《诗经新义》之以《礼》解《诗》，《周官新义》之"三礼互解"，更是博采百家，融汇佛老。如在解释《周官新义·天官冢宰·膳夫》"王斋日三举"句时，王安石不仅说明了斋必变食之制，更是引入庄子"心斋"一词，来阐发修身养性之旨。王安石精心结撰、后亦颁于学官的《字说》一书，则更见其杂糅百家的情形：

> 介甫《字说》往往出于小说、佛书。且如"天一而大"，盖出《春秋说辞》"天之为言填也，居高理下，含为太一，分为殊形，故立字一而大"，见《法苑珠林》。如"星"字，"物生于下，精成于列。""精成于

---

① 王安石：《临川先生文集》卷七十三。
② 惠洪撰，陈新点校：《冷斋夜话》卷六《曾子固讽舒王嗜佛》，中华书局 1988 年版，第47页。

列"，《晋天文志张衡论》也。"鹳鸽，勾其足而欲"，见《酉阳杂俎》"鹳鸽之交勾其足，往往堕地，人掩之以为媚药"。"秂"字，"禾一成为年"，《书正义》孔炎曰："年取禾谷一熟。"①

清人全祖望视"荆公新学"为杂学，别谓之《学略》，虽含贬低之意，但也确实道出了荆公新学的一大特点。

（二）解字通经

荆公新学一派弃章句而寻义理。在直面经文、通经明道的过程中，王安石提出即心求理、以今考古等法②，更突出的则是注重文字训诂，解字通经。宋人王辟之《渑水燕谈录》卷十有云："荆国王文公，以多闻博学为世宗师……公之解经，尤尚解字，末流务为新奇，浸成穿凿。"

王安石颇重视经典之文字，以为每个汉字的声、形都有特殊意义，都本于自然，而非人为，"其声之抑扬开塞，合散出入，其形之衡从曲直，邪正上下，内外左右，皆有义，皆本于自然，非人私智所能为也"。③ 在治平年间，王安石曾研读许慎《说文》，"妄尝覃思，究释其意"④，开始撰写《字说》，在熙宁年间撰成后，即用之于《三经新义》的修撰，至晚年又加以修改，黄庭坚《书荆公骑驴图后》称"荆公晚年删定《字说》，出入百家语，言简而意深，常自以为平生精力尽于此书，好学者从之请问，口讲手画，终席或至千余字"。由可见王安石于考释文字用力之勤。另一方面，王安石又不完全拘泥文字，有一种融通的观念。他认识到经文与圣人之意之间只是一种近似的关系，指出："言也，声也，以文为主，则非其至。故其动天地、感鬼神者，为近而已。"⑤ 故而他赞同孟子"不以文害辞，不以辞害意，以意逆志，是为

---

① 朱翌：《猗觉寮杂记》卷上，《丛书集成初编》本，第31页。
② 王安石《虔州学记》云："先王之道理，出于性命之理，而性命之理出于人心。《诗》《书》能循而达之，非能夺其所有而予之以其所无业。"《〈周官新义〉序》曰："自周之衰，以至于今，历岁千数百矣。太平之遗迹，扫荡几尽，学者所见，无复全经。于是时也，乃欲训而发之，臣诚不自揆，然知其难也。以训而发之之为难也，则又以知夫立政造事追而复之之为难。……以所观乎今，考所学于古，所谓见而知之者，臣诚不自揆，妄以为庶几焉。"
③ 王安石：《临川先生文集》卷八十四《〈熙宁字说〉序》，第879页。
④ 王安石：《临川先生文集》卷四十三《进〈字说〉札子》，第456页。
⑤ 王安石著，邱汉生辑校：《诗义钩沉》，第8页。

得之”之说。(《庄周下》)他还注意到经书中文字的多义性、语境义等，提出所谓“考其辞之终始”的办法：

> 孔子曰“管仲如其仁”，仁也；扬子谓“屈原如其智”，不智也。犹之《诗》以不明为明，又以不明为昏。考其辞之终始，则其文虽同，不害其意异也。①

这些看法都是合理可取的。正因为此，王安石等人的解经之作在创为新义的同时，也能取信于人。如《诗经新义·卫风·有狐》“有狐绥绥，在彼淇厉”云：“厉，岸近危曰厉。”宋黄震《黄氏日抄》卷四认为：“在彼淇厉，《传》谓深可厉之厉，恐不若王氏谓‘岸近危曰厉’。”又如《尚书新义·周书·泰誓中》于“天视自我民视，天听自我民听，百姓有过，在予一人，今朕必往”句，将“自”解作“从”，显然比《传》释“自”为“因”来得贴切。

然而，由于王安石抛弃《说文》以来以六书解字的传统，主要从会意的角度来解释文字，以求所谓的本于自然之“义”，就不可避免地会导致许多荒谬的训释。《高斋漫录》卷二十七载：“东坡闻荆公《字说》新成，戏曰：‘以竹鞭马伟笃，以竹鞭犬有何可笑？又曰：‘鸠字从九从鸟，亦有证据。《诗》曰：似鸠在桑，其子七兮。和爷和娘，恰是九个。”虽不无戏谑之意，亦可见《字说》穿凿之一斑。诸如解“藻”为“水草之有文者，出乎水下而不能出水之上，其字从澡，言自洁如澡也”、解“猫”为“鼠善害苗，而猫能捕鼠，去苗之害，故猫之字从苗”等，视形声字作会意字，得出了一些荒唐的解释。正如叶适所评：“凡字不为无义，但古之制字，不专主义，或声或形，其类不一。先王略别之以为六书，而谓之小学者，自是专门一家之学。……王氏见字多有义，遂一概以义取之，虽六书且不问矣，况所谓小学之专门者乎？是以每至于穿凿附会。”② 总的来看，宋人倪思的看法较为持平，其《经锄堂杂志》云：“荆公《字说》以转注假借皆为象形象意，此其所以

---

① 王安石：《临川先生文集》卷七十二《答韩求仁书》，第 763 页。
② 马端临：《文献通考·经籍考》卷十七，“《字说》二十卷”条，第 415—416 页。

为徇也，若其间说象形象意处，亦自有当理者。"①

值得顺便指出的是，王安石等人为达到通经致用、服务新法的目的，在解经时不免深文周纳、穿凿附会，这也是"荆公新学"颇受讥刺的一大原因。譬如，在《诗经新义》中，王安石等人以《礼》释《诗》，或是"对诗反映的思想和生活，用周礼作为道德准绳予以衡量，从而说明诗的美刺所在"，或是"用见之于《礼》的名物度数来释《诗》"②，固然颇有可取之处，也多有荒谬之言。如《诗经新义·秦风·蒹葭》"蒹葭苍苍，白露为霜"句注云：

> 仁，露；义，霜也。而礼节斯二者。襄公为国而不能用礼，将无以成物，故刺之曰"蒹葭苍苍，白露为霜"。降而为水，升而为露，凝而为霜，其本一也。其升也、降也、凝也，有度数存焉，谓之时，此天道也。畜而为德，散而为仁，敛而为义，其本一也。其畜也、敛也、散也，有度数存焉，谓之礼，此人道也。③

王安石等人认为露喻仁，霜喻义，露与霜之间的转化、平衡喻礼，这纯粹是庸俗荒谬的比附，而其目的恰是为了进行劝谏讽刺的说教。再如《豳风·七月》本是一首纪实的民歌，描写的是农奴一年到头艰辛的劳动，反映出西周社会的阶级矛盾，王安石等人却本着发挥《诗经》"君子以兴"、"圣人以成"的教化作用，在解释该诗之"义"时描摹了一派礼法谨严、君臣、父子、夫妇"上下内外和谐，而亦逸乐终焉"的美好景象，勾勒了一幅解诗者眼中的理想社会蓝图，而掩盖了本诗所反映农奴劳苦而饥寒，贵族安逸而奢靡以及"女心伤悲，殆及公子同归"之类阶级对立和矛盾。

"荆公新学"，伴随着熙宁新法，既盛极一时，又饱受诟病。但其经学成就和历史地位，是不可磨灭的。刘挚云："王安石经训，视诸儒义说，得圣贤之意为多。"全祖望亦云："荆公解经，最有孔、郑诸公家法，言简意赅。惟

---

① 黄宗羲原著，全祖望补修，陈金生、梁运华点校：《宋元学案》卷九十八《荆公新学略》，第3250页。

② 王安石撰，邱汉生辑校：《诗义钩沉》卷首《序》，第10—11页。

③ 据李樗、黄櫄《毛诗集解》卷十四"《蒹葭》刺襄公也未能用周礼将无以固其国焉"条引录，《四库全书》本。

其牵缠于《字说》者，不无穿凿。"① 可以说对"荆公新学"的成就多所肯定。至于其历史地位，可以从两个方面来确认：一方面，终结了汉唐注疏之学，确立了以《三经新义》为代表的义理之学；另一方面，掀起研治道德性命之学的风潮，为宋学的转型作了铺垫。②

第三节　温公朔学

司马光（1019—1086），字君实，号迁夫，陕州夏县涑水人。宝元元年（1038），中进士甲科。历仕仁、英、神、哲宗四朝，官至尚书左仆射，封温国公。正直敢言，名动朝野。在王安石新法期间，就其利害累争于朝，成为保守派的领袖。后尽废新法，史称"元祐更化"。司马光不仅在政治上影响深远，在学术上也颇有建树。以司马光为代表，包括其学生刘安世、范祖禹、晁说之等，形成涑水之学，或称温公朔学。除了史学巨著《资治通鉴》外，司马光的经学著述主要有《易说》《书仪》《大学广义》《中庸广义》《古文孝经指解》《疑孟》等。兹分《易》学、《礼》学、《孝经》学、《孟子》学四方面讨论其经学成就与特点。

一、《易》学：本数求义，切于日用

（一）《易》学宗旨：本数求义

司马光著有《易说》《系辞说》，今存四库馆臣辑本，题作《易说》，合编为六卷。其易学宗旨，在《易总论》中说得明确，其云：

> 或曰："圣人之作《易》也，为数乎？为义乎？"曰："皆为之。"
> "二者孰急？"曰："义急，数亦急。""何为乎数急？"曰："义出于数

---

① 黄宗羲原著，全祖望补修，陈金生、梁运华点校：《宋元学案》卷九十八《荆公新学略》，第3252、3253 页。
② 王安石不仅在理论上对道德性命之学取得重大突破，而且推尊《孟子》，四库馆臣即指出："唐以前《孟子》皆入儒家，至宋乃尊为经，元丰末遂追封邹国公，建庙邹县，亦安石所为"，此亦有功于"《四书》学"的建立。

也。""义何为出于数?"曰:"礼乐刑德,阴阳也;仁义礼智信,五行
也。义不出于数乎? 故君子知义而不知数,虽善无所统之。夫水无源则
竭,木无本则蹶。是以圣人挟其本源以示人,使人识其所来,则益固矣。
《易》曰:'君子居则观其象而玩其辞,动则观其变而玩其占。'明二者
之不可偏废也。"①

在这段话中,司马光将象数和义理比作源与流的关系,强调读《易》要求其
义理,即礼乐刑德、仁义礼智信,而其"本原"则在象数,即阴阳、五行。
由此,我们可以指出,司马光的易学旨趣在于本数求义,既非如陈抟、邵雍
等溺于象数,又与欧阳修、程颐等人无视象数不同,而是主张融汇象数、义
理,且"义出于数"。司马光有意识地构建一套数学模式,以此来统摄自然哲
学、社会政治与伦理道德。除《易说》外,司马光另著有《潜虚》一书,据
其《后序》所言"《玄》以准《易》,《虚》以拟《玄》",可知是有意模拟扬
雄《太玄》一书来发挥《周易》的核心思想。《潜虚》序云:"万物皆祖于
虚,生于气,气以成体,性以辨名,名以立行,行以俟命。故虚者,物之府
也;气者,生之户也;体者,质之具;性者,神之赋也;名者,事之分也;
行者,人之务也;命者,时之遇也。"② 书中列有气、体、性、名、行、命诸
图,并有解说,熔图、数、理于一炉,构建起以一、二、三、四、五为基数
而成五十五的匹配模式。张敦实《潜虚发微论》指出:"有物混成,先天地
生,强名之曰道。太极元气,函一为三,衍而伸之,是谓数。两仪之所以奠
位,万类之所以成形,天下国家之所以致治,悉不外乎道与数。"③ 可谓要言
不烦地揭示了司马光《潜虚》的体系与要旨。在《易说》中,司马光多处运
用易之象、数来解说,反映出其对汉代象数易学的热衷与娴熟。如司马光释
《大过》上六象云:

> 灭木之泽,淫滔荟矣。而本爻不刚,无利涉之材,至于灭顶,宜其
> 凶。《大过》之世,栋已桡矣,宜拯之于蛊也。迨其倾摧而欲救之,何嗟
> 及矣。故藉之于初则无咎,救之于三则已桡而凶。下卦如此,上卦可知。

---

① 司马光:《易说》卷首,《四库全书》本。
② 司马光:《潜虚》卷首,《四库全书》本。
③ 黄宗羲原著,全祖望补修,陈金生、梁运华点校:《宋元学案》卷八《涑水学案》,第343页。

泽之灭木，犹栋之桡也。木犹灭之，人乌可过涉以求济哉！过涉凶者，无舟楫而冯河者也。泽溢于上，至于灭顶，自取其凶，何所咎也。孔子谓"不可咎"，言不救之于早，至此无及也。上之画耦兑之泽也，泽，阴水也。中四画奇人之身也。初画耦足也。全卦有人居泽中灭顶之象，故于上一爻发之。①

此处显然结合《大过》之卦爻象来诠解，象占色彩较为浓厚。《易说》中类此者尚有多处，冯椅《厚斋易学》中亦有辑存。而司马光在解说乾、坤两卦十二爻辞时，结合了阴阳二气从萌发到消歇的过程，将之统摄起十二乐律与十二月份：

> 初九阳之始也，于律为黄钟，于历为建子之月。
>
> 九二者阳之见也，于律为太蔟，于历为建寅之月。
>
> 九三阳之进也，于律为姑洗，于历为建辰之月。
>
> 九四阳之盛也，于律为蕤宾，于历为建午之月。
>
> 九五阳之成也，于律为夷则，于历为建申之月。
>
> 上九者，于律为无射，于历为建戌之月。（此条乃四库馆臣增补）
>
> 初六者阴之始也，于律为林钟，于历为建未之月。
>
> 六二者于律为南吕，于历为建酉之月。
>
> 六三者于律为应钟，于历为建亥之月。
>
> 六四者于律为大吕，于历为建丑之月。
>
> 六五者于律为夹钟，于历为建卯之月。
>
> 上六者阴之穷也，于律为仲吕，于历为建巳之月。②

乐律为重要的社会仪制，月份乃日月运行的周期，由此，象数便可制约这自然和社会的两大现象。当然，这并非司马光的首创，《汉书·律历志》中就载有刘歆等人将乾坤两卦十二爻与十二乐律和十二月份相配之说。但在王弼义理派易学崛起后，司马光予以特别拈出，正可说明其对象数易学的喜好。尤为值得注意的是，司马光甚至援引出自《易纬》的卦气说来诠解，其释

---

① 冯椅：《厚斋易学》卷十六引，《四库全书》本。
② 司马光：《易说》卷一。

《复》之象曰：

> 七日来复，何也？冬至卦气起于《中孚》，次《复》，次《屯》，次《谦》，次《睽》。凡一卦御六日二百四十分日之二十一，五卦合三十日二百四十分日之一百五，此冬至距大寒之数也。故入冬至，凡涉七日而复之气应也。①

而卦气说恰恰是汉代象数易学中以卦配四时气候，用于推算历纪，占验吉凶的。当然，更为明确而详尽的表述，还在《系辞说》中，其云：

> 太极，天也。乾坤，日月也。四象，五官也。八卦，十二辰也。六十四卦，列宿也。众爻，三百六十有六度也。太极，地也。乾坤，山泽也。四象，四方也。八卦，九州也。六十四卦，万国也。众爻，都邑也。太极，岁也。乾坤，寒暑也。四象，四时也。八卦，八节也。六十四卦，十二月也。众爻，三百六旬有六日也。太极，王也。乾坤，方伯也。四象，四岳也。八卦，州牧也。六十四卦，诸侯也。众爻，卿大夫士也。②

天地山川、日月寒暑、王侯州牧等，皆由太极、乾坤、四象、八卦等统摄。而乾坤、四象、八卦等皆由太极渐次析分而成。其《系辞说》云："易有太极。极者，中也，至也，一也。凡物之未分混而为一者，皆为太极。两仪，仪，匹也，分而为二，相为匹敌。四象，阴阳复分老少而为二，相为匹敌。大业富有万象。太极者何？阴阳混一，化之本原也。两仪者何？阴阳判也。四象者何？老少分也，七九八六卦之端也。八卦既形，吉凶全也。万物皆备，大业成也。"又曰："太极者，一也，物之合也，数之元也。引而伸之，触类而长之，则算不能胜也，书不能尽也，口不能宣也，心不能穷也。捃而聚之，归诸一，析而散之万有一千五百二十，未始有极也。""易有太极，一之谓也。……一为数之母，数为一之子也。母为之主，子为之用。"③换言之，自然演化、人事吉凶之义皆由太极之一、阴阳之二等数支配，此即本于数，或

---

① 司马光：《易说》卷二。
② 司马光：《易说》卷五。
③ 司马光：《易说》卷五。

曰"义出于数"。

另一方面，司马光在解《易》时注重义理的探寻，也就是揭示作为"天地人至极之道"的"易道"。司马光认为"此易道始于天地，终于人事"①，"易者道也，道者万物所由之途也，孰为天，孰为人"，"夫易者，自然之道也。……易者，阴阳之变也，五行之化也，出于天施于人被于物，莫不有阴阳五行之道也。"② 他将易道看成贯通天地人的根本之道。而易道其实就是作为本体之气的太极阴阳的分合之道。司马光认为万物的生化、人事的治理皆遵循太极阴阳之道。其云："太极者何？阴阳混一，化之本原也"，"阴阳者，易之本体，万物之所聚"，"天地能示人法象而不能教也，能生成万物而不能治也。圣人教而治之，以成天地之能。"③ 此易道的核心即为"中"，或曰"中和"："易有太极，一之谓也。分而为阴阳，阴阳之间必有中和。故夫一衍之则三而小成，十而大备。小衍之则为六，大衍之则为五。一为数之母，数为一之子也。"④ 其《答李大卿孝基书》亦云："光闻一阴一阳之谓道，然变而通之，未始不由乎中和也。阴阳之道，在天为寒燠雨旸，在国为礼乐赏刑，在心为刚柔缓急，在身为饥饱寒热，此皆天人之所以存，日用而不可免者也。然稍过其分，未尝不为灾。《中庸》曰：'中也者，天下之大本也；和者，天下之达道也。致中和，天地位焉，万物育焉。'由是言之，中和岂可须臾离哉！"⑤ 或称"中正"，其《系辞说》云："阴阳相违，非太极则不成；刚柔相戾，非中正则不成。故天下之德诚众矣，而萃于刚柔；天下之道诚多矣，而会于中正。刚柔者德之府，中正者德之津。"⑥ 其释《需》九五象辞云："九五以中正之位而受尊位，天之所佑，人之所助也。然则福禄既充矣，而又何需焉？曰中正者，所以待天下之治也。《书》曰：'允执其中。'又曰：'以万民惟正之供。'夫中正者，足以尽天下之治也，舍乎中正而能享天之福禄者，寡矣！"⑦ "中正"与"中和"相近，其实质即为"中"，这可与司马光在

---

① 司马光：《易说》卷五。
② 司马光：《易说》卷一。
③ 司马光：《易说》卷五。
④ 司马光：《易说》卷五。
⑤ 司马光：《温国文正公文集》卷六十一，《四部丛刊》本。
⑥ 司马光：《易说》卷五。
⑦ 司马光：《易说》卷一。

《中和论》《易说》中所阐发的思想相印证。① 《河南程氏遗书》卷二记载："君实尝患思虑纷乱，有时中夜而作，达旦不寐。……其后告人曰：'近得一术，常以中为念。'"② 亦是司马光执"中"思想的反映。朱熹指出："温公是死守，旋旋去寻讨个'中'。"③ 虽然是批评之词，但也着实指明了司马光的思想核心。

（二）《易》学特点：切于日用

从司马光易学的特点而言，可说是"切于日用"，《四库全书总目》称其"大都不袭先儒旧说，而有德之言，要如布帛菽粟之切于日用"。这主要表现在两个方面，一是在解《易》时往往结合事理，指向现实；二是论史议政时，往往援引《易》义以为根据。

先谈前者。譬如释《同人》之象曰："君子乐与人同，小人乐与人异。君子同其远，小人同其近。"④ 释《咸》之九四曰："心苟倾焉，则物以其类应之。是故喜则不见其所可怒，怒则不见其所可喜。"⑤ 皆属贴合情理，直面现实。再如解《蒙》六五云："童蒙者何以吉也？得人而信使之也。昔齐桓公、卫灵公之行，犬彘之所不为也，然而大则霸诸侯，小则有一国，其何故哉？有管仲、仲叔圉、祝鮀、王孙贾为之辅也。二君者，天下之不肖君也，得贤人而信使之，犹且安其身而收其功，况明哲之君子用忠良之臣者乎！"⑥ 解《明夷》上六之象曰："上六之象，其言失则何？国家之所以立者，法也。故

---

① 司马光在《中和论》（《温国文正公文集》卷七十一）中指出："《中庸》曰：'喜怒哀乐之未发谓之中，发而皆中节谓之和。'君子之心，于喜怒哀乐之未发，未始不存乎中，故谓之中庸。庸，常也，以中为常也。及其既发，必制之以中，则无不中节。中节则和矣。是中和一物也。"其释《艮》卦六五象（《易说》卷四）曰："凡刚柔当位，正之象也。孔子赞乾之九二龙德而正中，艮之六五曰以中正，何也？曰艮六五，文之误也，当云以正中也。正中者，正得其中，非既正又中也。然则二爻其为不正乎？曰：非谓其然也。中正者，道之贯也，相须而行，相辅而行者也。"由此可知，司马光以为中即和也，中贯正矣，故"中"乃核心，可统摄"中和"、"中正"。故而司马光强调持中之道，其《疑孟》（《温国文正公文集》卷七十三）云："是故君子邦有道则见，邦无道则隐，事其大夫之贤者，友其士之仁者，非隘也；和而不司，遁世无闷，非不恭也。苟无失其中，虽孔子由之，何得云'君子不由'乎？"
② 程颢、程颐：《二程集》，中华书局1981年版，第25页。
③ 朱熹撰，黎靖德编，王星贤点校：《朱子语录》卷九十六《程子之书二》，第2461页。
④ 司马光：《易说》卷二。
⑤ 司马光：《易说》卷三。
⑥ 司马光：《易说》卷一。

为工者，规矩绳墨不可去也；为国者，礼乐法度不可失也。度差而机失，纲纪而网紊，纪散而丝乱，法坏则国家从之。呜呼！为人君者，可不慎哉！鲁有庆父之难，齐桓公使仲孙湫视之。曰：鲁可取乎？对曰：不可，犹秉周礼。周礼所以本也。然则法之于国，岂不重哉！"① 则引据史实，观照当世。无论考情理还是援史实，都指向"切于日用"。

再看后者。司马光积十九年之功而成史学名著《资治通鉴》，旨在"鉴前世之兴衰，考当今之得失，嘉善矜恶，取是舍非"。他常引据《易》义来评论史事，如《周纪一》论周始命魏、赵、韩为诸侯云："文王序《易》，以乾、坤为首。孔子系之曰：'天尊地卑，乾坤定矣。卑高以陈，贵贱位矣。'言君臣之位犹天地之不可易也。……今晋大夫暴蔑其君，剖分晋国，天子既不能讨，又宠秩之，使列于诸侯，是区区之名分复不能守而并弃之也。先王之礼，于斯尽矣。"② 又如《晋纪》二十三称誉沈劲："沈劲可谓能子矣！耻父之恶，致死以涤之，变凶逆之族为忠义之门。《易》曰：'干父之蛊，用誉。'其是之谓乎！"③ 既然《资治通鉴》乃"鉴于往事，有资于治道"，那么，司马光援《易》以论史，自然也就有关怀现实、切于日用之效了。作为政治家，司马光在论政时也常常以《易》义作为依据。譬如，王安石变法期间，司马光持反对态度，成为保守派的领袖，其根源在于其"天不变道亦不变"的思想。他在《迂书·辨庸》中说："天地不易也，日月无变也，万物自若也，性情如故也，道何为而独变哉！……呜呼！孝慈仁义忠信礼乐，自生民以来谈之至今矣，安得不庸哉！"④ 而这一思想实来自于司马光《易总论》中："或曰：易道其有亡乎？天地可敝则易可亡。……是故易之书或可亡也，若其道则未尝一日而去物之左右也。"⑤ 司马光曾引《易》天地交合之义来发挥其君臣共治的思想，其《乞开言路札子》云："臣闻《周易》天地交则为泰，不交则为否。君父，天也；臣民，地也。是故君降心以访问，臣竭诚以献替，则庶政义安。君恶逆耳之言，臣营便身之计，则下情壅蔽，众心离叛。自生民以

---

① 司马光：《易说》卷三。
② 司马光：《资治通鉴》，中华书局1978年版，第2—6页。
③ 司马光：《资治通鉴》，第3249页。
④ 司马光：《温国文正公文集》卷七十四。
⑤ 司马光：《易说》卷首。

来，未有不由斯道者也。"① 在《进修心治国之要札子状》中，司马光系统阐述了他的政治主张："臣初上殿，即言人君之德三，曰仁，曰明，曰武；致治之道三，曰任官，曰信赏，曰必罚。……夫治乱安危存亡之本源，皆在人君之心。仁、明、武，所出于内者也。用人、赏功、罚罪，所施于外者也。"② 而其人君三德，正与其《易说》中对《师》卦之彖的解说相呼应："师，贞，丈人吉，无咎。何也？曰：难之也。夫治众，天下之大亨也，非圣人则不能。夫众之所服者武也，所从者智也，所亲者仁也，三者不备而能用其众，未之有也。"③

上文谈到司马光的易学旨趣是本数求义，仍偏于义理一面。但他又反对王弼以老庄之虚无玄渺来解说《周易》，其《答韩秉国书》云：

> 夫万物之有，诚皆出于无，然既有则不可以无治之矣。常病辅嗣好以老庄解易，恐非易之本指，未足以为据也。辅嗣以雷动风行运变万化为非天之心，然则为此者果谁耶？夫雷风日月山泽，此天地所以生成万物者也，若皆寂然至无，则万物何所资仰耶？天地之有云雷风雨，犹人之有喜怒哀乐，必不能无，亦不可无也。④

这应该说是司马光解《易》时注重切合实用的重要原因，由此也就形成了其易学既融汇象数、义理，又切于日用的独特之处。

《四库全书总目》在《易》类叙中说："《易》之为书，推天道以明人事者也。汉儒言象数，去古未远也，一变而为京、焦，入于禨祥，再变而为陈、邵，务穷造化，《易》遂不切于民用。王弼尽黜象数，说以老庄，一变而为胡瑗、程子，始阐明儒理，再变而李光、杨万理，又参证史事，《易》遂日启其论端。此两派六宗，已互相攻驳。"⑤ 就易学史而言，不外乎象数、义理两派彼此争衡，入宋以来，陈抟、刘牧等发挥象数，而司马光则承袭胡瑗"明体达用"之学，既明义理之用，又不废象数之体。由此，其易学既与轻象数、重义理的欧阳修、程颐等不同，又与刘牧、邵雍等穷及象数者立异，可谓别

① 司马光：《温国文正公文集》卷四十六。
② 司马光：《温国文正公文集》卷三十六。
③ 司马光：《易说》卷一。
④ 司马光：《温国文正公文集》卷六十三。
⑤ 永瑢等；《四库全书总目》卷一《易》类叙，第1页。

具一格。后来朱熹作《周易本义》《易学启蒙》，集象数与义理两派易学之大成，固然多取资于邵雍、程颐①，然与司马光以体用兼顾之法解《易》或不无关联，尤其是朱熹的有些见解与司马光如出一辙，譬如朱熹强调《易》有交易、变易二义，"《易》，书名也。其卦本伏羲所画，有交易、变易之义，故谓之《易》"②，"阴阳有个流行底，有个定位底。'一动一静，互为其根'，便是流行底，寒暑往来是也；'分阴分阳，两仪立焉'，便是定位底，天地上下四方是也。《易》有两义，一是变易，便是流行底；一是交易，便是对待底。"③ 他甚至批评说"程颐言'《易》，变易也'，只说得相对底阴阳流转而已，不说错综底阴阳交互之理。言《易》，须兼此二意。"这一思想与司马光既重阴阳之分，又讲阴阳之合正相呼应，其云"易有太极，一之谓也。分而为阴阳，阴阳之间必有中和""阴阳之交际，变化之本原也"。再如朱熹讲"阴阳五行，循环错综，升降往来，所以生人物之万殊，立天地之大义"④，这与司马光所言"易者，阴阳之变也，五行之化也，出于天施于人被于物，莫不有阴阳五行之道也"并无二致。所以，尽管司马光《易》学未如朱熹那样建构起完整统一的理学体系，但凭其本数求义之宗旨，切于实用之特质，在《易》学史上应有其一席之地。

二、《礼》学：参酌古今，修身治国

正如上文所言，司马光将太极阴阳之道视为贯通天地人的根本大道，而"阴阳之道，在天为寒燠雨旸，在国为礼乐赏刑……"，故而，司马光极为重视礼乐制度的建设。史书记载，皇祐二年（1050），诏胡瑗等校订乐律。司马光、范镇等参与考订，司马光有《与范景仁论乐书》。司马光更撰著《书仪》十卷、司马光《投壶新格》一卷，流传至今，可供今人考察其礼制思想；而诠解出自《礼记》的《大学》《中庸》两篇而成的《大学广义》《中庸广义》，则辩学论道，将修身与治国统一起来，影响及于宋代的四书之学。

---

① 朱熹《周易本义》卷首《本义序例·五赞·易原》云："遭秦弗烬，及宋而明。邵传羲画，程演周经。象陈数列，言尽理得。弥亿万年，永著常式。"于此可见一斑。
② 朱熹：《周易本义》上经第一，《四库全书》本。
③ 朱熹撰，黎靖德编，王星贤点校：《朱子语录》卷六十五《易一》，第1602页。
④ 朱熹撰，黎靖德编，王星贤点校：《朱子语录》卷九十八《张子之书一》，第2509页。

（一）《书仪》：参酌古今，期于致用

司马光《书仪》十卷，凡《表奏公文私书家书式》一卷、《冠仪》一卷、《婚仪》二卷、《丧仪》六卷。后人曾将其与程颐、张载所论仪制合编成《三家冠婚丧祭礼》。四库馆臣指出："考《隋书·经籍志》，谢元有《内外书仪》四卷，蔡超有《书仪》二卷。以至王宏、王俭、唐瑾皆有此著。又有《妇人书仪》八卷、《僧家书仪》五卷。盖'书仪'者，古私家仪注之通名。"① 可知司马光此书乃私家仪注。赵宋一朝采取右文政策，历来重视制礼作乐，而司马光等所作私家仪注，显然是受此种风气影响，意欲发挥经世之效。就其文本内容而言，表奏公文私书家书等公私文书，皆是日常所用，上至朝廷，下至百姓，可谓是关系国计民生者；冠礼、婚礼、丧礼，涉及人一生中之成年、婚娶、丧葬等，皆属礼之大者，《礼记·昏义》以为"夫礼始于冠，本于昏，重于丧祭，尊于朝聘，和于射乡。此礼之大体"。司马光就公私文书提供了丰富而规范的体式，就冠婚丧礼指明了具体的程式和要求，其致用的旨趣较为明显。如《书仪》卷一"表奏"首行云："元丰四年十一月十二日中书札子据详定官制所修到公式令节文"，既指明了《书仪》写作时间，时在元丰四年，司马光任端明殿学士兼翰林侍读学士；又突出了是书写作的针对性与现实意义。表奏、公文的格式相对简单，而私书、家书种类繁多，司马光一一罗列，规范细致，如私书分为上尊官问候贺谢大状、与平交平状、上书、启事、上稍尊时候启状、与稍卑时候启状、上尊官手启、别简、上稍尊手启、与平交手简、与稍卑手简、谒大官大状、谒诸官平状、平交手刺、名纸等类，不惮其烦地归纳其格式，以便推广施行。至于冠礼、婚礼、丧礼，司马光同样强调其致用性。如《书仪》卷二"男子年十二至二十皆可冠"后注云：

> 《冠义》曰："冠者礼之始也，是故古之道也。成人之道者将责成人之礼焉也，责成人之礼焉者将责为人子、为人弟、为人臣、为人少者之行也，将责四者之行于人，其礼可不重与？"冠礼之废久矣！吾少时闻村野之人尚有行之者，谓之上头。城郭则莫之行矣。此谓礼失求诸野者也。近世以来，人情尤为轻薄。生子犹饮乳已加巾帽，有官者或为之制公服

---

① 永瑢等：《四库全书总目》卷二十二，"《书仪》十卷"条，第180页。

而弄之，过十岁犹总角者盖鲜矣。彼责以四者之行，岂知之哉？往往自幼至长愚騃如一。由不知成人之道故也。①

司马光援引《礼记·冠义》，以为冠礼乃古之道，应予重视，然荒废已久，人情轻薄，宜发扬冠礼，使知成人之道。在婚仪中，司马光分作纳采、问名、纳吉、请期、亲迎、妇见舅姑、婿见妇之父母等一一阐述婚礼之仪轨，尤其是最后列"居家杂仪"一篇，详述居家过程中父母子妇之作为，如指出"凡为家长必谨守礼法以御群子弟及家众，分之以职，授之以事而责其成功。制财用之节，量入以为出；称家之有无，以给上下之衣食。及吉凶之费，皆有品节而莫不均壹。裁省冗费，禁止奢华。常须稍存赢余以备不虞"、"凡者卑幼，事无大小，毋得专行，必咨禀于家长"、"凡为子妇者毋得畜私财。俸禄及田宅所入，尽归之父母舅姑。当用则请而用之，不敢私假，不敢私与"②，等等，论述深细，致用意味浓厚。值得注意的是，司马光另撰有《投壶新格》一卷，载《温国文正公文集》卷七十五。投壶乃古代士大夫宴饮时做的一种投掷游戏，也是一种礼仪。司马光以为"圣人制礼以为之节，因以合朋友之和，饰宾主之欢，且寓其教焉……投壶可以治心，可以修身，可以为国，可以观人"。遂"更定新格，增损旧图，以精密者为右，偶中者为下，使夫用机徼幸者无所措其手焉。"③ 由此，于司马光礼学之致用性当有更深的理解。

另一方面，司马光《书仪》引据经典、照应现实，呈现出参酌古今的特点。《朱子语录》载："叔器问四先生礼，曰：'二程与横渠多是古礼，温公则大概本《仪礼》而参以今之可行者。要之温公较稳，其中与古不甚远，是七八分好。若伊川礼则祭祀可用。婚礼惟温公者好。大抵古礼不可全用，如古服、古器今皆难用。'"④ 正如朱熹所言，司马光《书仪》乃本《仪礼》而参以今之可行者。其冠礼、婚礼、丧礼条文及注释，多以《仪礼》之《士冠礼》《士昏礼》《士丧礼》为本，兼采《礼记》之《冠义》《昏义》《丧大记》等，同时结合当世之风俗人情。如冠礼"男子年十二至二十皆可冠"，司马光注云："古礼虽称二十而冠，然鲁襄公年十二，晋悼公曰君可以冠矣。今以世

① 司马光：《书仪》卷二，《四库全书》本。
② 司马光：《书仪》卷四。
③ 司马光：《温国文正公文集》卷七十五。
④ 朱熹撰，黎靖德编，王星贤点校：《朱子语录》卷八十四《礼一》，第2183页。

俗之弊，不可猝变，姑且循俗，自十二至二十皆许其冠。若敦厚好古之君子，俟其子年十五已上，能通孝经论语，粗知礼义之方，然后冠之，斯具美矣。"参以古法，循以今俗，男子年十二至二十皆许其冠。又如冠礼"必父母无期已上丧始可行之"，司马光注云："冠婚皆嘉礼也。《曾子问》：'冠者至，闻齐而不醴。如冠者未至，则废。'《杂记》曰：'大功之末，可以冠子，可以嫁子。'然则大功之初亦不可冠也。《曾子问》有因丧服而冠者，恐于今难行。"[1] 援引《礼记》为说，又结合现实指出"因丧服而冠者，恐于今难行"。而婚礼"男子年十六至三十女子十四至二十"及其注释，则更为典型，其云：

> 古礼男三十而娶，女二十而嫁。按《家语》孔子十九娶于宋之亓官氏，一岁而生伯鱼。伯鱼年五十，先孔子卒。然则古人之娶未必皆三十也。礼盖言其极至者。谓男不过三十，女不过二十耳。过此则为失时矣。今令文凡男年十五女年十三以上并听婚嫁。盖以世俗早婚之弊不可猝革，又或孤弱无人可依，故顺人情立此制，使不丽于刑耳。若欲参古今之道，酌礼令之中，顺天地之理，合人情之宜，则若此之说当矣。[2]

所谓"参古今之道，酌礼令之中，顺天地之理，合人情之宜"，充分反映了司马光《书仪》参酌古今的特质。

当然，我们有必要指出，司马光《书仪》以期于致用为宗旨，同时有考释精审的一面。四库馆臣指出："他如深衣之制，朱子《家礼》所图，不内外掩袭，则领不相交。此书释'曲裾如矩以应方'句，谓'孔《疏》及《后汉书·马融传注》所说，似于颈下别施一衿，映所交领，使之正方，如今时服上领衣。不知领之交会处自方，疑无他物'云云，阐发郑《注》交领之义最明。与《方言》'衿谓之交'郭璞注为'衣交领'者，亦相符合。较《家礼》所说，特为详确。斯亦光考礼最精之一证矣。"[3] 由此，即可见一斑。

（二）《大学广义》《中庸广义》：修身治国，推诚执中

《大学》《中庸》本是《礼记》中的两篇，经过程颐、朱熹等人的阐发

---

① 司马光：《书仪》卷二。
② 司马光：《书仪》卷三。
③ 永瑢等：《四库全书总目》卷二十二，"《书仪》十卷"条，第180页。

后，与《论语》《孟子》一起成为理学的经典。在这过程中，司马光对此二篇亦有撰述，有《大学广义》一卷、《中庸广义》一卷，虽已散佚，但今人魏涛《司马光佚书〈《大学》《中庸》广义〉稽考》辑得《大学广义》五条、《中庸广义》二十二条，尚可见其大概。① 兹再结合司马光所撰《致知在格物论》《辨庸》等篇，作一探讨。

《大学》《中庸》二篇，前者侧重于学，后者侧重于道，而统一于修身治国。宋人亦有此认识，认为"《中庸》之书发明无声无臭之义，《大学》之书发明诚意慎独之理，而终归于治国平天下"②，"《大学》是说学，《中庸》是说道。理会得《大学》透彻，则学不差；理会得《中庸》透彻，则道不差"③。司马光重视此二篇并发挥其大义，也是基于修身治国的层面，这与其《进修心治国之要札子状》所阐述的政治主张"臣初上殿，即言人君之德三，曰仁，曰明，曰武；致治之道三，曰任官，曰信赏，曰必罚。……夫治乱安危存亡之本源，皆在人君之心。仁、明、武，所出于内者也。用人、赏功、罚罪，所施于外者也"④ 相一致。据史料记载，宋仁宗天圣五年、天圣八年曾御赐《大学》《中庸》篇，并令张知白讲读修身治人之道。⑤ 有学者指出，"当时官方所重视者仍为《中庸》之修身、为官治人之道，而非其中之心性理气思想"⑥。应该说，司马光也是延续了这一传统，重在掘发其修身治人之道。所以，尽管司马光在二程之前注说《中庸》，尤其是《大学广义》"取《大学》于《戴记》，讲说而专行之，实自温公始"⑦，对四书的成型与兴起不无影响，但与程朱以四书来建构理学体系迥然有别。

司马光《大学广义》云："夫离章析句，解疑释结，此学之小者也；正心、修身、齐家、治国以至盛德著明于天下，此学之大者也，故曰大学。"⑧ 此明"大学"之本义，强调其修身治国之主旨。《大学广义》又云："明明

---

① 魏涛：《司马光佚书〈《大学》《中庸》广义〉稽考》，载《宋史研究论丛》第14辑，河北大学出版社2013年版，第547—560页。

② 李樗、黄櫄：《毛诗详解》卷三十一，《四库全书》本。

③ 胡广等：《四书大全·中庸章句大全·读中庸法》注引"双峰饶氏曰"，《续修四库全书》本。

④ 司马光：《温国文正公文集》卷三十六。

⑤ 参见《续资治通鉴长编》卷一百五"天圣五年四月辛卯"条、《宋会要辑稿·选举》二之六。

⑥ 顾宏义：《宋代〈四书〉文献论考》，上海古籍出版社2014年版，第36页。

⑦ 朱彝尊：《经义考》，中华书局1998年版，第813页。

⑧ 《宋史研究论丛》第14辑，第555页。

德，所以修身也；亲民，所以治天下、国家也；君子学斯二者，必至于尽善然后止，不然不足谓之大学。"① 进一步强调为学之旨在修身治国。《大学》提出"自天子以至庶人，壹是皆以修身为本"，而至于如何修身，《大学》给出"格物致知、诚意正心"之法。关于"格物致知"，司马光另有《致知在格物论》可参看，文字基本相同。司马光指出：'人之情莫不好善而恶恶，慕是而羞非，然善且是者盖寡，恶且非者实多，何哉？皆物诱之也，物迫之也。"又云：

> 于是依仁以为宅，遵义以为路，诚意以行之，正心以处之，修身以帅之，则天下国家何为而不治哉？《大学》曰："致知在格物。"格犹扞也，御也，能扞御外物，然后能知至道矣。郑氏以格为来，或者犹未尽古人之意乎？②

由此可知，司马光以为"善且是者寡，恶且非者多"的根源在于外物的诱惑与逼迫，所以"格物致知"之"格"意为扞、御，通过扞御外物而知至道。显然，这一解释与朱熹不同，朱熹以为"格，至也。物，犹事也。穷至事物之理，欲其极处无不到也"。③ 一为穷究物理，一为扞御外物；一属学理层面，一属道德层面。所以，司马光强调的修身在于道德践履，在于体认仁义、发扬诚意，或曰格物养诚。④ 由于《大学广义》文本残缺，我们并未看到司马光对"诚"的解释，但在《中庸广义》中，司马光多次谈到，其云：

> 人为万物之灵，禀五行之秀气。故皆有仁义礼智信，与身俱生……水火金木，非土无依，仁义礼智，非信无成。孟子言四端，苟无诚信，则非仁义礼智矣。
>
> 率由诚心，而智识自明，此天授圣人之性也。由智识之明知求道者，莫若至诚。故诚心为善，此贤者修圣人之教也。所禀赋于天有殊，然苟能尽其诚心，则智识无不明矣。

---

① 《宋史研究论丛》第 14 辑，第 556 页。
② 司马光：《温国文正公文集》卷六十五《致知在格物论》。
③ 朱熹：《四书章句集注》，中华书局 1983 年版，第 4 页。
④ 司马光《中庸广义》指出："伐柯犹须睨而视之，至于求道只在己心。"（《宋史研究论丛》第 14 辑，河北大学出版社 2013 年版，第 552 页。）

> 人皆有仁义礼智之性，惟圣人能以至诚充之。
>
> 犹圣贤尽诚于小善，日新不已乃至于圣德也。
>
> 凡物自始至终，诚实有之，乃能为物；若其不诚，则皆无之。譬如鸟兽草木之类，若刻画而成，或梦中暂睹，岂其物邪？况于仁义礼智，但以声音笑貌为之，岂得为仁义礼智哉？内则尽己之性，外则化成天下，皆会于仁义礼智信，故曰合内外之道。①

通过以上材料，可以看到，司马光将"诚"视为人与物最重要的秉性，惟诚足以成己成物，即所谓"内则尽己之性，外则化成天下，皆会于仁义礼智信，故曰合内外之道"。《大学》偏于学，《中庸》偏于道，二者正是通过作为德性的"诚"得以贯通，这就是《中庸》所说的："君子尊德性而道问学，致广大而尽精微，极高明而道中庸。"司马光《中庸广义》解释说："君子虽贵尚德性，然必由学乃成。圣贤德至广大，犹不敢忽细事，智极高明不为已甚，必为其中庸，力学不倦，至诚积德而折衷于礼。"② 此处，司马光通过学，将诚与礼，内在之修身与外在之治国结合起来，体现其中庸之道。与"折衷于礼"相关，司马光《中庸广义》还有一段解说：

> 三王之礼，王天下者所宜重也。上于三王者谓高论之士，称引太古，以欺惑愚人，然无验于今，故民莫肯信而从也。下于三王者谓卑论之士，趋时徇俗，苟求近功，然不为人所尊尚。故民亦莫肯信而从也。惟中庸之道，内本于身而可行，外施于民而有验，前考于三王不差毫厘，后质于来圣若合符契，大则能配天地之高厚，幽则能合鬼神之吉凶，知天者穷性命之精微，知人者尽仁义之极致，如此故天下法而效之，慕而爱之，生荣死哀，令闻长世也。③

强调制礼作乐，亦应行中庸之道。我们在上文已经说到，司马光思想的核心是一"中"字，其实质就是中庸之道，他认为：

> 《中庸》曰："喜怒哀乐之未发谓之中，发而皆中节谓之和。"君子

---

① 分别见《宋史研究论丛》第 14 辑，第 551、553、554 页。
② 《宋史研究论丛》第 14 辑，第 554 页。
③ 《宋史研究论丛》第 14 辑，第 554—555 页。

之心，于喜怒哀乐之未发，未始不存乎中，故谓之口庸。庸，常也，以中为常也。及其既发，必制之以中，则无不中节。中节则和矣。是中、和一物也。养之为中，发之为和，故曰："中者天下之大本也，和者天下之达道也。"智者知此者也，仁者守此者也，礼者履此者也，乐者乐此者也，政者正其不然者也，刑者威其不从者也，合而言之谓之道。道者圣贤之所共由也，岂惟人哉。天地之所以生成，，万物靡不由之，故曰："致中和，天地位焉，万物育焉。"①

司马光另有《辨庸》一篇，也谈到这一问题：

> 或谓迂夫曰："子之言甚庸，众人之所及也，恶足贵哉？"迂夫曰："然。余学先王之道勤且久矣，惟其性之惛也，苦心劳神而不自知，犹未免夫庸也。虽然，古之天地有以异于今乎？古之万物有以异于今乎？古之性情有以异于今乎？天地不易也，日月无变也，万物自若也，性情如故也，道何为而独变哉？子之于道也将厌常而好新，譬夫之楚者不之南而之北，之齐者不之东而之西，信可谓殊于众人矣，得无所适，失其所求，愈勤而愈远邪！呜呼！孝慈仁义忠信礼乐，自生民以来谈之至今矣，安得不庸哉？如余者冀不能庸而已矣，庸何病哉？"②

综合以上材料，我们可以指出，司马光秉持中庸之道，推诚以修己安人，将修身、治国统一于仁义礼智，这是司马光《大学广义》《中庸广义》表述的主要思想，也是其立身为人与议政论史的根本原则。

三、《孝经》学：尊信经古文，补益先王道

《孝经》者，"孔子为曾参陈孝道也"③。《孝经》历来有今文古文二本，今文称郑玄注，凡十八章；古文为称孔安国注，凡二一二章。四库馆臣称二本"互相胜负。始以开元御注用今文，遵制者从郑。后以朱子刊误用古文，

---

① 司马光：《温国文正公文集》卷七十一《中和论》。
② 司马光：《温国文正公文集》卷七十四。
③ 李隆基注、邢昺疏：《孝经正义》，《十三经注疏》整理委员会整理、李学勤主编《十三经注疏》（标点本），第4页。

讲学者又转而从孔。要其文句小异，义理不殊。"① 司马光所撰《古文孝经指解》，以秘阁所藏古文为本，吸收唐玄宗李隆基的注释，"其今文旧注有未尽者引而伸之，其不合者易而去之"，② 在《孝经》学史上占有一定地位。

司马光撰著《古文孝经指解》的宗旨，据其自序所言，在于"庶几于先王之道万一有所补焉"，亦即希望有补于先王之道。其后学范祖禹在《古文孝经说·序》中也称"窃以古为据而申之以训说，虽不足以明先王之道，庶几有万一之补焉"，可说是延续了司马光的基本思想。而所谓先王之道，据司马光的阐释而言，即仁义礼乐之道。《孝经》云："子曰：'先王有至德要道，以顺天下，民用和睦，上下无怨。'" 司马光注云："圣人之德无以加于孝，故曰至德。可以治下通神明，故曰要道。天地之经而民是，则非先王强以教民，故曰以顺天下。孝道既行，则父父子子兄兄弟弟，故民和睦。下以忠顺事其上，上不敢侮慢其下，故上下无怨。"《孝经》云："子曰：'夫孝，德之本，教之所由生。'" 司马光注曰："人之修德必始于孝而后仁义生，先王之教亦始于孝而后礼乐兴。"③ 故而，司马光极为重视学习《孝经》来敦化仁义礼乐，在《书仪》中就强调指出："若敦厚好古之君子，俟其子年十五已上，能通《孝经》《论语》，粗知礼义之方，然后冠之，斯具美矣。"④ 在《中庸》中有这么一段：

> 哀公问政。子曰："文武之政，布在方策。其人存，则其政举；其人亡，则其政熄。人道敏政，地道敏树。夫政也者，蒲卢也。故为政在人，取人以身，修身以道，修道以仁。仁者人也，亲亲为大；义者宜也，尊贤为大；亲亲之杀，尊贤之等，礼所生也。故君子不可以不修身；思修身，不可以不事亲；思事亲，不可以不知人；思知人，不可以不知天。"⑤

司马光《中庸广义》解释说：

> 天子以德教加于百姓、刑于四海为孝，诸侯以保其社稷为孝，卿大

---

① 永瑢等：《四库全书总目》卷三十二，第263页。
② 司马光：《古文孝经指解》卷首自序，《四库全书》本。
③ 司马光：《古文孝经指解》。
④ 司马光：《书仪》卷二。
⑤ 朱熹：《四书章句集注》，第28页。

夫以保其宗庙为孝，士以保其禄位为孝，四者非得贤人以为师友不能全也。故思事亲不可以不知人。夫仁义礼智信皆本于天性，其引而伸之则在人矣。君子知五常之本于天，有之则为贤，无之则为不肖，以此观人，人焉廋哉？故思知人，不可以不知天。①

在这里，司马光详述《孝经》中阐述的天子、诸侯、卿大夫、士之孝，以其为体仁义修身的根本，并经由"为政在人，取人以身"，将修身与治国勾连起来。由此可知，司马光撰著《古文孝经指解》，意在补益先王之道，而其最终指向，则在于通过阐明先王之道，有助于世人修身治国。

就司马光《古文孝经指解》文本而言，可以说是尊信经古文，又兼采今文说，与众不同，自成一家。他在自序中详述《孝经》传授源流，引述如下：

孔子与曾参论孝而门人书之，谓之《孝经》。及传授滋久，章句浸差。孔氏之人畏其流荡失真，故取其先世定本，杂寘夏商周之《书》及《论语》藏诸壁中。苟使人或知之，则旋踵散失，故虽子孙不以告也。遭秦灭学，天下之书扫地无遗。汉兴河间人颜芝之子得《孝经》十八章，儒者相与传之，是为今文。及鲁共王坏孔子宅而古文始出，凡二十二章。当是之时，今文之学已盛，故古文排根不得列于学官。独孔安国及后汉马融为之传。诸儒党司疾异，信伪疑真，是以历载累百而孤学沉厌，人无知者。隋开皇中秘书学生王逸于陈人处得之，河间刘炫为之作《稽疑》一篇，将以兴坠起废。而时人已多讥笑之者。及唐明皇开元中诏议孔、郑二家，刘知几以为宜行孔废郑。于是诸儒争难蜂起，卒行郑学。及明皇自注，遂用十八章为定。先儒皆以为孔氏避秦禁而藏书，臣窃疑其不然。何则？秦科斗之书废绝已久，又始皇三十四年始下焚书之令，距汉兴才七年耳，孔氏子孙岂容悉无知者，必待共王然后乃出？盖始藏之时，去圣未远，其书最真，与夫他国之人转相传授，历世疏远者诚不侔矣。且《孝经》与《尚书》俱出壁中，今人皆知《尚书》之真而疑《孝经》之伪，是何异信脍之可啖而疑炙之不可食也？嗟乎！真伪之明皦若日月，而历世争论不能自伸，虽其中异同不多，然要为得正，此学者所当重惜

---

① 《宋史研究论丛》第14辑，第553页。

也。前世中《孝经》多者五十余家，少者亦不减十家，今秘阁所藏止有郑氏、明皇及古文三家而已。其古文有经无传，案孔安国以古文时无通者故以隶体写《尚书》而传之，然则《论语》《孝经》不得独用古文，此盖后世好事者用孔氏传本更以古文写之，其文则非，其语则是也。①

此段文字梳理了《孝经》传授史，对《孝经》今文、古文之争条分缕析，其结论是以《孝经》古文本为真，"其中异同不多，然要为得正，此学者所当重惜也"。

范祖禹亦遵从师说，云："《古文孝经》二十二章，与《尚书》《论语》同出于孔氏壁中，历世诸儒疑眩莫能明，故不列于学官。今文十八章，自唐明皇为之注，遂行于世。二书虽大同而小异，然得其真者，古文也。"② 然而《孝经》今文、古文"文句小异，义理不殊"，四库馆臣曾引黄震《黄氏日抄》之语云：

> 按《孝经》一尔，古文今文特所传微有不同。如首章今文云"仲尼居，曾子侍"，古文则云"仲尼闲居，曾子侍坐"。今文云"子曰先王有至德要道"，古文则曰"子曰参先王有至德要道"……文之或增或减不过如此，于大义固无不同。至于分章之多寡，今文三才章"其政不严而治"与"先王见教之可以化民"通为一章。古文则分为二章……于大义亦无不同。古文又云"闺门之内具礼矣乎严父严兄妻子臣妾犹百姓徒役也"，此二十二字今文全无之，而古文自为一章，与前之分章者三共增为二十二，所异者又不过如是，非今文与古文各为一书也。③

四库馆臣以为黄震之说"可为（谓）持平。光所解与祖禹所说，读者观其宏旨意以求天经地义之原足矣。其今文古文之争直谓贤者之过可也"。但就司马光《古文孝经指解》对后世的影响而言，"按注《孝经》者，驳今文而遵古文，自此书（指司马光《古文孝经指解》）始。五六百年门户相持，则朱子用此本作刊误始。皆逐其末而舍其本也"。④ 尽管从《孝经》今文、古文之文

---

① 司马光：《古文孝经指解》卷首自序。
② 范祖禹：《古文孝经说·序》，附于司马光《古文孝经指解》。
③ 永瑢等：《四库全书总目》卷三十二，"《古文孝经指解》一卷"条，第264页。
④ 永瑢等：《四库全书总目》卷三十二，"《古文孝经指解》一卷"条，第264页。

本而言，差异不大，义理不殊，四库馆臣也以"贤者之过"来批评今文古文之争，但结合宋代经学变古的大背景而言，司马光《古文孝经指解》之尊信经古文仍有其意义，反映出宋人明经求道的努力，换言之，其经学之主旨在求真、求是。故而，司马光左指解《孝经》时，又能够备载唐玄宗今文之注，"有未尽者引而伸之，其不合者易而去之"。试举例明之。譬如：

> 子曰：爱亲者不敢恶于人（玄宗曰：博爱也），敬亲者不敢慢于人（玄宗曰：广敬也。）司马光曰：（语更端，故以子曰起之。不敢恶慢，明出乎此者返乎彼者也，恶慢于人则人亦恶慢之，如此辱将及亲）。

此段注解中，司马光引述了唐玄宗的注释，又补充说明为何以"子曰"开头，且进一步阐发不敢恶慢于人的原因在于"出乎此者返乎彼者也"，若恶慢于人，则辱将及亲。这种解说，有助于读者深入理解文本。再如：

> 资于事父以事母，而爱同（司马光曰：资，取也。取于事父之道以事母，其爱则等矣，而恭有杀焉。以父主义母主恩故也）；资于事父以事君，而敬同（玄宗曰：资，取也。言爱父与母同，敬父与君同。司马光曰：取于事父之道以事君，恭则等矣，而爱有杀焉，以君臣之际义胜恩故也）。

从注文可知，司马光基本吸收了唐玄宗的注释，同时又指出了事父以事母，其爱则等，而恭有杀；事父以事君，其恭则等，而爱有杀，从而有助于读者理解事父与母、事父与君之异同。再如：

> 身体发肤受之父母，不敢毁伤，孝之始也（玄宗曰：父母全而生之，己当全而归之，故不敢毁伤。司马光曰：身体言其大，发肤言其细，细犹爱之，况其大乎！夫圣人之教，所以养民而全其生也。苟使民轻用其身，则违道以求名，乘险以要利，忘生以决忿，如是而生民之类灭矣。故圣人论孝之始而以爱身为先。或曰孔子云有杀身以成仁，然则仁者固不孝与？曰：非此之谓也。此之所言，常道也；彼之所论，遭时不得已而为之也。仁者岂乐杀其身哉？顾不能两全，则舍生而取仁，非谓轻用其身也）。

此段注文中，司马光不仅从字面加以阐发，而且将不敢毁伤身体发肤与舍生取义结合起来，加以辨析，从而拓展读者的认识。尤其值得注意的是，司马光不仅申发今文之注，有时还自出己意，与之立异，如下面一段：

> 非先王之法服不敢服（玄宗曰：服者，身之表也。先王制五服，各有等差，言卿大夫遵守礼法，不敢僭上逼下），非先王之法言不敢道，非先王之德行不敢行（玄宗曰：法言，谓礼法之言，德行，谓道德之行。若言非法，行非德，则亏孝道，故不敢也。司马光曰：君当制义；臣当奉法；故卿大夫奉法而已），是故非法不言，非道不行。（玄宗曰：言必守法，行必遵道。司马光曰：谓出于身者也）。口无择言，身无择行（玄宗曰：言行皆遵法道，所以无可择也。司马光曰：谓接于人者也。择谓或是或非可择者也）。言满天下无口过，行满天下无怨恶（玄宗曰：礼法之言，焉有口过。道德之行，自无怨恶。司马光曰：谓及于天下者也，言虽远及于天下，犹无过差为人所怨恶）。三者备矣，然后能守其宗庙。盖卿大夫之孝也（玄宗曰：三者：服、言、行也。礼：卿大夫立三庙，以奉先祖。言能备此三者，则能长守宗庙之祀。司马光曰：三者谓出于身，接于人，及于天下）。

关于"三者"的解释，两注明显不同，玄宗注云服、言、行，司马光以为指"出于身，接于人，及于天下"。一是就遵守礼法的内容而论，一是从遵守礼法的角度着眼，虽然持论有所不同，但均有助于世人理解并奉行礼法。所以，总体而言，司马光《古文孝经指解》以《孝经》古文为本，又广采今文之注，并自出己意，多有申发，从而追求补益并奉行先王之道。由其自成一家，故在《孝经》学史上占得一席之地。

四、《孟子》学：疑孟求是，有激而发

《孟子》一书，本为诸子，但在宋代却由子入经，成为"十三经"之一，又与《论语》《大学》《中庸》一道，号为四书，成为宋代构建理学的主要典籍。综观《孟子》在宋代的接受，真宗大中祥符间，孙奭已撰有《孟子音义》二卷，兴起尊孟之风；神宗熙宁四年，王安石改革贡举，《孟子》始列为科举用书，正式升格为经书，与《论语》并列，二程则进一步表彰包括《孟

子》在内的四书，阐扬性理。在这一尊崇《孟子》，"升子入经"的过程中，伴随着怀疑、删改《孟子》的思潮。周密《齐东野语》指出："人各有好恶，于书亦然。……王充作《刺孟》，冯休作《删孟》，司马公作《疑孟》，李泰伯作《非孟》，晁以道作《诋孟》，黄次伋作《评孟》，若酸咸嗜好，亦各有所喜。"① 除王充《刺孟》外，皆为宋人之作。司马公《疑孟》便是这一思潮中涌现的代表性著作。

司马公《疑孟》一文，共十一条，收入《传家集》（《温国文正公文集》）卷七十三，另有《说郛》本。《郡斋读书志》卷十《疑孟》云："光疑《孟子》书非有轲之言者，著论是正之，凡十一篇。光论性不以轲道性善为然。"② 结合《疑孟》文本来看，司马光或疑《孟子》书有非轲之言，如"瞽叟杀人"条，司马光以为"所贵于舜者，为其能以孝和谐其亲，使其进退以善自治而不至于恶也。如是则舜为子，瞽叟必不杀人矣。若不能止其未然，使至于杀人，执于有司，乃弃天下，窃之以逃，狂夫且犹不为，而谓舜为之乎？是特委巷之言也，殆非孟子之言也"。而更多的是论孟子言论之非，如"性犹湍水"条："孟子云：'人无有不善。'此孟子之言失也。丹朱、商均自幼及长，日所见者尧舜也，不能移其恶，岂人之性无不善乎？"再如"父子之间不责善"条："经云：'当不义则子不可不诤于父。'传云：'爱子，教之以义方。'孟子云：'父子之间不责善。'不责善，是不谏不教也。可乎？"由此可知，司马光与孟子见解不一，辨其是非，当是撰著《孟子》的一大缘由。另外，有激于王安石推尊《孟子》，与之驳难，亦是撰著之由。四库馆臣指出："光所作《疑孟》，今载集中，元白珽《湛渊静语》谓为王安石而发。考《孟子》之表章为经，实自王安石始，或意见相激，务与相反，亦事理所有。"③ 又云："尊《孟子》，始王安石，元祐诸人务与作难，故司马光《疑孟》、晁说之《诋孟》作焉，非攻孟子，攻安石也。"④ 据《温国文正公文集》卷七十三《疑孟》诸条下所注之撰写日期，起自元丰五年（1082）正月二十七日，下至元丰八年，可证"意见相激"之说并非无因。观《疑孟》之"孟

---

① 周密著，张茂鹏点校：《齐东野语》，中华书局 1983 年版，第 303 页。
② 晁公武撰，孙猛校证：《郡斋读书志校证》，第 421 页。
③ 永瑢等：《四库全书总目》卷一百五十二，"《传家集》八十卷"条，第 1315 页。
④ 永瑢等：《四库全书总目》卷三十五，"《孟子音义》二卷"条，第 292 页。

子将朝王"条：

> 孟子之德，孰与周公？其齿之长，孰与周公之于成王？成王幼，周
> 公负之以朝诸侯。及长而归政，北面稽首，畏事之，与事文武无异也。
> 岂得云彼有爵，我有德齿，可慢彼哉！……余惧后之人挟其有以骄其君、
> 无所事而贪禄位者，皆援孟子以自况，故不得不疑。①

据题注，此条作于元丰五年正月二十七日，当时新法正如火如荼，而司马光
则退居洛阳，"余惧后之人挟其有以骄其君、无所事而贪禄位者，皆援孟子以
自况"云云，当属有激而发。

《孟子》一书，主要阐发孟子基于性善论而形成的"仁政"思想。就司
马光《疑孟》质疑的内容而言，大体也可分为两类，一是辨别性命，二是论
史议政。下面分而述之。

早在宋英宗治平三年（1066），司马光就写下了《性辩》，对孟子的性善
论和荀子的性恶论皆有所批评，而服膺于扬雄的性善恶混论，其云：

> 孟子以为人性善，其不善者，外物诱之也；荀子以为人性恶，其善
> 者，圣人教之也。是皆得其一偏而遗其大体也。夫性者，人之所受于天
> 以生者也，善与恶必兼有之。是故虽圣人不能无恶，虽愚人不能无善，
> 其所受多少之间则殊矣。善至多而恶至少则为圣人，恶至多而善至少则
> 为愚人，善恶相半则为中人。……孟子以为仁义礼智皆出乎性者也，是
> 岂可谓之不然乎？然不知暴慢贪惑亦出乎性也。……荀子以为争夺残贼
> 之心，人之所生而有也，不以师法礼义正之，则悖乱而不治，是岂可谓
> 之不然乎？然殊不知慈爱羞愧之心亦生而有也。……故扬子以为人之性
> 善恶混，混者善恶杂处于身中之谓也。顾人择而修之何如耳，修其善则
> 为善人，修其恶则为恶人。斯理也，岂不晓然明白哉？如孟子之言，所
> 谓长善者也；荀子之言，所谓去恶者也；扬子则兼之矣。②

从中可知，司马光认为人性本于天，善恶兼而有之，依据善恶的多少不同而
分为圣人、愚人和中人。所以他认为孟子的性善和荀子的性恶皆是执于一端

---

① 司马光：《温国文正公文集》卷七十三。
② 司马光：《温国文正公文集》卷六十六。

而未见其整体，而认同扬雄的性善恶混说。他在《中庸广义》中也有类似说法："夫人禀五行而生，无问贤愚，其五常之性必具，顾其少多厚薄则不同矣。或相倍蓰，或相什百，或厚于此而薄于彼，或厚于此而薄于彼，多且厚者为圣贤，少且薄者为庸愚。"① 从司马光对性的表述来看，他并没有从普遍意义上来讨论人性问题，而是基于圣、愚、中三类人来讨论，就此而言，其性善恶混的观点，与董仲舒的性三品说是相近的。换言之，司马光的认识仍停留于表象，而未能上升到本质层面。基于这一认识，司马光在《疑孟》中反对性善论及性无分善与不善论，其云：

> 告子云："性之无分于善不善；犹水之无分于东西。"此告子之言失也。水之无分于东西，谓平地也。使其地东高而西下，西高而东下，岂决导所能致乎？性之无分于善不善，谓中人也。瞽叟生舜，舜生商均，岂陶染所能变乎？孟子云："人无有不善。"此孟子之言失也。丹朱、商均自幼及长，日所见者尧舜也，不能移其恶，岂人之性无不善乎？②

司马光认为水无分东西，只适用于平地；性无分善恶，亦只适用于中人。这正是其三品论性思想的反映。对于孟子性善论，司马光以丹朱、商均日受尧舜陶染而不能移其恶为例加以反驳，认为性有善有恶。对于告子与孟子"生之谓性"的辩论，司马光指出：

> 孟子云："白羽之白，犹白雪之白。白雪之白，犹白玉之白。"告子当应之云："色则同也，性则殊矣。羽性轻，雪性弱，玉性坚。"而告子亦皆然之。此所以来犬、牛、人之难也。孟子亦可谓以辩胜人矣。③

姑且不谈论辩技巧，就司马光给出的回应之法而言，"色则同也，性则殊矣"似乎接触到了现象与本质之辩，但"羽性轻，雪性弱，玉性坚"云云，表明司马光仍是着眼于事物的现有属性的层面去理解性，这不能不说是司马光人性论的局限所在。尤其当对比于二程、朱熹等提出的人性天理、理一分殊等，这一局限就更加明显了。

① 《宋史研究论丛》第14辑，第552页。
② 司马光：《温国文正公文集》卷七十三。
③ 司马光：《温国文正公文集》卷七十三。

司马光《疑孟》更多是在论史议政方面提出辩驳。譬如，"尧舜性之也，汤武身之也，五霸假之也"条云：

> 所谓性之者，天与之也；身之者，亲行之也。假之者，外有之而内实亡也。尧、舜、汤、武之于仁义也，皆性得而身行之也，五霸则强焉而已。夫仁义者，所以治国家而服诸侯也，皇帝、王、霸皆用之，顾其所以殊者，大小、高下、远近、多寡之间耳。假者，文具而实不从之谓也。文具而实不从，其国家且不可保，况能霸乎？虽久假而不归，犹非其有也。①

孟子以为，尧舜天性浑全，汤武修身体道，而五霸则假借仁义之名，久假不归，即为真有。司马光则认为五霸乃以仁义文饰而并不信从，虽久假不归，仍非其有。此间的分歧在于对五霸历史的认识不同，而司马光尚有以此来强调"仁义者，所以治国家而服诸侯也"之旨。再如"齐宣王问卿"条：

> 礼，君不与同姓同车，与异姓同车，嫌其偏也。为卿者，无贵戚、异姓，皆人臣也。人臣之义，谏于君而不听，去之可也，死之可也，若之何以其贵戚之故，敢易位而处也？孟子之言过矣。若有大过无若纣，纣之卿士莫若王子比干、箕子、微子之亲且贵也。微子去之，箕子为之奴，比干谏而死，孔子曰："商有三仁焉。"夫以纣之过大而三子之贤，犹且不敢易位也况，过不及纣而贤不及三子者乎？必也使后世有贵戚之臣，谏其君而不听，遂废而代之曰："吾用孟子之言也。非篡也，义也。"其可乎？或曰："孟子之志，欲以惧齐王也。"是又不然。齐王若闻孟子之言而惧，则将愈忌恶其贵戚，闻谏而诛之；贵戚闻孟子之言，又将起而蹈之。则孟子之言不足以格骄君之非，而适足以为篡乱之资也。其可乎！②

此处重在论政。《孟子·万章下》有"齐宣王问卿"一段话，其云："王曰：'请问贵戚之卿？'曰：'君有大过则谏，反复之而不听，则易位。'王勃然变乎色。……然后请问异姓之卿，曰：'君有过则谏，反复之而不听，则去。'"

---

① 司马光：《温国文正公文集》卷七十三。
② 司马光：《温国文正公文集》卷七十三。

赵岐注曰："孟子言，贵戚之卿反复谏君，君不听则欲易君之位，更立亲戚之贤者；异姓之卿谏君，反复谏君而君遂不听之，则去而之他国也。"孙奭之疏持论相近。[①] 朱熹进一步解释说："此章言大臣之义，亲疏不同，守经行权，各有其分。贵戚之卿，小过非不谏也，但必大过而不听，乃可易位；异姓之卿，大过非不谏也，虽小过而不听，已可去矣。"[②] 与孙奭、朱熹等有条件地赞成君臣易位不同，司马光表示强烈反对。他严守君臣之礼，直言孟子之言过矣，"为卿者，无贵戚、异姓，皆人臣也。人臣之义，谏于君而不听，去之可也，死之可也，若之何以其贵戚之故，敢易位而处也？"这正是基于他以礼法为纲纪的政治思想。他在《资治通鉴》卷一开宗明义地指出：

> 臣闻天子之职莫大于礼，礼莫大于分，分莫大于名。何谓礼·纪纲是也。何谓分？君臣是也。何谓名？公、侯、卿、大夫是也。夫以四海之广，兆民之众，受制于一人，虽有绝伦之力，高世之智，莫不奔走而服役者，岂非以礼为之纪纲哉！是故天子统三公，三公率诸侯，诸侯制卿大夫，卿大夫治士庶人。贵以临贱，贱以承贵。上之使下犹心腹之运手足，根本之制支叶，下之事上犹手足之卫心腹，支叶之庇本根，然后能上下相保而国家治安。故曰天子之职莫大于礼也。文王序《易》，以乾、坤为首。孔子系之曰："天尊地卑，乾坤定矣。卑高以陈，贵贱位矣。"言君臣之位犹天地之不可易也。……[③]

这种政治思想不仅成为司马光讨论《易》学、《礼》学、《孝经》学的指导思想，也成为其疑孟求是的衡量准则。

综上所述，以司马光为代表的温公朔学在经学领域之《易》《礼》《孝经》《孟子》等方面均有著述，以直面经典、自出己意之气度，明体求道、经世致用，与王安石、三苏、二程等一道，为"宋学"的鼎立和理学的构建作出了积极贡献。

---

① 见赵岐注，孙奭疏《孟子注疏》，《十三经注疏》整理委员会整理、李学勤主编《十三经注疏》（标点本），第291—292页。

② 朱熹：《四书章句集注》，第324页。

③ 司马光：《资治通鉴》，第2页。

第四节　苏氏蜀学

苏洵（1009—1066）、苏轼（1037—1101）、苏辙（1039—1112），乃一门父子，人称"三苏"。以之为代表的"蜀学"，还包括苏门学士黄庭坚、晁补之、秦观、张耒、李廌等人，是熙宁、靖康间堪与"荆公新学"、"温公朔学"、"二程洛学"鼎足而立的重要学术流派，《宋元学案》列为"苏氏蜀学略"。

"三苏"在经学研究方面取得了很高的成就，只是为文名所掩而已。其主要经学著述如下：苏洵有《洪范图论》一卷、《六经论》六篇及与姚辟合撰的《太常因革礼》一百卷等（《四库全书》收录苏洵《苏评孟子》二卷，乃托名之作）；苏轼有《东坡易传》九卷、《东坡书传》十三卷、《东坡论语传》十卷、《中庸论》三篇以及《四营十八变解》一篇、《隐公是摄论》一篇、《公子翚弑隐公论》一篇；《郑伯以璧假许田论》一篇、《管仲相齐论》一篇、《闰月不告朔犹朝于庙论》一篇、《堕三都论》一篇等篇章；苏辙有《易说》三篇、《洪范五事说》一篇、《诗集传》二十卷、《春秋集传》十二卷、《论语拾遗》一卷、《孟子解》一卷等。

三苏父子，自相师友，苏辙曾说过："先君，予师也；亡兄子瞻，予师友也。父兄之学，皆以古今成败得失为议论之要。"[1] 他们的学术旨趣是基本一致的，所谓"父子谈经，无（刘）歆（刘）向异同之论"[2]；而且，有的著作如《东坡易传》，还是父子三人合力完成之作，四库馆臣在该书"提要"中即指出："苏籀《栾城遗言》记苏洵作《易传》未成而卒，属二子述其志，轼书先成，辙乃送所解于轼，今《蒙》卦犹是辙解，则此书实苏氏父子兄弟合力为之。题曰'轼撰'，要其成耳。"所以，将三苏合起来考察，是可行的，甚或也是必需的。

苏辙曾对其父兄之学作过这样的评价："父兄之学，皆以古今成败得失为

---

① 苏辙撰，曾枣庄、马德富校点：《栾城集》，上海古籍出版社 1987 年版，第 1212 页。

② 楼钥：《攻媿集》卷七十七《跋袁光禄（毂）与东坡同官事迹》，《四库全书》本。

议论之要。以为士生于世，治气养心，无恶于身。推是以施之人，不为苟生也。不幸不用，犹当以其所知著之翰墨，使人有闻焉。"① 此论可谓知言。三苏之学即在治心和治世两个层面展开，而这两个层面实不可离，即共同构成所谓的"内圣外王"，当然三苏主要的一面还在于经世致用，即苏辙所说的"以古今成败得失关议论之要"，而苏轼也有"通经学古，以西汉文词为宗师"（《谢范舍人书》）之论。

具体说来，三苏经学方面的成就主要有以下几点。

一、怀疑经传与义理解经

在前人怀疑经传风气的基础上，三苏又有所推进。陆游曾谈及庆历前后经学风尚的变化："唐及国初，学者不敢议孔安国、郑康成，况圣人乎！自庆历后，诸儒发明经旨，非前人所及；然排《系辞》、毁《周礼》、疑《孟子》，讥《书》之《胤征》《顾命》，黜《诗》之序，不难于议经，况传注乎！"② 据皮锡瑞《经学历史》所言，此处毁《周礼》谓欧阳修与苏轼、苏辙，讥《书》谓苏轼。而黜《诗》之序，苏辙亦有力焉。由此可见三苏疑经惑传之一斑。

具体说来，苏洵有《洪范论图》一卷，《郡斋读书志》卷一上称其"三《论》皆援《经》击《传》，斥末以归本；二《图》，一以指歆、向之谬，一以形其意"。苏轼称《周礼》"非圣人之全书"，"其言五等之君，封国之大小，非圣人之制也，战国所增之文也"。（《天子六军之制》）苏辙也认为在《周礼》中"秦汉诸儒以意损益之者众矣，非周公之完书"，"凡《周礼》之诡异远于人情者，皆不足信"。（《历代论一·周公》）苏轼还怀疑《尚书》，《东坡书传》卷六称"《书》固有非圣人之所取而犹存者"，"予于《书》见圣人所不取而犹存者二，《胤征》之挟天子令诸侯与《康王之诰》释斩衰而衮冕也"。苏轼常能不取陈说而自出己意，如其《东坡书传》十三卷，《四库全书总目》评该书曰：

晁公武《读书志》称"熙宁以后，专用王氏之说进退多士，此书驳

① 苏辙撰，曾枣庄、马德富校点：《栾城集》，第 1212 页。
② 王应麟撰，翁元圻等注，栾保群、田松青、吕宗力校点：《困学纪闻》卷八《经说》，第 1095 页。

异其说为多"。今《新经尚书义》不传,不能尽考其同异。但就其书而论,则轼究心经世之学,明于事势,又长于议论,于治乱兴亡披抉明畅,较他经独为擅长。其释《禹贡》三江,定为南江、中江、北江,本诸郑康成,远有端绪。惟未尝详审经文,考核水道,而附益以味别之说,遂以启后人之议。至于以羲和旷职为贰于羿而忠于夏,则林之奇宗之。以《康王之诰》服冕为非礼,引《左传》叔向之言为证,则蔡沈取之。《朱子语录》亦称其解《吕刑篇》以"王享国百年耄"作一句,"荒度作刑"作一句,甚合于理。后《与蔡沈帖》虽有"苏氏失之简"之语,然《语录》又称:"或问诸家《书》解谁最好,莫是东坡?曰:然。又问:但若失之太简?曰:亦有只须如此解者。"则又未尝以简为病。洛闽诸儒以程子之故,与苏氏如水火,惟于此书有取焉,则其书可知矣。①

于此可知《东坡书传》别出新解之概况及所受之肯定。舒大刚还进一步认为《东坡书传》在考订《尚书》错简和讹文方面卓有成绩,肯定其从文意语气上审查脱文、从篇章结构上考证误分一篇为二、从事理上怀疑错简、从文理上审察错简、从史实上考察阙误,以及从文字上考证讹误等。② 至于苏辙,其《诗集传》力删《诗序》,四库馆臣称"其说以《诗》之《小序》反复繁重,类非一人之词,疑为毛公之学,卫宏之所集录。因惟存其发端一言,而以下余文悉从删汰。"③ 相较欧阳修等人怀疑《诗序》,苏辙可谓更进一步矣。苏辙有云:"平生好读《诗》《春秋》,病先儒多失其旨,欲更为之传。"④ 其所撰《诗集传》《春秋集解》,也确是不囿成见、多有发明之作。朱熹给予苏辙《诗集传》较高评价,称"唐初,诸儒为作疏义,因讹踵陋,百千万言而不能有以出乎二氏(毛、郑)之区域。至于本朝,刘侍读(敞)、欧阳公(修)、王丞相(安石)、苏黄门(辙)、河南程氏(颐)、横渠张氏(载),始用己意,有所发明。虽其深浅得失有不能同,然自是之后,三百五篇之微词奥义乃可得而寻绎。"(《吕氏家塾读诗记后序》)四库馆臣也谈到《春秋集解》权

---

① 永瑢等:《四库全书总目》卷十一,"《东坡书传》十三卷"条,第90页。
② 舒大刚:《苏轼〈东坡书传〉述略》,《四川大学学报》2000年第5期。
③ 永瑢等:《四库全书总目》卷十一,"《诗集传》二十卷"条,第121页。
④ 苏辙撰,曾枣庄、马德富校点:《栾城后集》,卷十二《颍滨遗老传下》,上海古籍出版社1987年版,第1283—1284页。

衡《春秋》"三传"，以左氏为主，兼采他说，断以己意的特点，其云："先是刘敞作《春秋意林》，多出新意。孙复作《春秋尊王发微》，更舍《传》以求经。古说于是渐废。后王安石诋《春秋》为'断烂朝报'，废之不列于学官。辙以其时经传并荒，乃作此书以矫之。其说以《左氏》为主，《左氏》之说不可通，乃取《公》《穀》、啖、赵诸家以足之。盖以《左氏》有国史之可据，而《公》《穀》以下则皆意测者也。……盖积十余年而书始成。其用心勤恳，愈于奋臆遽谈者远矣。"①

另外，三苏解经不务章句而推重义理。苏轼指出："夫论经者当以意得之，非于句意之间也。于句意之间，则破碎牵蔓之说反能害经之意。"② 这可以看成三苏的共同主张。苏洵有《六经论》总论群经，"以圣人之道为前提，着眼于《易》之幽，以明礼为线索，而遍求《六经》之旨，而后出诸己意"③。再如三苏合力完成的《东坡易传》，四库馆臣称其"大体近于王弼，而弼之说惟畅玄风，轼之说多切人事"。可知此书延续了王弼不取象数而以义理解《易》的特点，是义理派《易》学之作。四库馆臣还高度肯定该书"推阐理势，言简意明，往往足以达难显之情，而深得曲譬之旨"，"文辞博辨，足资启发"，"李衡作《周易义海撮要》、丁易东作《周易象义》、董真卿作《周易会通》，皆采录其说，非徒然也"。

二、以权变解经，兼融佛老

以权变解经，在苏洵身上有着突出的表现。欧阳修在《荐布衣苏洵状》中对苏洵有过这样的评论："议论精于物理而善识变权，文章不为空言而期于有用，其所撰《权书》《衡论》《机策》二十篇，辞辨宏伟，博于古而宜于今，实有用之言，非特能文之士也。"这里指出了两点，一是苏洵善识权变，二是苏洵以经世为务。所论甚确。苏洵曾公开宣扬权变思想，称"仲尼之说，纯乎经者也；吾之说，参乎权而归乎经者也"（《谏论上》）。这种权变思想，与战国纵横之学有密切联系，王安石即指出"苏明允有战国纵横之学"④。在

---

① 永瑢等：《四库全书总目》卷十一，"《春秋集解》十二卷"条，第126页。
② 苏轼：《东坡易传》卷七，《四库全书》本。
③ 郝明工：《苏氏蜀学之经学考察》，《成都大学学报》1998年第3期。
④ 邵博撰，刘德权、李剑雄点校：《邵氏闻见后录》卷十四，第111页。

苏洵解经中，这种权变意识有着充分的体现。他在《六经论》中将六经的形成都看作是圣人圣人权变下的产物，如他认为圣人作《易》，"用其机权，以持天下之心，而济其道之无穷"，又说："《礼》之权，穷于易达而有《易》焉，穷于后世之不信而有《乐》焉，穷于强人而有《诗》焉。"权变思想如此鲜明，以至于朱熹严厉地指斥道："看老苏《六经论》，则是圣人全是以术欺天下也。"① 再如苏轼，其《礼以养人为本论》反对提倡古礼，批评好古礼者"牵于繁文，而拘于小说，有毫毛之差，则终身以为不可"，主张求"礼之大意，存乎明天下之分，严君臣、笃父子、形孝弟而显仁义也"。其《礼论》强调根据风俗变易而修礼，提出"三代之器，不可复用矣，而其制礼之意，尚可依仿以为法也"，"唯其近于正而易行，庶几天下安而从之，是则有取焉耳"。这些都可说是用权变思想来解经。于《东坡书传》，四库馆臣评曰："轼究心经世之学，明于事势，又长于议论，于治乱兴亡披抉明畅"，可谓是对其善识权变，以权变解经的肯定。于《东坡易传》，历来研究《周易》分作象数和义理两途，苏轼却采用由象数分析进而探求义理的路径，其《易论》云：

> 《易》者，卜筮之书也。挟策布卦，以分阴阳而明吉凶，此日者之事，而非圣人之道也。圣人之道，存乎其爻之辞，而不在其数。数非圣人之所尽心也，然《易》始于八卦，至于六十四，此其为书，未离乎用数也。而世之人皆耻其言《易》之数，或者言而不得其要，纷纭迂阔而不可解，此高论之士所以不言欤？夫《易》本于卜筮，而圣人开言于其间，以尽天下之人情。使其为数纷乱而不可考，则圣人岂肯以其有用之言而托之无用之数哉！

值得指出的是，这种权变思想，对苏轼为人处世也有影响，有学者即指出苏轼之所以和程颐势不两立，认为程颐"拘"，缺少权变，是"不尽人情如王介甫"者，即与这种深厚的权变思想有关。②

三苏期于致用，发明儒学，不免夹杂佛老之学。朱熹指出苏氏"性命诸

---

① 朱熹撰，黎靖德编，王星贤点校：《朱子语类》卷一百三十《本朝四》，第 3118 页。
② 胡昭曦、刘复生、粟品孝：《宋代蜀学研究》，巴蜀书社 1997 年版，第 34 页。

说多处私意，杂佛老而言之"（《答汪尚书》其四），贬之为"学儒之失而流于异端"的"杂学"，并作《杂学辨》，专门辩驳其《东坡易传》及《老子解》。四库馆臣亦谓"苏氏之学，本出入于二氏之间，故得力于二氏者特深"（《四库全书总目·道德经解》）。苏氏常有三教合一之论，并以之注解经书。如苏轼说："儒、释不谋而同"（《南华长老题名记》），"道家者流，本出于黄帝、老子。其道以清净无为为宗，以虚明应物为用，以慈俭不争为行，合于《周易》'何思何虑'、《论语》'仁者静寿'之说"（《上清储祥宫碑》），"孔老异门，儒释分宫。又于其间，禅律相攻。我见大海，有北南东。江河虽殊，其至则同"（《祭龙井辩才文》）。三苏合力完成的《东坡易传》，即是兼容佛老的解经之作，譬如关于《系辞上》"一阴一阳之谓道"的解释，苏氏说：

> 圣人知道之难言也，故借阴阳以言之，曰："一阴一阳之谓道。"一阴一阳者，阴阳未交而物未生之谓也。喻道之似，莫密于此者矣。阴阳一交而生物，其始为水。水者有无之际也，始离于无而入于有矣。老子识之，故其言曰："上善若水。"又曰："水几于道。"圣人之德，虽可以名言，而不囿于一物，若水之无常形。此善之上者，几于道矣，而非道也。若夫水之未生，阴阳之未交，廓然无一物而不可谓之无有，此真道之似也。①

在这里，苏氏不仅借用了老子"道"的概念，援引老子的"水几于道"的观点来解释"道"，认为"道"是阴阳未交的状态，是"廓然无一物而不可谓之无有"，而且还很明显地吸收了佛教无不绝虚、有非真有、非有非无、有无合一的思想②。苏辙也主张三教"道并行而不悖"（《历代论四·梁武帝》），在其晚年所撰的《老子解》中有充分体现，苏轼跋语称"使汉初有此书，则孔、老为一；使晋、宋有此书，则佛、老不为二"。而在注释儒家经书中，苏辙《论语拾遗》为补苏轼《论语说》而作，亦多有三教会通之语，四库馆臣即指出："此书所补凡二十七章，其以'思无邪'为无思，以'从心不逾矩'为无心，颇涉禅理。以'苟志于仁矣无恶也'为有爱而无恶，亦冤亲平等之

---

① 苏轼：《东坡易传》卷七《系辞传上》。
② 僧肇《肇论·不真空论》云："万物虽无而非无，无者不绝虚；虽有而非有，有者非真有"，"有无称异，其至一也"。

见。以'朝闻道夕死可矣'为虽死而不乱，尤去来自如之义。盖眉山之学本杂出于二氏故也。"①

三、以人情解经

以人情解经，有时是与权变相联系的。如苏洵在《诗论》中指出：

> 人之嗜欲，好之有甚于生，而愤憾怨怒，有不顾其死。于是礼之权又穷，礼之法曰："好色不可为也；为人臣、为人子、为人弟，不可使有怨于其君父兄也。"使天下之人皆不好色，皆不怨其君、父兄，夫岂不善？使人之情皆泊然而无思，和易而优柔，以从事于此，则天下固亦大治。而人之情又不能皆然，好色之心驱诸其中，是非不平之气攻诸其外，炎炎而生，不顾利害，趋死而后已。噫！礼之权止于死生，天下之事不至乎！

此论即认为，权变也要从人情出发来考虑。而苏轼、苏辙，对于以人情解经则有更多的发挥。如苏轼《中庸论》中指出："圣人之道，自本观之，则皆出人情。"他又说："礼之初，缘诸人情，因其所安者，而为之节文，凡人情之所安而有节者，举皆礼也，则是礼未始有定论也。然而不可以出于人情之所不安，则亦未始无定论也。执其无定以为定论，则途之人皆可以为礼。"（《礼以养人为本论》）苏辙也指出："夫六经之道，惟其近于人情，是以久传而不废"，又说："《诗》者，天下之人，匹夫匹妇，羁臣贱隶，悲忧愉佚之所为作也。"（《诗论》）他还在《进策五道·臣事下·第四道》中从宏观上指出："圣人之为天下，不务逆人之心。人心之所向，因而顺之；人心之所去，因而废之。故天下乐从其所为。……后世有小丈夫不达其意之本末，而以为礼义之教，皆圣人之所作为，以制天下之非僻。徒见天下邪放之民皆不便于礼义之法，乃欲务矫天下之情，置其所好而施其所恶。"苏辙甚至以是否合乎人情来衡量经书，其《历代论一·周公》即云："凡《周礼》之诡异远于人情者，皆不足信"。

在具体的经书注解中，苏氏多有以人情为基准者。如《东坡易传》释

---

① 永瑢等：《四库全书总目》卷三十五，"《论语拾遗》一卷"条，第292页。

《无妄》卦《象传》"'其匪正有眚，不利有攸往'。无妄之往，何之矣？天命不佑，行矣哉"曰："无故而为恶者，天之所甚疾也。世之妄也，则其不正者容有，不得已焉。无妄之世，正则安，不正则危。弃安即危，非人情。故不正者必有天灾。"① 再如释《升》卦"六四：王用亨于岐山，吉无咎。《象》曰：'王用亨于岐山'，顺事也"曰："上有所适，下升而避之。失于此而偿于彼，虽不争可也。今六四，下为三之所升，而上不为五之所纳，此人情必争之际也，然且不争而虚邑以待之，非仁人其孰能为此？太王避狄于豳而亨于岐，方其去豳也，岂知百姓之相从而不去哉？亦以顺物之势而已。以此获吉，夫何咎之有？"② 在苏氏《东坡书传》《诗集传》等书中，如此类以人情解经之例尚多。这正如朱熹《答汪尚书》其四所说："若苏氏之言，高者出入有无而曲成义理，下者指陈利害而切近人情。"

以人情解经，其根源在于苏氏的性命之学。朱熹说"苏轼之学，上谈性命，下述政理。"（《答吕伯恭》）秦观在《答傅彬老简》中则指出："苏氏之道最深于性命自得之际，其次则器足以任重，识足以致远，至于议论文章，乃与世周旋，至粗者也。"苏氏在《东坡易传》《中庸论》中对性命之辨多有涉及。在苏氏看来，道、性都是不可以善恶言的，因此他反对孟子的性善论③。苏轼还指出所谓性乃是"其所以为人者也，非是无以成道矣"，是"不可得而消"、"莫知其所以然而然"的东西；所谓命，乃"令也。君之令曰命，天之令曰命，性之至者亦曰命。性之至者，非命也，无以名之而寄之命"。并云：

> 情者，性之动也。泝而上至于命，沿而下至于情，无非性者。性之与情，非有善恶之别也。方其散而有为，则谓之情耳。命之与性，非有天人之辨也，至其一而无我，则谓之命耳。④

这里不仅反驳了所谓的性善情恶说，还把情、性、命置于同一层面，赋予情以本体的地位。苏轼在解释《尚书·虞书》"人心惟危，道心惟微"时说：

---

① 苏轼：《东坡易传》卷三《无妄》。
② 苏轼：《东坡易传》卷王《升》。
③ 详参《东坡易传》卷七《系辞传上》"一阴一阳之谓道，继之者善也，成之者性也"句解。
④ 苏轼：《东坡易传》卷一《乾》卦《象传》"保合太和乃利贞"句解。

"人心，众人之心也，喜怒哀乐之类是也。道心，本心也，能生喜怒哀乐者也。……道心即人心也，人心即道心也，放之则二，精之则一。"所反映的同样是情、性、命合一的思想。既然如此，以人情为本，以人情解经，就是顺理成章的了。

苏氏蜀学，推阐义理而期于经世，发明儒道而兼容佛老，议论雄辩而文辞精要，明于事势而洞达人情，在熙宁以来的学坛独具风采，更是在南宋初年兴盛一时，正如朱熹《答汪尚书》其四所云："苏氏之言，高者出入有无而曲成义理，下者指陈利害而切近人情。其智识才辨谋为气概，又足以震耀而张皇之，使听者欣然而不知倦，非王氏之比也。"

第五节　二程洛学

二程，指程颢（1032—1085）、程颐（1033—1107）两兄弟，以之为代表，创立洛学一派。二程的著作主要有《遗书》二十五卷，《外书》十二卷，《文集》十二卷，以及《易传》《经说》《粹言》等，今已合编为《二程集》，由中华书局出版发行于世。

《宋史》把"道学"从"儒林"中分离出来，专立"道学"一传，并云："'道学'之名，古无是也。三代盛时，天子以是道为政教，大臣百官有司以是道为职业，党、庠、术、序师弟子以是道为讲习，四方百姓日用是道而不知。是故盈覆载之间，无一民一物不被是道之泽，以遂其性。……文王、周公既没，孔子有德无位，既不能使是道之用渐被斯世，退而与其徒定礼乐，明宪章，删《诗》，修《春秋》，赞《易象》，讨论《坟》《典》，期使五三圣人之道昭明于无穷。故曰：'夫子贤于尧、舜远矣。'孔子没，曾子独得其传，传之子思，以及孟子，孟子没而无传。两汉而下，儒者之论大道，察焉而弗精，语焉而弗详，异端邪说起而乘之，几至大坏。千有余载，至宋中叶，周敦颐出于舂陵，乃得圣贤不传之学，作《太极图说》《通书》，推明阴阳五行之理，命于天而性于人者，了若指掌。张载作《西铭》，又极言理一分殊之旨，然后道之大原出于天者，灼然而无疑焉。仁宗明道初年，程颢及弟颐实生，及长，受业周氏，已乃扩大其所闻，表章《大学》《中庸》二篇，与

《语》《孟》并行，于是上自帝王傅心之奥，下至初学入德之门，融会贯通，无复余蕴。迄宋南渡，新安朱熹得程氏正传，其学加亲切焉。大抵以格物致知为先，明善诚身为要，凡《诗》《书》，六艺之文，与夫孔、孟之遗言，颠错于秦火，支离于汉儒，幽沉于魏、晋六朝者，至是皆焕然而大明，秩然而各得其所。此宋儒之学所以度越诸子，而上接孟氏者欤。"此处勾勒了从尧舜、孔孟至程朱的道统，视二程为道学的开山宗师，朱熹为集大成者，而周敦颐、张载等人亦有功焉。应该说，这一评论是立足于道学家的角度而言的，也大致符合道学在宋代演化的实际。然而，从整个经学史来看，二程洛学仅是其中的一派，其在北宋的影响甚至远不及同时的"荆公新学"和"苏氏蜀学"。比较而言，二程洛学在内圣外王方面更偏重于内圣，期许从内圣达到外王。这是一个重要的转变，也是宋学转型的一大关键。

关于二程，有学者认为其学彼此之间存在很大差异，然程颐说："我之道盖与明道同。"① 基于其大旨相同，我们在此一并论之。

一、经学旨趣：治经以明道穷理

二程研经的目的和宗旨，在于明道穷理。程颐在《明道先生行状》中指出了其兄程颢的学术历程，而其主旨则在"求道"：

> 先生为学：自十五六时，闻汝南周茂叔论道，遂厌科举之业，慨然有求道之志。未知其要，泛滥于诸家，出入于老、释者几十年，返求诸"六经"而后得之。明于庶物，察于人伦。知尽性至命，必本于孝悌；穷神知化，由通于礼乐。②

二程又针对当时的学界，倡导儒者之学以"趋道"，其云："古之学者一，今之学者三，异端不兴焉。一曰文章之学，二曰训诂之学，三曰儒者之学。欲趋道，舍儒者之学不可。"③ 这"道"，即是尧舜、孔孟圣人之道。而"理"，

---

① 程端中：《〈伊川先生文〉序》引，载程颢、程颐撰，王孝鱼点校：《二程集》"目录"，第24页。
② 程颢、程颐撰，王孝鱼点校：《二程集》，第638页。
③ 程颢、程颐撰，王孝鱼点校：《二程集》，第178页。

即是"道"。"只是理,理便是天道也"①,"圣人德盛,与天为一"②,"圣人与理为一,故无过,无不及,中而已矣"③,故圣人之道即天之道、天之理。二程颇为得意地指出:"吾学虽有所受,天理二字却是自家体贴出来。"④ 二程认为:"上天之载,无声无臭之可闻。其体则谓之易,其理则谓之道,其命于人则谓之性,其用无穷则谓之神,一而已矣"⑤,"二气五行刚柔万殊,圣人所由惟一理"⑥。而天理在人类社会的体现就是"仁","仁者,天下之正理,失正理,则无序而不和"⑦,"仁道难名,惟公近之,非以公便为仁"⑧,亦是礼,"上下之分,尊卑之义,理之当也,礼之本也,常履之道也"⑨。故而二程在《请修学校尊师儒取士札子》中提出:"其道必本于人伦,明乎物理,……其要在于择善修身,至于化成天下",并着重教导人领悟此"理",要识"仁",其云:"得此义理在此,甚事不尽? 更有甚事出得"⑩,"学者识得仁体,实有诸己,只要义理栽培。如求经义,皆栽培之意"⑪。

基于此,二程反对章句训诂之学,"经所以载道也,诵其言辞,解其训诂,而不及道,乃无用之糟粕"⑫,并反对经学的支离破碎、异说纷纭,"今人执私见,家为异说,支离经训,无复统一,道之不明不行乃在于此",要求"一道德以同俗"⑬。二程还延续庆历以来的怀疑之风,在怀疑经传、更改经文方面有所突破。如怀疑《左传》非左丘明作,认为其不可全信,认为《礼记》《春秋》等经典中多杂有不符圣人之意、出自后人的言论,并更改古本《大学》的次序,以求合于圣人本意。⑭

值得注意的是,这里二程所强调的穷理明道,还是立足于儒家经典的。

---

① 程颢、程颐撰,王孝鱼点校:《二程集》,第 290 页。
② 程颢、程颐撰,王孝鱼点校:《二程集》,第 424 页。
③ 程颢、程颐撰,王孝鱼点校:《二程集》,第 307 页。
④ 程颢、程颐撰,王孝鱼点校:《二程集》,第 424 页。
⑤ 程颢、程颐撰,王孝鱼点校:《二程集》,第 1170 页。
⑥ 程颢、程颐撰,王孝鱼点校:《二程集》,第 83 页。
⑦ 程颢、程颐撰,王孝鱼点校:《二程集》,第 1173 页。
⑧ 程颢、程颐撰,王孝鱼点校:《二程集》,第 63 页。
⑨ 程颢、程颐撰,王孝鱼点校:《二程集》,第 749 页。
⑩ 程颢、程颐撰,王孝鱼点校:《二程集》,第 42 页。
⑪ 程颢、程颐撰,王孝鱼点校:《二程集》,第 15 页。
⑫ 程颢、程颐撰,王孝鱼点校:《二程集》,第 671 页。
⑬ 程颢、程颐撰,王孝鱼点校:《二程集》,第 448 页。
⑭ 参赵振《北宋疑经思潮与二程经学》,《兰州学刊》2007 年第 6 期。

程颐云："窃以圣人之学，不传久矣。臣幸得之于遗经，不自度量，以身任道。"① 此处所谓的"遗经"，指的就是传世的儒家经典。程颐又指出：

> 治经，实学也，譬诸草木，区以别矣。道之在经，大小远近，高下精粗，森列于其中。譬诸日月在上，有人不见者，一人指之，不如众人指之自见也。如《中庸》一卷书，自至理便推之于事。如国家有九经，及历代圣人之迹，莫非实学也。如登九层之台，自下而上者为是。人患居常讲习空言无实者，盖不自得也。为学，治经最好。苟不自得，则尽治"五经"，亦是空言。②

这里除了强调为学要自得外，也突出了治经的重要性。正是在讲习自得的过程中，二程留下了《伊川易传》和《程氏经说》等经学著述。

二、经学实绩：《伊川易传》《程氏经说》与"四书"学

《伊川易传》是程颐用力最勤的一部解经之作，也是义理派《易》学的代表作。四库馆臣在该书"提要"中说："其书但解上、下《经》及《彖》《象》《文言》，用王弼注本。以《序卦》分置诸卦之首，用李鼎祚《周易集解》例。惟《系辞传》《说卦传》《杂卦传》无注。……程子不信邵子之数，故邵子以数言《易》，而程子此《传》则言理，一阐天道，一切人事。"③ 这里指出了《伊川易传》以"理"解经的性质，而此"理"又与人事密切相关。在《〈伊川易传〉序》中，程颐云：

> 易，变易也，随时变易以从道也。其为书也，广大悉备，将以顺性命之理，通幽明之故，尽事物之情，而示开物成务之道也。圣人之忧患后世，可谓至矣。……易有圣人之道四焉："以言者尚其辞，以动者尚其变，以制器者尚其象，以卜筮者尚其占。"吉凶消长之理，进退存亡之道，备于辞。推辞考卦，可以知变，象与占在其中矣。君子居则观其象而玩其辞，动则观其变而玩其占。得于辞，不达其意者有矣；未有不得

---

① 程颢、程颐撰，王孝鱼点校：《二程集》，第546页。
② 程颢、程颐撰，王孝鱼点校：《二程集》，第2页。
③ 永瑢等：《四库全书总目》卷二，"《易传》四卷"条，第6页。

于辞而能通其意者也。至微者理也，至著者象也。体用一源，显微无间。观会通以行其典礼，则辞无所不备。故善学者，求言必自近。易于近者，非知言者也。予所传者辞也。由辞以得其（一无其字）意，则在（一作存）乎人焉。①

这里有三点值得注意，一是强调了变易之道。二是指明《周易》的要旨在于"顺性命之理，通幽明之故，尽事物之情，而示开物成务之道"，凸显其切于人事的一面。三是提出《周易》中的圣人之道体现在辞、变、象、占，而辞无所不备，推辞可知变，象、占亦在其中，"吉凶消长之理，进退存亡之道，备于辞"，且至微者理，至著者象，体用一源，显微无间，亦备于辞。故程颐此书旨在通过传辞以明理求道。

《伊川易传》将天理与人事结合，充斥全篇。如解《恒》卦《彖》"利有攸往，终则有始也"句云：

> 天下之理，未有不动而能恒者也。动则终而复始，所以恒而不穷。凡天地所生之物，虽山岳之坚厚，未有能不变者也。故恒非一定之谓也，一定则不能恒矣。唯随时变易，乃常道也。故云利有攸往。明理之如是，惧人之泥于常也。②

既强调随时变易乃常道、至理，又点出其现实意义："惧人之泥于常"。又如解《无妄》卦辞"元亨，利贞。其匪正有眚，不利有攸往"云："无妄者至诚也，至诚者（一无者字）天之道也。天之化育万物，生生不穷，各正其性命，乃无妄也。人能合无妄之道，则所谓'与天地合其德'也。无妄有大亨之理，君子行无妄之道，则可以致大亨矣。无妄，天之道也，卦言人由无妄之道也（一无也字）。利贞：法无妄之道，利在贞正，失贞正，则妄也。虽无邪心，苟不合正理，则妄也，乃邪心也。故有匪正（一作其）则为过眚。既已无妄，不宜有往，往则妄也。"③ 在解经的过程中，凸显了合正理、达至诚、行天道的教诫思想。有论者甚至指出《伊川易传》中流露出的政治教诫包括

---

① 程颢、程颐撰，王孝鱼点校：《二程集》，第689页。
② 程颢、程颐撰，王孝鱼点校：《二程集》，第862页。
③ 程颢、程颐撰，王孝鱼点校：《二程集》，第822—823页。

君当亲民、政治文明、戒溺安乐、戒居尊专制等①，于此更可见《伊川易传》以"理"解经、切于人事的一面。

对于《伊川易传》，朱熹评论说："《易传》义理精，字数足，无一毫欠阙，他人着工夫补缀亦安得如此自然。只是于本义不相合。《易》本是卜筮之书，《卦辞》《爻辞》无所不包，看人如何用。程先生只说得一理。……伊川见得个大道理，却将经来合他这道理，不是解《易》。"② 较为客观地指出了《伊川易传》精于义理的成就，但所谓"于本义不相合"之说，则是拘泥于以《周易》为卜筮之书的立场，并不可取。

《程氏经说》七卷，程颐撰。《直斋书录解题》和《宋史·艺文志》皆题作《河南经说》，《直斋书录解题》卷三指出该书包含"《系辞说》一、《书》一、《诗》二、《春秋》一、《论语》一、《改定大学》一"，并云："程氏之学，《易传》为全书，余经具此。"四库馆臣云："《程氏经说》七卷，不著编辑者名氏，皆伊川程子解经语也。……其中若《诗书解》《论语说》本出一时杂论，非专注之书，《春秋传》则专著而未成，观崇宁二年自序可见。至《系辞说》一卷，《文献通考》并于《易传》，共为十卷。《宋志》则于《易传》九卷之外别著录一卷。然程子《易传》实无《系辞》，故吕祖谦集十四卷之说为《系辞精义》以补之。此卷疑或后人掇拾成帙，以补其缺也。《改定大学》兼载明道之本，或以兄弟之说互相参考欤。"③ 于此可知《程氏经说》的大致情况。《程氏经说》所收多是程颐与弟子解经之语，且出于他人记录。内容多为解说经书中某篇的主旨或就其文句加以解说、辩证。《直斋书录解题》卷三称程颐《春秋传》"略举大义，不尽为说"。《文献通考·经籍考》卷十"《伊川春秋传》二卷"条引《朱子语类》曰："或问《伊川春秋传》，曰：'中间有说好处，如难理会处，他亦不为决然之论。如说"滕子来朝"，以为滕本侯爵，后微弱，服属于鲁，自贬降而以子礼见鲁，则贡赋少，力易供。此说最好。程沙随之说亦然。'"于此，可见《程氏经说》推重义理的特点。

---

① 参姜广辉主编《中国经学思想史》（第三卷上册），中国社会科学出版社 2010 年版，第 474—478 页。

② 朱熹撰，黎靖德编，王星贤点校：《朱子语类》卷六十七《易三》，第 1651—1653 页。

③ 永瑢等：《四库全书总目》卷二，"《程氏经说》七卷"条，第 270—271 页。

二程的另一大贡献是构建"四书"学。上引《宋史·道学传》说二程"表章《大学》《中庸》二篇，与《语》《孟》并行"，即是肯定其"四书"学史上的贡献。二程推尊"四书"，认为《大学》"乃孔氏遗书，须从此学则不差"①，《中庸》"一卷书，自至理便推之于事"②，乃"孔门传授心法"③，《论语》"传道立言，深得圣人之学"④，并特别推崇孟子，称"孟子有功于圣门，不可胜言"，"孟子性善、养气之论，皆前圣所未发"⑤。更重要的是，二程将"四书"的思想资料互相发明，如"中庸，天下之正理。德合中庸，可谓至矣。自世教衰，民不兴于行，鲜有中庸之德也"⑥，并消解其中的矛盾之处，如"孟子言性之善，是性之本；孔子言性相近，谓其禀受处不相远也"⑦（《二程遗书》卷二十二），以使"四书"成为一个有机整体。⑧ 当然，正是得益于对"四书"中心性思想的发掘，二程才得以构建出"理"为最高本体，理（道、天）→气（阴阳）→物→理（道、天）⑨ 自成一统，包括理体气用的本体论，性无不善、情有善恶与灭人欲、存天理的人性论，以及格物致知、涵养主敬的认识方法论在内的思想体系。

三、经学特色：以"理"解经和"六经注我"

二程经学的一大特色是以"理"解经。二程说："古之学者，皆有传授。如圣人作经，本欲明道。今人若不先明义理，不可治经，盖不得传授之意云尔。"⑩ 又说："古之学者，先由经以识理。盖始学时，尽是传授。后之学者，却先须识义理，方始看得经。"⑪ 这里都指出读经、解经的前提是先识义理。那么，如何识得义理？二程提出要从"四书"入手。其云："《大学》乃孔氏

---

① 程颢、程颐撰，王孝鱼点校：《二程集》，第 18 页。
② 程颢、程颐撰，王孝鱼点校：《二程集》，第 3 页。
③ 程颢、程颐撰，王孝鱼点校：《二程集》，第 411 页。
④ 程颢、程颐撰，王孝鱼点校：《二程集》，第 44 页。
⑤ 朱熹：《四书章句集注》，第 199 页。
⑥ 程颢、程颐撰，王孝鱼点校：《二程集》，第 1143 页。
⑦ 程颢、程颐撰，王孝鱼点校：《二程集》，第 291 页。
⑧ 姜广辉主编：《中国经学思想史》（第三卷上册），第 496—498 页。
⑨ 参张立文《宋明理学研究》第四章第二节"二程的道学思想"。
⑩ 程颢、程颐撰，王孝鱼点校：《二程集》，第 13 页。
⑪ 程颢、程颐撰，王孝鱼点校：《二程集》，第 164 页。

遗书，须从此学则不差"①，"先识得个义理，方可看《春秋》。《春秋》以何为准，无如《中庸》"②，《二程遗书》卷十八又载："问：圣人之经旨，如何能穷得？曰：以理义去推索可也。学者先须读《论》《孟》。穷得《论》《孟》，自有个要约出，以此观他经，甚省力"。③ 而这个义理或理义，则是"一个观念性实体，是世界万物的必然和'所以然'，是宗法社会典章制度和伦常道德的升华，是无形的、虚设的绝对。它既实有而离形，又无形而不虚。"④ 基于此，在二程的经学著述中，随处可见以"理"解经。如《伊川易传》，理字出现频率甚高，据检索，"理"字共出现 255 次，而如上举两处以"理"解经之例，当然只是九牛一毛了。在《程氏经说》中，"理"字共出现 80 次，如"知天命，穷理尽性也"⑤ 等均是以"理"解经。

二程经学的另一特色是"六经注我"。即不为经文所束缚，一则不拘泥于著述的形式，除了专著之外，更多地采用口义或语录的形式来解经明道。二程说："以书传道，与口相传，煞不相干。相见而言，因事发明，则并意思一时传了；书虽言多，其实不尽。"⑥ 所以这是一种自觉的行为，这才有了今传的《程氏经说》以及《二程遗书》等语录中有关解经的文字。应该说，这是延续了胡瑗以来口义解经的传统，同时又有了深度和广度的拓展。二则不拘泥于经文中的资料，但求为我所用，成为阐发个人思想的材料。所以，二程主张"学贵于通，执一而不通，将不胜其疑矣。"⑦ 又说："专精于文义，则必固滞而无所通达矣。"⑧ 甚至还提出"善学者，要不为文字所梏。故文义虽解错，而道理可通行者不害也"⑨，这与张载所云"凡经义不过取证明而已，故虽有不识字者，何害为善"⑩ 是精神相通的。如二程在解释《论语》"忠恕一以贯之"与《中庸》"忠恕违道不远"的矛盾时说："忠恕固可以贯道，但

---

① 程颢、程颐撰，王孝鱼点校：《二程集》，第 18 页。
② 程颢、程颐撰，王孝鱼点校：《二程集》，第 164 页。
③ 程颢、程颐撰，王孝鱼点校：《二程集》，第 205 页。
④ 张立文：《宋明理学研究》，人民出版社 2002 年版，第 272—273 页。
⑤ 程颢、程颐撰，王孝鱼点校：《二程集》，第 1135 页。
⑥ 程颢、程颐撰，王孝鱼点校：《二程集》，第 26 页。
⑦ 程颢、程颐撰，王孝鱼点校：《二程集》，第 1199 页。
⑧ 程颢、程颐撰，王孝鱼点校：《二程集》，第 1203 页。
⑨ 程颢、程颐撰，王孝鱼点校：《二程集》，第 378 页。
⑩ 张载撰，章锡琛点校：《张载集》，中华书局 1978 年版，第 277 页。

子思恐人难晓，故复于《中庸》降一等言之，曰'忠恕违道不远'。忠恕只是体用，须要理？得。"[1] 又说："忠恕一以贯之。忠者天理，恕者人道。忠者无妄，恕者所以行乎忠也。忠者体，恕者用，大本达道也。此与'违道不远'异者，动以天尔。"[2] 这样的解释，重在发挥二程的思想，很难说有充分的根据。对此，朱熹曾一针见血地指出："伊川解经，是据他一时所见道理恁地说，未必便是圣经本旨。"[3]

综上，二程洛学沿着义理解经的路径，在以"理"解经、口义解经、构建"四书"学方面，都为后人导夫先路，直接影响到宋代经学的转型。

① 程颢、程颐撰，王孝鱼点校：《二程集》，第184页。
② 程颢、程颐撰，王孝鱼点校：《二程集》，第124页。
③ 朱熹撰，黎靖德编，王星贤点校：《朱子语类》卷一百五《朱子二》，第2625页。

结　语

　　从经学发展史来看，考察北宋经学，必须从中唐谈起。中唐以来，由于《五经正义》定于一尊后经学研究的保守、僵化，科举、教育中存在的弊端，以及佛老对儒学的冲击、对社会伦理的影响等原因，复兴儒学势在必行，经学领域轻章句之学而重义理之学的新风应运而成。这一新风尚，具体表现为舍传求经、以己意解经和原经求道、依经立义两大方面。代表人物是啖、赵《春秋》学派和韩愈、李翱。大致可以认为，啖氏等人的价值主要在于舍传求经的一面，意义更在于活跃思想，而韩愈、李翱等人的价值则主要在于原经求道的一面，意义更在于建构思想。这些都为北宋经学的演变奠定了重要基础。

　　北宋经学的发展和兴盛，沿着中唐人开辟的路径，继续向纵深发展，逐渐实现以义理之学取代章句注疏之学。这一过程大致经历了三个阶段：一是庆历以前的过渡期，继承中有新变；二是庆历以来至熙宁前的变革期，主要功绩是破"汉学"；三是熙宁以来直至北宋灭亡，是自立期，主要功绩是立"宋学"，出现了"荆公新学"、"温公朔学"、"苏氏蜀学"、"二程洛学"等鼎足而立的学派。

　　北宋庆历前的世风因循、卑弱，又潜藏着变革、昂扬的因素，此时的经学也相应地表现为守旧与革新的并存。这无论是在官方组织编著或认可的还是私人性的经学著述中都有鲜明的体现。如官方组织修纂的"七经疏义"，依然体现出疏不破注的特点，同时又流露出关注义理阐释的一面。此外，出现了官方认可的由孙奭撰著的《孟子音义》，虽仅只两卷，但也至少表明统治者开始重视《孟子》，其引领之功值得肯定。再如，私人著述中的革新，一方面是对注疏之学多有批判；另一方面是由不满传注而直面经典，依经立义，甚而疑经、改经。代表人物是柳开、王禹偁。

　　庆历以来的经学新变，以北宋天圣以来的经学新风为近源，其突出代表是有"宋初三先生"之称的胡瑗、孙复、石介三人所身体力行并通过教学而广为传布的"明体达用"之学。沿着"宋初三先生"开辟的路径，庆历以来的经学面貌黯然一变，而其主要方面则在于疑传惑经的盛行和通经致用的取向。前者以刘敞《七经小传》为主要代表，而后者则以李觏为代表人物。欧阳修则集其成，一方面是疑传惑经以尊经崇道；另一方面则弃章句重义理与推人情、重人事。

熙宁、靖康间的经学，除了在疑传惑经和经世致用方面更进一步外，在性命之辨方面也开始重视起来，而这两个方面，正是此期经学的主要内容。具体说来，此期的经学，有的则偏于经世致用，如王安石；有的则偏于体道治心，如二程；有的则介于两者之间，如司马光、三苏。他们都能自我树立，自成一派，分别形成了所谓的"荆公新学"、"温公朔学"、"苏氏蜀学"、"二程洛学"。这些自我树立的、独重义理的经学流派，构成了熙宁、靖康间经学的总成绩，也体现出了北宋经学的基本特征，那就是以己意解经，注义理阐发，即所谓义理之学。以王安石为代表的荆公新学，既有通过致用的一面，又在道德性命方面多有开掘，引领一时风尚。其特点是杂糅百家，解字通经，其流弊是穿凿附会。以司马光为代表的温公朔学探研《易》《礼》《孝经》《孟子》等，直面经典、自出己意，明体求道、经世致用。以苏洵、苏轼、苏辙为代表的苏氏蜀学，在怀疑经传与义理解经方面颇有贡献，其特色是以权变解经，兼融佛老，以及以人情解经。以二程为代表的洛学，其经学旨趣在于治经以明道穷理，经学成就体现在《伊川易传》《河南经说》，以及对"四书"学的构建，其经学特色是以"理"解经和"六经注我"。"荆公新学"与"温公朔学"、"苏氏蜀学"、"二程洛学"彼此争衡，鼎足而立，一直延续到北宋灭亡。

考察北宋经学发展的历史，我们可以发现经学的"变古"，以义理之学取代注疏之学，不是一蹴而就的，而是经历了一个日积月累的渐变过程，耗费了一代代人的不懈探索。从中唐"安史之乱"一直到熙宁八年颁行《三经新义》，持续了长达三百余年的时间，且经过了柳开、王禹偁、胡瑗、孙复、石介、刘敞、李觏、欧阳修、王安石、司马光、三苏、二程等一代代人的卓绝努力。

考察北宋经学发展的历史，我们可以发现北宋经学的演进是沿着治世与治心两条路径前行的，在不同的历史阶段、在不同学者身上都有体现，只不过有所侧重罢了。而从内圣外王合一的角度来讲，这两者是可以相容并存的，事实上也是这样。突出强调经世致用的王安石，在熙宁变法之前就是道德性命之学闻名天下。而以性理之学著称的二程，也有积极用世的一面，程颢还曾是王安石变法的积极支持者和参与者。

考察北宋经学发展的历史，我们还可以发现北宋经学的变迁有着复杂的内部和外部原因。从内部而言，以义理之学取代注疏之学，表现出对章句注疏之学烦琐、支离弊病的反驳和修正，但并不意味着抛弃章句注疏之学，而是辩证地取长去短。如王安石《三经新义》的一大特色是解字通经，独创《字说》以解经，可谓是对训诂之学的变通之举，全祖望称"荆公解经，最有孔、郑诸公家法"，或许正有这方面的考虑。从外部而言，与学校、科举、党争、佛老等都有着密切的联系。回应佛老的挑战，是经学乃至儒学面临的一大课题，在经学领域的道德性命之辨之所以愈演愈烈，与之密切相关。围绕变法产生的党争，乃至纯粹为争权夺利产生的党争，都对北宋经学产生了深远影响。这种党争既有有利的一面，有助于推进学术争鸣和繁荣，又有不利的一面，容易导致借助权势以打压学术，扼杀学术的生机与活力。怎样培养人才，如何选举人才，是学校和科举所要解决的问题，而颁行《三经新义》以培养和选拔人才，则是北宋人经过不断摸索给出的答案。这一举措所带给经学的，在于既重新确立了经学的独尊地位，又使得经学走上了《五经正义》以来学术禁锢体制下日趋僵化乃至衰落的老路。所有这些，对于我们当今的学术创新和文化建设，都有着深刻的启迪。

附录一　北宋经学年表

本表以系年形式，将与北宋经学相关之朝政举措、人物事迹、著述名目汇为一编，借此反映北宋经学之演化。系年下的著录顺序，一般按照先帝王与朝廷之大政举措，后经学人物之行迹著述，最后为是年去世和出生的人物名录。本表的编制主要取材于《续资治通鉴长编》《宋史》《宋元学案》《全宋文》等文献，另参考吴国武《两宋经学学术编年》《北宋经学、理学年表》（附于吴氏《经术与性理——北宋儒学转型考论》后）。

太祖建隆元年（960）　庚申

赵匡胤称帝，定国号曰宋。一、二月间，两幸国子监，儒学始振。　范质（911—964）、王溥（923—982）等为相。　张昭（894—972）、窦仪（914—966）等议定宗庙之制。　窦俨（918—960）奉诏撰定祠祀乐章。　三馆有书万余卷。

建隆二年（961）　辛酉

太祖与赵普（922—992）议天下长久之策，赵普对以"稍夺其权，制其钱谷，收其精兵"，遂有"杯酒释兵权"之举。　幸国子监，令贡举人谒孔子。　经尹拙（891—971）、窦仪等驳议裁定，颁行聂崇义《三礼图集注》。　国子《周易》博士郭忠恕（？—977）被酒争于朝堂，贬为乾州司户参军。　柳开（947—1000）十五岁，始学章句。后求其大旨，批驳注疏。　孙何（—1005）生，从戚同文（904—976）、王禹偁（954—1001）游。　陈彭年（—1017）生，师事徐铉。

建隆三年（962）　壬戌

幸国子监，欲令武臣读书以通治道。　召赵孚（924—986）讲《易》。

崔颂（919—968）判国子监事，始聚徒讲学，并上新校《礼记释文》。　窦俨为聂崇义《三礼图集注》作序。　卢稹（—988）、孙奭（—1033）生。

建隆四年、乾德元年（963）　癸亥

幸国子监。　诏窦仪重定《大周刑统》，成《重详定刑统》三十卷、《建隆编敕》四卷，颁行天下。　诏九经举人落第者再试。　王曙（—1034）生。

乾德二年（964）　甲子

诏复制举三科。　赵普为相。　本年始，隶事参军须通经义。　范质（911—）卒，年五十八。　张士逊（—1049）生。

乾德三年（965）　乙丑

后蜀孟昶降宋。　聂崇义等校《毛诗释文》。　尹拙等议刘岳《书仪》。

乾德四年（966）　丙寅

太祖重用读书人。　诏取后蜀图书付史馆，并向民间访求遗书。三礼涉弼、三传彭干、学究朱载等应诏献书，得赐科名。　命判太常寺和岘（933—988）依古法校准王朴律以订雅乐。　以孔子四十四代孙孔宜（941—986）为曲阜县主簿。　窦仪知贡举，孔维（928—991）九经及第。　杨均上《鲁史分门属类赋》。　窦仪（914—）卒，年五十三，长于礼乐。

乾德五年（967）　丁卯

诏诸道勿送铜铸佛像至京师禁毁，令所在存奉，但毋更铸。

乾德六年　开宝元年（968）　戊辰

和岘奏议郊庙祭礼，诏从之。　李穆（928—984）荐王昭素（894—982）。　崔颂（919—）卒，年五十，尝判国子监，通经义。

开宝二年（969）　己巳

陈鄂等校毕《毛诗释文》。　窦俨（918—）卒，年五十二，尝考订祠祀

乐章成《周正乐》。

开宝三年（970）　庚午

诏举孝悌德行。　召王昭素讲《易》之《乾》卦，命以国子博士致仕。柳开补诸经亡篇。　陶毅（903—）卒，年六十八，通经史。　张景（—1018）生，从柳开学。

开宝四年（971）　辛未

诏刘温叟、李昉等重定《开元礼》。　召九经李符于内殿问经义，赐本科出身。　命内侍张从信赴益州监刻《大藏经》，至太平兴国八年（983）始成。　刘温叟（909—）卒，年六十三，通礼制。　田敏（880—）卒，年九十二，通晓经义，五代时尝判国子监，与刘岳等删定《书仪》，与马镐等校订《九经》。　尹拙（891—）卒，年八十一，博通经史，五代时尝判国子监，参校《经典释文》。　李迪（—1047）、高志宁（—1053）、龙昌期（—1059）生。

开宝五年（972）　壬申

陈鄂等校订《孝经释文》《论语释文》《尔雅释文》。李昉（925—996）、李穆等校订《尚书释文》。　柳开作《东野郊夫传》《补亡先生传》。　张昭（894—）卒，年七十九，五代时尝校《经典释文》。

开宝六年（973）　癸酉

李昉知贡举，柳开中进士。　卢多逊等上所修《开宝通礼》二百卷，《义纂》一百卷，付有司施行。　权判国子监陈鄂罢，李昉兼判。

开宝七年（974）　甲戌

诏学究举人所习《诗》《书》并《易》为一科，及第选叙与三传、三礼同例。　徐锴（920—）卒，年五十五，有《说文解字系传》《说文解字通释》等。

开宝八年（975） 乙亥

太祖尝读《尚书·尧典》，见尧舜之世，四凶之罪，止于投窜，叹近代宪网严密。 国子监奏请补监生之缺，诏从之。 南唐徐铉（916—991）、刁衎（945—1013）、杜镐（938—1013）等随李煜归宋。 周惟简为国子《周易》博士、判国子监事。 冯元（—1037）生，从崔颐正（924—1002）、孙奭（962—1033）游。

开宝九年、太宗太平兴国元年（976） 丙子

太祖匡胤（927—）卒，弟匡义（939—997）即位为太宗。 平江南，命收图书付史馆。 李昉、李穆等上校订《尚书释文》。 杜镐除国子监丞、崇文院检讨。 潭州太守朱洞建岳麓书院，广延学徒。 刘熙古（903—）卒，年七十四，有《六壬释卦序列》《切韵拾玉》等。 许洞（—1015）、释智圆（—1022）生。

太平兴国二年（977） 丁丑

召邢昺（932—1010）讲《易》之《师》《比》二卦，擢九经及第，授国子监丞。 赐乡贡进士孔士基同本科出身。 命李昉等编纂《太平总类》《太平广记》。 诏国子监给白鹿洞《九经》。 诏陈鄂等详定《玉篇》《切韵》。郭忠恕（？—）卒，通经史、小学，尝为国子监主簿，校订《古文尚书》并《释文》。

太平兴国三年（978） 戊寅

新建三馆为崇文院，藏古今图书凡八万卷。 吴越王钱俶纳土归宋。孔宜袭封文宣王。 郭贽等知贡举，胡旦、田锡（940—1003）中进士、李觉（947—993）九经及第。 王曾（—1038）生，李沆婿。

太平兴国四年（979） 己卯

幸国子监。 诏废除羽法科；学究并通三经谅难精至，乃分为三科，仍兼习法令。 诏徐铉、句中正（929—1002）等同校《说文》。 穆修（—1032）生，从种放游。 吕夷简（—1044）生。

太平兴国五年（980）　庚辰

邢昺等知贡举，李沆（947—1004）、晁迥（951—1034）中进士。　李觉（948—993）九经及第。　以白鹿洞主明起为褒信县主簿。明起议以书院田入官，书院由是渐废。　李之才（—1045）生。

太平兴国六年（981）　辛巳

《太平广记》雕版印行。　范雍（—1046）生。

太平兴国七年（982）　壬午

诏李昉详定士庶车服表葬制度，付有司颁行。　释赞宁奉诏编纂《大宋高僧传》，端拱元年（988）成书奏上。　王昭素（894—）卒，年八十九，有《易论》。　王溥（923—）卒，年六十，有《唐会要》《五代会要》。

太平兴国八年（983）　癸未

诸王及皇子府初置谘议、翊善、侍讲等官，以国子监博士邢昺等充之。诏令进士、诸科始试律义十道，进士免帖经。　太宗以为佛教有裨政治，宜存其教而非溺于释氏。　置侍读官。诏史馆所修《太平总类》日进三卷，寻更名《太平御览》。　李昉拜相。　宋白等知贡举，王禹偁（954—1001）、戚纶（954—1021）中进士。

太平兴国九年、雍熙元年（984）　甲申

诏求三馆阙书。　太宗言读书必究微旨。　李至（947—1001）判国子监，上言校雠七经疏。　孔维判国子监事。　华山隐士陈抟应诏入朝，赐号希夷先生。　杨亿（974—1020）为秘书省正字。　李穆（928—）卒，年五十七，从王昭素受《易》。

雍熙二年（985）　乙酉

诏罢进士试律，复帖经。　复置明法科。分《周易》《尚书》各为一科，附以《论语》《孝经》《尔雅》三小经，《毛诗》专为一科。明法亦附三小经。

进士、九经以下，更不习法书。　黄中权等知贡举，陈彭年中进士。　王从善应五经举，诵答如流，赐九经及第。　卢多逊（934—）卒，年五十二，博涉经史，应答无滞。　代渊（—1057）生，从李畋学。

雍熙三年（986）　丙戌

徐铉、句中正等上《新定说文》，雕版印行。　李昉等修成《文苑英华》。

孔维为国子司业。　扈蒙（915—）卒，年七十二，尝刊定典章仪注。赵孚（924—）卒，年六十三，尝召讲《周易》。　孔宜（941—）卒，年四十六。

雍熙四年（987）　丁亥

召王禹偁、罗处约（960—992）赴阙。　邢昺进《分门礼选》。　释希麟撰《续一切经音义》十卷。

端拱元年（988）　戊子

置秘阁于崇文院，藏三馆书籍与古画墨迹。　幸国子监，令博士李觉讲《易》之《泰》卦。　孔维等奉敕校《五经正义》，稍后校毕《周易正义》上奏。　和岘（933—）卒，年五十六，通礼乐。　卢积（962—）卒，年二十七，有《五帝皇极志》《孺子问》《翼圣书》。　聂冠卿（—1042）生。

端拱二年（989）　庚寅

孙奭诸科及第。　句中正等修订《雍熙广韵》。　孔维等校毕《尚书正义》雕版上奏。　判国子监李至（947—1001）乞复郑玄注《礼记月令》古本。　陈抟（？—）卒，有《易龙图》。　范仲淹（—1052）生。

淳化元年（990）　庚寅

赐诸路印本《九经》。　召辅臣秘阁观书。　新校《春秋左传正义》雕版上奏。　徐铉、王禹偁奉诏校正道经。　王禹偁作《送孙何序》，倡师经复古。　和·补注和凝《古今孝悌集成》并奏上。　丁度（—1053）、掌禹锡

（—1086）生。

淳化二年（991）　辛卯

李昉为相，李沆参政。　李觉、孔维校订《春秋正义》。　杨徽之（921—1000）乞精选五经博士以教胄子。　徐铉（916—）卒，年七十六，尝受诏与句中正等同校《说文》。　孔维（928—）卒，年六十四，尝受诏校《五经疏义》。　宋绶（—1055）生。

淳化三年（992）　壬辰

殿试始用糊名考校之法。　赐近臣及新科进士《礼记·儒行篇》。　新修秘阁成，诏以《孝经》刻石。　苏易简等知贡举，孙何、李畋中进士。　杨亿赐进士及第。　李觉等校《毛诗正义》雕版上奏。　宋维幹注《太玄经》。荐终南隐逸种放，召而不至。　赵普（922—）卒，年七十一，通《论语》。孙复（—1057）、掌禹锡（—1068）生。

淳化四年（993）　癸巳

诏举幕职州县官中儒术优茂者。　赐高丽《九经》以敦儒教。　李昉、李沆等因水患免官，吕蒙正复为相。　李觉（948—）卒，年四十六，有《大衍义》。　胡瑗（—1059）生。

淳化五年（994）　甲午

改国子学为国子监、讲书为直讲。　幸国子监，令孙奭讲《尚书·说命》。　李至等详定《礼记正义》以献，至此《五经正义》校毕。　李至荐杜镐、孙奭、崔颐正等覆校《五经正义》《经典释文》。　孔旼（—1060）生，孔子四十六世孙。

至道元年（995）　乙未

诏内侍裴愈使江南两浙诸州访书。太宗尝草书经史三十纸，诏近臣侍读并刻石模印，分藏各地。　王禹偁拜翰林学士，撰《答张扶书》，倡文以传道而明心之说。　李至、李沆兼太子宾客，诏太子师事之。　和岘（940—）

卒，年五十六，尝考订律吕。　和嵘（951—）卒，年四十五，有《古今孝悌集成补注》。　周尧卿（—1045）、宋咸（—?）生。

至道二年（996）　丙申

赐嵩阳书院《九经》书疏。　诏画《三礼图》于国子监。　应李至之请，命李沆、杜镐等校订《七经疏义》。　邢昺于诸王府讲《毛诗》。　高弁以文谒王禹偁，禹偁奇之。高弁尝先后师事种放、柳开，为文祖述《六经》及《孟子》。　李昉（925—）卒，年七十二，主编《太平御览》《太平广记》《文苑英华》。　孙抃（—1064）、胡宿（—1067）生。

至道三年（997）　丁酉

太宗崩，赵恒（968—1022）即位为真宗。　李至、李沆并参知政事。诏求直言，孙何献议申明太学、恢复制科。王禹偁上《应诏言事疏》。　封孔延世为文宣公。　孙奭为诸王府侍讲。　李至撰《三礼图书壁记》。　重建石鼓书院。　王洙（—1057）生，刘敞舅。

真宗咸平元年（998）　戊戌

诸经版本多误，命崔颐正、孙奭等详校。　诏崔颐正赴御书院待对，讲《尚书》至十卷。　御撰《景释论》。　邢昺改国子祭酒。　张景进士及第。柳开上疏，倡言改革。　贾昌朝（—1065）、宋祁（—1061）、士建中（—?）、黄晞（—1059）生。

咸平二年（999）　己亥

诏命温仲舒知贡举，封印卷首。　令秘书省正字邵焕于秘阁读书。　幸国子监，召学官崔偓佺讲《尚书·大禹谟》。　置翰林侍读学士，以兵部侍郎杨徽之、户部侍郎夏侯峤、工部郎中吕文仲首任之。置翰林侍讲学士，以国子监祭酒邢昺首任之。　邢昺上新印《礼记疏》。　孙奭请摹印《古文尚书音义》，与《新定释文》并行。　戚纶为秘阁校理。其父戚同文卒于本年前。潭州太守李允则扩建岳麓书院。后王禹偁撰文记之。　陈希亮（—1063）、曾公亮（—1078）生。

咸平三年（1000）　庚子

邢昺于经筵始讲《左氏春秋》。　王旦等知贡举，许洞、吕夷简、范雍中进士。　邢昺代李至主持校订《七经疏义》。校毕《周礼》《仪礼》《公羊》《穀梁春秋》正义。邢昺代撰《孝经正义》。　句中正表上大小篆、八分三体书《孝经》摹石。　刁衎献《本说》。　杨徽之（921—）卒，年八十，预纂礼乐书。　崔颐正（922—）卒，年七十九，参与校订《七经疏义》。　柳开（948—）卒，年五十四，推重古文，有《河东先生集》。　王质（—1045）、叶清臣（1049—）、余靖（—1064）、陈希亮（—1065）生。

咸平四年（1001）　辛丑

召处士种放，先辞疾不至，后入见。　诏求馆阁逸书。　从潭州知州李允则请，以国子监经籍赐岳麓书院。　诏赐九经于诸路州县学校及聚徒讲学之所。　邢昺等表上重校《七经疏义》，令模印颁行。　李至上杨文举所注尹玉羽《春秋字源赋》。　王曙中制科。　晁迥献《咸平新书》《理书》。　释赞宁（919—）卒，年八十三，兼通儒释，有《论语陈说》《大宋高僧传》。　李至（947—）卒，年五十五，师事徐铉，主持校订《七经疏义》。　王禹偁（954—）卒，年四十八，推重韩柳，反对浮靡。　尹洙（—1047）生，焞叔祖，从穆修学。

咸平五年（1002）　壬寅

邢昺经筵讲《左氏春秋》毕，授工部侍郎。真宗欲令南北宅将军而下，各选纯儒授以经义，使知三纲五常之道。　设五经图于龙图阁壁上。　召种放入对并授官。　王曾状元及第。　张知白上疏言事，建议科考主典籍而参以正史、子书，先策论而后诗赋。　句中正（929—）卒，年七十四，精于字学。　吴淑（947—）卒，年五十六，有《说文五义》。　李淑（—1059）、梅尧臣（—1060）生。

咸平六年（1003）　癸卯

种放乞归故里，许之。　杜镐等校订《道德经》，由国子监刊印。　田锡

（940—）卒，年六十四，直言敢谏，有《请复乡饮酒礼书》《请复籍田礼书》
等。 叶清臣（—1049）生。

景德元年（1004） 甲辰

诏令禁止"公荐"，荐举制度彻底取消。 宋辽签订澶渊之盟。 邢昺等
校《仪礼疏》毕。 宋惟幹上《太玄新注》。 种放来朝。 释道原奏上
《景德传灯录》，命杨亿、李维、王曙校订。大中祥符二年刊印。 李沆
（947—）卒，年五十八，好《论语》。 孙何（961—）卒，年四十四，有
《春秋意》《尊儒教议》等。 林石（—1101）生。

景德二年（1005） 乙巳

幸国子监阅书库问经板。 下诏劝学，权停贡举两年。 国子监上新刻
《公羊传》《穀梁传》《周礼》《仪礼》正义。命邢昺再次详定《尚书》《论
语》《孝经》《尔雅》。 应盛度之议，诏科举科目增博通坟典达于教化等六
科。 诏王钦若、杨亿等纂修《历代君臣事迹》。 命邢昺、张雍、杜镐、孙
奭举荐经术赅博、德行端良者充学官。 赵安仁等知贡举，李迪、晏殊中进
士。 刘牧试策。 李宗谔定乐器，编《乐纂》。 是年，殿试始用誊录法。
石介（—1045）生，从孙复学。 江休复（—1060）、王逢（—1063）、石介
（—1072）生。

景德三年（1006） 丙午

幸崇文院，观四库图籍及所修《君臣事迹》。 种放归，教授终南山，表
求经史音疏，诏悉与之。 真宗谓"道释之门，有益世教"，倡三教并用。
文彦博（—1097）生。

景德四年（1007）丁未

晁迥、陈彭年等知贡举。始命礼部封印卷首。 诏西京建国子监。 命
制举策问用经义。 赐孔子四十六世孙孔圣佑同学究出身。 邢昺于崇和殿
讲《中庸》大义。 晁迥等上《考试进士新格》，诏令颁行。殿试誊录始成
制度。 高志宁讲《易》之《师》卦，授大理评事。 种放应召入朝。 欧

阳修（—1072）、释契嵩（—1072）、范镇（—1088）、张方平（—1091）生。

大中祥符元年（1008） 戊申

降天书，改元大中祥符，群臣以经义附和。孙奭以《论语》"天何言哉"答之。 登泰山封禅。过曲阜，祀孔子，加谥元圣文宣王，并诏冯元讲《易》。 晁迥等知贡举，冯元中进士。 陈彭年、丘雍等奏上所校《切韵》五卷，改名《大宋重修广韵》。 苏舜钦（—1048）、韩琦（—1075）、范镇（—1089）生。

大中祥符二年（1009） 乙酉

诏禁属辞浮靡、不遵典式者。 诏曲阜孔庙立学，赐应天府书院额。罢制举诸科。 诏国子监听读者愿就差遣者，试习经书。 御撰《文宣王赞》，追封孔子弟子。 诏亲王赴龙图阁观书，并训督厚待专经之士。 赐群臣文武七条并《儒行篇》。 穆修进士及第。 李觏（—1059）、苏洵（—1066）、龚鼎臣（—1086）生。

大中祥符三年（1010） 庚戌

丁谓等上《大中祥符封禅记》50卷，御制序，藏秘阁。 邢昺（932—）卒，年七十九，任翰林侍讲学士，敷引传疏之外，多引时事为喻，著《礼选》《孝经正义》《尔雅义疏》《论语正义》。 祖无择（—1085）生，从穆修、孙复学。 龚鼎臣（—1086）生。

大中祥符四年（1011） 辛亥

诸王府讲《尚书》毕。 诏州城置孔子庙。 诏三礼、三传科各减一场。丁度中进士。 授李畋试秘书省校书郎，还归乡校讲说。 范仲淹入应天府书院求学。 刘牧（1064—）、邵雍（—1077）生。

大中祥符五年（1012） 壬子

御撰《崇儒术论》，王旦、陈彭年等请刻石国子监。 诏孙奭、冯元等校勘《孟子》。 改孔子谥玄圣文宣王为至圣文宣王。 孙奭等知贡举。 黄敏求以《九经余义》为怀安军助教。　李宗谔（964—）卒，年五十九，究心典礼，尝预修《续通典》，编辑《乐纂》。　蔡襄（—1067）生。　许洞约卒于是年或稍后，年四十二，有《春秋阐幽》《演玄》等。

大中祥符六年（1013）　癸丑

孙奭疏谏祠太清宫，御撰《释疑论》以示群臣。　诏加老子尊号为太上老君混元上德皇帝。　御制《法宝录序》。　王钦若等上所修《历代君臣事迹》，真宗制序，赐名《册府元龟》。　冯元擢国子监直讲。　蒋至进所著《经解》，授临海教授。　杜镐（938—）卒，年七十六，尝校订经疏。　刁衎（945—）卒，年六十九，有《本说》。　陈洙（—1061）生。

大中祥符七年（1014）　甲寅

驾幸亳州，祀太清宫，谒老子。　赐辅臣新印《孟子》及《音义》。御制《周易诗》《尚书诗》《春秋诗》《毛诗诗》《周礼诗》《仪礼诗》《公羊诗》各三章。　陈彭年、冯元奉旨校订《周易》并刻板。　邵亢（—1074）生。

大中祥符八年（1015）　乙卯

御制《榖梁诗》《孝经诗》各三章。　召冯元讲《易》之《泰》卦。荣王元俨宫火，延及崇文院、秘阁，藏书尽毁。　召岳麓书院山长周式，拜国子主簿。　诏右掖门外创崇文外院，置三馆书库。　孙奭奏请雕行郑玄注《月令》旧文，不从。　赵安仁等知贡举，范仲淹、王益（王安石父）中进士。　郭元亨撰成《太玄经疏》。　种放（955—）卒，年六十一，讲学授徒30年，有《蒙书》《嗣禹说》《表孟子》。　王介（—1087）、黎錞（—1093）生。

大中祥符九年（1016）　丙辰

置资善堂，为皇子就学之所。　寿春郡王（后封升王，立为太子，改名祯）读《孝经》毕，诏奖张士逊等。　释智圆撰成《闲居编》并作序。　冯元直龙图阁。

天禧元年（1017）　丁巳

幸龙图阁，出《春秋要言》等示群臣。　召冯元讲《易》。　诏进士兼取策论，诸科有能明经者，别与考校。　寿春郡王读《论语》毕，赐诗张士逊等。　王旦（957—）卒，年六十一，参编《文苑英华》，欧阳修志墓。陈彭年（961—）卒，年五十七，通典制、小学，预修《册府元龟》，修订《切韵》《玉篇》。　刘义叟（—1060）、周敦颐（—1073）、陈襄（—1080）、韩维（—1098）生。

天禧二年（1018）　戊午

诏富顺监进李见《易枢》。　王钦若等奏上《天禧大礼记》。　贾同（970—）卒，年四十九，私谥存道先生，有《山东野录》。　张景（970—）卒，年四十九，师事柳开，有《洪范解》。　吕公著（—1089）生，夷简子、希哲父。

天禧三年（1019）　己未

御制《六艺箴》等赐太子赵祯（1010—1063）。　朱能献《乾祐天书》，孙奭上疏斥其奸险小人，妄言祥瑞。　钱惟演等知贡举，掌禹锡中进士。张君房等编成《大宋天宫宝藏》，复撮其精要成《云笈七签》。　释道诚撰成《释氏要览》。　刘敞（—1068）、常秩（—1077）、曾巩（—1083）、司马光（—1086）、鲜于侁（—1087）、赵瞻（—1090）生。

天禧四年（1020）　庚申

杨光辅为国子四门助教，李见为国子太学助教。　冯元为太子右谕德，讲经资善堂。　杨亿（974—）卒，年四十七，预修《册府元龟》，文辞华丽，号西昆体。　张载（—1071）、王陶（—1080）生。

天禧五年（1021）　辛酉

孔子四十七世孙孔圣祐袭封文宣王。　诏太子读《春秋》。　命国子监重刻经书印版。　戚纶（954—）卒，年六十八，预修《册府元龟》。　王安石

（—1086）生。　天禧中，范谔昌撰《易证坠简》《易源流图》。宋咸撰成《毛诗正纪》《毛诗外义》。叶清臣撰成《春秋纂类》。

乾兴元年（1022）　壬戌

真宗（968—）卒，赵祯即位为仁宗。　诏单双日均召侍臣讲读。　以判国子监孙奭言，赐兖州学田十顷。　初御讲筵，召孙奭、冯元讲《论语》。命冯元同判国子监。　释智圆（976—）卒，年四十七，有《中庸解》。　刘彝（—1091）生，陈襄婿，师事胡瑗。　强至（—1076）生。

仁宗天圣元年（1023）　癸亥

丁度上书建议复置谏官、御史，从之。　冯元等奏上刘颜所撰《辅弼名对》，除任城主簿。　冯元侍讲《论语》。　张公裕（—1083）、刘攽（—1089）、王存（—1101）、焦定（—?）生。　天圣初，孙奭始撰《经典徽言》。

天圣二年（1024）　甲子

御经筵，马宗元讲《孝经》毕。　幸国子监，令直讲马龟符讲《论语》。阅《三礼图》，问侍讲冯元三代制度。　刘筠等知贡举，宋咸、周尧卿、胡宿、宋庠、王洙、宋祁、叶清臣、尹洙、余靖、代渊、江休复、林瑀中进士。胡旦为秘书监。

天圣三年（1025）　乙丑

诏国子监罢印《初学记》《六帖》《韵对》等钞集小说、无益学者之书。孙奭侍讲《曲礼》。　诏三馆所缮书万余卷藏太清楼。　诏贡院擢通经义者。　孙奭、冯元等奏召郭稹充直讲，令在国子监分经讲诵。　范仲淹上《奏上时务书》，倡文风改革。　王钦若（962—）卒，年六十四，尝领修《册府元龟》，造作天书，劝帝封禅。

天圣四年（1026）　丙寅

仁宗问王曾古今乐之异同。　宋绶侍经筵上《孝经论语要言》。　诏举通经术、长于讲说者补国子监阙。 孙奭、冯元奉诏荐杨安国为国子监直讲。
诏礼部贡院举人有通三经者。 召杨安国父光辅入见，讲《尚书·无逸》，
授国子监丞，遣还。 胡旦撰成《演圣通论》。

天圣五年（1027） 丁卯

冯元等知贡举，韩琦、文彦博、赵师民、阮逸、邱璿中进士，赐御诗及
《中庸》篇。 孙奭等侍讲《礼记》毕。 胡旦上《演圣通论》。 王皞上
《礼阁新编》。 晏殊知应天府，兴学校，延范仲淹教授生徒。 沈季长
（—1087）、杨绘（—1088）、李常（—1090）、吕大防（—1097）、范纯仁
（—1101）生。 本年至明道二年间，范雍献《尚书四代图》。

天圣六年（1028） 戊辰

孙奭侍讲《尚书》。 王洙充应天府书院说书。孙复补应天府学职。 范
仲淹除秘阁校理。 范仲淹作《易义》《四德说》。 孙觉（—1090）、顾临
（—1099）、徐积（—1103）生，皆从胡瑗学。

天圣七年（1029） 己巳

诏戒浮靡文风。 玉清昭应宫失火毁坏，太后欲兴葺，群臣以灾异谏止。
王曾罢，吕夷简为相。 经筵讲《尚书》毕。 罗适（—1101）生。

天圣八年（1030） 庚午

晏殊等知贡举，欧阳修、石介、蔡襄、李之才、陈希亮、孙抃中进士，
赐《大学》篇。 诏贡举《尚书》《周易》分场考试。 范仲淹有《上时相
议制举书》，提倡教育。 富弼、尹洙、余靖中制科。 印行《新定释文》。
范百禄（—1094）、刘挚（—1097）生。

天圣九年（1031） 辛未

诏国子监直讲改京官。 诏公卿大夫砺名节。 徙三馆于崇文院。 钱
惟演判河南府，欧阳修、尹洙等同在幕府。 应王曾之请，赐青州州学《九
经》。 孙奭、贾昌朝等讲说于中书。 孙奭外任，知兖州。 蔡襄有《讲春

秋左氏传疏》。 欧阳修跋《李翱集》。 李觏撰成《潜书》。 石介、士建
中注《周易》。 吕大均（—1082）、沈括（—1095）、董敦逸（—1101）、蒋
之奇（—1104）、单锷（—1110）生。

明道元年（1032） 壬申

吕夷简进《三朝宝训》。 经筵讲《书》。 诏举通明经义者为国子监讲
官。 石介代孙奭请老。 李觏撰《礼论》。 穆修（979—）卒，年五十
四，从陈抟学《易》，以古文称，苏舜卿、尹洙、李之才等师事之。 王令
（—1059）、谢景平（—1064）、刘恕（—1078）、程颢（—1085）、李清臣
（—1102）、吕惠卿（—1111）生。

明道二年（1033） 癸酉

仁宗始亲政。 令试进士兼取策论。 郭皇后被废，孔道辅、范仲淹因
劝谏而遭贬。 孙奭以太子少傅致仕归郓州，石介问学。 侍讲冯元出知河
阳。 刘敞撰《疑礼》。 孙奭（962—）卒，年七十二，与杜镐等校订经
义，有《经典徽言》。 乔执中（—1095）、程颐（—1107）生。

景祐元年（1034） 甲戌

置崇政殿说书，以贾昌钞、杨安国等为之，日以二人侍讲。 诏刊修
《广韵》《韵略》。 经筵讲《书》。 诏修《崇文总目》。 以河南府学为国
子监。 宋庠等知贡举，苏舜钦、龚鼎臣、吴秘、士建中、李尧俞中进士，
赐《中庸》篇。 张方平举茂才异等科，知昆山县。 王沿上《春秋集传》。
欧阳修为馆阁校勘。 胡旦妻盛氏上其《续演圣通论》。 燕肃、李照、宋
祁等按试王朴律准。 贾昌朝上《春秋要论》。 石介作《怪说》《中国论》
排时文、佛老。 胡瑗在苏州授徒。 晁迥（951—）卒，年八十四，为文
典赡，融通释老。 胡旦（955—）卒，年八十，有《演圣通论》。 王曙
（963—）卒，年七十二，谥文康，有《周书音训》，尹洙志墓。 颜复
（—1090）、梁焘（—1097）、黄履（—1101）生。

景祐二年（1035） 乙亥

李迪罢，王曾为相。 作迩英、延义二阁，蔡襄书《无逸》篇于阁屏，贾昌朝讲《春秋》。 宋祁上《大乐图义》。阮逸上《乐论》。 贾昌朝乞以郑司农注《月令》复入《礼记》第六，李林甫注入《唐月令》。 冯元、宋祁等同修乐书。 范仲淹知苏州，立郡学，延胡瑗为教授。后召还，判国子监，荐胡瑗校订钟律。 重修太室书院。 孙复致信范仲淹，批评章句之学。

孔子四十六世孙孔宗愿为国子监主簿，袭封文宣公。 孙复始于泰山授徒讲学，石介等拜师。 曾布（—1107）生，巩弟、肇兄。 蔡承禧（—1084）生。

景祐三年（1036） 丙子

诏冯元、阮逸、胡瑗等定乐。 许诸州立学。 诏求馆阁逸书。 赐太室书院为嵩阳书院。 范仲淹、余靖、尹洙、欧阳修等遭贬，蔡襄作《四贤一不肖》诗。 宋咸进《法言注》。 冯元献《金华五箴》。 冯元、聂冠卿、宋祁等上《景祐广乐记》。 苏轼（—1101）生，洵子、辙兄。

景祐四年（1037） 丁丑

置天章阁侍讲，贾昌朝、杨安国为之。 梅洵奏论帝王为学之本。 宋绶等侍讲《春秋》。 吕夷简、王曾罢相。 赵师民除国子监直讲。 宋咸进《广注扬子法言》。 欧阳修作《答祖择之书》，另撰《易童子问》《易或问》《泰誓论》《诗解》《春秋论》《春秋或问》。 冯元（975—）卒，年六十三，精于《易》，有《太玄音训》。 朱光庭（—1094）生，从孙复、胡瑗、二程学。

景祐五年、宝元元年（1038） 戊寅

诏戒朋党。 丁度等知贡举，范镇、鲜于侁、司马光、祖无择中进士，赐《大学》篇。 张方平中制科。 林瑀上言灾异，依《周易》推衍。宋绶、晏殊详定李照新乐。 茅知至授国子助教，有《周诗义》《十三经旁训》。 孔道辅于兖州邹县建孟子庙。 王曾（978—）卒，年六十一，谥文正，宋祁志墓。 孔文仲（—1088）、上官均（—1115）生。

宝元二年（1039）　己卯

贾昌朝、宋祁同修《礼书》。　丁度等侍讲《左氏春秋》毕，始讲《周易》。　叶清臣判国子监。　龙昌期除国子四门博士。　赵师民上《劝讲箴》。陆秉献《周易意学》。　奏进邵古《周易解》。　欧阳修作《传易图序》。李觏撰《易论》。　丁度等编成《集韵》。　孔道辅（951—）卒，年八十九。苏辙（—1112）、吕希哲（—1116）生。

康定元年（1040）　庚辰

赐高怿安素处士，尝师事种放。　诏经筵、东宫讲官罢兼国子监学官。出御制《洪范政鉴》等。　林瑀、王洙为天章阁侍讲。　刁约、欧阳修同修礼书。　石介居家授《易》。　阮逸上《钟律制议》。　张载谒见，范仲淹劝读《中庸》。　胡瑗为湖州州学教授。　欧阳修作《正统论》。　宋咸作《王刘易辨》。　宋绶（991—）卒，年五十，谥宣献，有《孝经节要》。　吕大临（—1092）、范祖禹（—1098）生。

庆历元年（1041）　辛巳

诏罢举人纳公荐。　诏颁贾昌朝《群经音辨》。　徐复侍讲《易》，赐号冲晦处士。　张方平因太宗御书《曲礼》而作四箴。　王尧臣等上《崇文总目》。　司马光作《十哲论》。　范祖禹（—1098）生，从司马光学。　朱长文（—1098）生，从孙复学。

庆历二年（1042）　壬午

诏天下郡县立学。　经筵讲《周易》毕。　聂冠卿等知贡举，王安石、吕公著、陈洙、陈襄、金君卿中进士，赐《中庸》篇。　贾昌朝侍讲迩英阁，天章阁侍讲林瑀落职通判饶州，以赵师民为崇政殿说书。　石介、孙复为国子监直讲。　欧阳修应诏上书，痛陈时弊。另作《本论》。　王安石作《送孙正之序》，或始作《淮南杂说》。　吴秘献刘牧《易数钩隐图》。　聂冠卿（988—）卒，年五十五，有《景祐大乐图》。　陈祥道（—1093）、孔武仲（—1097）生。　彭汝砺（—1095）生，从倪天隐学。　陆佃（—1102）生，从王安石学。

庆历三年（1043） 癸未

诏国子监立四门学。 以南京府学为国子监。 石介作《庆历圣德诗》，贺晏殊、贾昌朝、韩琦、范仲淹等为朝廷所用。 姜潜为太庙斋郎，与石介同学于孙复，通《尚书》。 太常丞阮逸兼国子监丞。 范仲淹作《答手诏条陈十事疏》，力主革新。 李觏撰《周礼致太平论》。 朱宷（？—）卒，有《春秋指归》。 王岩叟（—1093）生，从二程游。 李撰（—1109）、何执中（—1116）生。 约本年，曾巩撰《讲周礼疏》。

庆历四年（1044） 甲申

上新修《太常新礼》《庆历祀仪》。 御经筵，曾公亮讲《毛诗》。 诏天下州县立学，更定科举法。 丁度等上《迩英答问》。 诏讲读不避讳。贾昌朝对答《春秋三传》之异同。 太学建成，诏下湖州胡瑗教法为太学法。幸太学，谒孔子，赐直讲孙复五品服。 杨安国直龙图阁，赵师民为天章阁侍讲。 欧阳修作《朋党论》。 李觏上富弼、范仲淹书。 石介通判濮州。蔡襄知福州。 周敦颐为南安军司理参军。 李尧俞表进《春秋集议略论》。 吕夷简（979—）卒，年六十六，谥文靖，张方平撰碑。 王沿（？—）卒，有《春秋集传》。 王雱（—1076）、黄裳（—1130）生。

庆历五年（1045） 乙酉

范仲淹罢参政，贾昌朝为相。 罢贡举新法，复旧制。 曾公亮、丁度、杨安国、赵师民等讲《诗》，令自今讲经史毋得辄遗。 因欧阳修荐，刘义叟试大理评事。 张方平、宋祁再修《景祐广乐记》。 周尧卿（995—）卒，年五十一，有《诗说》《春秋说》，欧阳修志墓。 石介（1005—）卒，年四十一，有《周易解》《春秋说》，欧阳修志墓。 李之才（？—）卒，师事穆修，传《易》于邵雍。 刘绚（—1087）生，从二程学。

庆历六年（1046） 丙戌

张方平同知贡举，上疏抨击科考新体澶漫浮薄。 刘彝、刘敞、刘攽、王介、孙坦、黎錞、叶昌龄、赵瞻、王存、余象中进士，赐《大学》篇。
文彦博荐龙昌期，诏赐守校书郎充益州讲学。 经筵讲《诗》毕。 范仲淹
作《岳阳楼记》，提振士风。 李觏致信胡瑗论其《原礼》篇。 司马光为
国子直讲。 程珦友周敦颐，令二子程颢、程颐师事之。 是年冬，周敦颐
移任郴县令，有《修学记》。 范雍（981—）卒，年六十六，有《明道集》，
范仲淹志墓。 吕大临（—1092）生，大防弟，从张载、程颐学。 徐铎
（—1105）生。

庆历七年（1047） 丁亥

经筵讲《孝经》毕，始讲《论语》。 赐汝州隐士孔旼粟帛。 张揆上
《太玄集解》。 李觏作《礼论后语》《删定易图序论》。 苏洵屡试不中，闭
门苦读。 孙觉从游胡瑗，入经社。 尹洙（1001—）卒，年四十七，为文
简古，欧阳修志墓。 李迪（971—）卒，年七十七，谥文定。 曾肇
（—1107）、任伯雨（—1119）、李夔（—1122）生。

庆历八年（1048） 戊子

文彦博为相。 陆秉为太常博士。 王安石知鄞县，立县学，延杜醇为
师。 孙觉撰成《春秋经社要义》。 朱临序《春秋集传纂例》《春秋辨疑》
二书。 苏舜钦（—1008）卒，年四十一，欧阳修志墓。 刘安世（—1125）
生，从司马光学。 刘弇（—1102）、王巩（—1117）生。

皇祐元年（1049） 己丑

赵概等知贡举，吕大防、范纯仁、孙觉、姚辟、朱临、李常中进士，顾
临诸科及第，赐《中庸》篇。 刘恕应礼部试，以能讲经义擢为第一。 杨
安国侍讲《论语》。 卢士宗侍讲《周易》，除天章阁侍讲。 范仲淹荐李
觏，录进其《易论》《礼论》《明堂定制图序》《平土书》。 司马光上《古
文孝经指解》。 张士逊（964—）卒，年八十六，胡宿撰行状。 叶清臣
（1000—）卒，年五十，有《春秋类纂》。 李公麟（—1106）生。 皇祐
初，徐庸有《易蕴》《卦变解》。

皇祐二年（1050）　　庚寅

诏文彦博、王洙等编修《大享明堂记》。　诏胡瑗等校订乐律。司马光、范镇参与考订，司马光有《与范景仁论乐书》。　王洙、杨安国侍讲《周易》。　程颐作《上仁宗皇帝书》。　宋祁上《明堂通议》。　礼院上《明堂五室制度》。　范仲淹奏进李觏《明堂图议》，授试太学助教。　司马光奏乞印行《荀子》、扬雄《法言》。　司马康（—1090）生，光子。　谢良佐（—1103）生，从二程学。

皇祐三年（1051）　　辛卯

杨安国侍讲《周易》。　诏迩英阁讲读官赐坐。　王洙侍讲《周易》，令写《大衍一章经注疏》，进《洪范稽疑经注疏》。　诏杨安国等撰《五经正义节解》并讲读。　文彦博等上《大享明堂记》。　孙坦上《周易析蕴》。　孙复兼南京国子监说书。　梅尧臣赐同进士出身，改太常博士。　房庶为授书郎，有《乐书补亡》。　苏洵作《六经论》《洪范论》。　夏竦（985—）卒，年六十七，博学多识，官至枢密使。　王安仁（1012—）卒，年四十，尝以《五经》教授弟子。　徐铎（—1105）、米芾（—1107）、孙谔（—1109）生。

皇祐四年（1052）　　壬辰

经筵上《五经精义》之《周易节解》《尚书节解》。　贾昌朝侍讲《易》之《乾》卦。　王洙侍讲《洪范》。　房庶上《律吕旋相图》。　代渊上《周易旨要》，以祠部员外郎致仕。　丁度上张揆所写《太玄经》。　胡瑗落致仕，授为光禄寺丞、国子监直讲，议乐并执教。　蔡襄、王洙以所书《尚书·无逸》《孝经》四章上。　黄晞问程颐读《春秋》之法。　范仲淹（989—）卒，年六十四，谥文正，有《易义》，富弼志墓、欧阳修撰碑。

皇祐五年（1053）　　癸巳

诏改贡举法，诸科终场问大义十道。　颁《皇祐新乐图记》。　曾公亮等知贡举，王开祖、杨绘、郑穆、鲁有开、吕陶、李清臣、杜询中进士，赐《中庸》篇。　杨安国侍讲《尚书》。　经筵上《五经精义》之《礼记节解》《春秋节解》。　宋敏求上《春秋列国类纂》，召试学士院。　高志宁

（971—）卒，年八十三，有《周易化源图》，韩琦志墓。 丁度（990—）卒，年六十四，有《集韵》，孙抃撰碑。 游酢（—1123）、杨时（—1135）生，从二程学。 陈师道（—1102）、晁补之（—1110）生，从苏轼游。 皇祐中，刘宇撰成《诗折衷》。苏子材撰成《毛诗大义》。

至和元年（1054） 甲午

宗室克继受命书国子监石经。 王洙上《周礼礼器图》。 杨安国侍讲《周礼》。 王安石除群牧司判官。 宋咸上《注周易》。 张耒（—1114）生，从苏轼游。 章𬤊（—1119）生。

至和二年（1055） 乙未

卢士宗、王洙侍讲《周礼》。 封孔子四十七世孙孔宗愿为衍圣公。 文彦博、富弼为相。 宗室克继受命书国子监石经毕。 王晳献《春秋通义》，充集贤殿校理。 欧阳修乞删去《九经正义》中谶纬之文，未果。 礼部贡院上《删定贡举条例》。 张方平荐苏洵为成都学官，未果。 晏殊（991—）卒，年六十五，谥文献，善知人，工诗文，欧阳修撰碑。

嘉祐元年（1056） 丙申

欧阳修上《议学状》，倡兴学重道。 苏洵上书欧阳修，并进呈《洪范论》《史论》，欧阳修荐之于朝。 因欧阳修之荐，梅尧臣、陈烈补国子监直讲，胡瑗管勾太学。 宋堂进《春秋新意》，授国子四门助教。 黄晞因著书为太学助教致仕。 程颐作《颜子所好何学论》。 石汝砺撰成《乾生归一图》。 释契嵩《辅教篇》约成于本年。 张载始与二程论《周易》，《横渠易说》或作于此间。

嘉祐二年（1057） 丁酉

欧阳修权知贡，变革科场文风。 张载、程颐、苏轼、苏辙、曾巩、曾布、王无咎、吕大钧、范百禄、蒋之奇、吕惠卿、蔡承禧、朱光庭、张巨中进士，赐《中庸》篇。 诏别置明经科。 张载讲《易》于京师，后折服于二程。 周希孟在福州讲《易》。 李觏充太学说书。 宋咸上所注《论语》，吴秘上所注《玄经》及《音义》，何涉上《治道中术》。 司马光作《古文孝经指解序》，并表上之。另有《迂书序》。 王令著《论语注》《孟子讲义》。 黄晞（998—）卒，年六十，有《聱隅子》《扬庭论》等。 王洙（997—）卒，年六十一，有《周易言象外传》，欧阳修志墓。 孙复（992—）卒，年六十六，称泰山先生，有《春秋尊王发微》《易说》等，欧阳修志墓。代渊（985—）卒，年七十三，有《周易旨要》。 邵伯温（—1134）生，雍子，从二程游。 陈瓘（—1122）、佘安行（—1152）生。

嘉祐三年（1058） 戊戌

详定科举条例。 国子监书石经毕。 文彦博、贾昌朝罢相，富弼、韩琦为相。 周希孟为国子监四门助教、福州州学教授。 孔旼为校书郎致仕。王安石作《上仁宗皇帝言事书》、苏洵作《上仁宗皇帝书》，倡言改革。皇侄赵克颙上《周礼乐图》。 杨绘上《春秋辨要》。 苏辙始作《诗集传》。张载致信程颢论定性，程颢作《答横渠张子厚先生书》。 王尧臣（1003—）卒，年五十六，预修《崇文总目》。 蔡卞（—1117）生，王安石婿、京弟。

嘉祐四年（1059） 己亥

胡宿、刘敞等知贡举，刘挚、丰稷、杨杰、单锷、朱长文中进士，赐《中庸》篇。 宋咸上所注《扬子》《孔丛子》。 孔旼为国子监直讲，辞不受。 果州上何涉《春秋本旨》。 赐龙昌期五品服，因欧阳修、刘敞奏论其异端害道而夺之遣归。 召河南处士邵雍，辞不起。 程颢仍任鄠县主簿，尝论《易》《春秋》。 欧阳修撰成《毛诗本义》。 胡瑗（993—）卒，年六十七，谥文昭，有《周易口义》《春秋口义》《中庸义》等，欧阳修撰墓表，王安石尝作《寄赠胡先生》诗。 李淑（1002—）卒，年五十八，尝修《国朝会要》《阁门仪制》。 李觏（1009—）卒，年五十一，有《周礼致太平论》《礼论》《易论》等，陈次公志墓。 王令（1032—）卒，年二十八，有《论语注》《孟子讲义》，王安石志墓。 晁说之（—1129）生，传司马光、邵雍之学。

嘉祐五年（1060） 庚子

赵抃乞命臣僚讲诵无隐讳。 欧阳修、宋祁上《新唐书》。 王逢通判徐州，赵抃举邱与权为国子监直讲。 欧阳修荐章望之、曾巩。 苏洵始作《易传》。 王安石与周敦颐遇于合州，晤谈甚欢。 孔旼（994—）卒，年六十七，有《大衍篇》《太玄图》，王安石志墓。 江休复（1005—）卒，年五十六，有《春秋世论》，欧阳修志墓。 梅尧臣（1002—）卒，年五十九，有《毛诗小传》，欧阳修志墓。 刘义叟（1017—）卒，年四十四，有《春秋辨惑》《春秋灾异》《洪范灾异论》。 杨安国（？—）卒，年七十余，经筵侍讲群经。 江端礼（—1097）生，从徐积、崔子方学。邹浩（—1111）生。

嘉祐六年（1061） 辛丑

诏太常礼院修《谥法》。 篆国子监石经成。 司马光乞举孝廉及更立明经格式。 范镇等知贡举，黄履、孔文仲中进士，赐《大学》篇。 王岩叟举明经科第一，除栾城主簿。 苏轼、苏辙中制科。 司马光知谏院。王安石知制诰。 韩琦、曾公亮为相。欧阳修参知政事，旋辞。 姚辟、苏洵等同修《礼书》。苏洵又上《六家谥法议》。 欧阳修荐刘攽吕、惠卿任馆职。 司马光荐郑央。 沈括上书欧阳修，并献《乐说》。 周敦颐除国子博士，通判虔州。 宋祁（998—）卒，年六十五，助修《新唐书》《集韵》。 陈洙（1031—）卒，年四十九，有《春秋索隐论》，陈襄志墓。 张根（—1120）生，黄履婿，李刚外舅。

嘉祐七年（1062） 壬寅

司马光上《论诸科试官》，纠贡举试题诡僻苛细之弊。 司马光权判国子监，乞直讲不限年及出身。荐陈烈为国子监直讲，不就。 王安石同勾当三班院。 司马光进《瞻彼南山诗表》。

嘉祐八年（1063） 癸卯

仁宗（1010—）卒，英宗（1032—1067）赵曙即位。 富弼为相。 范镇、王安石、司马光同知贡举，范祖禹、孔武仲、龚原、沈括、袁默中进士。

以国子监所印《九经正义》《孟子》、医书等赐西夏。　司马光乞开讲筵不可以寒暑为辞。　吕公著等始讲《论语》。　苏洵作《辨奸论》以刺王安石。余靖为宋咸作《宋职方补注周易后序》。　周敦颐作《爱莲说》。　王安石丁母忧，潜心著述。　王逢（1005—）卒，年五十九，有《易传》《乾德指说》等，王安石志墓。　田况（1005—）卒，年五十九，谥宣简，有《儒林公议》，王安石志墓。

英宗治平元年（1064）　甲辰

诏议仁宗配祭。　吕公著、司马光乞科场不用诗赋，试论、策及经义。吕公著侍讲《论语》，为欧阳修所称。　增置宗室学官，以王陶、韩维为之。以吕公著、司马光言，诏日开经筵。　祖无择献《皇极箴》。　王安石居丧江宁，作《虔州学记》《答韩求仁书》《答龚深父书》及《再答龚深父论语孟子书》。　苏洵编定《谥法》。　孙抃（996—）卒，年六十九，谥文懿，有《辨孟》，苏颂志墓。　余靖（1000—）卒，年六十五，谥襄，欧阳修志墓。刘牧（1011—）卒，年五十四，有《易数钩隐图》。　李朴（—1128）生，从程颐学。　萧楚（—1129）生，胡铨之师。　吕好问（—1131）生，希哲子、本中父。

治平二年（1065）　乙巳

诏议濮王礼，儒臣援经集议，起濮议之争。　司马光乞经筵访问；乞令选人试经义。　文彦博为枢密使，王安石知制诰，蔡襄出知杭州，富弼出判河阳。　吕公著、司马光兼侍读。侍讲卢士宗补外。　范镇等知贡举，彭汝砺、乔执中、沈季长、罗适中进士。　范百禄、李清臣中制科。　姚辟、苏洵合撰《太常因革礼》，欧阳修进呈。　释契嵩作《上欧阳侍郎书》并献《辅教编》。　贾昌朝（998—）卒，年六十八，谥文元，有《春秋要论》《群经音辨》，王安石撰碑。　陈希亮（1000—）卒，年六十六，有《制器尚象论》《钩易图辨》，范镇志墓。　王开祖（约1033—）卒，有《儒志编》。

治平三年（1066）　丙午

因濮王崇奉之议，台谏吕诲、范纯仁、吕大防等贬官补外。　命司马光编《历代君臣事迹》（即《资治通鉴》）。　诏令礼部三岁一贡举。　命书《洪范》于钦明殿，并访张景《洪范论》。　吕公著出知蔡州。　王安石闲居江宁讲学，陆佃从游。　苏洵命子轼续成《易传》。　皇甫泌献《周易精义》。　掌禹锡（990—）卒，年七十七，有《周易集解》《周易流演遁甲图》，苏颂志墓。　宋庠（996—）卒，年七十一，有《国语补音》。　苏洵（1009—）卒，年五十八，有《六经论》《洪范图论》，欧阳修志墓。

治平四年（1067）　丁未

英宗（1032—）卒，神宗赵顼（1048—1085）即位。　欧阳修罢参政。司马光、王安石为翰林学士。　诏馆职试论一首，策一道。　初御迩英阁召侍臣讲读经史。　傅卞请开经筵讲丧礼。　司马光等知贡举，徐积、王雱、陈祥道、黄君俞、曾肇、黄庭坚中进士。　常秩为管勾国子监。　黄君俞为国子监直讲。　厝敦颐作《拙赋》。　司马光上《类篇》。　邵古（989—）卒，年七十九，有《周易解》。　胡宿（996—）卒，年七十二，谥文恭，欧阳修志墓。　蔡襄（1012—）卒，年五十六，有《讲春秋左氏传疏》，欧阳修志墓。　周行己（—1125?）生，从程颐、吕大临学。　范冲（—1141）生，祖禹子。　治平中，叶昌龄撰《周易图义》，鲍极撰《周易重注》。

神宗熙宁元年（1068）　戊申

王安石越次入对，上《本朝百年无事札子》主张变法。　吕公著、王安石请讲者当赐坐。　诏讲筵权罢讲《礼记》，开讲《尚书》。　孔宗愿子若蒙袭封衍圣公。　曾巩有《读孟子》。　程颢上《请修学校尊师儒取士札子》。章詧（993—）卒，年七十六，有《太玄经讲疏》《太玄经发隐》《太玄图》。刘敞（1019—）卒，年五十，有《七经小传》《春秋传》《春秋权衡》《春秋说例》《春秋文权》《春秋意林》《公是弟子记》，欧阳修志墓。　谢逸（—1113）生，从吕希哲游。　刘安节（—1116）生，从二程学。

熙宁二年（1069）　己酉

王安石除参知政事，设立"制置三司条例司"，主持新法。　苏辙上书神宗，建议革除冗吏、冗兵、冗费。　陈襄上《诚明说》。　王安石奏请专以经术、论、策试进士，司马光、吕公著、苏轼等争议。　吕诲斥王安石并论经筵乃进说而非传道。　范纯仁进《尚书解》，斥王安石变法，罢知谏院。　司马光、吕惠卿争议变法。　苏轼作《上神宗皇帝书》，驳斥新法。　司马光作《论风俗札子》。　王安石作《孟子》诗。　张载与程颐论学。　程颢上《论王霸札子》。　刘彝比较胡瑗与王安石之学。　王雱撰《佛经义解》。　王无咎（1024—）卒，年四十六，从王安石游，有《论语解》。　刘安上（—1128）生，从二程学。

熙宁三年（1070）　庚戌

中书门下建言进士专经义。　吕惠卿等知贡举，陆佃、上官均、李公麟、章甫中进士。　司马康以明经登上第。　苏轼、程颢上书谏止新法。　司马光与王安石争议新法。　司马光、富弼移居洛阳，与邵雍往来甚密。　张载辞归，居陕西横渠著述讲学，吕大临兄弟始从学。　王雱撰《老子注》成，有《自序》。　廖刚（—1143）生，从杨时、陈瓘学。

熙宁四年（1071）　辛亥

从王安石议，罢诗赋及明经诸科，专以经义、论、策试进士。　复以《春秋三传》明经取士。　立太学生三舍法：分上、内、外三舍，月考其业，优等以次升舍，上舍召试赐第。　司马光判西京留守司御史台，后罢归洛阳。常秩管勾国子监。　欧阳修致仕。　苏轼补外，通判杭州。　王雱为崇政殿说书。　陈襄出知陈州。　焦千之、颜复等罢，陆佃、龚原为国子监直讲。邵雍撰成《皇极经世》。　孙觉撰成《春秋经解》。　郭友直（1008—）卒，年六十四，有《毛诗统论》。　张绎（—1108）、尹焞（—1142）生，从程颐学。　汪革（—1117）生，从吕希哲学。

熙宁五年（1072）　壬子

诏上欧阳修《五代史》。　司马光作《投壶新格》。　曾肇兼国子监直讲，在任上或作《尚书讲义》。　程颢、程颐居洛阳，开馆授徒，从游者众。欧阳修（1007—）卒，年六十六，谥文忠，有《易童子问》《易或问》《诗本义》《春秋论》《春秋或问》，韩琦志墓、苏辙撰碑，王安石、苏轼等作祭文。

释契嵩（1007—）卒，年六十六，有《辅教编》《中庸解》。　罗从彦（—
1132）生，从程颐学。　朱震（—1138）生。

熙宁六年（1073）　癸丑

置经义局修《诗》《书》《周礼》三经义，命王安石提举，吕惠卿、王雱
同修。　曾布、吕惠卿等知贡举，李撰、沈铢、周谓、马希孟、曾旼、周秩、
张耒中进士。　方通以明经登第。　吕惠卿乞令国子监直讲月供本经口义二
卷。　张敦礼乞立《春秋》学官，不许。　周敦颐（1017—）卒，年五十
七，称"濂溪先生"，有《易通》（即《通书》）《太极图说》等，潘兴嗣
志墓。

熙宁七年（1074）　甲寅

王安石罢相，出知江宁府，吕惠卿参知政事，续行变法。　沈季长为崇
政殿说书。　常秩判国子监，乞立孟轲、扬雄像于孔子庙庭。　陈襄经筵荐
司马光等三十三人。　杨时撰成《礼记解义》。　邵亢（1014—）卒，年六
十一，谥安简，有《兵说》等。　胡安国（—1138）、王绹（—1137）生。

熙宁八年（1075）　乙卯

王安石复相。　颁《三经新义》于学官。　吕公著奏论修德为治之要十
事。　冯正符《春秋得法忘例论》由何郯奏进，尝从何群学。　韩琦
（1008—）卒，年六十八，谥忠献。　陈舜俞（？—）卒，有《治说》。　徐
俯（—1141）生。

熙宁九年（1076）　丙辰

王安石罢，判江宁府。　郑缙等知贡举，杨时、徐铎、陈师锡、李格非
中进士。　宗室赵克颙进《周易开奥图》、克孝进《孝经传》。　吕惠卿言王
安石尽弃旧学，行纵横之术。
王雱撰成《孟子解》。　张载撰成《正蒙》。　王雱（1022—）卒，年三十
三，有《尚书义》《论语口义》《孟子解》等。　强至（1022—）卒，年五十
五，尝注《孟子》。　李象（1014—）卒，年六十三，有《易统论》《诗讲

义》《孟子讲义》。 周仲武（—1128）生。 约本年，金君卿（？—）卒，有《易义》。

熙宁十年（1077） 丁巳

陈襄等荐黄君俞为崇文院校书。 沈季长、黄履讲《诗》毕，又讲《周礼》。 张载辞归，经洛阳，与程颢、程颐论学。 邵雍（1011—）卒，年六十七，谥康节，有《皇极经世书》《太玄准易图》，程颢志墓、范祖禹作传。 常秩（1019—）卒，年五十九，长于《春秋》，著讲解数十篇，王安石志墓。 张载（1020—）卒，年五十八，私谥诚明夫子，有《易说》《经学理窟》《正蒙》等，吕大临撰行状。 陈公辅（—1142）、叶梦得（—1148）生。

元丰元年（1078） 戊午

王安石为尚书左仆射，封舒国公。 司马光答程颢论张载谥。 沈季长、黄履进讲《周礼》。 陆佃、王子韶等修订《说文》。 徐禧管勾国子监。谢良佐、游酢从学于程颢、程颐。 曾公亮（999—）卒，年八十，谥宣靖，曾于经筵讲经，曾肇撰行状。 刘恕（1032—）卒，年四十七，预修《资治通鉴》，有《周礼记》。 李光（—1159）生，从刘安世学。 程俱（—1144）生。 是年前后，王安石进《洪范传》。

元丰二年（1079） 己未

诏行李定等上《国子监敕式令》并《学令》。 沈季长等知贡举，刘弇、陈瓘、华镇中进士。 陆佃为崇政殿说书。 蔡卞、袁默为国子监直讲。朱服乞以义理、文辞为高下去留，罢分经均取之法。 苏轼因"乌台诗案"下狱。出狱后责授黄州团练副使。 吕大临从二程游。 王巩始作《论语注》。 宇文虚中（—1146）、王师心（—1169）生。

元丰三年（1080） 庚申

诏改国子监直讲为太学博士，每经二人。 蔡卞管勾国子监。 王安石封荆国公，乞改《三经义》误字，并表上《字说》。 程颐入关讲学，作

《雍行录》。　苏轼作《易传》《论语说》。　陈襄（1017—）卒，年六十四，有《易讲义》《中庸讲义》，孙觉志墓。　王陶（1020—）卒，年六十一，谥文恪，有《诗说》，范镇志墓。　焦千之（？—）卒，尝从欧阳修游。　王庭珪（—1172）生，杨万里之师。　韩维知颍昌府，时与二程论学。

元丰四年（1081）　辛酉

蔡卞为崇政殿说书。　苏轼以《易传》《论语说》呈文彦博。　司马光撰成《书仪》《法言集注》。　苏辙撰成《诗集传》《春秋集传》。　房审权撰成《乐演义》。　王安石作《答曾子固书》，论读经宜博，知所去取。

元丰五年（1082）　壬戌

李请臣等知贡举，黄裳、邹浩、晁说之、游酢、杨训、张根、任伯雨、耿南仲中进士。　富弼、文彦博、司马光等为"洛阳耆英会"。　司马光始作《疑孟》，复与范镇论乐。　陆佃兼侍讲、蔡卞兼崇政殿说书。　吕大防刻《周易古经》。　陆佃、王子韶上《重修说文》。　杨时致书问《春秋》，程颢有答。　刘绚从程颢学。　徐禧（1013—）卒，年七十。　吕大钧（1031—）卒，年五十二，有《吕氏乡约》，范育撰墓表。　周紫芝（—1155）生。

元丰六年（1083）　癸亥

蔡卞侍讲《周礼》。　诏封孟轲为邹国公。　陈师锡上言贡举罢律义、专经术。　文彦博致仕。　司马光作《致知在格物论》。　司马光与范纯仁等举行"真率会"。　杨时再致书程颢问《春秋》。　富弼（1004—）卒，年八十，谥文忠，韩维志墓、范纯仁撰行状。　曾巩（1019—）卒，年六十五，有《书经说》《讲周礼疏》。韩维撰碑、曾肇撰行状。　张公裕（1023—）卒，年六十一，有《周易注解》《春秋注解》，范纯仁志墓。　李纲（—1140）生，张根婿。　胡舜陟（—1143）、张纲（—1166）生。

元丰七年（1084）　甲子

诏蔡卞省视王安石。　诏国子监及天下孔庙春秋释奠以孟子配食。　苏轼过金陵，谒王安石，同游唱和。　司马光进《资治通鉴》。　邹浩除扬州州学教授。 蔡承禧（1035—）卒，年五十，有《论语指归》，苏颂志墓。
吕本中（—1145）、曾几（—1166）生。

元丰八年（1085） 乙丑

神宗（1048—）卒，哲宗赵煦（1077—1100）立。 司马光为门下侍郎，
主国政、废新法。 诏经筵讲《论语》。 陆佃等知贡举，谢良佐、姚舜仁、
汪澥、张大亨、吴骏、范柔中中进士。 吕公著、韩维兼侍读，孙觉兼侍
讲。 范纯仁兼侍讲，讲正心诚意、以仁为体。 刘挚乞慎择讲读官，请退
陆佃、蔡卞。 朱光庭乞以义理辨异说。 李公麟作《孝经图》。 司马光作
《进修心治国之要札子》，进《古文孝经指解》。 龚原为国子监丞，后迁太
常博士。 苏轼擢升翰林学士。 程颐充西京国子监教授。 黄隐为国子司
业。 范祖禹与陈瓘论程颢之学。 祖无择（1010—）卒，年八十，有《皇
极箴》。 王说（1010—）卒，年七十六，有《五经发源》。 程颢
（1032—）卒，年五十四，称"明道先生"，有《定性书》《语录》，韩维志
墓、程颐撰行状。 孙坦（？—）卒，有《周易析蕴》。 马希孟（？—）
卒，有《礼记解》。 江琦（—1142）生，从游酢、杨时、胡安国游。 朱
弁（—1044）、曾几（—1166）生。 元丰中，沈括撰成《春秋机括》。 林
石不为新经，以《春秋》教授乡里。

哲宗元祐元年（1086） 丙寅

司马光除尚书左仆射，废除新法，贬逐新党。苏轼撰《辩试馆职策问札
子》，以为新法不可尽废，应"参用其长"。苏辙有《言科场事状》，反对骤
变科举法。 诏科场程式勿引用《字说》。 诏置《春秋》博士，专为一经。
二程门生刘绚除《春秋》博士。 诏取士兼用经义、诗赋。 王岩叟乞罢三
舍法。 程颐为崇政殿说书，奉诏与孙觉等修订国子监条制。 郑穆为国子
祭酒。 刘挚兼侍读、范祖禹兼侍讲。 范祖禹进《唐鉴》。 刘挚、上官均
乞罢黄隐学职。 杨时论王安石新学之失。 孙觉撰成《尚书解义》。 龚鼎
臣（1010—）卒，年七十七，有《易补正》，刘挚志墓。 司马光（1019—）
卒，年六十八，谥文正，有《易说》《系辞说》《书仪》《古文孝经指解》
《大学广义》《中庸广义》《疑孟》等，范镇志墓、苏轼撰行状。 王安石

（1021—）卒，年六十五，谥文。有《易解》《洪范传》《礼记发明》《孝经解》《论语解》《孟子解》《字说》《三经新义》《淮南杂说》。

元祐二年（1087）　丁卯

吕公著乞科举参用古今诸儒之说，不专取王安石之学，并禁用申、韩、释及王氏《字说》。　范祖禹讲《论语》终篇，吕公著请讲《尚书》，并进呈《三经要语》。　苏轼、程颐交恶，其党势成水火。　孔文仲乞罢程颐说书，改权同管勾西京国子监。颜复充崇政殿说书。　尹焞往见程颐。　王介（1015—）卒，年七十三，有《春秋臆说》。　鲜于侁（1019—）卒，年六十九，有《周易圣断》《诗传》等，范镇志墓。　沈季长（1027—）卒，年六十一，有《周易新义》《诗讲义》等，王安礼志墓。　李定（1028—）卒，年六十，少从王安石游，有《尚书》诸说。　刘绚（1045—）卒，年四十三，有《春秋传》。　王居王（—1151）、程瑀（—1152）生。

元祐三年（1088）　戊辰

苏轼、孙觉、孔文仲同知贡举，许翰、吴孜、慕容彦逢中进士。　苏轼乞禁引《三经新义》，赵挺之乞新经与注疏并用。　彭汝砺乞诗赋和经义并重策论。　丰稷迁国子司业。　郑穆为诸王府侍讲。　范祖禹荐司马康为讲官。　范祖禹进《古文孝经说》。　范镇（1009—）进《乐律表》，作《乐论》。寻卒，年八十一，谥忠文，韩维撰碑。　唐淹（1026—）卒，年六十三，有《五经彻旨》《春秋讲义》《辨三传》。　杨绘（1027—）卒，年六十二，有《书九意》《春秋辨要》《群经索蕴》。　孔文仲（1033—）卒，年五十六，苏颂志墓。　陆宰（—1148）生，佃子。　郑刚中（—1154）、蔡申（—1156）生。　约本年，孙觉《周易传》成。　程颐授尹焞《大学》《西铭》。

元祐四年（1089）　己巳

分经义、诗赋两科试士。　诏考校辞赋程文只用旧来注疏及音义。　苏轼乞只许诗赋兼经。　范祖禹、颜复上《尚书说命讲义》。　许将荐陈祥道《礼书》于朝，诏为太常博士。　王岩叟奏论《洪范》"三德"。　司马康等侍讲《尚书》。　范百禄进《诗传补注》。　文彦博奏赐《儒行》《中庸》于近臣。　朱光庭乞召讲官询访以进圣学。　王皙为直秘阁提举西京嵩山崇福宫。　吴安诗为直集贤院兼侍讲。　吕公著（1018—）卒，年七十二，有《论语讲义》《孝经要语》。　刘攽（1023—）卒，年六十七，预修《资治通鉴》。

元祐五年（1090）　庚午

诏经筵官训释《大学》一篇以进。　侍讲司马康、吴安诗、范祖禹等录进《无逸讲义》。　范祖禹、司马康编《孟子节解》以进。　范祖禹上《帝学》。　朱光庭乞戒学者遵守正道。　司马康上疏论孝治、《孟子》书。　胡安国入太学，从朱长文受《春秋》之学。　赵瞻（1019—）卒，年七十二，谥懿简，有《春秋论》，范祖禹撰碑。　李常（1027—）卒，年六十四，有《诗传》，苏颂志墓。　孙觉（1028—）卒，年七十三，有《易传》《尚书解》《春秋经解》《春秋学纂》《春秋经社要义》。　司马康（1055—）卒，年四十一，有《孟子节解》，范祖禹志墓。　颜复（？—）卒，有《说命讲义》。洪兴祖（—1155）生。

元祐六年（1091）　辛未

幸太学，侍讲吴安诗执经，祭酒丰稷讲《尚书·无逸》终篇。　复开宝通礼科。　孔武仲等知贡举，杜谔、周行己、张庭坚中进士。　王当中贤良方正科，尝撰《春秋列国诸臣传》。　张大亨访苏轼，尝少闻《春秋》。　尹焞学《易》于程颐。　张方平（1007—）卒，年八十五，谥文定，有《诗变正论》《中庸论》等，苏轼志墓。　刘彝（1022—）卒，年七十，有《周易注》《洪范解》《七经中义》。　辛次膺（—1170）生。　约本年，鲁有开（？—）卒，年七十五，有《诗集》《三礼通义》《春秋指微》。

元祐七年（1092）　壬申

命程颐直秘阁，判西京国子监，辞不受。　陆佃撰成《礼象》。　范祖禹荐陈祥道为礼官，荐程颐、吕希哲、孔武仲等为讲官。又上《家人卦解义》。邹浩除太学博士。　杨时、游酢以师礼见程颐。　郑穆（1018—）卒，年七十五，与陈襄、陈烈、周希孟友，号"古灵四先生"。　吕大临（1040—）卒，年四十七，有《易章句》《书传》《编礼》《礼记解》《大学解》《中庸解》《论语解》《孟子讲义》。　杨国宝（？—）卒，程颐有祭文。　张九成（—1159）生。　约本年或明年，杨杰（1023？—）卒，年七十七，有《周礼讲义》《补正三礼图》。

元祐八年（1093）　癸酉

诏来年御试，诗赋举人复试诗赋、论、策三题，经义举人且令试策。召经筵讲《礼记》。　诏国子监印《三经义》。　范祖禹上《仁皇训典》，奏进陈祥道《注解仪礼》。　黎錞（1015—）卒，年七十九，有《春秋经解》。　王岩叟（1043—）卒，年五十一，有《易传》《诗传》。　范育（？—）卒，传张载之学，有《正蒙序》。

元祐九年、绍圣元年（1094）　甲戌

改元绍圣，以章惇为相。渐复熙宁新法，召用新党，黜降旧党。　诏进士罢试诗赋，专习经义。除王安石《字说》之禁。　经筵罢讲《礼记》，秋日讲《诗》。　范祖禹等知贡举，范冲、李朴中进士。　陈旸中制科，后进《乐书》。　苏辙罢相，苏轼、范祖禹、范纯仁、彭汝砺补外，王安石配享神宗庙。　夺司马光、吕公著赠谥，贬吕大防、刘挚、苏辙、梁焘等官。　陈瓘复除太学博士。　龚原乞缮写《字说》定本，付国子监雕印。　朱长文撰成《春秋通志》。　范百禄（1030—）卒，年六十五，有《诗传补注》，范祖禹志墓。　朱光庭（1037—）卒，年五十八，师事程颐，范祖禹志墓。　王岩叟（1044—）卒，年五十一，有《易传》《诗传》。　金安节（—1170）、王大宝（—1170）生。

绍圣二年（1095）　乙亥

诏设宏词科。　诏取王雱《论语》《孟子义》定本付国子监雕印。　诏张弼为葆光处士，所著《易义》付秘书省。　刘弇中宏词科，授太学博士。邹浩撰成《论语解义》《孟子解义》。　沈括（1031—）卒，有《易解》《春秋机括》等。　乔执中（1033—）卒，年六十三，有《易说》《中庸义》。

彭汝砺（1042—）卒，年五十四，有《易义》《诗义》，曾肇志墓。

绍圣三年（1096）丙子

诏将来科场专治一经。　程颐作《答杨时论西铭书》。　邹浩为太学博士。　李椿年（—1164）生。

绍圣四年（1097）　丁丑

诏罢《春秋》科。后崔子方三乞置《春秋》博士，不报。　诏经筵讲《尚书》。　追贬司马光、吕公著，窜吕大防、刘挚、苏辙等。　林希等知贡举，胡安国、叶梦得、刘安上、苏伯材、林虑中进士。　苏轼在惠，作《书传》。　陈瓘因兼取元祐之论而罢出。　程颐编管涪州。　崇政殿说书沈铢为中书舍人兼侍讲。　邹浩为唐既《春秋邦典》作序。　张大亨撰成《春秋五礼例宗》。　佚名《大学周易新讲义》编成。　吕大防（1027—）卒，年七十一，谥正愍，有《周易古经》。　文彦博（1006—）卒，年九十二，谥忠烈，有《尚书解》《尚书二典义》。　江端礼（1060—）卒，年三十八，有《非非国语》，崔子方撰行状、晁说之志墓。　刘挚（1030—）卒，年六十八，精三礼、《春秋》。　张浚（—1164）生。

绍圣五年、元符元年（1098）　戊寅

诏学官增习两经。　令学官试三经。　诏太学讲官编纂《三经新义》音义。　范祖禹移化州安置。　龚原为工部侍郎兼侍讲。　蒋之奇荐耿南仲。晁说之得邵雍遗编。　邹浩为右正言。　杨时撰成《周易解义》。　游酢撰成《中庸义》《论语杂解》《孟子杂解》。　韩维（1017—）卒，年八十二，与司马光、程颐多有切磋。　朱长文（1039—）卒，年六十，有《易经解》《诗说》《春秋通志》。　范祖禹（1041—）卒，年五十八，谥正献，有《诗解》《古文孝经说》《中庸论》《论语说》《孟子解》等。　孔武仲（1042—）卒，年五十六，有《书说》《洪范五福论》《禹贡论》《诗说》《论语说》。　沈铢（？—）卒，有《诗传》。　胡寅（—1156）生，安国子。　凌唐佐（—1132）生。

元符二年（1099）　己卯

邹浩遭除名，新州羁管。　程颐撰成《易传》，有自序。　陆佃撰成《尔雅新义》。　苏辙撰成《春秋集解》。　顾临（1028—）卒，年七十二，有《尚书集解》。　陈鹏飞（—1148）、鲁訔（—1175）生。

元符三年（1100）　庚辰

哲宗（1077—）卒，徽宗赵佶（1082—1135）立。　欲平息新旧党争嫌怨，诏明年改元建中靖国。　诏太学置《春秋》博士。　诏复文彦博、司马光、吕公著、吕大防、刘挚等官。　徐铎等知贡举，陈禾、凌唐佐、刘安节、谭世勣中进士。　晁说之应诏封事驳王安石之学。　章惇罢知越州，蔡卞罢司池州，蔡京提举洞霄宫。　黄履兼侍读、龚原兼侍讲。　苏轼改《易传》《论语说》，作《书传》。　杨时始居乡讲学。　王昭禹或作《周礼详解》。吴棫（—1154）、刘庭直（—1160）、郑厚（—1161）、黄祖舜（—1165）生。

徽宗建中靖国元年（1101）　辛巳

张大亨乞自《春秋》出题，从之。　晁说之作《题古周易后》《易规》。　陆佃除尚书左丞。　陈旸撰成《乐书》。　林石（1004—）卒，年九十八，以经学教徒。　王存（1023—）卒，年七十九，有《易解》，曾肇志墓。　范纯仁（1027—）卒，年七十五，谥忠宣，有《尚书解》，曾肇志墓。　罗适（1029—）卒，年七十三，有《易解》。　黄履（1034—）卒，年六十八，于经筵进讲《诗》《周礼》。　苏轼（1036—）卒，年六十六，谥文忠，有《易传》《书传》《中庸论》《论语解》等，苏辙志墓。　潘好古（—1170）生。

崇宁元年（1102）　壬午

礼部进谢湜《周易义》《春秋义》《总义》。　再夺司马光等官，审丰稷等。　诏天下兴学校，推三舍法。　诏元祐党人子弟不得为京朝官。御书党籍，刻石于端礼门。　诏禁诸邪说并元祐学术政事。　蔡京为翰林学士承旨，兼修国史，后为尚书左丞。　周行己为太学博士，寻改温州州学教授。　程颐作《答杨时书》。　龚原夺职居和州。后卒，年六十七，有《易讲义》《周

礼图》《孟子解》《论语解》。 李清臣（1032—）卒，年七十一，有《易论》
《诗论》《礼论》《春秋论》，晁补之志墓。 陆佃（1042—）卒，年六十一，
有《仪礼义》《礼记解》《礼象》《春秋后传》《埤雅》。 刘弇（1048—）
卒，年五十五，有《春秋讲义》。 范浚（—1150）、胡宏（—1161）、胡铨
（—1180）生。

崇宁二年（1103） 癸未

以蔡京为相。 安惇等知贡举，林震、韩谨、宇文粹中中进士。 诏国
子监印书赐诸州县学。 诏毁三苏、范祖禹、范镇诸书，毁程颐出身以来文
字。 诏党人子弟不得在京朝州府为官，不得与宗室为婚。诸州立元祐党人
碑。元祐学术政事不许教授。 窜元符末台谏官于远州。 言者论程颐聚徒
传授乞禁绝。 程颐作《春秋传序》。 杨时作《书义序》《孟子义序》。
徐积（1028—）卒，年七十六，私谥节孝，有《嗣孟》。 谢良佐（1050—）
卒，年六十四，有《论语解》。 王刚中（—1165）生。

崇宁三年（1104） 甲申

诏元祐党人子弟不得擅到阙下。 诏以王安石配享孔子。 诏重定元
祐、元符党籍，刻石庙堂。 诏尽罢科举，取士悉由学校升贡。 复封孔
子后奉圣公端友为衍圣公。 叶梦得以蔡京荐召对，除祠部郎官。 陈瓘
作《易说》。 邹浩撰成《易解》，又作《易系辞序》。 王蘋撰成《论语
集解》。 蒋之奇（1031—）卒，年七十四，有《系辞讲义》《孟子解》。
郑樵（—1162）生。

崇宁四年（1105） 乙酉

蔡卞罢知河南府。 除党人父子兄弟之禁。允党人稍从内徙。 诏国
子监颁王安石赞。 李诚、姚舜仁进《明堂图》。 改教授为博士、置诸路
提举学事官。 胡安国除湖北路提举学事官，始治《春秋》。 章惇
（1035—）卒，年七十一，哲宗时为相，倡绍述、复新法。 黄庭坚
（1045—）卒，年六十一，与张耒、晁补之、秦观并称"苏门四学士"，有
《论语断篇》《孟子断篇》。 徐铎（1051—）卒，年五十五，有《易谈》。

晁公武(—1180)生。

崇宁五年（1106）　丙戌

诏毁元祐党人碑，叙复刘挚、苏轼等官。　诏道士校订道教遗书。
赵鼎、李光、廖刚、曾元忠、黄颖、王绹中进士。　蔡京令除胡安国名。
　程颐始以《易传》授尹焞、张绎。　李公麟（1049—）卒，年五十八，
有《缁衣图》《孝经图》。　何逢原（—1168）、郭雍（—1187）、史浩
（—1194）生。

大观元年（1107）　丁亥

诏设八行取士科，重德行轻艺文。　诏御制《冠礼沿革》付议礼局。
叶梦得劝蔡京稍弛元祐党禁。　汪澥为国子司业兼记室。　谏官奏论程颐为
异端，尹焞、张绎为羽翼。　苏辙作《论语拾遗》。　晁说之作《传易堂
记》。　程颐（1033—）卒，年七十五，称"伊川先生"，有《易传》《易系
辞说》《书说》《诗说》《冠婚丧祭礼》《春秋传》《大学定本》《论语说》《孟
子说》《语录》。　曾布（1035—）卒，年七十三，谥文肃。支持变法，官居
宰相。　丰稷（1047—）卒，年七十五，谥清敏，有《孟子解》。　曾肇
（1047—）卒，年六十一，谥文昭，有《尚书讲义》，杨时撰行述。　米芾
（1051—）卒，年五十七，有《易说》。　杜莘老（—1164）生。

大观二年（1108）　戊子

诏韩维等党人出籍、追复。　诏以孔伋从祀孔子庙。　汪澥为国子祭酒
兼诸王府翊善。　邹浩作《与钱弱翁论春秋书》。　张绎（1071—）卒，年
三十八，有《师说》《祭伊川文》。　陈长方（—1148）、郑耕老（—
1172）生。

大观三年（1109）　己丑

诏修乐书。　蔡京罢相。　宇文虚中、胡舜陟、马永卿、黄预中进士。
杨时赴南京敦宗院讲书，与陈瓘论邵雍《先天图》易学。　周行己因师事程
颐而罢官，主讲永嘉浮沚书院。　李撰（1043—）卒，年六十七，有《毛诗

训解》《春秋总要》《孟子讲义》。 孙谔（1051—）卒，年五十九，有《洪范会传》。

大观四年（1110） 庚寅

诏行《大观礼书》。 诏戒朋党。 晁说之作《易玄星纪谱》。 单锷（1031—）卒，年八十，有《易》《诗》《春秋》义解，慕容彦逢志墓。 晁补之（1053—）卒，年五十八，有《左氏春秋传杂论》，张耒志墓。

政和元年（1111） 辛卯

以李彦章言，诏止学史。 令经筵讲经以王安石经义为准。 耿南仲为侍讲。 陈瓘台州羁管。 尹天民罢辟雍博士。 杨时答吕本中问学。 郑居中等撰成《政和五礼新仪》。 吕惠卿（1032—）卒，年八十，有《孝经传》《论语义》。 邹浩（1060—）卒，年五十二，谥忠，有《易解》《系辞纂义》《论语解义》《孟子解义》，陈瓘志墓。

政和二年（1112） 壬辰

诏禁书坊印行《三经义》等。 李纲、张邦彦、黄彦远、江杞、上官愔中进士。 焚元祐制词。 苏辙（1039—）卒，年七十四，谥文定，有《诗集传》《春秋集传》《论语拾遗》《孟子解》等。 上官公裕（？—）卒，有《尚书解说》。 王十朋（—1171）、林之奇（—1176）生。

政和三年（1113） 癸巳

追封王安石为舒王、子王雱为临川伯。 诏诸生习大晟乐。 颁御制《天真降临示现记》。 陈与义上舍释褐。 方悫奏进《礼记解》。 陆宰上陆佃《礼记新义》。 谢逸（？—）卒，有《春秋广微》。

政和四年（1114） 甲午

置道阶以叙道士。 礼部奏请诸学并分上中下三等。 张纲上舍释褐。 胡安国始撰《春秋传》。 杨时著《中庸解义》，并校正《伊川易传》，撰写《后序》。 张耒（1054—）卒，年六十一，有《诗说》《礼论》。 林光朝

（—1178）生。

政和五年（1115）　乙未

诏乐正子配享、公孙丑以下从祀邹县孟子庙。　立定王桓为皇太子。耿南仲为徽猷阁待制、右庶子兼侍讲。　黄镪中进士。　曾几、傅崧卿等上舍释褐。　张纲迁太学博士、校书郎。　晁说之作《中庸传》。　上官均（1038—）卒，年七十八，有《曲礼讲义》。　李焘（—1184）生。

政和六年（1116）　丙申

诏增广学舍。　李侗从罗从彦学。　晁说之作《京氏易式序》。　吕希哲（1039—）卒，年七十八，尝侍讲经筵，有《孟子解》。　何执中（1043—）卒，年七十四，有《周易解》《孝经解》《论语讲义》。　刘安节（1068—）卒，年四十九。

政和七年（1117）　丁酉

诏国子监传示唐耜《字说集解》。　徽宗自称教主道君皇帝。　蔡卞（1058—）卒，年六十，谥文正，有《尚书解》《毛诗名物解》。　慕容彦逢（1067—）卒，年五十一，预修《政和五礼新仪》。　洪适（—1184）生。

政和八年、重和元年（1118）　戊戌

劝学诏刻石建康府学。　诏道举兼通儒书。　颁《御注道德经》。　诏修《新定五经字样》。　吴械、胡野、王庭珪、方慤、尹躬中进士。　汪应辰（—1176）、韩元吉（—1187）、徐定（—1191）生。

重和二年、宣和元年（1119）　己亥

诏天下禁诵苏轼文。　刘肃进诗讽谏朱勔以花石纲媚君害民。　罗从彦撰成《语孟师说》。　任伯雨（1047—）卒，年七十三，谥忠敏，有《春秋绎圣新传》。　章縡（1054—）卒，年六十六，有《周官议》，孙觌志墓。黄开（—1190）生。

宣和二年（1120）　庚子

以儒道合一，诏罢道学。　王绹拜国子司业。　李光为太学博士。　张根（1061—）卒，年六十，有《吴园周易解》《春秋指南》。　喻良能（—?）生。

宣和三年（1121）　辛丑

诏复科举，罢天下州县学三舍及宗学、辟雍、诸路提举学事官。太学仍存三舍，舍选与科举并行。　胡寅、黄祖舜、江琦、王普中进士。　傅崧卿撰成《夏小正戴氏传》。　李虁（1147—）卒，年七十六，有《礼记义》。胡野（?—）卒，有《诸经讲义》。　谢谔（—1194）生。

宣和四年（1122）　壬寅

御制《文宣王赞》。　幸秘书省、太学，阅神宗御书《孟子章句》。　晁说之作《康节先生谥议后记》。　褒恤王安石后。　胡寅作《上蔡论语解后序》。　李彦章等《周易全解》编成。　胡箕（—1194）、李吕（—1198）生。

宣和五年（1123）　癸卯

太学博士陈与义等奏请去王氏而尊用程氏。　禁元祐学术。　晁说之为赵瞻《春秋论》作序。　胡寅除西京国子监教授。　王庭珪隐居讲学。　游酢（1053—）卒，年七十一，谥文肃，称"广平先生"，有《易说》《诗二南义》《中庸义》《论语杂解》《孟子杂解》，杨时志墓。　程大昌（—1195）、洪迈（—1202）生。

宣和六年（1124）　甲辰

手诏令《洪范》"无偏无陂"改为"无偏无颇"。　宇文虚中等知贡举，曹粹中进士及第。　耿南仲东宫讲《周易》毕，续讲《尚书》。　杨时除秘书郎。　陈瓘（1057—）卒，年六十八，谥忠肃，称"了斋先生"，有《了斋易说》。　刘夙（—1171）、郑伯熊（—1181）、何逢原（—1192）、施师点（—1192）生。

宣和七年（1125）　乙巳

徽宗禅让太子赵桓（1100—1161），是为钦宗，耿南仲签枢。　蔡京致仕。　太学生陈东、冯诚之等请诛六贼。　杨时迁著作郎，寻除迩英殿说书。诏安泳进《周易解义》。　陆宰为陆佃《埤雅》作序。　刘安世（1048—）卒，年七十八，称"元城先生"，有《论语解》《礼记解》《礼记讲义》。　胡公武（—1179）生。　约本年，周行己（1068—）卒，有《经解》。　宣和末绍兴初，张大亨卒，有《春秋通训》《五礼例宗》。

钦宗靖康元年（1126）　丙午

追封范仲淹魏国公、赠司马光太师，除元祐党籍学术之禁。　置《春秋》博士，召朱震任之。　复以诗赋取士，禁用老子、庄子及王安石《字说》。从国子监祭酒杨时之请，罢王安石配享孔庙。　窜逐蔡京、童贯。　李纲罢，胡安国贬外。　晁说之迁秘书监，除中书舍人，奏请去《孟子》于经筵。召尹焞至京师，赐号和靖居士。　周必大（—1204）、孙调（—1204）、郑汝谐（—1205）生。

靖康二年（1127）　丁未

太学博士朱震致仕。　董逌权国子祭酒，尝撰《广川易学》《广川诗故》。　胡安国避乱衡山。　谭世勣（1074—）卒，年五十四，有《易传》。刘朔（1170）、杨万里（—1206）生。

附录二 两宋经学著述考录

　　本《著述考录》仿朱彝尊《经义考》，分作易、书、诗、礼、春秋、孝经、尔雅、四书、五经总义九类，著录两宋经学著述之题名、撰人、卷篇数、出处、存佚及主要的版本、馆藏地等。其中，礼类分列周礼、仪礼、礼记、三礼总义之属，四书类分列大学、中庸、论语、孟子、四书总义之属。类、属之下，大体按照著者生卒年或活动时间编次，年代无考、姓氏不详者胪列于后。由宋入元的学者，大体以生于1250年（理宗淳祐十年）为收录下限。部分著述，历代书目文献或整体收录，或单独著录，酌情予以两收。专书之外，散见的篇章亦予收录。存世者（含残缺者）用下画线标出。取材以《经义考》为主，参据《遂初堂书目》《郡斋读书志》《直斋书录解题》《通志略·艺文略》《玉海·艺文部》《文献通考·经籍考》《宋史·艺文志》《宋史艺文志·补·附编》《宋元学案》《宋元学案补遗》《全宋文》等，并酌取经史四部及《宋史艺文志考证》《现存宋人著述总录》《中国古籍总目·经部》《北宋〈易〉学著述补考》《北宋〈春秋〉学著述补考》（附于马兴祥《北宋经学与文论》后）《宋代春秋著述目录》（附于李建军《宋代〈春秋〉学与宋型文化》后）《历代诗经著述考（先秦—元代）》《宋代四书文献论考》等论著，限于体例，恕不一一注明。囿于闻见，缺漏难免，俟他日订补。

一、易类

陈抟《易龙图》一卷《经义考》注曰未见。

　　<u>《易道真传》五卷</u>存，有民国十九年汉圣学社刻汉口胡长茂印本，藏湖北省图书馆。

　　<u>《麻衣道者正易心法》一卷</u>（陈抟受并消息）存，有《津逮秘书》本。

王昭素《易论》三十三卷《经义考》注曰未见。

刘遵《周易异议论》十卷《经义考》注曰佚。

任奉古《周易发题》一卷《宋史·艺文志》。佚。

李觉《大衍义》一卷《经义考》注曰佚。

胡旦《周易演圣通论》十六卷《经义考》注曰佚。

李畋《易义》《经义考》注曰佚。

赵承庆《周易注》二十卷《经义考》注曰佚。

鲍极《周易重注》十卷《经义考》注曰佚。

孙载《易释解》五卷《（至正）昆山郡志》卷四。《经义考》注曰佚，又云"《姑苏志》作五十卷"。按《姑苏志》乃明王鏊撰，当据《（至正）昆山郡志》作五卷。

徐庸《周易意蕴凡例总论》一卷《经义考》注曰佚。

　　《卦变解》二卷《经义考》注曰佚。

皇甫泌《易解》十四卷《直斋书录解题》卷一。佚。

<u>李之才</u>《<u>变卦反对图</u>》八篇《经义考》注曰缺。载朱震《周易卦图》。

　　《<u>六十四卦相生图</u>》一篇存，载朱震《周易卦图》。

陈在中《易赋》六十四篇杨亿《武夷新集》卷七《送进士陈在中序》。佚。

范谔昌《大易源流图》一卷《经义考》注曰佚。

　　《易证坠简》一卷〔一作二卷〕《经义考》注曰佚。

　　《周易证义疏》二十卷《通志略·艺文略》。佚。

徐复、林瑀等《周易会元纪》《经义考》注曰佚。

<u>范仲淹</u>《易义》一卷《经义考》注曰缺。载《范文正集》卷五。

　　《<u>四德说</u>》一篇存，载《范文正集》卷六。

　　《<u>蒙以养正赋</u>》一篇存，载《范文正集》卷二十。

　　《<u>穷神知化赋</u>》一篇存，载《范文正别集》卷二。

　　《<u>乾为金赋</u>》一篇存，载《范文正别集》卷二。

　　《<u>易兼三材赋</u>》一篇存，载《范文正别集》卷三。

　　《<u>天道益谦赋</u>》一篇存，载《范文正别集》卷三。

　　《<u>水火不相入而相资赋</u>》一篇存，载《范文正别集》卷三。

掌禹锡《周易集解》十卷《经义考》注曰佚。

　　《周易流演遁甲图》一卷《经义考》注曰佚。

胡瑗述，倪天隐记《周易口义》十卷《系辞》二卷《说卦》一卷《序卦》一卷《杂卦》一卷存，有《四库全书》本。

黄晞《易义》十卷《经义考》注曰佚。

黄通《易义》一卷《经义考》注曰佚。

宋咸《易训》三卷《经义考》注曰佚。《郡斋读书志》卷一载宋氏自序一篇。

　　《易补注》十卷《经义考》注曰佚。

　　《王刘易辨》一卷（一作二卷）《经义考》注曰佚，并载宋氏自序一篇。

陈希亮《钩易图辨》（一作《辨刘牧易》）一卷《经义考》注曰佚。

　　《制器尚象论》一卷《经义考》注曰佚。

　　《家人噬嗑二卦图》二篇《经义考》注曰佚。

胡宿《黄离元吉赋》一篇存，载《文恭集》卷一。

龚焕《易说》《经义考》注曰佚。

石汝砺《乾生归一图》十卷（一作二卷）《经义考》注曰佚。

李载《易枢》十卷《经义考》注曰佚。

邵古《周易解》五卷《经义考》注曰未见。

纵康义《周易会通正义》三十三卷《经义考》注曰佚。

林巽《易范》八篇《经义考》注曰佚。

孙坦《周易析蕴》二卷《直斋书录解题》卷一。佚。

代渊《周易旨要》二十卷《经义考》注曰佚。

陆秉《周易意学》十卷《经义考》注曰佚。

吴秘《周易通神》一卷《经义考》注曰佚。

阮逸《易筌》六卷《经义考》注曰佚。

令狐揆《易疏精义》《经义考》注曰佚。

王洙《周易言象外传》十卷《经义考》注曰佚。

　　《古易》十二卷《经义考》注曰存。未见。

石介《周易解》十卷（一作五卷）《经义考》注曰佚。

　　《辨易》一篇存，载《徂徕石先生全集》卷七。

王逢《易传》十卷《经义考》注曰未见。

　　《乾坤指说》一卷《经义考》注曰佚。

　　《复书》七卷《经义考》注曰佚。

欧阳修《易童子问》三卷存，有《文忠集》本。

释契嵩《巽说》一篇存，载《镡津集》卷六。

　　《易术解》一篇存，载《镡津集》卷八。

《汉易中孚义》《经义考》注曰佚。

李溉《卦气图》一篇存，载朱震《周易卦图》。

龙昌期《周易注》十卷《经义考》注曰佚。

　　《符祥注》十卷《通志略·艺文略》。佚。

　　《周易绝笔书》四卷《通志略·艺文略》。佚。

高志宁《周易化源图》《经义考》注曰佚。

桂询《周易略例》一卷《通志略·艺文略》。佚。

周孟阳《易义》一卷《经义考》注曰佚。

文彦博《鸿渐于硅赋》一篇存，载《潞公文集》卷一。

苏舜钦《复辩》一篇存，载《苏学士集》卷十三。

李觏《易论》一卷存，载《直讲李先生文集》卷三。

　　《删定易图序论》一卷存，载《直讲李先生文集》卷四。

龚鼎臣《易补正》六卷《经义考》注曰佚。

陈襄《易讲义》二卷《经义考》注曰缺。存清张氏诒经堂抄本，藏南京图书馆。

刘牧《新注周易》十一卷《经义考》注曰佚。

　　《卦德通论》（一作《卦德统论》）一卷《经义考》注曰存。未见。

　　《易数钩隐图》三卷《遗论九事》一卷存，有《四库全书》本。

孔旼《大衍说》一篇《经义考》注曰未见。

耿格《大衍天心照》一卷《经义考》注曰佚。

邵雍《古周易》八卷《经义考》注曰未见。

　　《皇极经世书》十二卷（一作十四卷）存，有《道藏》本、《四库全书》本。

　　《先天后天占算易数》十三卷存，有清抄本，藏国家图书馆。

李象《易统论》《经义考》注曰佚。

　　《周易余义》五十篇吕南公《灌园集》卷十五《答李讲师书》。佚。

叶昌龄《周易图义》二卷《经义考》注曰未见。

勾微《周易广疏》三十六卷《经义考》注曰佚。

金君卿《易义》《经义考》注曰佚。

　　《传易之家》存，载《金氏文集》卷下。

　　《中爻辨是非赋》存，载《金氏文集》卷上。

冀震《周易义略》十卷《经义考》注曰佚。

陈良献《周易发隐》二十卷《经义考》注曰佚。

常豫《易源》一卷《经义考》注曰佚。

张简《周易义略》九卷《经义考》注曰佚。

　　《易问难》二十卷《经义考》注曰佚。

王锜《周易口诀》六卷《经义考》注曰佚。

何维翰《易义》《经义考》注曰佚。

刘纬《易义》《经义考》注曰佚。

陈文佐《易义》《经义考》注曰佚。

袁建《易义》《经义考》注曰佚。

卢穆《易义》《经义考》注曰佚。

白勋《易义》《经义考》注曰佚。

薄洙《易义》《经义考》注曰佚。

汪沿《易义》《经义考》注曰佚。

于弆《易义》《经义考》注曰佚。《经义考》按语云："王锜、袁建、卢穆、白勋、
　　薄洙、汪沿、于弆俱《易海》所引，时代爵里莫考。"

邓至《易义》《经义考》注曰佚。

王晳《周易衍注》四卷《经义考》注曰佚。

　　《周易纲旨》二十篇《经义考》注曰佚。

周敦颐《易通》（即《通书》）一卷存，有《周子全书》本。

　　《太极图说》一卷存，有《周子全书》本。

黄黎献《续钩隐图》一卷《经义考》注曰佚。

　　《略例义》一卷《经义考》注曰佚。《直斋书录解题》作《略例》，署刘
　　牧撰。

　　《室中记师隐诀》一卷《经义考》注曰佚。

郑夬《周易传》十三卷（一作十二卷）《经义考》注曰佚。

　　《时用书》二十卷《宋史·艺文志》。佚。

　　《明用书》九卷《宋史·艺文志》。佚。

　　《易传辞》三卷《宋史·艺文志》。佚。

　　《易传辞后语》一卷《宋史·艺文志》。佚。

周希孟《易义》《经义考》注曰佚。

刘彝《周易注》《经义考》注曰佚。

王存《易解》《经义考》注曰佚。

傅耆《同人卦说》一篇《经义考》注曰佚。

鲜于侁《周易圣断》七卷《经义考》注曰佚。

刘敞《易传外序》一篇存，载《公是集》卷三十四。

司马光《易说》一卷（或三卷）《经义考》注曰佚。四库馆臣从《永乐大典》辑
　　出，与《系辞说》合编为六卷。

　　　　《系辞说》二卷《经义考》注曰未见。存于四库馆臣辑司马光《易说》中。

张载《横渠易说》三卷存，有《通志堂经解》本、《四库全书》本。

　　　　《大易吟》一篇存，载《击攘集》卷十七。

王安石《易义》二十卷《郡斋读书志》卷一。《直斋书录解题》著录作《易解》十
　　四卷。存辑本，有王铁《宋代易学》附《王安石易义辑存》，上海古籍出版
　　社二〇〇五年版；刘成国《荆公新学研究》附《王安石易解辑佚》，上海古
　　籍出版社二〇〇六年版。

　　　　《易泛论》一篇存，载《临川文集》卷六十三。

　　　　《卦名解》一篇存，载《临川文集》卷六十三。

　　　　《易象论解》一篇存，载《临川文集》卷六十五。

　　　　《九卦论》一篇存，载《临川文集》卷六十六。

饶子仪《周易解》《经义考》注曰佚。

董逌《广川易学》二十四卷《经义考》注曰佚。

顾棠《周易义类》三卷《经义考》注曰佚。

张公裕《周易注解》《经义考》注曰佚。

谯定《易传》《经义考》注曰佚。

郑昇《易学释疑》《经义考》注曰佚。

杜询《周易略例》一卷《经义考》注曰佚。

于房《易传》《经义考》注曰佚。

沈季长《周易新义》二卷《经义考》注曰佚。

詹扑《易书》二卷张守《毗陵集》卷十二《詹扑墓志铭》。佚。

杨绘《易索蕴》《经义考》注曰佚。

吕大防《周易古经》二卷（一作十二卷）《经义考》注曰存。未见。

孙觉《易传》《经义考》注曰佚。

柯述《否泰一十八卦论》《经义考》注曰佚。

乔执中《易说》十卷《经义考》注曰未见。

牛师德《先天易钤》一卷《直斋书录解题》卷一。《经义考》注曰佚。

赵克顷《周易开奥图》《经义考》注曰佚。

戴蒙《易说》《经义考》注曰佚。

吕陶《易论》三篇存，载《净德集》卷十五。

罗适《易解》《经义考》注曰佚。

沈括《易解》二卷《经义考》注曰未见。

单锷《易义解》慕容彦逢《摛文堂集》卷十五《单季隐墓志铭》。佚。

蒋之奇《系辞解》二卷《经义考》注曰佚。

李清臣《易论》三篇存，载《宋文选》卷十八。

张巨《易解》十卷《经义考》注曰佚。

程颐《易传》四卷存，有《二程全书》本。

　　　　《易系辞说》一卷存，载《程氏经说》（八卷本）卷一。

龚原《周易新讲义》十卷存，有《宛委别藏》本。

　　　　《续解易义》十七卷《经义考》注曰未见。

杨杰《五六天地之中合赋》存，载《无为集》卷二。

史通《易著》《经义考》注曰佚。

　　　　《乾坤别解》三卷《经义考》注曰佚。

张弼《葆光易解》（一作《易解义》）十卷《经义考》注曰佚。

　　　　《卜子夏易传解》《经义考》注曰佚。

蒋夔《周易解》《经义考》注曰佚。

陈易《易解》《经义考》注曰佚。

　　　　《先天图说》《经义考》注曰佚。

罗志冲《易解》《经义考》注曰佚。

黄庶先《易图》一卷《经义考》注曰佚。

周秩《易说》十卷《经义考》注曰佚。

石牧之《易解》《经义考》注曰佚。

苏轼《易传》九卷存，有《两苏经解》本、《四库全书》本。

　　　　《易论》一篇存，载《苏东坡全集》卷四十九。

　　　　《〈易〉解十八变而成》一篇存，载《苏东坡全集》卷五十三。

苏辙《易说》三篇存，载《栾城第三集》卷八。

《易论》一篇存，载《栾城应诏集》卷四。

张舜民《易论》一篇存，载《画墁集》卷五。

朱长文《易经解》存，有明崇祯四年王文禄刻本，藏湖北省图书馆。

范祖禹《家人卦解义》一篇存，载《范太史集》卷二十三。

彭汝砺《易义》十卷《经义考》注曰佚。

　　　《伏羲俯仰画卦图》一卷《经义考》注曰佚。

　　　《深父学士示易诗匹首某辄和韵》存，载《鄱阳集》卷九。

陆佃《易解》一篇存，载《陶山集》卷九。

　　　《八卦解》二篇存，载《陶山集》卷九。

　　　《易论》一篇存，载《陶山集》卷九。

薛温其《易义》《经义考》注曰佚。

房审权《周易义海》一百卷《经义考》注曰缺。有宋李衡删定《周易义海撮要》

　　　十二卷，收入《四库全书》。

孙义伯《复古蓍法》《经义考》注曰佚。

冀珍《周易阐微诗》六卷《经义考》注曰佚。

王岩叟《易传》《经义考》注曰佚。

何执中《周易解》《经义考》注曰佚。

黄裳《易讲义》《戴山集》卷二十二《潭州讲易序》。佚。

黄莘《易传》《经义考》注曰佚。

王端礼《易解》《经义考》注曰佚。

吕大临《易章句》一卷存辑本，载陈俊民辑校《蓝田吕氏遗著辑校》，中华书局一

　　　九九三年版。

秦观《变化论》一篇存，载《淮海集》卷二十三。

　　　《君子终日乾乾论》一篇存，载《淮海集》卷二十三。

徐铎《易谈》二十卷《经义考》注曰佚。

米芾《易义》《经义考》注曰缺，仅存真迹书二条。今见米氏《易义》一条，载

　　　《宝晋英光集补遗》。

李复《易说送尹师闵》一篇存，载《潏水集》卷八。

　　　《论卦相应》一篇存，载《潏水集》卷八。

游酢《易说》一卷存，有《游定夫先生集》本。

杨时《易说》《经义考》注曰缺，散见《大易粹言》。

刘概《易系辞》十卷《经义考》注曰佚。

朱玠《易传》《经义考》注曰佚。

潘鲠《易要义》三卷《经义考》注曰佚。

牛思纯《太极宝局》一卷《经义考》注曰佚。

华镇《易论》一篇存，载《云溪居士集》卷十八。

谢湜《易义》十二卷《经义考》注曰佚。

王苹《周易传》一卷《经义考》注曰佚。

郭忠孝《郭兼山易解》二卷存，有旧抄本，藏故宫博物院。

      《四学渊源论》三卷《经义考》注曰佚。

邵伯温《周易辨惑》一卷《经义考》注曰未见。

陈瓘《了斋易说》一卷存，有《四库全书》本。

李贲《易义》二卷《经义考》注曰佚。

李平《西河图传》一卷《经义考》注曰未见。

晁说之《录古周易》八卷（一作十二卷）《经义考》注曰存。未见。

      《易玄星纪谱》二卷存，载《景迂生集》卷十。

      《易规》存，有旧抄本，藏故宫博物院。

      《京氏易式》《经义考》注曰佚。

      《周易太极传 外传 因说》八卷《经义考》注曰佚。

邹浩《易解》《经义考》注曰佚，并载邹氏自序一篇。

      《系辞纂义》二卷《经义考》注曰未见，并载邹氏自序一篇。

张汝明《易索》十三卷《经义考》注曰佚。

许翰《易传》《经义考》注曰佚。

耿南仲《周易新讲义》十卷缺，有《四库全书》本，存卷一至六。

苏伯材《周易解义》三十卷《经义考》注曰佚。

王昇《易说》《经义考》注曰佚。

马永卿《周易拾遗》二卷《经义考》注曰佚。

陈禾《易传》十二卷（一作九卷）《经义考》注曰未见。

陈高《八卦数图》二卷《经义考》注曰佚。

林虑《易说》九卷《经义考》注曰未见。

朱震《汉上易集传》十一卷《卦图》三卷《丛说》一卷存，有《通志堂经解》

    本、《四库全书》本。

林震《易问》五卷《经义考》注曰佚。

　《易传》十卷《经义考》注曰佚。

李郁《易传》《经义考》注曰佚。

张根《吴园周易解》九卷存，有《四库全书》本。

王俊乂《易说》十卷《经义考》注曰佚。

王湜《易学》一卷存，有《通志堂经解》本、《四库全书》本。

郑廷芬《易索引》《经义考》注曰佚。

郭长孺《易解》十卷《经义考》注曰佚。

李光《读易详说》十卷《经义考》注曰未见。存辑本，收入《四库全书》。

王师心《易说》《经义考》注曰佚。

王庭珪《易解》二十卷《经义考》注曰佚。

曾元忠《周易解》《经义考》注曰佚。

陈皋《易论》十卷《经义考》注曰佚。

谭世勣《易传》十卷《经义考》注曰未见。

汪天任《易说》《经义考》注曰佚。

郑廷芬《易索隐》六卷《经义考》注曰佚。

程逵《易解》十卷《经义考》注曰佚。

李彦章等《周易全解》《经义考》注曰佚。

林疑独等《太学十先生易解》十二卷《经义考》注曰佚。

康平《河图解》二卷《经义考》注曰佚。

雷度《周易口义》《经义考》注曰佚。

李开《易解》三十卷《经义考》注曰佚。

喻唐《周易宗经》十卷《经义考》注曰佚。

李勃《周易正例》三卷《经义考》注曰佚。

陈正中《周易卦象赋》一卷《经义考》注曰佚。

黄宗旦《易卦象赋》二卷《经义考》注曰佚。

林令贲《周易歌》一卷《经义考》注曰佚。

李纲《梁溪易传内外篇》十九卷（一作二十三卷）《经义考》注曰佚，并载李氏
　　自序二篇。《梁溪集》卷一百三十四除载李氏《易传内外篇自序》外，另载
　　《释象序》《训辞序》（缺）《明变序》《衍数序》《类占序》等篇。

江泳《易解》《经义考》注曰佚。

田君右《周易管见》《经义考》注曰佚。

《太极说》一卷《经义考》注曰佚。

曾几《周易释象》五卷《经义考》注曰佚。

郑刚中《周易窥余》十五卷《经义考》注曰未见。存辑本，收入《四库全书》。

《大易赋》一篇存，载《北山集》卷十。

庄绰《揲蓍新谱》一卷《经义考》注曰佚。

洪兴祖《周易古今考异释疑》一卷《经义考》注曰佚。

《周易通义》二十卷《经义考》注曰佚。

《古易考义》十卷《经义考》注曰佚。

《古今易总志》三卷《经义考》注曰佚。

沈该《周易小传》六卷存，有《通志堂经解》本（分作十二卷）、《四库全书》本。

《系辞补注》一卷存，有《吴兴丛书》本。

何兑《龟津易传》《经义考》注曰佚。

尹躬《易解》《经义考》注曰佚。

丘砺《易议》《经义考》注曰佚。

王大宝《周易证义》十卷《经义考》注曰佚。

曹粹中《易解》《经义考》注曰佚。

金安节《周易解》《经义考》注曰佚。

章服《易解》二卷《经义考》注曰佚。

郑克《揲蓍古法》一卷《经义考》注曰未见。

吴黻《周易详解》四十卷《经义考》注曰未见。

程克俊《易通解》十卷《经义考》注曰佚。

周聿《易说》《经义考》注曰佚。

郑东卿《易卦疑难图》二十五卷《经义考》注曰未见。

《易说》三卷《经义考》注曰未见。

《先天图注》一卷《经义考》注曰佚。

冯当可《易论》三卷《经义考》注曰佚。

李椿年《逍遥公易解》八卷《经义考》注曰未见。

《周易疑问》二卷（一作一卷）《经义考》注曰未见。

张浚《紫岩易传》十卷存，有《通志堂经解》本、《四库全书》本。

吴适《大衍图》一卷《经义考》注曰佚。

柴翼 《易索隐》《经义考》注曰佚。

间丘昕、胡寅《二五君臣论》一卷《经义考》注曰未见。

凌唐佐《周易集解》六卷《经义考》注曰佚。

林师说 《易说》《经义考》注曰佚。

林纮《易说》《经义考》注曰佚。

尹天民《易论要纂》一卷《经义考》注曰佚。

　　　　《易说拾遗》二卷《经义考》注曰佚。

鲁訔《易说》二十卷《经义考》注曰佚。

黄祖舜《易说》《经义考》注曰佚。

范浚《易论》一篇存，载《香溪集》卷七。

胡铨《易传拾遗》十卷《经义考》注曰佚。

　　　《大衍论》一篇存，载《澹庵文集》卷二。

胡宏《易外传》一卷存，载《五峰集》卷五。

王刚中 《易说》《经义考》注曰佚。

钱述 《易断》《经义考》注曰佚。

林儵《易说》十二卷《经义考》注曰佚。

　　　《变卦》八卷（一作五卷）《经义考》注曰佚。

　　　《变卦纂集》一卷《经义考》注曰佚。

李授之《易解通义》三十卷《经义考》注曰佚。

尹彦颐（高丽使臣）《易解》《经义考》注曰佚。

刘翔《易解》六卷《经义考》注曰佚。

郭伸《易解》《经义考》注曰佚。

王义朝《易说》十卷《经义考》注曰佚。

　　　《易论》十二卷《经义考》注曰佚。

张抡《易卦补遗》《经义考》注曰佚。

晁公武《易诂训传》（一作《易广传》）十八卷《经义考》注曰佚。

刘藻《易解》五卷《经义考》注曰佚。

关注《易传》一卷《经义考》注曰佚。

郭雍《郭氏家传易》十一卷存，有《四库全书》本。

　　　《卦辞旨要》六卷《经义考》注曰未见。

　　　《蓍卦辨疑》二卷《经义考》注曰未见。《郡斋读书志·附志》著录《蓍卦辨疑》三卷，并云："上卷康节先生《揲蓍法》、横渠先生《大衍说》、伊川先生《揲蓍法》、兼山郭先生《蓍数说》；下卷则辨证也。兼山之子雍为之序，谢艮斋谔识其后云。"

都絜《易变体》十六卷 《经义考》注曰未见。存辑本，题作《易变体义》，凡十二卷，收入《四库全书》。

《周易说义》十四卷 《经义考》注曰佚。

喻樗《易义》《经义考》注曰佚。

夏休《周易讲义》九卷 《经义考》注曰佚。

徐珣《易解》《经义考》注曰佚。

郑厚《存古易》《经义考》注曰佚。

何万《易辨》三卷 《经义考》注曰佚。

《渊源录》三卷 《经义考》注曰佚。

郑耕老《易范》《经义考》注曰佚。

李石《方舟先生易学》二卷存，有吴氏绣谷亭抄本，藏上海图书馆。

徐良能《易说》《经义考》注曰佚。

何逢原《周易解说》《经义考》注曰佚。

孙份《周易先天流衍图》十二卷 《经义考》注曰佚。

乐洪《周易卦气图》一卷 《经义考》注曰佚。

刘熊《东溪易传》《经义考》注曰佚。

刘庭直《周易集传》《经义考》注曰佚。

安泳《周易解义》《经义考》注曰佚。

陆太易《周易口诀》七卷 《经义考》注曰佚。

赵仲锐《易义》五卷 《经义考》注曰佚。

黄颜荣《易说》《经义考》注曰佚。

兰廷瑞《渔樵易解》十二卷 《经义考》注曰佚。

潘植《易说》《经义考》注曰佚。

赵景纬《易论》缺，《宋史》卷四百二十五《赵景纬传》节引两段。

刘泽《易说》《经义考》注曰佚。

冯大受《易说》《经义考》注曰佚。

储泳《易说》《经义考》注曰佚。

吴绮《易说》《经义考》注曰佚。

陈义宏《易解》《经义考》注曰佚。

林栗《周易经传集解》三十六卷存，有《四库全书》本。

陈知柔《易本旨》十六卷《经义考》注曰佚。

　　　《易大传》三卷《经义考》注曰佚。

　　　《易图》一卷《经义考》注曰佚。

李焘《周易古经》八篇《经义考》注曰存，并载李氏跋文一篇。未见。

　　　《易学》五卷《经义考》注曰佚。

　　　《易大传杂说》一卷《经义考》注曰未见。

吴沆《易璇玑》三卷存，有《通志堂经解》本、《四库全书》本。

高元之《易解》一卷《经义考》注曰佚。

韩元吉《系辞传》《经义考》注曰佚。

　　　《易论》一篇存，载《南涧甲乙稿》卷十七。

刘季裴《周易解颐》《经义考》注曰佚。

钱佃《易解》三十卷《经义考》注曰佚。

芮烨《易传》一卷《经义考》注曰佚。

钱俣《易说》三卷《经义考》注曰佚。

彭与《周易义解》十册《经义考》注曰佚。

　　　《神授易图》四册《经义考》注曰佚。

　　　《易证诗》一册《经义考》注曰佚。

　　　《易义文图》（一作《易文图》）二轴《经义考》注曰佚。

　　　《太极歌》一册《经义考》注曰佚。

宋大明《周易解》《经义考》注曰佚。

黄开《周易图说》《经义考》注曰佚。

李流谦《易经解》存《坤》《贲》解二篇，载《永乐大典》卷一万三千八百七十六。

彭宗茂《易解》《经义考》注曰佚。

程大昌《易原》十卷《经义考》注曰佚。存辑本，凡八卷，收入《四库全书》。

施师点《易说》四卷《经义考》注曰佚。

郑汝谐《易翼传》二卷存，有《通志堂经解》本、《四库全书》本。

杨万里《诚斋易传》二十卷存，有《四库全书》本。

　　　《易外传后序》一篇存，载《诚斋集》卷八十四。

曾穜《大易粹言》七十卷《总论》三卷存，有《四库全书》本，凡十卷，题方闻一编。

陈天麟《易传》《经义考》注曰佚。

李吕《周易义说》《经义考》注曰佚。

石嶅《周易解》《经义考》注曰佚。

丘义《易说》《经义考》注曰佚。

刘朔《易占图书注》《经义考》注曰佚。

韩大宁《周易集注》《经义考》注曰佚。

徐畸《周易解微》三卷《经义考》注曰佚。

徐人杰《易传》《经义考》注曰佚。

诸葛说《艮园易说》《经义考》注曰佚。

<u>张行成</u>《元包数总义》二卷存，有《四库全书》本。

《周易述衍》十八卷《经义考》注曰存。未见。

《易通变》四十卷存，有《四库全书》本。

《皇极经世索隐》一卷存，有《四库全书》本。

《观物外篇衍义》九卷存，有《四库全书》本。

《翼玄》十二卷存，有《函海》本

刘烈《虚谷子解卦周易》三卷《经义考》注曰佚。

<u>李衡</u>删定《周易义海撮要》十二卷存，有《通志堂经解》本、《四库全书》本。

《易说》《姑苏志》卷五十。佚。

刘文郁《周易宏纲》八卷《经义考》注曰佚。

王日休《龙舒易解》一卷《经义考》注曰佚。

《准系易象》二十四卷《经义考》注曰未见。

林维屏《榕台易论》《经义考》注曰佚。

郭彦逢《易辨说》十篇《经义考》注曰佚。

李椿《周易观画》二卷《经义考》注曰佚。

郭缜《易春秋》二十卷《经义考》注曰未见。

程迥《易章句》十卷《经义考》注曰佚。

《古易考》一卷《经义考》注曰未见。

《周易古占法》一卷《古周易章句外编》一卷存，有《说郛》本、《四库全书》本。

<u>赵彦肃</u>《复斋易说》六卷存，有《通志堂经解》本、《四库全书》本。

项安世《周易玩辞》十六卷存，有《四库全书》本。

朱熹《易传》十一卷《经义考》注曰佚。

　　《周易本义》十二卷存，有《四库全书》本。

　　《易学启蒙》三卷存，有《性理大全》本，凡四卷。

　　《古易音训》二卷《经义考》注曰未见。

　　《蓍卦考误》一卷存，载《晦庵集》卷六十六。

　　《朱文公易说》二十三卷存，有《通志堂经解》本、《四库全书》本。

　　《周易筮仪》一卷存，有宋刻本，藏国家图书馆。

　　《周易五赞》一卷存，有宋刻本（藏国家图书馆）、《五经补纲》本。

　　《损益象说》一卷《经义考》注曰存。未见。

　　《元亨利贞说》一篇存，载《晦庵集》卷六十七。

　　《易象说》一篇存，载《晦庵集》卷六十七。

　　《易精变神说》一篇存，载《晦庵集》卷六十七。

　　《易寂感说》一篇存，载《晦庵集》卷六十七。

　　《太极说》一篇存，载《晦庵集》卷六十七。

　　《记易误》一篇存，载《晦庵集》卷七十。

李舜臣《易本传》三十三卷《经义考》注曰佚。

罗泌《易说》《经义考》注曰佚。《路史》卷三十二有《论太极》《明易象象》《易之
　　名》《论三易》，卷三十九有《重卦伏羲》等篇。

　　《归愚子大衍说》一卷《经义考》注曰存，载《路史》。未见。

崔敦礼《易论》一篇存，载《宫教集》卷七。

袁枢《易学索隐》一卷《经义考》注曰佚。

　　《易传解义》《经义考》注曰佚。

　　《周易辨异》《经义考》注曰佚。

　　《易童子问》《经义考》注曰佚。

张栻《易说》十一卷《经义考》注曰未见。存，有《枕碧楼丛书》本，题作《南轩
　　易说》，凡五卷；《四库全书》本，亦题《南轩易说》，凡三卷。

陈造《易说》一卷存，载《江湖长翁集》卷三十四。

薛季宣《古文周易》十二卷《经义考》注曰佚，并载薛氏自序一篇。

赵善佐《易疑问答》《经义考》注曰佚。

蔡元定《皇极经世指要》二卷存，有《朱子成书》本。

郑汝谐《易翼传》二卷存，有《四库全书》本。

蔡元定《大衍详说》《经义考》注曰未见。

余瑞礼《周易启蒙》《经义考》注曰佚。

唐仲文《读十二月卦》一篇存，载《悦斋文抄》卷九。

赵善誉《易说》二卷《经义考》注曰佚。存辑本，凡四卷，收入《四库全书》。

高崶《易说》二十卷《经义考》注曰佚。

吕祖谦《古周易》一卷存，有《通志堂经解》本、《四库全书》本。

  《易说》二卷存，有《学海类编》本。

  《古易音训》二卷存，有《续修四库全书》影印复旦大学图书馆藏清嘉庆七年刻本。

  《读易纪闻》一卷存，载《东莱别集》卷十二。

  《周易系辞精义》二卷（吕祖谦辑）存，有《续修四库全书》影印清光绪十年黎庶昌日本东京使署刻《古逸丛书》本。

  《周易杂论精义》一卷存，有清抄本，藏天津图书馆。

王时会《周易训传》《经义考》注曰佚。

王炎《易笔记》八卷《总说》一卷《直斋书录解题》卷一。《经义考》注曰佚。

  《易数稽疑》《经义考》注曰佚。

袁涛《易说》袁燮《絜斋集》卷二十《从兄学录墓志铭》。佚。

陆九渊《易说》一篇存，载《象山集》卷二十一。

  《易数》二篇存，载《象山集》卷二十一。

周燔《九江易传》九卷《经义考》注曰佚。

吴昶《易论》《经义考》注曰佚。

林学蒙《易解》《经义考》注曰佚。

陈文蔚《易传》《经义考》注曰佚。

潘柄《周易集义》六十四卷《经义考》注曰未见。

戴溪《周易总说》二卷《经义考》注曰佚。

吕凝之《易书》四十卷《经义考》注曰佚。

许升《易解》《经义考》注曰佚。

杨简《慈湖易解》十卷存，有《四库全书》本，题作《杨氏易传》，凡二十卷。

  《己易》一卷存，载《慈湖遗书》卷七。

  《易学启弊》《经义考》注曰未见。

《泛论易》一卷存，载《慈湖遗书》卷七。

章元崇《周易释传》《经义考》注曰佚。

杨明复《周易会粹》《经义考》注曰未见。

袁说友《易说》二篇存，载《东塘集》卷二十。

蔡戡《易解》《经义考》注曰佚。

陈柄《易讲义》五卷《经义考》注曰佚。

冯诚之《易英》十卷《经义考》注曰佚。

赵彦真《易集解》五卷《经义考》注曰佚。

刘光祖《续东溪易传》《经义考》注曰佚。

史弥大《易学指要》《经义考》注曰佚。

《衍极图说》《经义考》注曰佚。

范飞卿《易辨》《经义考》注曰佚。

丘巽之《易原》《经义考》注曰佚。

詹体仁《周易象数总义》一卷《经义考》注曰佚。

刘爚《易经说》《经义考》注曰佚。

江默《周易训解》六卷《经义考》注曰佚。

孙调《易解》十卷《经义考》注曰佚。

杨大法《易说》《经义考》注曰佚。

商飞卿《周易讲义》一卷《经义考》注曰未见。

胡有开《周易解义》四十卷《经义考》注曰佚。

胡维宁《易筌蹄》《经义考》注曰佚。

方汝一《易论》二卷《经义考》注曰佚。

邵困《读易管见》《经义考》注曰佚。

郑鉴《周易注》《经义考》注曰佚。

丁铼《易通释》《经义考》注曰佚。

朱质《易说举要》《经义考》注曰佚。

倪思《易训》三十卷《经义考》注曰佚。

《易说》二卷《经义考》注曰佚。

张杲《周易冈象成名图》一卷《经义考》注曰佚。

陈德一《易传发微》《经义考》注曰未见。

邓传之《系辞说》一卷《经义考》注曰佚。

吴仁杰《古周易》十二卷《经义考》注曰未见。

   《易图说》三卷存，有《通志堂经解》本、《四库全书》本。

   《集古易》一卷《经义考》注曰存，并载吴氏自序一篇。未见。

叶适《周易述释》一卷《经义考》注曰未见。

杨炳《易说》《经义考》注曰佚。

义太初《周易集注》五卷《经义考》注曰佚。

林应辰《易说》《经义考》注曰佚。

刘弥邵《易藁》《经义考》注曰佚。

郑文通《易学启蒙或问》《经义考》注曰佚。

冯椅《厚斋易学》五十卷《经义考》注曰未见。

杨忠辅《大衍本原》《经义考》注曰佚。

王宗传《童溪易传》三十卷存，有《通志堂经解》本、《四库全书》本。

汤焕《周易讲义》三卷《经义考》注曰佚。

徐君平《易说》《经义考》注曰佚。

黄干《系辞传解》一卷存，凡二篇，载《勉斋集》卷三。

   《易说》一篇存，载《勉斋集》卷三十七。

陈舜申《易鉴》《经义考》注曰佚。

易祓《周易总义》二十卷存，有《四库全书》本。

   《易学举隅》四卷《经义考》注曰未见。

赵全叔《易传》《蜀中广记》卷四十二。佚。

蔡渊《周易经传训解》四卷《经义考》注曰存，止三卷。今有《四库全书》本，

  凡二卷。

   《易象意言》存辑本，凡一卷，收入《四库全书》。

   《卦爻辞旨》《经义考》注曰佚。

   《大传易说》《经义考》注曰佚。

   《象数余论》《经义考》注曰佚。

   《古易叶韵》《经义考》注曰佚。

   《太极图解》二卷《经义考》注曰缺。载《蔡氏九儒书》卷三《节斋公集》。

   《太极通旨》《经义考》注曰佚。

李赟《周易说》九卷《经义考》注曰佚。

郑子厚《大易观象》三十二卷《经义考》注曰佚。

朱承祖《易撼卦总论》一十卷《经义考》注曰佚。

刘禹偁《易解》十卷《经义考》注曰佚。

汤义《周易讲义》三卷《经义考》注曰佚。

邹巽《易解》六卷《经义考》注曰佚。

邹安道《易解发题》《经义考》注曰佚。

薛绂《易则》十卷《经义考》注曰佚。

高似孙《读易赋》一篇存，载《骚略》卷三。

蔡沆《复卦大要》一篇存，载《蔡氏九儒书》卷四《复斋公集》。

陈淳《周易讲义》三篇存，载《北溪大全集》卷十九，即《原画》《原辞》《原旨》
　　三篇，另有《天行健君子以自强不息》一篇。

　　《易本义大旨》一篇存，载《北溪大全集》卷十六。

林至《易裨传》二卷存，有《通志堂经解》本、《四库全书》本。

柴中行《易系集传》《经义考》注曰佚。

薛舜俞《易抄》《经义考》注曰佚。

赵汝谈《周易说》三卷《经义考》注曰佚。

徐侨《读易记》三卷《经义考》注曰佚。

盛璲《太极图解》一卷《经义考》注曰佚。

金童《太极图说》八卷《经义考》注曰佚。

方泳之《易口义》一卷《经义考》注曰佚。

谭大经《易说》《经义考》注曰佚。

陆持之《周易提纲》《经义考》注曰佚。

袁聘儒《述释叶氏易说》一卷《经义考》注曰佚。

叶秀发《易说》《经义考》注曰佚。

叶皆《易解》《经义考》注曰佚。

李起渭《易说》《经义考》注曰佚。

杨泰之《大易要言》二十卷《经义考》注曰佚。

　　　《易类》五卷《经义考》注曰佚。

虞刚简《易说》《经义考》注曰佚。

毛友诚《玩易手抄》《经义考》注曰佚。

程珌《易议》三篇存，或《洺水集》卷六。

李心传《丙子学易论》十五卷《经义考》注曰缺。存《丙子学易编》一卷，有

　　《通志堂经解》本、《四库全书》本。

章如愚《大衍说》一篇存，载《群书考索》卷九。

叶味道《周易会通》《经义考》注曰佚。

朱中《太极演说》一卷《经义考》注曰佚。

孙义《太极图说》一卷《经义考》注曰佚。

吴如愚《准斋易说》一卷《经义考》注曰佚。

胡谦《易说》《经义考》注曰佚。

　　《易林》《经义考》注曰佚。

司马子巳《先后天图》《经义考》注曰佚。

柳申锡《三易图说》十卷《经义考》注曰佚。

任直翁《易心学》《经义考》注曰佚。

傅子云《易传》《经义考》注曰佚。

林万顷《易解》《经义考》注曰佚。

张孝直《周易口义》《经义考》注曰佚。

申孝友《易说》《经义考》注曰佚。

汤建《周易筮传》《经义考》注曰佚。

赵善湘《周易说约》八卷《经义考》注曰佚。

　　《周易或问》四卷《经义考》注曰佚。

　　《周易续问》八卷《经义考》注曰佚。

　　《周易指问》四卷《经义考》注曰佚。

　　《学易补过》六卷《经义考》注曰佚。

黄以翼《易说》《经义考》注曰佚。

徐相《周易直说》《经义考》注曰佚。

赵共父《古易补音》《经义考》注曰佚。

苏竦《易解》《经义考》注曰佚。

何镐《易集义》《经义考》注曰佚。

董铢《周易师训》《经义考》注曰未见。

李中正《泰轩易传》六卷存，有《续修四库全书》影印复旦大学图书馆藏日本宽政
　　　十二年活字印《佚存丛书》本。

李过《西溪易说》十二卷存，有《四库全书》本。

洪咨夔《讲义》二篇存，载《平斋集》卷二十八。

真德秀《复卦说》一卷《宋史·艺文志》。佚。

魏了翁《周易集义》六十四卷存，有宋刻本，题作《大易集义》，卷六至十、二十
　　　　四至二十六配清抄本，藏国家图书馆。

　　　　《周易要义》十卷存，有宋淳熙十二年魏克愚刻本（藏国家图书馆，存卷一
　　　　至二、七至十）、《四库全书》本。

王宗道《易说指图》十卷《经义考》注曰佚。

毛璞《易传》十一卷《经义考》注曰未见。

黄龟朋《周易解》《经义考》注曰佚。

宋闻礼《易解》《经义考》注曰佚。

徐雄《易解》《经义考》注曰佚。

艾谦《易学理窟》一卷《经义考》注曰佚。

刘赞《易统》《经义考》注曰佚。

柴元祐《系辞说》三卷《经义考》注曰佚。

王太冲《易爻变义》《经义考》注曰佚。

杨忱中《易原》九卷（一作三卷）《经义考》注曰未见。

袁甫《经筵讲义·易》存《发题》《坤》两篇，载《蒙斋集》卷一。

　　　　《易有太极铭并序》一篇存，载《蒙斋集》卷十六。

　　　　《钱坤易之门铭并序》一篇存，载《蒙斋集》卷十六。

阳枋《存斋易说》《经义考》注曰佚。

何基《易学启蒙发挥》二卷《经义考》注曰未见。

　　　　《系辞发挥》二卷《经义考》注曰未见，并载何氏自序一篇。

　　　　《太极图发挥》一卷《经义考》注曰未见。

蔡模《易传集解》《经义考》注曰佚。

赵以夫《易通》六卷存，有《四库全书》本。

吴渊《周易解》《经义考》注曰佚。

林叔清《古易》《经义考》注曰佚。

蔡齐基《周易述解》九卷《经义考》注曰佚。

牟子才《四尚易编》《经义考》注曰佚。

罗之纪《易传》三卷《经义考》注曰佚。

潘梦旂《大易约解》九卷《经义考》注曰未见。

冯去非《易象通义》《经义考》注曰佚。

饶鲁《易说》《经义考》注曰佚。

《太极三图》一卷《经义考》注曰未见。

倪公晦《周易管窥》《宋元学案》卷八十二。佚。

王万《易说》《经义考》注曰佚。

《太极图说》一卷《经义考》注曰佚。

王柏《读易记》十卷《经义考》注曰佚。

《涵古易说》一卷《经义考》注曰佚。

《大象衍义》一卷《经义考》注曰佚。

《太极衍义》一卷《经义考》注曰未见。

朱元昇《三易备遗》十卷存，有《通志堂经解》本、《四库全书》本。

田畴《学易蹊径》二十卷《经义考》注曰未见。

徐几《易辑》《经义考》注曰佚。

林希逸《易讲义》《经义考》注曰未见。

孟珙《警心易赞》《经义考》注曰佚。

林子云《易说》十卷《经义考》注曰佚。

罗大经《易解》十卷《经义考》注曰佚。

郑起《易注》《经义考》注曰佚。

陈冲飞《易原》十卷《经义考》注曰佚。

卓得庆《易解》《经义考》注曰佚。

谢升贤《易通》《经义考》注曰佚。

《太极说》一卷《经义考》注曰佚。

高斯得《易肤说》《经义考》注曰佚。

赵汝楳《周易辑闻》六卷《易雅》一卷《筮宗》一卷存，有《通志堂经解》《四库全书》本。

《易序丛书》十卷缺，有清抄本，存卷一至二、六至十，藏上海图书馆。

阳岊《字溪易说》《经义考》注曰佚。

刘半千《义易正元》一卷《经义考》注曰佚。

萧山《读易管见》《经义考》注曰佚。

尤彬《读易》四卷《经义考》注曰佚。

欧阳守道《易故》《经义考》注曰佚。

程若庸《太极图说》一卷《经义考》注曰佚。

方濯《易注解义》《经义考》注曰佚。

刘整《易纂图》一卷《经义考》注曰佚。

陈宏《易童子问》一卷《经义考》注曰未见。

　　《易象发挥》《经义考》注曰佚。

　　《易孟通旨》《千顷堂书目》。佚。

黄震《读易日抄》一卷存，载《黄氏日抄》卷六。

徐霖《易传》《经义考》注曰佚。

　　《太极图说》一卷《经义考》注曰佚。

杨文焕《五十家易解》四十二卷《经义考》注曰佚。

吕中《易图》一卷《经义考》注曰佚。

钱时《周易释传》二十卷《经义考》注曰未见。

张志道《易传》三十卷《经义考》注曰佚。

税与权《易学启蒙小传》一卷《古经传》一卷存，有《通志堂经解》本、《四库
　　全书》本。

戴仔《易传》《经义考》注曰佚。

戴侗《周易家说》《经义考》注曰未见。

方实孙《淙山读周易记》八卷存，有《四库全书》本，凡二十一卷。

陈友文《大易集传精义》六十四卷《纲领》三卷《经义考》注曰存。未见。

徐直方《易解》六卷《经义考》注曰未见。

孟文龙《易解大全》三十卷《经义考》注曰佚。

严肃《朴山易说》十四卷《经义考》注曰佚。

刘黻《太极说》一篇《经义考》注曰存，载《蒙川集》。未见。

吕大圭《易经集解》《经义考》注曰佚。

　　《学易管见》七卷《经义考》注曰佚。

孙嵘叟《读易管见》《经义考》注曰佚。

王幼孙《易通》一卷《经义考》注曰佚。

　　《太极图说》一卷《经义考》注曰佚。

时少章《周易大义》《经义考》注曰佚。

　　《周易卦赞》《经义考》注曰佚。

季可《大易卦体》五十卷《经义考》注曰佚。

周方《学易说》一卷《经义考》注曰未见。

方逢辰《易外传》五卷《经义考》注曰未见。

胡仲云《周易载一》《经义考》注曰佚。

林光世《水村易镜》一卷存,有《通志堂经解》本。

王应麟《古易考》《经义考》注曰未见。

　　　　《周易郑康成注》一卷存,有《四部丛刊三编》影印元刊本。

曾子良《周易辑说》《经义考》注曰佚。

吴霞举《易管见》六十卷《经义考》注曰佚。

　　　　《筮易》七卷《经义考》注曰佚。

史蒙卿《易究》十卷《经义考》注曰佚。

邱富国《周易辑解》十卷《经义考》注曰佚。

　　　　《学易说约》五篇《经义考》注曰佚。

翁泳《周易思斋口义》《经义考》注曰佚。

董楷《周易传义附录》十四卷存,有《通志堂经解》本、《四库全书》本。

周敬孙《易象占》《经义考》注曰佚。

谢枋得《易说》《经义考》注曰未见。

方回《读易析疑》(一作《读易释疑》)《经义考》注曰佚。

　　　　《易中正考》《经义考》注曰佚。

　　　　《易吟》一百首存,载《桐江续集》卷七。

胡方平《易学启蒙通释》二卷存,有《通志堂经解》本、《四库全书》本。

　　　　《外易》(一作《外翼》)四卷《经义考》注曰未见。

　　　　《易余闲记》一卷《经义考》注曰未见。

何梦桂《易衍》二卷《经义考》注曰未见。《潜斋集》卷六有《易衍序》一篇。

胡次焱《余学斋易说》《经义考》注曰未见。

王之佐《系辞解》《经义考》注曰佚。

雷思齐《易图通变》五卷存,有《道藏》本。

　　　　《易筮通变》三卷存,有《道藏》本。

陈焕《易传宗》《经义考》注曰佚。

汪深《周易占例》《经义考》注曰佚,并载汪氏自序一篇。

练未《大易发微》《经义考》注曰佚。

徐端方《易发挥》《经义考》注曰佚。

程新恩《易图》《经义考》注曰佚。

陈沂《读易记》《经义考》注曰佚。

王镒《易象宝鉴》《经义考》注曰佚。

詹天锡《大易内解》《经义考》注曰佚。

李杞《谦斋周易详解》二十卷《经义考》注曰未见。存辑本，题作《周易详解》，
  凡十六卷，收入《四库全书》。

陈廷言《易义指归》四卷《经义考》注曰未见。

王恺《易心》三卷《经义考》注曰未见。

林起鳌《易述古言》二卷《经义考》注曰佚。

石一鳌《周易互言总论》十卷《经义考》注曰佚。

冷轰龙《易说》《（同治）武宁县志》卷二十三。佚。《（同治）武宁县志》卷三十四
  载《易说序》一篇。

方公权《古易口义》《经义考》注曰佚。

俞琰《周易集说》四十卷存，有《通志堂经解》本（分作十三卷）、《四库全
  书》本。

 《读易举要》四卷存辑本，收入《四库全书》。

 《易图纂要》二卷存，有元刻本《易图纂要》一卷，藏日本静嘉堂文库；清抄
  本一卷，藏上海图书馆。

 《易外别传》一卷存，有《四库全书》本。

 《周易参同契发挥》三卷《释疑》一卷存，有《四库全书》本。

  《易古占法》一卷《经义考》注曰未见。

  《易经考证》《经义考》注曰佚。

  《易传考证》《经义考》注曰佚。

  《读易须知》《经义考》注曰佚。

  《六十四卦图》《经义考》注曰佚。

  《卦爻象占分类》《经义考》注曰佚。

  《易图合璧连珠》《经义考》注曰佚。

  《大易会要》一百三十卷《经义考》注曰佚。

戴亨《太极图说》一卷《经义考》注曰佚。

刘庄孙《易志》十卷《经义考》注曰佚。

文天祥《贲卦义》一篇存，载《文山集》卷十五。

黄超然《周易通义》八卷《发例》二卷《识蒙》一卷《或问》三卷存，有

《续修四库全书》影印上海图书馆藏明抄本。

朱知常 《经进易解》《经义考》注曰佚。

黎立武 《周易说约》一卷《经义考》注曰佚。

丁易东《周易象义》十卷存，有元刻本，凡十二卷，藏国家图书馆；《四库全书》
　　　本，辑自《永乐大典》，凡十六卷。

　　　《大衍索隐》三卷存，有《四库全书》本。

包天麟 《易注》《经义考》注曰佚。

郑仪孙 《易图说》《经义考》注曰佚。

魏新之 《易学蠡测》《经义考》注曰佚。

丘葵 《易解义》《经义考》注曰佚。

饶宗鲁 《易传庸言》《经义考》注曰佚。

熊采 《周易讲义》《经义考》注曰佚。

卫富益 《易经集说》《经义考》注曰佚。

陈普《易经解注》二册《经义考》注曰未见。

　　　《易讲义》一卷《经义考》注曰存。未见。《石堂先生遗集》卷七有《太极图
　　　乾男坤女图》一篇，卷十二有《周朱无极太极》一篇，卷十三有《太极辩序》
　　　一篇。

齐梦龙 《周易附说卦变图》《经义考》注曰佚。

王野翁《载易篇》《经义考》注曰佚。

　　　《周易分注》《经义考》注曰佚。

郭陞 《易述》程文海《雪楼集》卷十七《纯德郭先生墓碣》。佚。

舒浒《易释》二十卷《经义考》注曰佚。

　　　《系辞释》三卷《经义考》注曰佚。

熊禾《易经训解》四卷存，有《续修四库全书》影印复旦大学图书馆藏明崇祯十六
　　　年刻本。

　　　《勿轩易学启蒙图传通义》七卷存，有《续修四库全书》影印国家图书馆藏
　　　清抄本。

胡希是 《太极图说》一卷《经义考》注曰未见。

胡一桂 《易本义附录纂疏》十五卷存，有《通志堂经解》本、《四库全书》本。

　　　《易学启蒙翼传》四卷存，有《通志堂经解》本、《四库全书》本。

程时登《易学启蒙》《新安文献志·先贤事略》。佚。

《太极图说》《经义考》注曰佚。

刘不疑《易论》二十四卷《通志·艺文略》。佚。

丘铸《周易卦断》一卷《通志·艺文略》。佚。

郭思永《周易明文》十卷《通志·艺文略》。佚。

周镇《周易精微》三卷《通志·艺文略》。佚。

楚泰《周易析微通说》三十卷《通志·艺文略》。佚。

《周易质疑卜传》三十卷《通志·艺文略》。佚。

齐博士《易解》《经义考》注曰佚。

<u>徐总干《易传灯》</u>四卷存辑本，收入《四库全书》。

郝氏《周易述解》《经义考》注曰佚。

董氏《易传觉》《经义考》注曰佚。

李氏《易辨证》《经义考》注曰佚。

朱氏《三宫易》一卷《经义考》注曰佚。

何氏《周易讲疏》十三卷《经义考》注曰佚。

陈氏《周易六十四卦赋》一卷《经义考》注曰佚。

沈氏《愚庵易注》《经义考》注曰佚。

《白云子周易元统》十卷《经义考》注曰未见。

《金华先生易辨疑》《经义考》注曰佚。

《玉泉易解》《经义考》注曰佚。

佚名《太学新讲义》三十七篇《统例》一卷《经义考》注曰佚。

佚名《刘郑注周易》六卷《经义考》注曰佚。《宋史·艺文志》著录作《刘牧、郑夬（当作夬）注周易》七卷。

佚名《周易十二论》一卷《经义考》注曰佚。

佚名《周易外义》三卷《经义考》注曰佚。

佚名《易正误》一卷《经义考》注曰佚。

佚名《周易传》四卷《经义考》注曰佚。

佚名《周易口义》六卷《经义考》注曰佚。

佚名《周易枢》十卷《经义考》注曰佚。

佚名《周易解微》三卷《经义考》注曰佚。

佚名《周易卦类》三卷（一作一卷）《经义考》注曰佚。

佚名《易辞微》三卷《宋史·艺文志》。佚。

佚名《周易明疑录》（一作《易正经明疑录》）一卷《经义考》注曰佚。

佚名《易说精义》三卷《经义考》注曰佚。

佚名《周易节略正义》一卷《经义考》注曰佚。

佚名《易旨归义》一卷《经义考》注曰佚。

佚名《周易经类》一卷《经义考》注曰佚。

佚名《周易括囊大义》十卷《经义考》注曰佚。

佚名《易类义》三卷《经义考》注曰佚。

佚名《周易释疑》一卷《经义考》注曰佚。

佚名《周易隐诀》一卷《经义考》注曰佚。

佚名《易箭精义》二卷《经义考》注曰佚。

佚名《穷理尽性经》一卷《经义考》注曰佚。

佚名《周易义证总要》二卷《经义考》注曰佚。

佚名《周易类纂》一卷《经义考》注曰佚。

佚名《周易通真释例》一卷《经义考》注曰佚。

佚名《周易三备杂机要》一卷《经义考》注曰佚。

佚名《周易问卜》十卷《经义考》注曰佚。

佚名《八卦小成图》一卷《经义考》注曰佚。

佚名《周易稽赜图》三卷《经义考》注曰佚。

<u>佚名《周易图》三卷</u>《经义考》注曰未见。存，有《道藏》本。

佚名《数学》一卷《直斋书录解题》卷一。佚。

佚名《系辞要旨》一卷（一作三卷）《经义考》注曰佚。

佚名《太学直讲系辞》十二卷《经义考》注曰佚。

佚名《大衍五行数》一卷《经义考》注曰佚。

二、书类

龙昌期《书注》王辟之《渑水燕谈录》卷六《文儒》。佚。

郭忠恕《古今尚书》《经义考》注曰佚。

胡旦《尚书演圣通论》七卷《经义考》注曰佚。

赵恒（宋真宗）《尚书图诗》一卷《经义考》注曰佚。

张景《洪范解》一卷《经义考》注曰未见。

王曙《周书音训》十二卷《经义考》注曰佚。

范雍《尚书四代图》一卷《经义考》注曰佚。

廖偁《洪范论》一篇存，载《宋文鉴》卷九十四。

胡瑗《尚书全解》二十八卷《经义考》注曰佚。

　　　《洪范口义》（一作《洪范解》）一卷《经义考》注曰未见。存辑本，凡二
　　　卷，收入《四库全书》。

徐复《洪范论》一卷《经义考》注曰佚。

吴孜《尚书大义》三卷《经义考》注曰佚。

文彦博《尚书解》一卷存，载《潞公文集》卷三十一。

　　　《尚书二典义》一卷存，载《潞公文集》卷三十一。

欧阳修《泰誓论》一篇存，载《文忠集》卷十八。

苏洵《洪范图论》一卷《经义考》注曰未见。

赵祯（宋仁宗）《洪范政鉴》十二卷《经义考》注曰佚。

　　　　　　　《洛书五事图》一卷《经义考》注曰佚。

王洙、蔡襄《无逸图》《经义考》注曰佚。

范镇《正书》《经义考》注曰佚。

刘彝《洪范解》六卷《经义考》注曰佚。

刘义叟《洪范灾异论》《经义考》注曰佚。

曾巩《书经说》一卷存，有《罗卷汇编》本。

王安石《洪范传》一卷存，载《临川文集》卷六十五。

王安石、王雱《新经尚书义》十三卷存辑本，程元敏辑有《尚书新义稽考汇
　　　评》，台湾"国立"编译馆一九八六年版。

杨绘《书九意》一卷《经义考》注曰佚。

顾临等《尚书集解》十四卷《经义考》注曰未见。

范纯仁《尚书解》一卷存，载《范忠宣集》卷九。

吕陶《洪范论》一篇《净德集》卷十五。佚。

孙觉《书义十述》一卷《经义考》注曰佚。

　　　《尚书解》十三卷《经义考》注曰佚。

余焘《改正洪范》一卷《经义考》注曰存。未见。

谢景平《书传说》《经义考》注曰佚。

乐敦逸《尚书略义》一卷《经义考》注曰佚。

戴蒙《禹贡辨》一卷《经义考》注曰佚。

程颐《书解》一卷存，载《程氏经说》（八卷本）卷二。

袁默《尚书解》《经义考》注曰佚。

苏轼《书传》十三卷存，有《四库全书》本。

　　　　《书论》一篇存，载《苏东坡全集》卷四十九。

　　　　《书义》十篇存，载《苏东坡全集》卷五十三。

邹近仁《禹贡集说》《经义考》注曰未见。

朱长文《书赞》《姑苏志》卷四十九。佚。

苏辙《洪范五事说》一篇存，载《栾城第三集》卷八。

　　　　《书论》一篇存，载《栾城应诏集》卷四。

曾致《洪范传》一卷《经义考》注曰佚。

卢硕《洪范图章》一篇《经义考》注曰存，并载卢氏自序一篇。未见。

刘彝、曾巩、苏辙、吕吉甫《四先生洪范解要》六卷《经义考》注曰佚。

陈伯达《翼范》一卷《经义考》注曰未见。

孟生《尚书洪范五行记》一卷《经义考》注曰佚。

杨简《书五诰解》一册《经义考》注曰未见。存辑本，凡四卷，收入《四库全书》。

　　　《论书》一卷存，载《慈湖遗书》卷八。

颜复、范祖禹《说命讲义》三卷《经义考》注曰佚。

史通《书义》八卷唐庚《眉山文集》卷五《史子深墓志铭》。佚。

孔武仲《书说》十三卷《经义考》注曰未见。

　　　《洪范五福论》一篇存，载《清江三孔集》卷十六。

　　　《禹贡论》一篇存，载《清江三孔集》卷十六。

陆佃《二典义》一卷《经义考》注曰未见。

黄君俞《尚书关言》三卷《经义考》注曰佚。

蔡卞《尚书解》《经义考》注曰佚。

吕大临《书传》十三卷《经义考》注曰佚。

曾肇《尚书讲义》八卷《经义考》注曰佚。

孙谔《洪范会传》一卷《经义考》注曰未见。

司马康、吴安诗、范祖禹等《无逸讲义》一卷（或合《说命讲义》，作二卷或三卷）《经义考》注曰佚。

于世封《书传》《经义考》注曰佚。

张庭坚《书义》《经义考》注曰佚。《皇朝文鉴》卷一百十一收《自靖人自献于先王》《惟几惟康其弼直》二篇，《经义模范》收《自靖人自献于先王》《乃遇汝鸠汝方作汝鸠汝方》《惠迪吉》《巢伯来朝芮伯作旅巢命》《异亩同颖献诸天子》《念哉圣谟洋洋》《恭默思道梦帝赉予良弼》七篇。

刘安世《尚书解》二十卷《经义考》注曰佚。

杨时《书义辨疑》一卷《经义考》注曰未见。

　　《尚书讲义》一卷存，载《龟山集》卷五。另有《书义序》一篇，载《龟山集》卷二十五。

汪澥《书讲义》《（嘉庆）旌德县志》卷九。佚。

华镇《书论》一篇存，载《云溪居士集》卷十八。

黄预《书解》《经义考》注曰佚。

陈谔《开宝新定尚书释文》三卷《宋史·艺文志》。佚。

晁说之《尧典中气中星》一篇存，载《景迂生集》卷十一。

　　《洪范五行说》一篇存，载《鸡肋集》卷二十七。

　　《洪范小传》一篇存，载《景迂生集》卷十一。

胡伸《尚书解义》《经义考》注曰佚。

叶梦得《书传》《经义考》注曰未见。存，有宋绍兴间刻本，题作《石林尚书传》，
　　凡二十卷，藏日本大东急纪念文库与日本清见寺。

薛肇朗《尚书解》《经义考》注曰佚。

雷度《书口义》《经义考》注曰佚。

上官公裕《尚书解说》《经义考》注曰未见。

汪革《尚书解义》四十一卷《经义考》注曰佚。

朱弁《书解》十卷《经义考》注曰佚。

蔡元鼎《洪范会元》《经义考》注曰佚。

王居正《尚书辨学》十三卷《经义考》注曰佚。

程瑀《尚书说》一卷《新安文献志·先贤事略》。佚。

上官愔《尚书小传》《经义考》注曰佚。

张纲《尚书讲义》二十卷《经义考》注曰佚。

洪兴祖《尚书口义发题》一卷《经义考》注曰佚。

张九成《尚书详说》五十卷《经义考》注曰未见。

　　《书传统论》六卷存，载《横浦集》卷六至十一。

王大宝《书解》《经义考》注曰佚。

张淑坚《尚书解》《经义考》注曰佚。

卞大亨《尚书类数》二十卷《经义考》注曰佚。

胡寅《无逸传》一卷《经义考》注曰未见。

陈鹏飞《书解》三十卷《经义考》注曰佚。

吴棫《书裨传》十二卷（一作十三卷）《经义考》注曰未见。

冯时行《尧典谓之虞书》一篇存，载《缙云文集》卷四。

胡铨《书解》四卷《经义考》注曰未见。

　　《君陈辨》一篇存，载《澹庵文集》卷三。

范浚《书总论》一卷存，载《香溪集》卷十。

　　《书论》一篇存，载《香溪集》卷七。

郑樵《书辨讹》（一作《书辨论》）七卷《经义考》注曰存。未见。

晁公武《尚书诂训传》四十六卷《经义考》注曰佚。

赵敦临《尚书解》《经义考》注曰佚。

樊光远《尚书解》三卷《经义考》注曰佚。

何逢原《书解》《经义考》注曰佚。

史浩《尚书讲义》二十二卷《经义考》注曰未见。存辑本，凡二十卷，收入《四
　　库全书》。

李舜臣《尚书小传》四卷《经义考》注曰佚。

陈长方《尚书传》《经义考》注曰佚。

郑耕老《洪范训释》《经义考》注曰佚。

王十朋《尚书解》《经义考》注曰未见。

　　《泰誓论》一篇《经义考》注曰存。未见。《梅溪集·前集》卷十二有《武
　　王论》一篇。

林之奇《尚书集解》四十卷存，有《通志堂经解》本、《四库全书》本，均题作
　　《尚书全解》。

李焘《尚书大传杂说》《经义考》注曰佚。

　　《尚书百篇图》一卷《经义考》注曰佚。

史尧弼《洪范论》二篇存，载《莲峰集》卷六。

谢谔《书解》二十卷《经义考》注曰未见。

毛晃《禹贡指南》四卷存，有《四库全书》本。

程大昌《书谱》二十卷《经义考》注曰佚。

《禹贡论》二卷《后论》一卷《山川地理图》二卷存，有宋淳熙八年泉
州州学刻本（藏国家图书馆）、《通志堂经解》本。

《象刑说》一篇存，载《考古编》卷四。

《三宅三俊说》一篇存，载《考古编》卷五。

郑伯熊《书说》一卷存，有《函海》本、《四库全书》本。

林维屏《洪范论》一卷《经义考》注曰未见。

薛季宣《书古文训》十六卷存，有《通志堂经解》本。

《尚书隶古定经文》二卷存，《聚学轩丛书》第二集《尚书隶古定释
文》附。

薛季宣、谢谔《艮斋定斋二先生书说》三十卷《经义考》注曰未见。

马之纯《尚书说》《经义考》注曰佚。

萧彧《集永嘉先生尚书精意》九卷《经义考》注曰佚。

史渐《书说》《经义考》注曰未见。

刘炳《横舟尚书讲业》《经义考》注曰佚。

杨明复《尚书畅旨》《经义考》注曰佚。

康伯成《书传》一卷《经义考》注曰佚。

陈骙《尚书考》二卷《经义考》注曰佚。

郑东卿《尚书图》一卷《经义考》注曰存。未见。

徐椿年《尚书本义》《经义考》注曰佚。

陈知柔《尚书古学并图》二卷《经义考》注曰佚。

朱熹《尚书古经》五卷《经义考》注曰未见。存孙氏《山渊阁丛刊》本，凡一卷。

《书说》七卷《经义考》注曰存。存一卷，载《晦庵集》卷六十五。

《书传问答》一卷（蔡抗辑）存，有宋淳祐十年吕遇龙上饶郡学刻本（《朱
文公订正门人蔡九峰书集传》附），藏国家图书馆。

《朱子说书纲领》一卷（董鼎辑）存，有元刻本（藏山东博物馆）、《通志堂
经解》本。

《记尚书三义》一篇存，载《晦庵集》卷七十一。

《金滕说》一篇存，载《晦庵集》卷六十五。

《舜典象刑说》一篇存，载《晦庵集》卷六十七。

宋若水《书小传》十卷《经义考》注曰佚。

罗泌《六宗论》一篇存，载《路史》卷四十二。

张栻《书说》《经义考》注曰佚。

《无逸解》一卷《经义考》注曰未见。

刘愚《尚书解》《（雍正）浙江通志》卷二百四十二引《（万历）龙游县志》。佚。

夏僎《尚书解》十六卷存，有《四库全书》本，题作《尚书详解》，凡二十六卷。

罗惟一《尚书集说》《经义考》注曰佚。

蔡元定《洪范解》一卷《经义考》注曰未见。

郑思孟《洪范解义》《经义考》注曰佚。

唐仲友《书解》三十卷《经义考》注曰佚。今《悦斋文抄》卷七载《汤誓论》，卷
　　　九载《读仲虺之诰》《读盘庚》《武成脱简》等篇，可备参。

王炎《尚书小传》十八卷《经义考》注曰未见。

《周书音训》十二卷《宋史·艺文志》。佚。

《禹贡辨》一卷《经义考》注曰未见。

《康王之诰论》一篇《经义考》注曰存。未见。

吕祖谦《禹贡图说》一卷存，有民国十七年南京中社影印清严元照手写本，藏国家
　　　图书馆。

《书说》三十五卷（时澜增修）存，有《通志堂经解》本、《四库全
　　　书》本。

王时会《尚书训传》《经义考》注曰佚。

楼钥《金滕图说》一篇《经义考》注曰存，并载钥自述一篇。未见。

颜直之《金滕图》一卷《经义考》注曰佚。

陈傅良《书抄》《经义考》注曰未见。

黄度《书说》七卷存，有《通志堂经解》本、《四库全书》本。

吴昶《书说》四十卷《经义考》注曰佚。

陈文蔚《尚书类编》十三卷《经义考》注曰佚。

戴蒙《书说》《经义考》注曰佚。

李经《尚书解》《经义考》注曰佚。

孙懬《书解》《经义考》注曰佚。

章元崇《尚书演义》《经义考》注曰佚。

刘甄《青霞尚书集解》二十卷《经义考》注曰佚。

孙泌《尚书解》五十二卷《经义考》注曰佚。

潘衡《书说》《经义考》注曰未见。

康圣任《尚书解》《经义考》注曰未见。

张震《尚书小传》《经义考》注曰未见。

姜如晦《尚书小传》《经义考》注曰未见。

史仲午《书说》《经义考》注曰未见。

戴溪《书说》《经义考》注曰佚。

袁燮《絜斋家塾书抄》十卷《经义考》注曰未见。存，有《四明丛书》本，凡十
　　二卷。

杨炎正《书辨》一卷《经义考》注曰佚。

倪思《昆命元龟说》一卷《经义考》注曰佚。

吴仁杰《尚书洪范辨图》一卷《经义考》注曰未见。

傅寅《禹贡集解》二卷存，有宋刻元修本（藏国家图书馆）、《通志堂经解》本。
　　《四库全书》本题作《禹贡说断》，凡四卷。

徐寀《尚书申义》五十八卷《经义考》注曰佚。

熊子真《山斋书解》十三卷《经义考》注曰佚。

吴时可《樵坡书说》六卷《经义考》注曰佚。

姚三锡《书抄》《经义考》注曰佚。

程穆《尚书约义》《经义考》注曰佚。

成申之《四百家尚书集解》五十八卷《经义考》注曰佚。

李杞《谦斋书解》《经义考》注曰未见。

陈梅叟《书说》《经义考》注曰未见。

黄干《尚书说》十卷《经义考》注曰佚。

陈舜申《浑灏发旨》一卷《经义考》注曰佚。

宋蕴《尚书讲义》五十卷《经义考》注曰佚。

余樘《尚书说》五卷《经义考》注曰佚。

冯诚之《书传》二十卷《经义考》注曰佚。

姜得平《尚书遗意》一卷《经义考》注曰佚。

张沂《书说》《经义考》注曰佚。

丁锬《书辨疑》《经义考》注曰佚。

董琮《尚书集义》《经义考》注曰佚。

史孟传《书略》十卷《经义考》注曰佚。

易袚《禹贡疆理记》一卷《经义考》注曰佚。

柴中行《书集传》《经义考》注曰佚。

应镛《尚书约义》二十五卷《经义考》注曰未见。

潘柄《尚书解》《经义考》注曰佚。

辅广《尚书注》《经义考》注曰佚。

董铢《尚书注》《经义考》注曰佚。

李湘祖《书说》三十卷《经义考》注曰佚。

冯椅《尚书辑说》《经义考》注曰未见。

林夔孙《尚书本义》《经义考》注曰佚。

余嚞《禹贡考》《经义考》注曰佚。

胡谊《尚书释疑》十卷《经义考》注曰佚。

徐侨《尚书括音》十卷《经义考》注曰存。未见。

张孝直《尚书口义》《经义考》注曰佚。

蔡沈《书集传》六卷存，有南宋嘉定刻本（藏国家图书馆）、《四库全书》本。另有
　　蔡沈集传、朱熹订正《朱文公订正门人蔡九峰书集传》六卷《问答》一卷《小
　　序》一卷，宋淳祐十年吕遇龙上饶郡学刻本，藏国家图书馆。

　　《洪范汇成》二册（清刘召材续补）存，有清雍正刻本，藏北京师范大学图
　　书馆。

吴如愚《书说》徐元杰《楳野集》卷一《准斋先生吴公行状》。佚。

赵善湘《洪范统纪》（一作《洪范统论》）一卷《经义考》注曰未见。存，有
　　《函海》本、《四库全书》本，均题作《洪范统一》。

孙调《龙坡书解》五十卷《经义考》注曰佚。

　　《尚书发题》《经义考》注曰佚。

陈埴《洪范解》一卷《经义考》注曰未见。

许奕《尚书讲义》十卷《经义考》注曰佚。

徐鹿卿《尚书讲义》十五篇存，载《清正存稿》卷四。

邹补之《书说》《经义考》注曰佚。

袁觉《读书记》二十三卷《经义考》注曰佚。

黄伦《尚书精义》六十卷《经义考》注曰佚。存辑本，收入《四库全书》，凡五
　　十卷。

赵汝谈《南塘书说》二卷《经义考》注曰未见。

王日休《书解》《经义考》注曰佚。

程珌《尚书讲义》存《尚书序》《尧典》《舜典》《大禹谟》《皋陶谟》《益稷》《禹
　　贡》《甘誓》讲义八篇，载《洺水集》卷七。

陈经《尚书详解》五十卷存，有《四库全书》本。

陈埴《禹贡辨》一卷《经义考》注曰未见。

黄千能《禹贡图说》《经义考》注曰佚。

孟先《禹贡治水图》一卷《经义考》注曰佚。

　　　《尚书洪范五行记》《经义考》注曰佚。

邹元佐《洪范福极奥旨》五卷《经义考》注曰佚。

钱时《尚书演义》八卷《经义考》注曰未见。存辑本，题作《融堂书解》，凡二十
　　卷，收入《四库全书》。

真德秀《书说精义》三卷《经义考》注曰未见。

魏了翁《尚书要义》二十卷《序说》一卷缺，有《四库全书》本，中有六卷有目
　　无书。

时少章《尚书大义》《经义考》注曰佚。

郑思忱《尚书解》《经义考》注曰佚。

陈振孙《尚书说》《经义考》注曰佚。

李方子《禹贡解》《经义考》注曰未见。

阳枋《书说》《字溪集》卷十二《有宋朝散大夫字溪先生阳公行状》。佚。

刘元刚《尚书演义》《经义考》注曰佚。

刘克庄《商书讲义》存《盘庚》中、下二篇，载《后村先生大全集》卷八十四。

戴仔《书传》《经义考》注曰佚。

赵若烛《书经笺注粗通》《经义考》注曰佚。

冯去非《洪范补传》一卷《经义考》注曰未见。

王万《书说》《经义考》注曰佚。

王柏《书疑》九卷存，有《通志堂经解》本。

　　　《尚书附传》四十卷《经义考》注曰佚。

　　　《禹贡图》一卷《经义考》注曰未见。

陈大猷《东斋书传会通》十一卷《经义考》注曰佚。存，有元刻本，题作《书传
　　会通》，凡十二卷，藏国家图书馆。

　　　《尚书集传或问》二卷存，题作《书集传或问》，有元刻本（藏国家图书
　　馆）、《通志堂经解》本、《四库全书》本。

戴侗《尚书家说》《经义考》注曰佚。

滕鉌《尚书大意》《经义考》注曰佚。

刘钦《书经衍义》《经义考》注曰佚。

董梦程《尚书训解》《经义考》注曰佚。

柴元祐《尚书解》《经义考》注曰佚。

洪咨夔《尚书注》《经义考》注曰佚。

王宗道《书说》六卷《经义考》注曰佚。

陈刚《禹贡手抄》一卷《经义考》注曰佚。

　　　《洪范手抄》一卷《经义考》注曰佚。

林洪《禹贡节要》一卷《经义考》注曰佚。

黄震《读书日抄》一卷存，载《黄氏日抄》卷五。

刘汉传《洪范奥旨》《经义考》注曰佚。

舒津《尚书解》《经义考》注曰佚。

何逢原《尚书通旨》《经义考》注曰佚。

方逢辰《尚书释传》四卷《经义考》注曰未见。

马廷鸾《尚书蔡传会编》《经义考》注曰佚。

王应麟《尚书草木鸟兽谱》《宋史艺文志补》。佚。

　　　《周书王会解》一卷《经义考》注曰存。未见。

　　　《古文尚书》十一卷（郑玄注，王应麟辑）存，有清乾隆三十九年抄本，
　　　藏河南省图书馆。

　　　《古文尚书证讹》十二卷存，有《函海》本。

程鸣凤《无逸说》《经义考》注曰佚。

蔡傅《书考辨》二卷存，有《西京清麓丛书续编》本。

方回《成王顾命之朝位》一篇存，载《续古今考》卷二十七。

金履祥《书经注》十二卷存，有《续修四库全书》影印上海辞书出版社图书馆藏清
　　　光绪五年陆心源刻《十万卷楼丛书》本。

　　　《尚书表注》二卷存，有《通志堂经解》本、《四库全书》本。

　　　《西伯戡黎辨》一篇存，载《仁山文集》卷一。

戴亨《人心道心说》一篇《经义考》注曰佚。

刘庄孙《书传》上下篇（二十卷）《经义考》注曰佚。

方公权《尚书审是》《（雍正）福建通志》卷六十八。佚。

胡洵直《考正武成》一卷《经义考》注曰存，并载胡氏自序一篇。未见。

牟楷《定武成错简》一卷《经义考》注曰佚。

张葆舒《书蔡传订误》《经义考》注曰佚。

李守镛《尚书家说》《经义考》注曰佚。

缪主一《书说》《经义考》注曰佚。

周敬孙《尚书补遗》《经义考》注曰佚。

包天麟《包氏书义》金武祥《江阴艺文志·校补》。佚。

<u>董鼎《尚书辑录纂注》六卷</u>存，有《四库全书》本。

陈普《尚书补微》《经义考》注曰佚。

　　《书传补遗》《经义考》注曰佚。

　　<u>《书讲义》一卷</u>《经义考》注曰存。未见。《石堂先生遗集》卷七有《尚书中
　　念字》一篇。

丘葵《书解》《经义考》注曰佚。

陈焕《书传通》《经义考》注曰未见。

<u>胡士行《尚书详解》十三卷</u>存，有《通志堂经解》本、《四库全书》本。

熊禾《尚书集疏》《经义考》注曰佚。

　　《尚书口义》三十卷《宋史艺文志补》。佚。

胡希是《洪范考订》《经义考》注曰佚。

胡一桂《书说》《经义考》注曰佚。

梅教授《书集解》三册《经义考》注曰佚。

赵氏《尚书百篇讲解》《经义考》注曰佚。

佚名《尚书要记名数》一卷《经义考》注曰佚。

佚名《尚书义宗》三卷《经义考》注曰佚。《宋史·艺文志》署杨玉集撰。

佚名《尚书会解》十三卷（一作三卷）《经义考》注曰佚。

佚名《书传》一卷《经义考》注曰佚。

佚名《尚书新篇》一卷《经义考》注曰佚。

佚名《尚书新编目》五卷《经义考》注曰佚。

佚名《尚书血脉》一卷《经义考》注曰佚。

佚名《古文尚书字》一卷《经义考》注曰佚。

佚名《尚书名数索至》《经义考》注曰未见。

三、诗类

龙昌期《诗注》王辟之《渑水燕谈录》卷六《文儒》。佚。

周式《毛诗笺传辨误》二十卷《绍兴书目》。《宋史·艺文志》署周轼撰，作八卷。
　　《经义考》注曰佚。

胡旦《毛诗演圣论》十卷《经义考》注曰佚。

许洞《诗考》五卷《授经图义例》卷十一。佚。

　　《诗地理考》五卷《授经图义例》卷十一。佚。

宋咸《毛诗正纪》三卷，又《外义》二卷《经义考》注曰佚。

周尧卿《诗说》三十卷《经义考》注曰佚。

梅尧臣《毛诗小传》二十卷《经义考》注曰佚。

马遵《诗经义疏》《（同治）饶州府志》卷二十六。佚。

<u>欧阳修《诗本义》十五卷《郑氏诗谱补亡》一卷</u>存，有《四部丛刊三编》影印
　　吴潘氏滂喜斋藏宋刊本。

<u>张方平《诗变正论》一篇</u>存，载《乐全集》卷十七。《经义考》题作《诗正变论》。

郭友直《毛诗统论》二十卷《经义考》注曰佚。

茅知至《周诗义》二十卷《经义考》注曰佚。

苏子才《毛诗大义》三卷《经义考》注曰佚。

周希孟《诗义》《（雍正）福建通志》卷六十八。佚。

郑谔《毛诗解义》三十卷《经义考》注曰佚。

鲁有开《诗集》十卷《经义考》注曰佚。

鲜于侁《诗传》六十卷《经义考》注曰未见。

张载《诗说》一卷《经义考》注曰存。未见。

<u>王安石《新经毛诗义》二十卷</u>存辑本，程元敏辑有《诗经新义辑考汇评》，台湾
　　"国立"编译馆一九八六年版；邱汉生辑有《诗义钩沉》，中华书局一九八二
　　年版。

　　《舒王诗义外传》十二卷《经义考》注曰佚。

李象《诗讲义》二十卷吕南公《灌园集》卷十九《讲师李君墓表》。《经义考》
　　未标卷数，注曰佚。

吴申《十五国风咨解》一卷《宋史·艺文志》。佚。

刘宇《诗折衷》二十卷《宋史·艺文志》。《经义考》注曰佚。

沈季长《诗讲义》十卷《经义考》注曰佚。

李常《诗传》十卷《经义考》注曰佚。

丘铸《周诗集解》二十卷《经义考》注曰佚。

吕陶《诗论》一篇《净德集》卷十五。佚。

范百禄《诗传补注》二十卷《经义考》注曰佚。

乔执中《毛诗讲义》十卷《经义考》注曰佚。

李清臣《诗论》二篇存，载《宋文选》卷十八。

单锷《诗义解》慕容彦逢《摛文堂集》卷十五《单季隐墓志铭》。佚。

程颐《伊川诗说》二卷存，载《程氏经说》（八卷本）卷三。

郑少连《诗学》一卷《仙游县志》卷四十六。佚。

黄君俞《毛诗关言》二十三卷《经义考》注曰佚。

毛渐《诗集》十卷《经义考》注曰佚。

苏轼《诗论》一篇存，载《苏东坡全集》卷四十九。

刘孝孙《正论》十卷《宋史·艺文志》。佚。

苏辙《诗解集传》二十卷存，有《四库全书》本，题作《诗集传》。《两苏经解》
　　收有苏辙《颍滨先生诗集传》十九卷。

　　《诗论》《诗说》各一篇存，《诗论》载《栾城应诏集》卷四，《诗说》载
　　《唐宋八大家文抄》之《颍滨文抄》卷二十。

方通《诗义解》《福建艺文志·存目》。佚。

朱长文《诗说》《经义考》注曰佚。

彭汝砺《诗义》二十卷《经义考》注曰佚。

史通《诗义》唐庚《眉山文集》卷五《史子深墓志铭》。佚。

范祖禹《诗解》一卷《经义考》注曰未见。

王向《孟子解》吕南公《灌园集》卷八《王梦锡集序》。佚。

孔武仲《诗说》二十卷《经义考》注曰佚。

陆佃《诗物性门类》八卷《经义考》注曰存。未见。

　　《诗讲义》陆宰《埤雅序》。佚。

王岩叟《诗传》《经义考》注曰佚。

李撰《毛诗训解》二十卷《经义考》注曰佚。

蔡卞《毛诗名物解》二十卷存，有《通志堂经解》本、《四库全书》本。

李公麟《缁衣图》一卷《经义考》注曰佚。

沈铢《诗传》二十卷《经义考》注曰佚。

王商范《毛诗序义索隐》二卷《经义考》注曰存。未见。

汪澥《诗义释音》《（嘉庆）旌德县志》卷九。佚。

　　《诗讲义》《（嘉庆）旌德县志》卷九。佚。

游酢《诗二南义》一卷《经义考》注曰未见。

张耒《诗说》一卷存，有《格致丛书》本、《通志堂经解》本。

杨时《诗辨疑》一卷《经义考》注曰存。未见。《龟山集》卷八《经解》录杨氏解
　　《诗》三条，释《将仲子》《叔于田》《狡童》；《宋元学案补遗》录杨氏《诗
　　论》三条，论《将仲子》《叔于田》《木瓜》。

黄邦彦《讲义》三卷《经义考》注曰佚。

晁说之《诗之序论》一卷《经义考》注曰存。《景迂生集》卷十一有《诗之序论》
　　四篇。

　　《毛诗传》二十卷《景迂生集》卷十五《答张仔秀才书》。佚。

赵令湑《毛诗讲义》二十卷《经义考》注曰佚。

林虙《诗义》《福建艺文志·存目》。佚。

　　《诗解补缺》《福建艺文志·存目》。佚。

吴骏《诗解》二十卷《经义考》注曰佚。

赵仲锐《诗义》三卷《经义考》注曰佚。

刘泉《毛诗判篇》一卷（一作二卷）《经义考》注曰佚。

吴良辅《诗重文说》七卷《经义考》注曰佚。

林洪范《毛诗义方》二十卷《经义考》注曰佚。

吴纯《三十家毛诗会解》一百卷《经义考》注曰佚。

廖刚《诗经讲义》二卷存，载《高峰文集》卷十五至十七。

罗从彦《诗解》《经义考》注曰佚。

董逌《广川诗故》四十卷《经义考》注曰佚。

朱震《诗论》一篇存，载《十先生奥论》卷十一。

刘一止《下武》一篇存，载《苕溪集》卷十。

赵佶（宋徽宗）《诗解》九卷《经义考》注曰佚。

周紫芝《毛诗讲义》《经义考》注曰佚。

　　《驺虞解》一篇《经义考》注曰存。未见。

张纲《周南讲义》一卷存，载《华阳集》卷二十四、二十五。

韩谨《诗义解》《经义考》注曰佚。

王居正《毛诗辨学》二十卷《经义考》注曰佚。

王大宝《诗解》《经义考》注曰佚。

曹粹中《诗说》三十卷《经义考》注曰未见。存，有民国十三年铅印张寿镛辑本，
作《放斋诗说》四卷首一卷，藏上海图书馆；民国间容滕轩抄王荣商辑本，
作《放斋诗说》一卷，藏国家图书馆。

陈鹏飞《诗解》二十卷《经义考》注曰未见。

李樗《毛诗详解》三十六卷存，后人将之与黄櫄《诗解》合编，题作《毛诗集
解》，凡四十二卷，有《通志堂经解》本、《四库全书》本。

吴棫《毛诗叶韵补音》十卷《经义考》注曰存。未见。

　　《诗经古音》四卷存，有清抄本，藏国家图书馆。

郑厚《诗杂说》十卷《（雍正）福建通志》卷六十八。佚。

范浚《诗论》一篇存，载《香溪集》卷七。

王之望《诗讲义》存《桃夭》《汉广》讲义二篇，分载《永乐大典》卷五千二百六
十八、卷一万一千九百零三。

胡铨《素冠说》一篇《经义考》注曰存。未见。

马和之《毛诗图》《经义考》注曰缺。未见。

陈景肃《诗疏》《诏安县志》卷三十八。佚。

邱税《诗解义》《经义考》注曰佚。

郑樵《诗传》二十卷《经义考》注曰未见。

　　《诗辨妄》六卷《经义考》注曰未见。存顾颉刚辑本，载《北大国学门周刊》
第一卷第五期，后北平朴社一九三三年刊印。

　　《诗名物志》《福建艺文志》。当即《通志》之《昆虫草木略》。

晁公武《毛诗诂训传》二十卷《经义考》注曰佚。

赵敦临《诗说》《经义考》注曰佚。

潘好古《诗说》《经义考》注曰佚。

吴曾《毛诗辨疑》《经义考》注曰佚。

郑耕老《诗训释》《福建艺文志·存目》。佚。

陈焕《诗传微》《经义考》注曰佚。

陈知柔《诗声谱》二卷《经义考》注曰佚。

林光朝《诗书语录》《（雍正）福建通志》卷六十八。佚。

李焘《诗谱》三卷《经义考》注曰佚。

杨汝南《诗要旨》《福建艺文志·存目》。疑即杨氏《经说》之一。佚。

高元之《诗说》一卷《经义考》注曰佚。

史尧弼《诗论》一篇存，载《莲峰集》卷六。

韩元吉《诗论》一篇存，载《南涧甲乙稿》卷十七。

谢谔《诗解》二十卷《经义考》注曰佚。

程大昌《诗论》一卷存，有《考古编》本、《丛书集成初编》本。

张淑坚《诗解》《经义考》注曰佚。

范处义《诗补传》三十卷存，有《通志堂经解》本、《四库全书》本。

　　　《诗学》一卷《经义考》注曰佚。

　　　《解颐新语》十四卷《经义考》注曰佚。

　　　《诗地理考》六卷《授经图义例》卷十一。佚。

项安世《毛诗前说》一卷《宋史·艺文志》。佚。

　　　《诗说》一卷存，载《项氏家说》卷四。

　　　《诗解》二十卷《经义考》注曰佚。

朱熹《诗集传》二十卷存，有《四部丛刊三编》影印中华学艺社借照东京静嘉堂文
　　库藏宋本、一九五八年中华书局排印本。另有《诗集传》二十卷《诗序辨说》
　　一卷《诗传纲领》一卷《诗图》一卷，明正统十二年司礼监刻，藏南京图书馆；
　　《诗经集传》八卷，明嘉靖间吉澄刻本，藏国家图书馆。

　　　《诗序辨说》一卷存，有《津逮秘书》本、《四库全书》本。

　　　《诗传纲领》一卷存，有《古名儒毛诗解十六种》本。

崔敦礼《诗论》一篇存，载《宫教集》卷七。

王序辰《解颐新说集》《（同治）饶州府志》卷二十六。佚。

张栻《经筵诗讲义》一篇存，载《南轩集》卷八。

王质《诗总闻》二十卷存，有《四库全书》本、《丛书集成初编》本。

薛季宣《反古诗说》（一作《诗性情说》）《经义考》注曰佚，并载薛氏自序一
　　篇。另，《浪语集》卷二十七载《书诗性情说后》一篇。

周孚《非郑樵诗辨妄》一卷存，有《蠹斋铅刀编》本、《丛书集成初编》本。

林亦之《毛诗集解》十二卷《福建艺文志·存目》。佚。

林维屏《诗论》《三颂论》《福建艺文志·存目》。佚。

余端礼《毛诗说略》《经义考》注曰佚。

唐仲友《诗解》《经义考》注曰佚。存辑本，有《金华唐氏遗书》本、《丛书集成三

编》本，题作《诗㩦抄》，凡一卷。

　　《六义四始图说》存，载《帝王经世图谱》卷六《六义四始之图》。

舒璘《诗学发微》《经义考》注曰佚。《宋史》本传著录舒璘《诗讲义》，未知是否一书。

吕祖谦《吕氏家塾读诗记》三十二卷存，有《通志堂经解》本、《四部丛刊续编》
　　影印常熟瞿氏铁琴铜剑楼藏宋刊本。

王时会《诗训传》《（雍王）浙江通志》卷二百四十一。佚。

陈傅良《毛诗解诂》二十卷《经义考》注曰佚。

袁涛《诗指意》袁燮《絜斋集》卷二十《从兄学录墓志铭》。佚。

罗维藩《诗解》二卷《经义考》注曰佚。

陈骏《毛诗笔义》《经义考》注曰佚。

傅蒙《诗讲义》《（雍正）福建通志》卷六十八。佚。

陈研《诗直解》《福建艺文志·存目》。佚。

胡维宁《诗集善》《经义考》注曰佚。

黄度《诗说》三十卷《经义考》注曰未见。《文献通考·经籍考》题作《诗序》。

余崇龟《诗经讲义》二一卷《福建艺文志·存目》。佚。

黄樵仲《诗解》《福建艺文志·存目》。佚。

杨简《诗解》存辑本，题作《慈湖诗传》，凡二十卷，收入《四库全书》。

　　《论诗》一卷存，载《慈湖遗书》卷八。

张贵谟《诗说》三十卷《经义考》注曰佚。

戴溪《续吕氏家塾读诗记》三卷存辑本，有《四库全书》本、《丛书集成初
　　编》本。

　　《诗说》三卷《（万历）温州府志·艺文门》。孙诒让《温州经籍志》疑戴氏
　　《续吕氏家塾读诗记》即据《诗说》稿本修订而成。

袁燮《絜斋毛诗经筵讲义》四卷存，有《四库全书》本、《四明丛书》本。

刘爚《东宫诗解》《经义考》注曰佚。

邓林《诗经音义》四卷《福建艺文志·存目》。佚。

钱文子《白石诗传》二十卷《经义考》注曰存。未见。

　　《诗训诂》三卷《经义考》注曰存。未见。

鲜于㮚《诗颂解》三卷《经义考》注曰佚。

黄櫄《诗解》二十卷《总论》一卷存，与李樗《毛诗详解》合编，题作《毛诗集
　　解》，凡四十二卷，有《通志堂经解》本、《四库全书》本。

林万顷《诗解》《福建艺文志·存目》。佚。

陈谦《诗解诂》《经义考》注曰佚。

辅广《诗童子问》八卷首一卷末一卷存，有《四库全书》本、《丛书集成初编》
　　本。《经义考》著录作二十卷，实为合刊本，前十卷为朱熹《诗集传》。

　　《诗经协韵考异》一卷存，有《学海类编》本、《逊敏堂丛书》本。

陈淳《诗解》《福建艺文志·存目》。佚。

徐侨《读诗记》《经义考》注曰佚。

陈文蔚《读诗杂记》《诗讲义》各一篇存，载《克斋集》卷七、卷八。

张孝直《毛诗口义》《经义考》注曰佚。

林岊《讲义》五卷《经义考》注曰佚。存辑本，题作《毛诗讲义》，凡十二卷，收
　　入《四库全书》。

郑若《诗学摘葩录》《（民国）衢县志》卷十四。佚。

柴中行《诗讲义》《经义考》注曰佚。

薛舜俞《诗旨》《福建艺文志·存目》。佚。

虞刚简《诗说》魏了翁《鹤山集》卷七十六《虞公墓志铭》。佚。

汤建《诗衍义》《经义考》注曰佚。

李心传《诵诗训》五卷《经义考》注曰佚。

吴如愚《诗说》徐元杰《楳野集》卷一《准斋先生吴公行状》。佚。

赵汝谈《诗注》《经义考》注曰佚。

章如愚《山堂诗考》一卷存，有《古名儒毛诗解十六种》本。

高颐《诗集传解》三十卷《经义考》注曰佚。

方实孙《读诗》一卷《福建艺文志·存目》。佚。

陈经《诗经讲义》《经义考》注曰佚。

杨泰之《诗名物编》十卷《经义考》注曰佚。

　　　《诗类》三卷《经义考》注曰佚。

徐鹿卿《诗讲义》七篇存，载《清正存稿》卷四。

苏竦《诗传》《福建艺文志·存目》。佚。

朱鉴《朱文公诗传遗说》六卷存，有《通志堂经解》本、《四库全书》本。

许奕《毛诗说》三卷《经义考》注曰佚。

谭世选《毛诗传》二十卷《经义考》注曰佚。

朱震《诗论》一篇存，见《十先生奥论》卷十一。

冯诚之《诗解》二十卷《经义考》注曰佚。

林振辰《诗传》《经义考》注曰佚。

钱时《学诗管见》《经义考》注曰佚。

洪咨夔《诗注》《经义考》注曰佚。

孙调《诗口义》五十卷《经义考》注曰佚。

真德秀《西山先生诗要旨》一卷存，有民国间金山高氏食古书库传抄本，藏复旦
　　大学图书馆。

魏了翁《毛诗要义》二十卷存，有《续修四库全书》影印日本天理大学附属图书
　　馆藏宋淳祐十二年徽州刻本。

王宗道《读诗臆说》十卷《经义考》注曰佚。

时少章《诗大义》《经义考》注曰佚。

　　　　《诗赘说》《经义考》注曰佚。

郑思忱《诗释》《福建艺文志·存目》。佚。

赵以夫《诗传》《福建艺文志·存目》。佚。

董梦程《诗训释》《经义考》注曰佚。

史守道《诗略》十卷《经义考》注曰佚。

熊刚大《诗经注解》《经义考》注曰佚。

阳枋《诗辞》一卷《字溪集》卷十二《有宋朝散大夫字溪先生阳公行状》。佚。

　　　　《诗义》一卷《字溪集》卷十二《有宋朝散大夫字溪先生阳公行状》。佚。

刘元刚《诗演义》《经义考》注曰佚。

刘昼《毛诗解》《经义考》注曰佚。

陈寅《诗传》十卷《经义考》注曰佚。

赵若烛《毛诗粗通》《经义考》注曰佚。

王万《诗说》《经义考》注曰佚。

王柏《诗辨说》（一作《诗疑》）二卷存，有《通志堂经解》本、《丛书集成初
　　编》本。

　　　　《诗可言集》二十卷《经义考》注曰未见。

　　　　《诗考》《（光绪）金华县志》卷八。佚。

　　　　《读诗纪》十卷吴师道《王文宪公行实》。佚。

　　　　《二南相配图》存，载许谦《诗集传名物抄》卷一。

方岳《诗疑》一篇存，载《新安文献志》卷三十四。

《景献府讲诗》《秋崖集》卷三十八《书景献府讲诗终篇》。佚。

戴仔《诗传》《（雍正）浙江通志》卷二百四十一。佚。

高斯得《诗肤说》《经义考》注曰佚。

刘克《诗说》十二卷《总说》一卷存，有清抄本，藏南京图书馆。另，《宛委别藏》收录刘氏《诗说》，缺卷二、卷九至十。

黄应春《诗说》《经义考》注曰佚。

萧山《读诗传》《福建艺文志·存目》。佚。

王与之《诗说》《温州经籍志》卷二。佚。

章叔平《读诗私记》《经义考》注曰佚。

严粲《诗缉》三十六卷存，有元建安余氏刻本（藏上海图书馆）、《四库全书》本。

黄震《读诗一得》一卷存，有《古名儒毛诗解十六种》本。

俞浙《诗审问》十卷《（雍正）浙江通志》卷二百四十一引《（成化）新昌县志》。佚。

姚勉《诗意》《雪坡集》卷三《诗意序》。佚。《雪坡集》卷九载《子衿》一诗之讲义，可备参。

杨明复《诗学发微》《经义考》注曰佚。

何逢原《毛诗通旨》《经义考》注曰佚。

王应麟《诗考》一卷存，有《玉海》本、《古名儒毛诗解十六种》本、《四库全书》本。

《诗地理考》六卷存，有《古名儒毛诗解十六种》本、《四库全书》本。

《诗草木鸟兽虫鱼广疏》六卷《经义考》注曰未见。

《玉海纪诗》一卷存，有《格致丛书》本、《古名儒毛诗解十六种》本。

《困学纪诗》一卷存，有《格致丛书》本、《古名儒毛诗解十六种》本。

谢枋得《诗传注疏》三卷存辑本，收入《知不足斋丛书》。

刘应登《诗经训注》《经义考》注曰佚。

方回《鹿鸣》二十二篇、《乐歌考》一篇、《彤弓考》一篇《经义考》注曰存。未见。

俞德邻《佩韦斋辑闻诗说》一卷存，载《佩韦斋辑闻》卷二。

俞琰《弦歌毛诗谱》一卷《经义考》注曰未见。琰一名琬，《四库全书》收录其《周易集说》四十卷。

戴亨《朱子诗传辨正》《经义考》注曰佚。

刘庄孙《诗传音旨补》二十卷《经义考》注曰佚。

焦巽之《诗总》《经义考》注曰佚。

段昌武《丛桂毛诗集解》三十卷缺，存二十五卷，有《四库全书》本。

　　　《读诗总说》一卷《经义考》注曰存。未见。段氏《毛诗集解》卷首有

　　　《学诗总说》《论诗总说》，在原目三十卷之外，当即谓此。

《诗义指南》一卷存，有《宛委别藏》本、《知不足斋丛书》本。

顾文英《诗传演说》《经义考》注曰佚。

郑庠《诗古音辨》一卷《直斋书录解题》卷二。佚。

蔡梦说《诗笺》八卷《经义考》注曰佚。

姚隆《诗解》《经义考》注曰佚。

倪公武《风雅质疑》《宋元学案》卷八十二《北山四先生学案》。佚。

包天麟《包氏诗传》金武祥《江阴艺文志·校补》。佚。

董鼎《诗经训释》《（同治）德兴县志》卷八。佚。

陈普《诗讲义》一卷《经义考》注曰存。未见。

丘葵《诗正义》（一作《诗口义》）《经义考》注曰佚。

赵惪《诗辨说》七卷存一卷，有《通志堂经解》本、《四库全书》本，附朱倬《诗
　　疑问》后。

江恺《诗经讲义》《经义考》注曰佚。

熊禾《毛诗集疏》《经义考》注曰佚。

程时登《诗传遂意》《新安文献志·先贤事略》。佚。

谢汉章《诗集传》《福建艺文志·存目》。佚。

汪天定《诗经释义》《（同治）饶州府志》卷二十六。佚。

吴氏《诗本义补遗》二卷《经义考》注曰佚。

佚名《毛诗小疏》二十卷《经义考》注曰佚。

佚名《毛诗释题》（一作《毛诗解题》）二十卷《经义考》注曰佚。

佚名《毛诗余辨》四卷《经义考》注曰佚。

佚名《毛诗别集正义》一卷《经义考》注曰佚。

佚名《毛诗正数》二十卷《经义考》注曰佚。

佚名《毛诗释篇目疏》十卷《经义考》注曰佚。

佚名《诗疏要义》一卷《经义考》注曰佚。

佚名《毛诗玄谈》一卷《经义考》注曰佚。

佚名《毛诗章疏》二卷《经义考》注曰佚。

佚名《毛诗提纲》一卷《宋史·艺文志》。佚。

佚名《释文》二十卷《宋史·艺文志》。佚。

佚名《毛诗通义》二十卷《经义考》注曰佚。

佚名《毛郑诗学》十卷《经义考》注曰佚。

佚名《纂图互注毛诗》二十卷存，有宋刻本，藏国家图书馆。

佚名《毛诗举要图》一卷存，有宋刻本，藏日本静嘉堂文库。

佚名《诗义断法》一卷《经义考》注曰佚。

佚名《诗乐说》《秘书省续编四库缺书目·小学类》。佚。

佚名《诗关雎义解》《宋史·艺文志》。佚。

佚名《比兴穷源》一卷《经义考》注曰佚。

四、礼类

（一）周礼

王洙《周礼礼器图》《经义考》注曰佚。

李觏《周礼致太平论》十卷存，载《直讲李先生文集》卷五至十四。

《平土书》一卷存，载《直讲李先生文集》卷十九。

杨杰《周礼讲义》《经义考》注曰佚。

刘彝《周礼中义》十卷（一作八卷）《经义考》注曰佚。

王安石《新经周礼义》二十二卷存辑本，四库馆臣辑有《周官新义》十六卷附《考工记解》二卷，收入《四库全书》。另，程元敏辑有《周礼新义稽考汇评》，台湾"国立"编译馆一九八六年版。

刘恕《周礼记》《经义考》注曰佚。

周谞《周礼解》《经义考》注曰佚。

龚原《周礼图》十卷《经义考》注曰未见。

陈祥道《周礼纂图》《经义考》注曰佚。

《考工解》《经义考》注曰未见。

王昭禹《周礼详解》四十卷存，有《四库全书》本。

章綖《周官议》十六篇《经义考》注曰佚。

徐庚《周礼讲》《经义考》注曰佚。

黄裳《周礼讲义》六卷《经义考》注曰存，并载黄氏自序一篇。《演山集》卷三十八、三十九载《考其德行道艺而劝之》《官刑上能纠职》《辨庙祧之昭穆》《王功曰勋》《百工饬化八材》《占六梦之吉凶》等六篇。

杨时《周礼辨疑》一卷《经义考》注曰存。未见。

史守道《周礼略》十卷《经义考》注曰佚。

赵汝谈《周礼注》《经义考》注曰佚。

乐思忠《周礼考疑》七卷《经义考》注曰未见。

闻人宏《周官通解》《经义考》注曰佚。

黄颖《周礼解义》《经义考》注曰佚。

董渍《周官辨疑》《经义考》注曰佚。

徐畸《周礼发微》三卷《经义考》注曰佚。

王居正《周礼辨学》五卷《经义考》注曰佚。

程瑀《周礼义》十卷《新安文献志·先贤事略》。佚。

孙奇《周礼备检》《经义考》注曰佚。

<u>范浚</u>《读周礼》一篇存,载《范香溪文集》卷十八。

<u>胡铨</u>《周礼传》(或作《周官解》)十二卷《经义考》注曰佚。存《周礼解》六
卷,有《胡忠简公经解》本。

史浩《周礼天地二官讲义》十四卷《经义考》注曰缺。未见。

王十朋《周礼详说》《经义考》注曰佚。

林之奇《周礼讲义》(一作《周礼全解》)三十九卷《经义考》注曰未见,并载
林氏自序一篇。

徐焕《周官辨略》十八卷《经义考》注曰佚。

吴沆《周礼本制图论》《经义考》注曰佚。

《六官析微论》《经义考》注曰佚。

江致尧《周礼解》《经义考》注曰未见。

赵溥《兰江考工记解》《经义考》注曰未见。

<u>周必大</u>《周官讲义》《经义考》注曰佚。存《庖人讲义》一篇,载《承明集》卷二。

尤袤《周礼辨义》《经义考》注曰佚。

<u>朱熹</u>《周礼三德说》一篇存,载《晦庵集》卷六十七。

《周礼太祝九拜辨》一篇存,载《晦庵集》卷六十八。

郑锷《周礼解义》二十二卷《经义考》注曰未见。

陈兢《周礼解》《经义考》注曰佚。

薛季宣《周礼辨疑》《经义考》注曰未见。

马之纯《周礼随释类编》《经义考》注曰佚。

林亦之《考工记解》一卷《经义考》注曰未见。

陈谦《周礼说》《经义考》注曰佚。

王炎《周礼论》一篇存，载《双溪集》卷四。

　　《考工记解》一卷《经义考》注曰未见。

黄度《周礼说》五卷首一卷末一卷存辑本，有《续修四库全书》影印国家图书馆
　　分馆藏清道光十年陈氏五马山楼刻本。

叶皆《考工记辨疑》一卷《经义考》注曰佚。

陈傅良《周礼说》三卷《经义考》注曰未见。《止斋先生文集》卷四十载《进周礼
　　说序》一篇。

　　《周官制度精华》二十卷《经义考》注曰未见。

黄钟《周礼集解》《经义考》注曰佚。

叶时《礼经会元》四卷存，有《通志堂经解》本、《四库全书》本。

夏休《周礼井田谱》二十卷《经义考》注曰未见。

郑景炎《周礼开方图说》一卷《经义考》注曰未见。

项安世《周礼丘乘图说》一卷《经义考》注曰未见。

余复《礼经类说》《经义考》注曰佚。

曹叔达《周礼地官讲义》《经义考》注曰佚。

江与山《周礼秋官讲义》一卷《经义考》注曰佚。

尹躬《冬官解》《经义考》注曰佚。

易袚《周礼总义》三十卷存辑本，题作《周官总义》，收入《四库全书》。

乔行简《周礼总说》《经义考》注曰佚。

徐筠《周礼微言》十卷《经义考》注曰未见。

曹叔远《周官讲义》《经义考》注曰佚。

林椅《周礼纲目》八卷《经义考》注曰佚。

　　《周礼摭说》一卷《经义考》注曰佚。

叶秀发《周礼说》《经义考》注曰佚。

陈汪《周官小集》《经义考》注曰佚。

孙之宏《周礼说》《经义考》注曰佚。

郑伯谦《太平经国之书》十一卷存，有明嘉靖十五年高叔嗣刻本（藏国家图书
　　馆）、《通志堂经解》本、《四库全书》本。

朱申《周礼句解》十二卷存，有明嘉靖三十五年蔡扬金刻本（藏上海图书馆）、
　　《四库全书》本。

杨恪《周礼辨疑》《经义考》注曰佚。

胡维宁《周官类编》《经义考》注曰佚。

黄硕《周官讲义》《经义考》注曰佚。

俞庭椿《周官复古编》三卷存，有《四库全书》本，凡一卷。

许奕《周礼讲义》六卷《经义考》注曰佚。本作许弈，误。《宋史·艺文志》著录
　　许奕《九经直音》九卷，又《正讹》一卷，《诸经正典》十卷，《论语尚书周礼
　　讲义》十卷。《经义考》另著录许奕《九经直音》《九经正讹》《诸经正典》及
　　《论语讲义》《尚书讲义》诸书。

薛衡《周礼序官考》《经义考》注曰未见。

李叔宝《周礼精义》《经义考》注曰未见。

戴仔《周礼传》《经义考》注曰佚。

俞矗《周礼释》《经义考》注曰佚。

高崇《周官解》十二卷《经义考》注曰佚。

魏了翁《周礼要义》三十卷《经义考》注曰未见。

　　　　《周礼折衷》四卷存，有清同治十三年望三益斋刻本，藏国家图书馆。

　　　　《周礼井田图说》《经义考》注曰佚。

包恢《六官疑辨》《经义考》注曰佚。

王与之《周礼订义》八一卷存，有《通志堂经解》本、《四库全书》本。

陈已《周礼详说》《（景定）建康志》卷四十九。佚。

刘克庄《周礼讲义》一卷存，载《后村先生大全集》卷八十五。

陈汲《周礼辨疑》《经义考》注曰佚。

金叔明《周礼疑答》《经义考》注曰佚。

林希逸《鬳斋考工记解》三卷《经义考》注曰存。《宋史艺文志补》著录林氏《考
　　工记图解》四卷，并注云：“今梓本无图，止二卷。”今有《通志堂经解》
　　本、《四库全书》本，凡二卷。

　　　　《周礼论》一篇存，载《鬳斋续集》卷九。

王奕《周礼答问》《经义考》注曰佚。

黄震《读周礼日抄》一卷存，载《黄氏日抄》卷三十。

刘庄孙《周官集传》二十卷《（民国）台州府志·人物表》。佚。

陈普《周礼讲义》三篇《经义考》注曰存。未见。

丘葵《周礼全书》（一作《周礼补亡》）六卷《经义考》注曰存，并载丘氏自序
    一篇。未见。

胡一桂《古周礼补正》一百卷《经义考》注曰佚。

王氏《周礼详说》《经义考》注曰未见。

佚名《周礼类例义断》二卷《经义考》注曰未见。

佚名《周礼图说》《经义考》注曰佚。

佚名《礼库》《经义考》注曰未见。

佚名《周礼集说》十二卷《经义考》注曰缺。有《四库全书》本，凡十卷。

（二）仪礼

刘筠《五服年月敕》（一作《五服用敕》）一卷《宋史·艺文志》。佚。

刘敞《士相见礼》一篇存，载《公是集》卷三十七。

      《公食大夫义》一篇存，载《公是集》卷三十七。

沈括《丧服后传》《经义考》注曰佚。

司马光、程颐、张载《三家冠婚丧祭礼》五卷《宋史·艺文志》。佚。

陈祥道《注解仪礼》三十二卷《经义考》注曰佚。

陆佃《仪礼义》十七卷《经义考》注曰佚。

吕大临《编礼》三卷《经义考》注曰未见。

陈师道《士相见礼》一卷《经义考》注曰未见。

梁观国《丧礼》五卷《经义考》注曰佚。

高闶《乡饮酒仪》《经义考》注曰佚。

郑樵《乡饮礼》三卷《图》三卷《经义考》注曰佚。

    《礼经奥旨》一卷存，有《学海类编》本、《碧琳琅馆丛书》本。

朱熹《仪礼经传通解》三十七卷存，有明正德十六年刘瑞曹山刻本（藏国家图书
    馆）、《四库全书》本。

    《仪礼释宫》一篇存，载《晦庵集》卷六十八。

    《记乡射疑误》一篇存，载《晦庵集》卷七十。

    《记永嘉仪礼误字》一篇存，载《晦庵集》卷七十。

张淳《校定古礼》十七卷《经义考》注曰佚。

    《仪礼释文》一卷《经义考》注曰佚。

    《仪礼识误》三卷存，有《四库全书》本、《武英殿聚珍版书》本。

王时会《乡饮酒礼辨疑》一卷《经义考》注曰佚。

王炎《乡饮酒仪》一卷《经义考》注曰未见。

杨简《冠记》《昏记》各一篇《经义考》注曰佚。

　　《丧礼家记》一卷《经义考》注曰佚。

李如圭《仪礼集释》十七卷存辑本，凡三十卷，收入《四库全书》。

　　《仪礼释宫》一卷存辑本，收入《四库全书》。

　　《纲目》一卷《经义考》注曰未见。

周燔《仪礼详解》十七卷《经义考》注曰未见。

刘爚《仪礼云庄经解》二十卷《经义考》注曰佚。

黄士毅《类注仪礼》《经义考》注曰佚。

郑文通《丧服长编》《经义考》注曰佚。

冯椅《丧礼》《经义考》注曰佚。

叶味道《仪礼解》《经义考》注曰佚。

黄干、杨复《仪礼经传通释续》二十九卷存，有明正德十六年刘瑞曹山刻本（藏国家图书馆）、《四库全书》本（《仪礼经传通释》附）。

杨复《仪礼图》十七卷《仪礼旁通图》一卷存，有元刻明修本（藏国家图书馆）、《通志堂经解》本、《四库全书》本。

史定之《乡饮酒仪》一卷《经义考》注曰佚。

钱时《冠昏礼》《经义考》注曰佚。

魏了翁《仪礼要义》五十卷存，有宋淳祐十二年魏克愚刻本（藏台湾"故宫博物院"）、《四库全书》本。

郑起《乡饮酒书》《经义考》注曰佚。

高斯得《仪礼合抄》《经义考》注曰佚。

车垓《内外服制通释》九卷存，有《四库全书》本。

马廷鸾《仪礼本经疏会》九卷《经义考》注曰佚。

杨公节《仪礼图解》《闽中理学渊源考》卷二十七。佚。

谢枋得《谢叠山先生礼经讲义》存，有明抄本，藏北京文物局。

方回《仪礼考》《经义考》注曰未见。

　　《仪礼觐礼一篇以今人之文解于此》一篇存，载《续古今考》卷二十八。

张翌《丧服总类》吴澄《吴文正集》卷七十三《故文林郎东平路儒学教授张君墓碣铭》。佚。

《冕弁冠服考》吴澄《吴文正集》卷七十三《故文林郎东平路儒学教授张君墓碣铭》。佚。

陈普《仪礼说》一卷《经义考》注曰存，并加按语云："陈氏《仪礼说》惟《士冠礼》《乡射礼》《燕礼》《聘礼》四篇载《石堂集》。"《石堂先生遗集》卷七有《士冠礼说》一篇，卷十二有《乡射有房》一篇，卷十三有《仪礼图序》一篇。

佚名《仪礼类例》十卷《经义考》注曰佚。

（三）礼记

邢昺《礼选》二十卷《经义考》注曰佚。

阮逸《三制井田图》一卷《经义考》注曰佚。

余希文《王制井田图》一卷《经义考》注曰佚。

章望之《礼论》一篇《经义考》注曰佚。

卜恕《投壶新律》一卷《经义考》注曰佚。

钟唐卿《投壶格》一卷《经义考》注曰佚。

文彦博《皇祐大享明堂记》十六卷《通志·艺文略》。佚。

《皇祐大享明堂记纪要》二卷《通志·艺文略》。佚。

李觏《明堂定制图》一卷图佚，存序一篇，载《直讲李先生文集》卷十五。

《读儒行》一篇存，载《直讲李先生文集》卷二十九。

刘先之《月令图》一卷《经义考》注曰佚。

李清臣《礼论》三篇存，载《宋文选》卷十八。

刘彝《礼记中义》四十卷《经义考》注曰佚。

刘敞《投壶义》一篇存，载《公是集》卷三十七。

《小功不税解》一篇存，载《公是集》卷四十六。

《君临臣丧辨》一篇存，载《公是集》卷三十七。

《祭法郊庙辨》一篇存，载《公是集》卷三十七。

《为人后议》一篇存，载《公是集》卷四十一。

司马光《投壶新格》一卷存，载《传家集》卷七十五。

张载《礼记说》三卷《经义考》注曰未见。卫湜《礼记集说》采其条目。

王安石《礼记发明》一卷《经义考》注曰未见。卫湜《礼记集说》采其条目。

《礼记要义》二卷《经义考》注曰未见。

上官均《曲礼讲义》二卷《经义考》注曰佚。

周谞《礼记解》《经义考》注曰未见。

陈祥道《礼记讲义》十卷《经义考》注曰佚。

马希孟《礼记解》七十卷《直斋书录解题》卷二。佚。

陆佃《礼记解》四十卷《经义考》注曰佚。卫湜《礼记集说》采其条目。

　　《述礼新说》四卷《经义考》注曰佚。

　　《礼象》十五卷《经义考》注曰存，未见全本。今佚。

<u>黄裳</u>《乐记论》一篇存，载《演山集》卷四十二。

李格非《礼记精义》十六卷《经义考》注曰未见。

史通《礼记义》一卷唐庚《眉山文集》卷五《史子深墓志铭》。佚。

　　《礼记详说》四卷唐庚《眉山文集》卷五《史子深墓志铭》。佚。

<u>吕大临</u>《礼记传》十六卷存，有《西京清麓丛书续编》本。

李夔《礼记义》十卷《经义考》注曰佚。

何述《礼记传》二十卷《经义考》注曰佚。

杨训《礼记解》二十卷《经义考》注曰佚。

杨畿《礼记口义》《经义考》注曰佚。

陈旸《礼记解义》十卷《经义考》注曰佚。

姚舜哲《明堂训解》一卷《经义考》注曰佚。

姚舜仁《明堂定制图序》《经义考》注曰佚。

方悫《礼记解》二十卷《经义考》注曰未见。卫湜《礼记集说》采其条目。

慕容彦达《礼记解》《经义考》注曰佚。

<u>蔡攸</u>《明堂制度议》存，载《宋会要辑稿》之礼二十四。

<u>叶梦得</u>《礼记解》《经义考》注曰未见。存，南京图书馆藏稿本《礼记解》二卷；

　　　　《石林遗书》收《礼记解》四卷。

徐畸《礼记义解》《经义考》注曰佚。

韩谨《礼记义解》《经义考》注曰佚。

张泳《礼记遗说》《经义考》注曰佚。

韩惇《礼义解》《经义考》注曰佚。

何炎《礼记注》《经义考》注曰佚。

<u>张九成</u>《少仪论》一篇存，载《横浦集》卷五。

冯公亮《深衣考正》一卷《经义考》注曰未见。

张应辰《礼记集解》《经义考》注曰佚。

黄祖舜《礼记说》《经义考》注曰佚。

王普《深衣制度》一卷《经义考》注曰佚。

范浚《月令论》一篇存，载《香溪集》卷七。

胡铨《礼记传》十八卷《经义考》注曰佚。

樊光远《礼记讲义》二卷《经义考》注曰佚。

陈长方《礼记传》《经义考》注曰佚。

刘懋《礼记集说》《经义考》注曰佚。

夏休《破礼记》二十卷《经义考》注曰未见。

王趯《投壶礼格》二卷《经义考》注曰佚。

傅崧卿《夏小正戴氏传》四卷存，有明嘉靖二十五年袁炯刻本、《通志堂经解》
　　　　本、《四库全书》本。

韩元吉《大戴礼记跋》一篇存，载《大戴礼》卷末，明刊本。

张方《夏时考异》一卷《经义考》注曰佚。

吴观万《夏小正辨》一卷《经义考》注曰佚。

陈骙《檀弓评》一卷《经义考》注曰佚。

徐人杰《檀弓传》一卷《经义考》注曰佚。

朱熹《讲礼记序说》一篇存，载《晦庵集》卷七十四。

　　　《明堂图说》一卷存，载《晦庵集》卷六十八。

　　　《投壶说》一篇存，载《朱子全书》卷三十七。

　　　《井田类说》一篇存，载《晦庵集》卷六十八。

　　　《深衣制度》一卷存，载《晦庵集》卷六十八。

舒璘《礼解》《经义考》注曰佚。

蒋继周《礼记大义》七卷《经义考》注曰佚。

游桂《礼记经学》十二卷《经义考》注曰佚。

吕祖谦《礼记详节》《经义考》注曰佚。

　　　《少仪外传》二卷《经义考》注曰未见。

楼钥《议明堂》一篇存，载《攻愧集》卷二十四。

　　　《再议明堂》一篇存，载《攻愧集》卷二十四。

王炎《礼记解》《经义考》注曰佚。

　　　《明堂论》一篇存，载《双溪集》卷四。

戴溪《曲礼口义》二卷《经义考》注曰佚。

　　　《学记口义》三卷《经义考》注曰未见。

许升《礼记文解》《经义考》注曰佚。

杨简<u>《孔子闲居解》一卷</u>存，载《慈湖遗书》卷十九。

刘熻《礼记解》《经义考》注曰佚。

邵困《礼解》《经义考》注彐未见。

　　《曲礼解》一卷《经义考》注曰佚。

　　《王制解》一卷《经义考》注曰佚。

　　《乐记解》一卷《经义考》注曰存。未见。

应镛《礼记纂义》二十卷《经义考》注曰未见。

吴仁杰《礼记解》《经义考》注曰佚。

黄以翼《礼记说》《经义考》注曰佚。

苏总龟《儒行解》一卷《经义考》注曰佚。

陈武<u>《明堂论》一篇</u>存，载《十先生奥论续集》卷十一。

杨炳《礼记解》《经义考》注曰佚。

竺大年《礼记订义》《经义考》注曰佚。

余复《礼记类说》《经义考》注曰佚。

黄樵仲《礼记解》《经义考》注曰佚。

曾光祖《礼记精义》十五卷《经义考》注曰佚。

郭叔云《礼经疑》《经义考》注曰佚。

颜棫《礼记解》《经义考》注曰佚。

庄夏《礼记解》《经义考》注曰佚。

辅广《礼记解》《经义考》注曰未见。

金恕<u>《礼记序》一篇</u>存，载《古今图书集成·经籍典》卷二百一十二。

　　<u>《月令注序》一篇</u>存，载《古今图书集成·经籍典》卷二百一十二。

　　<u>《类礼序》一篇</u>存，载《古今图书集成·经籍典》卷二百一十二。

　　《类礼义疏》佚。《古今图书集成·经籍典》卷二百一十二载金氏自序一篇。

赵汝谈《礼记注》《经义考》注曰佚。

张虑<u>《月令解》十二卷</u>存辑本，收入《四库全书》。

陈埴《王制章句》一卷《经义考》注曰未见。

宋闻礼《礼记解》《经义考》注曰佚。

魏了翁<u>《礼记要义》三十三卷</u>《经义考》注曰未见。存，有《宛委别藏》本、《四
　　部丛刊续编》影印宋刊本，均缺卷一卷二。

岳珂《小戴记集解》《经义考》注曰佚。

林震《礼问》《经义考》注曰佚。

卫湜《礼记集说》一百六十卷存，有明抄本（藏南京图书馆）、《通志堂经解》本、《四库全书》本。

戴良齐《礼辨》《经义考》注曰佚。

范钟《礼记解》《经义考》注曰佚。

汪自明《礼记义林》四十卷《经义考》注曰佚。

郑起《深衣书》《经义考》注曰佚。

黄震《读礼记日抄》十六卷存，载《黄氏日抄》卷十四至二十九。

朱申《礼记详解》十八卷《经义考》注曰佚。存清戴容辑本，不分卷，藏国家图书馆（民国二十五年摄影戴氏稿本）。

《夏小正传》一卷《经义考》注曰佚。

罗椅《明堂赋》一篇存，载《涧谷遗集》卷二。

车垓《深衣疑义》一卷《经义考》注曰存。未见。

刘黻《明堂赋》一篇存，载《蒙川遗稿》卷四。

舒岳祥《深衣图说》一卷《经义考》注曰佚。

王应麟《践阼篇集解》一卷存，有《玉海》本。

王幼孙《深衣图辨》一卷《经义考》注曰佚。

谢枋得《檀弓章句》一卷存，有《谢叠山先生评注四种合刻》本，题作《檀弓解》。

方回《明堂位周公诸侯之位》一篇存，载《续古今考》卷二十七。

金履祥《深衣小传外传》一卷存，载《任山文集》卷二。

《考定乐记》一卷《经义考》注曰未见。

《夏小正传注》一卷（清张尔岐辑，黄叔琳增定）存，有清乾隆十年黄氏养素堂刻本，藏国家图书馆；清学山堂张氏刻本，藏中国科学院图书馆。

刘庄孙《深衣考》一卷《经义考》注曰佚。

文天祥《深衣吉凶通服说》一卷存，载《文山集》卷十五。

郑朴翁《礼记正义》一卷《经义考》注曰未见。

陈焕《礼记释》《经义考》注曰佚。

缪主一《礼记通考》一卷《经义考》注曰佚。

陈普《礼记讲义》一卷《经义考》注曰存。未见。《石堂先生遗集》卷七有《檀弓辨》一篇。

贾蒙《礼记辑解》《经义考》注曰佚。

程时登《礼记补疏》《新安文献志·先贤事略》。佚。

　　《深衣翼》一卷《经义考》注曰未见。

王氏《礼记解》《经义考》注曰未见。

张氏《礼记讲义》十卷《经义考》注曰未见。

佚名《礼记小疏》二十卷《经义考》注曰佚。

佚名《礼记名义》十卷《经义考》注曰佚。

佚名《礼记名数要记》三卷《经义考》注曰佚。

佚名《礼记外传名数》二卷《经义考》注曰佚。

佚名《礼记评要》十五卷《经义考》注曰佚。

佚名《礼枢》一卷《经义考》注曰佚。

佚名《礼钥》《经义考》注曰佚。

佚名《礼记举要图》一卷存，有宋刻本，藏日本静嘉堂文库。

（四）三礼总义

刘温叟等《开宝通礼》二百卷《郡斋读书志》卷二。佚。

聂崇义《三礼图集注》二十卷存，有《通志堂经解》本（题作《新定三礼图》）、
　　《四库全书》本。

贾昌朝等《太常新礼》四十卷《通志略·艺文略》。佚。

李觏《礼论》一卷存，载《直讲李先生文集》卷二。

姚辟、苏洵《太常因革礼》一百卷缺卷五十一至六十七，有《丛书集成初编》本。

何洵直《礼论》一卷《经义考》注曰佚。

司马光《书仪》十卷存，有《学津讨源》本。

程颐《礼序》一篇存，载《河南程氏文集·遗文》。

苏轼《礼以养人为本论》一篇存，载《苏东坡全集》卷四十九。

　　《礼论》一篇存，载《苏东坡全集》卷四十九。苏辙《礼论》一篇存，
　　载《栾城应诏集》卷四。

王庠《礼义论》二篇存，载《国朝二百家名贤文粹》卷二十五。

杨杰《补正三礼图》三十八卷《经义考》注曰未见。

欧阳丙《三礼名义》五卷《经义考》注曰佚。

鲁有开《三礼通义》五卷《经义考》注曰佚。

华镇《礼乐论》一篇存，载《云溪居士集》卷十八。

　　　《乐论》二篇存，载《云溪居士集》卷十八。

　　　《论礼》一篇存，载《永乐大典》卷一万零四百五十八。

陈祥道《礼书》一百五十卷存，有元至正七年福州路儒学刻明修本（藏国家图书

　　　馆）、《四库全书》本。

张耒《礼论》四篇存，载《柯山集》卷三十三。

梅执礼《论礼》一篇存，载《国朝二百家名贤文粹》卷十五。

胡铨《二礼讲义》一卷《经义考》注曰未见。

陈景肃《礼疏》《诏安县志》卷三十八。佚。

赵敦临《三礼发微》四卷《经义考》注曰未见。

崔敦礼《礼论》一篇存，载《宫教集》卷七。

韩元吉《礼乐论》一篇存，载《南涧甲乙稿》卷十七。

汪应辰《二经雅言》二卷《宋史·艺文志》。佚。

朱熹《家礼》五卷附录一卷存，有宋刻本（藏国家图书馆）、《四库全书》本。

朱熹撰，杨复、刘垓孙、刘璋等注《纂图集注文公家礼》十卷存，有明刻本，

　　　藏上海图书馆。

刘愚《礼解》《（雍正）浙江通志》卷二百四十二引《（万历）龙游县志》。佚。

杨简《论礼乐》一卷存，载《慈湖遗书》卷九。

叶适《礼乐论》一篇存，载《十先生奥论续集》卷十二。

赵汝谈《二礼注》《经义考》注曰未见。

李心传《丁丑三礼辨》二十三卷《经义考》注曰佚。

真德秀《三礼考》一卷存，有《学海类编》本、《逊敏堂丛书》本。

王宗道《二礼说》七卷《经义考》注曰佚。

郑鼎新《礼乐举要》《经义考》注曰佚。

　　　《礼乐从宜集》《经义考》注曰佚。

熊庆胄《三礼通议》《经义考》注曰佚。

欧阳守道《礼论》一篇存，载《永乐大典》卷一万零四百五十八。

练耒《二礼疑释》《经义考》注曰佚。

杨公节《家礼杂说附注》二卷《闽中理学渊源考》卷二十七。佚。

陈普《礼编》《经义考》注曰佚，并载陈氏自序一篇。

熊禾《三礼考异》《经义考》注曰佚。

郑氏《三礼名义疏》五卷《经义考》注曰佚。

佚名《三礼图》十二卷《经义考》注曰佚。

佚名《三礼图驳议》二十卷《经义考》注曰佚。

佚名《三礼分门统要》三十六卷《经义考》注曰佚。

五、春秋类

刘熙古《春秋极论》二篇《经义考》注曰未见。

　　　《春秋演例》三篇《经义考》注曰未见。

释赞宁《驳春秋繁露》二篇《经义考》注曰佚。

胡旦《春秋演圣通论》十卷《经义考》注曰佚。

许洞《春秋释幽》五卷《经义考》注曰佚。

赵恒（宋真宗）《春秋要言》三卷（一作五卷）《经义考》注曰佚。

王仲孚《春秋类聚》五卷《经义考》注曰佚。

范仲淹《说春秋序》一篇存，载《范文正集》卷六。

孙复《春秋尊王发微》十二卷存，有《通志堂经解》本、《四库全书》本。

　　　《春秋总论》三卷《经义考》注曰佚。

　　　《三传辨失解》《经义考》注曰佚。

刘羲《春秋褒贬志》五卷《经义考》注曰佚。

胡瑗《春秋口义》十卷《经义考》注曰佚。

王沿《春秋集传》十五卷《经义考》注曰佚。

贾昌朝《春秋要论》十卷《经义考》注曰佚。

　　　《春秋节解》八十卷《经义考》注曰佚。

宋祁《志在春秋赋》一篇存，载《景文集》卷三。

宋堂《春秋新意》三卷《经义考》注曰佚。

朱寀《春秋指归》《经义考》注曰佚。

周尧卿《春秋说》三十卷《经义考》注曰佚。

叶清臣《春秋纂类》十卷《经义考》注曰佚。

何涉《春秋本旨》《经义考》注曰佚。

石介《春秋说》《经义考》注曰未见。存，载《宋元学案》卷二《泰山学案》。

江休复《春秋世论》三十卷《经义考》注曰佚。

文彦博《春秋何以见仲尼之志论》存，载《潞公文集》卷九。

欧阳修《春秋论》三篇存，载《文忠集》卷十八。

  《春秋或问》二篇存，载《文忠集》卷十八。

  《石鹢论》一篇存，载《欧阳文粹》卷二。

张方平《读公羊传四首》存，载《乐全集》卷四。

  《祭仲行权论》一篇存，载《乐全集》卷十六。

  《归狱论》一篇存，载《乐全集》卷十六。

  《赵鞅论》一篇存，载《乐全集》卷十六。

  《君子大居正论》一篇存，载《乐全集》卷十七。

刘易《春秋经解》二卷《经义考》注曰佚。

李尧俞《春秋集议略论》二卷《经义考》注曰佚。

王皙《春秋通义》《经义考》注曰佚。

  《春秋明例隐栝图》一卷《经义考》注曰佚。

  《春秋皇纲论》五卷存，有《通志堂经解》本、《四库全书》本。

陆绾《春秋新解》三十卷《经义考》注曰佚。

王绰《春秋传纪》三卷《经义考》注曰佚。

丁副《春秋演圣统例》二十卷《经义考》注曰佚。

  《春秋三传异同字》一卷《经义考》注曰佚。

齐贤良《春秋要旨》《经义考》注曰佚。

刘绛《春秋三传析要》宋祁《景文集》卷三十《荐刘绛状》。未见。

杨忱《春秋正论》十卷王安石《临川先生文集》卷九十三《大理寺丞杨君墓志铭》。佚。

  《春秋微言》十卷王安石《临川先生文集》卷九十三《大理寺丞杨君墓志铭》。佚。

  《春秋通例》二十卷王安石《临川先生文集》卷九十三《大理寺丞杨君墓志铭》。佚。

蔡襄《讲春秋左氏传疏》一篇《经义考》注曰存。未见。

周希孟《春秋总例》十二卷《经义考》注曰佚。

王介《春秋臆说》十卷《经义考》注曰佚。

龙昌期《春秋正论》三卷《经义考》注曰佚。

  《春秋复道论》十二卷《经义考》注曰佚。

黎錞《春秋经解》十二卷《经义考》注曰佚。

章拱之《春秋统微》二十五卷《经义考》注曰佚。

刘义叟《春秋辨惑》《经义考》注曰佚。

　　《春秋灾异》《经义考》注曰佚。

朱临《春秋私记》一卷《经义考》注曰佚。

　　《春秋统例》二十卷《经义考》注曰佚。

　　《春秋外传》十卷《宋史·艺文志》。佚。

刘敞《春秋传》十五卷存，有《通志堂经解》本、《公是遗书》本、《四库全
　　书》本。

　　《春秋权衡》十七卷存，有《通志堂经解》本、《公是遗书》本、《四库全
　　书》本。

　　《春秋意林》二卷存，有《通志堂经解》本、《公是遗书》本、《四库全
　　书》本。

　　《春秋说例》一卷存辑本，题作《春秋传说例》，收入《四库全书》。

　　《春秋文权》五卷（一作二卷）《经义考》注曰佚。

　　《城郢论》一篇存，载《公是集》卷三十九。

　　《非子产论》一篇存，载《公是集》卷四十。

　　《叔辄论》一篇存，载《公是集》卷四十。

赵瞻《春秋经解义例》二十卷《经义考》注曰佚。

　　《春秋论》三十卷（一作二十卷）《经义考》注曰佚。

张载《春秋说》一卷《经义考》注曰未见。

王安石《左氏解》一卷《经义考》注曰存。未见。《直斋书录解题》以为"题王安
　　石撰，实非也"。

郑獬《左氏论》一篇存，载《郧溪集》卷十六。

宋敏修《春秋列国类纂》《经义考》注曰佚。

朱定《春秋索隐》五卷《经义考》注曰佚。

张公裕《春秋注解》《经义考》注曰佚。

刘攽《春秋内传国语》十卷《经义考》注曰佚。

范隐之《春秋五传会义》《经义考》注曰佚。

杜谔《春秋会义》二十六卷《经义考》注曰佚。存辑本，有清孔继涵抄校本（藏
　　国家图书馆），凡十二卷；孙氏《山渊阁丛刊》本，凡二十六卷。

李厚《春秋总要》一卷存，有宋刻本，附《春秋经传集解》三十卷后，藏国家图

书馆。

王棐《春秋义解》二十卷《经义考》注曰佚，并云："棐，程氏《本义》作斐"。
    按当作王棐，李焘《续资治通鉴长编卷》三百八十二"哲宗元年秋七月戊辰"
    条载："诏以衢州龙游县令王棐为春秋博士，从国子祭酒郑穆司业黄隐荐也。"

唐既《春秋邦典》二卷《经义考》注曰佚。

孙子平、练明道《春秋人谱》一卷《经义考》注曰佚。

张砥《春秋传》《经义考》注曰佚。

徐晋卿《春秋经传类对赋》一卷存，有《通志堂经解》本。

孙立节《春秋三传例论》《经义考》注曰佚。

沈括《春秋机括》二卷（或作一卷、三卷）《经义考》注曰未见。
    《春秋左氏纪传》五十卷（或作三十卷）《经义考》注曰佚。

董敦逸《春秋义略》十四卷《经义考》注曰佚。

唐淹《春秋讲义》三十卷《（光绪）丹棱县志》卷七。佚。
    《辨三传》七卷《（光绪）丹棱县志》卷七。佚。

杨绘《春秋辨要》十卷《经义考》注曰佚。

孙觉《春秋经解》十五卷存，有《通志堂经解》本、《四库全书》本（作十三卷）。
    《春秋学纂》十二卷《经义考》注曰佚。
    《春秋经社要义》六卷《经义考》注曰佚。

吕陶《春秋论》三篇缺，存上篇和中篇（部分），载《国朝二百家名贤文粹》卷
    十五。

单锷《春秋义解》慕容彦逢《摛文堂集》卷十五《单季隐墓志铭》。佚。

李清臣《春秋论》二篇存，载《宋文选》卷十八。

程颐《春秋传》一卷存，载《程氏经说》（八卷本）卷四。

郑昂《春秋臣传》三十卷《经义考》注曰佚。

冯正符《春秋得法忘例论》三十卷《经义考》注曰佚。按：《郡斋读书志》题作
    《春秋得法忘例论》，《直斋书录解题》《文献通考》题作《春秋得法志例论》。

杨彦龄《左氏春秋年表》二卷《经义考》注曰佚。
    《左氏蒙求》二卷《经义考》注曰未见。

苏轼《春秋论》一篇存，载《苏东坡全集》卷四十九。
    《论郑伯克段于鄢》《论郑伯以璧假许田》《论春秋变周之文》等十篇存，
    载《苏东坡全集》卷五十。

《隐公是摄论》一篇存，载《东坡全集》卷一百五。

《公子翚弑隐公论》一篇存，载《东坡全集》卷一百五。

《管仲相齐论》一篇存，载《东坡全集》卷一百五。

《堕三都论》一篇存，载《东坡全集》卷一百五。

黄君俞《春秋关言》十二卷《经义考》注曰佚。

苏辙《春秋集解》十二卷存，有明万历三十九年顾氏刻本（藏北京大学图书馆）、
　　《两苏经解》本、《四库全书》本。

　　《春秋论》一篇存，载《栾城应诏集》卷四。

王乘《春秋统解》三卷《经义考》注曰佚。

鲁有开《春秋指微》十卷《经义考》注曰佚。

吕奎《春秋要旨》十二卷《经义考》注曰佚。

吴孜《春秋折衷》十二卷《经义考》注曰佚。

孔武仲《论介之推》一篇存，载《清江三孔集》卷十八。

朱长文《春秋通志》二十卷（一作十二卷）《经义考》注曰佚。

彭汝砺《春秋成字韵》存，载《鄱阳集》卷九。

　　《和深父伤字韵》存，载《鄱阳集》卷九。

陆佃《春秋后传》二十卷《经义考》注曰未见。

李撰《春秋总要》十卷《经义考》注曰佚。

黄裳《春秋讲义》《经义考》注曰佚。

刘绚《春秋》十二卷缺，有明梦鹿堂抄本（藏浙江图书馆），题作《刘质夫先生春
　　秋通义》，存卷三至十二。

任伯雨《春秋绎圣传》十二卷《郡斋读书志》卷三。佚。

俞成《矢鱼于棠说》一篇存，载《萤雪丛谈》。

刘弇《春秋讲义》《经义考》注曰佚，并载刘氏自序一篇。

家安国《春秋通义》二十四卷《经义考》注曰佚。

家勤国《春秋新义》《经义考》注曰佚。

陈洙《春秋索隐论》五卷《经义考》注曰佚。

文济道《春秋纲领》四卷《经义考》注曰佚。

　　《春秋蒙求》三卷《玉海·艺文部》。佚。

王当《春秋释》十二卷《经义考》注曰佚。

　　《春秋列国诸臣传》五十一卷存，有《四库全书》本。

范柔中《春秋载微》五卷《经义考》注曰佚。

杨时《春秋义》一卷存，载《龟山集》卷八。

谢子房《春秋备对》十三卷《经义考》注曰佚。

于正封《三传是非》二十卷《经义考》注曰佚。

晁补之《左氏春秋传杂论》一卷存，有清影宋抄本，藏浙江大学图书馆。

黎良能《左氏释疑》一卷《经义考》注曰佚。

　　　　《左氏谱学》一卷《经义考》注曰佚。

谢湜《春秋义》二十四卷《经义考》注曰佚。

　　　　《春秋总义》三卷《经义考》注曰佚。

张大亨《春秋通训》十六卷存辑本，凡六卷，收入《四库全书》。

　　　　《五礼例宗》十卷缺，有《四库全书》本，缺卷四至六。

税安礼《春秋列国图说》一卷《经义考》注曰存。未见。

洪皓《春秋纪咏》三十卷《经义考》注曰佚。

晁说之《春秋三传说》三篇《经义考》注曰存。未见。

杨湜《春秋地谱》十二卷《经义考》注曰佚。

范冲《春秋左氏讲义》四卷《经义考》注曰佚。

陈禾《春秋传》十二卷《经义考》注曰佚。

　　　　《春秋统论》一卷《经义考》注曰佚。

许翰《襄陵春秋集传》《经义考》注曰佚。

　　　　《答李格朝奉论春秋二书》一篇存，载《襄陵文集》卷十。

　　　　《答薛秀才论春秋书》一篇存，载《襄陵文集》卷十。

　　　　《再答李格书》一篇存，载《襄陵文集》卷十。

皮元《春秋意》十五卷《经义考》注曰佚。

郑招庆《春秋会元》十二卷《经义考》注曰佚。

郑寿《春秋世此图》四卷《经义考》注曰佚。

师协等《四家春秋集解》二十五卷《经义考》注曰佚。

马择言《春秋要类》五卷《经义考》注曰佚。

吴元绪《左氏鼓吹》一卷《经义考》注曰佚。

巩叡（一作潜）《春秋琢瑕》一卷《经义考》注曰佚。

张传靖《左传编纪》十卷《经义考》注曰佚。

王晓《春秋原要》二卷《经义考》注曰佚。

杨希范《左氏摘元》十卷《经义考》注曰佚。

李融《春秋枢宗》十卷《经义考》注曰佚。

惠简《春秋通略全义》十五卷《经义考》注曰佚。

元保宗《春秋事要》十卷《经义考》注曰佚。

周武仲《春秋左传编类》三十卷《经义考》注曰佚。

崔子方《春秋经解》十二卷存辑本，收入《四库全书》。

　　　《春秋本例》二十卷存，有宋刻本（藏上海图书馆）、《通志堂经解》本、
　　　《四库全书》本。

　　　《春秋例要》一卷存辑本，收入《四库全书》。

谢逸《春秋广微》《经义考》注曰佚。

张根《春秋指南》十卷《经义考》注曰未见。

李宗道《春秋十赋》一卷《经义考》注曰佚。

黄叔敖《春秋讲义》五卷《经义考》注曰佚。

汪洙《春秋训传》《经义考》注曰佚。

萧楚《春秋经辨》十卷存辑本，题作《春秋辨疑》，凡四卷，收入《四库全书》。

黄颖《春秋左氏事类》《经义考》注曰佚。

罗从彦《春秋指归》《经义考》注曰佚。

朱震《春秋旨要》一卷《经义考》注曰佚。

　　《春秋正名赜隐旨要》十二卷《续论》一卷《经义考》注曰佚。

　　《春秋讲义》三卷《经义考》注曰佚。

　　按：《经义考》据《宋史·艺文志》著录作朱振，误，当作震。《玉海》
　　卷四〇著录朱震《春秋讲义》三卷。《宋史》有朱震传，《宋史·艺文
　　志》另著录朱震《易传》十一卷、《卦图》三卷、《易传丛说》一卷。
　　《经义考》另著录朱震《春秋左氏讲义》三卷，属重出。

胡安国《春秋传》三十卷存，有《四部丛刊续编》影印常熟瞿氏铁琴铜剑楼藏宋
　　刊本。

　　《春秋通例》一卷《经义考》注曰存。未见。

徐俯《春秋解义》《经义考》注曰佚。

叶梦得《春秋传》二十卷存，有《通志堂经解》本、《四库全书》本。

　　《春秋谳》三十卷存辑本，凡二十二卷，收入《四库全书》。

　　《春秋考》三十卷存辑本，凡十六卷，收入《四库全书》。

《春秋指要总例》二卷《经义考》注曰佚。

《石林春秋》八卷《经义考》注曰佚。

李光《左氏说》十卷《经义考》注曰佚。

宇文虚中《春秋纪咏》三十卷《经义考》注曰佚。

李纲《跋襄陵春秋集传后》一篇存，载《梁溪集》卷一百六十三。

毛友《左传类对赋》六卷《经义考》注曰佚。

曾元忠《春秋历法》《经义考》注曰佚。

江琦《春秋经解》三十卷，《辨疑》一篇《经义考》注曰佚。

沈滋仁《春秋兴亡图鉴》一卷《经义考》注曰佚。

李格《春秋指归》《经义考》注曰佚。

余安行《春秋新传》十二卷《经义考》注曰未见。

狄遵度《春秋杂说》《经义考》注曰佚。

冯山《春秋通解》十二卷《经义考》注曰佚。

方淑《春秋直音》三卷《经义考》注曰佚。

毕良史《春秋正辞》二十卷《经义考》注曰佚。

《春秋通例》十五卷《经义考》注曰佚。

王居正《春秋本义》十二卷《经义考》注曰佚。

郑刚中《左氏九六编》三卷《经义考》注曰佚。

邓骥《春秋指踪》二十一卷《经义考》注曰佚。

陆宰《春秋后传补遗》一卷《经义考》注曰未见。

辛次膺《春秋属辞比事》五卷《经义考》注曰佚。

石公孺《春秋类例》十二卷《经义考》注曰佚。

洪兴祖《春秋本旨》二十卷《经义考》注曰未见。《直斋书录解题》卷三节录洪氏
《春秋本旨序》。

张九成《春秋讲义》一卷《经义考》注曰存。《横浦先生文集》卷十三载迩英殿进
讲凡三篇，一《曹伯来朝》，一《齐人归公孙敖之丧》，一《六月辛丑朔日有
食之鼓用牲于社》；卷十四载海昌县学所讲二篇，一《发题》，一《隐公元年
春王正月》。另，《横浦日新录》载《翚帅师》一篇。

王彦休《春秋解》《经义考》注曰佚。

王葆《东宫春秋讲义》三卷《经义考》注曰佚。

《春秋备论》二卷《经义考》注曰佚。

《春秋集传》十五卷《经义考》注曰佚。

赵鹏飞《春秋经筌》十六卷存，有《通志堂经解》本、《四库全书》本。

李棠《春秋时论》一卷《经义考》注曰佚。

任续《春秋五始五礼论》五卷《经义考》注曰佚。

高闶《息斋春秋集注》十四卷《经义考》注曰未见。存辑本，凡四十卷，收入
《四库全书》。

章冲《春秋左传类事始末》五卷附录一卷存，有《通志堂经解》本。

张浚《春秋解》六卷《经义考》注曰佚。

邓名世《春秋四谱》六卷《经义考》注曰佚。

《辨论谱说》一卷《经义考》注曰佚。

李明复《春秋集义》五十卷《纲领》三卷存，有《四库全书》本，《纲领》三卷
为辑本。

李涂《春秋事对》五卷（蔡延龟注）《经义考》注曰佚。

罗棐恭《春秋指踪》《经义考》注曰佚。

《春秋盟会图》《经义考》注曰佚。

高登《春秋桓公不书王说》一篇存，载《高东溪集》卷下。

韩璜《春秋人表》一卷《经义考》注曰佚。

环中《左氏二十国年表》一卷《经义考》注曰佚。

《春秋列国臣子表》一卷《经义考》注曰佚。

潘好古《春秋说》《经义考》注曰佚。

范浚《春秋论》一篇存，载《香溪集》卷七。

胡铨《春秋集善》十三卷存，有清抄本，凡十五卷，藏复旦大学图书馆。

《春秋解》十六卷存，有《胡忠简公经解》本。

《获麟记》一篇存，载《澹庵文集》卷四。

《读左氏杂记》一篇存，载《澹庵文集》卷四。

郑樵《夹漈春秋传》十二卷《经义考》注曰未见。

《春秋考》十二卷《经义考》注曰未见。

《春秋地名谱》十卷《经义考》注曰未见。

晁公武《春秋故训传》三十卷《经义考》注曰佚。

王汝猷《春秋外传》十五卷《经义考》注曰佚。

郭正子《春秋传语》十卷《经义考》注曰佚。

李繁《春秋至当集》《经义考》注曰佚。

《春秋机关》《经义考》注曰佚。

《春秋集解》《经义考》注曰佚。

黄颜莹《春秋说》《经义考》注曰佚。

陈长方《春秋传》《经义考》注曰佚。

胡宁《春秋通旨》一卷《经义考》注曰未见。

吴曾《春秋考异》四卷《经义考》注曰佚。

《左氏发挥》六卷《经义考》注曰佚。

夏沐《春秋素志》三百一十五卷《经义考》注曰佚。

《春秋麟台独讲》十一卷《经义考》注曰佚。

<u>王十朋</u>《春秋解》《经义考》注曰佚。今《梅溪先生文集》卷二十七有《经筵讲
义·春秋·僖公》一篇。

林之奇《春秋通解》《经义考》注曰佚。

陈知柔《春秋义例》十二卷《经义考》注曰佚。

林栗《春秋经传集解》三十三卷《经义考》注曰未见。

王日休《春秋明例》（一作《春秋名义》）一卷《经义考》注曰佚。

《春秋孙复解三传辨失》四卷《经义考》注曰佚。

《左氏正鉴》《经义考》注曰佚。

赵敦临《春秋解》《经义考》注曰佚。

李焘《春秋学》十卷《经义考》注曰佚。

《春秋古经》一卷《直斋书录解题》卷三。佚。《文献通考》卷一百八十二
载《春秋古经后序》一篇。

叶仪凤《左氏联璧》八卷《经义考》注曰佚。

句龙传《春秋三传分国纪事本末》《经义考》注曰佚。

程迥《春秋传》二十卷《经义考》注曰佚。

《春秋显微例目》一卷《经义考》注曰佚。

桂绩（一作桂续）《类左传》十六卷《经义考》注曰佚。

黄开《春秋妙旨》《经义考》注曰佚。

《麟经总论》《经义考》注曰佚。

<u>胡元质</u><u>《左氏摘奇》</u>十二卷存，有《宛委别藏》本、《续修四库全书》影印国家图
书馆藏清嘉庆影宋抄本。

徐人杰《春秋发微》《经义考》注曰佚。

朱恮《春秋群疑辨》二卷《经义考》注曰佚。

<u>李石《左氏卦例》一卷《诗如例》三卷《君子例》一卷附《圣语例》《诗补遗》</u>存，载《方舟集》卷二十至二十四。

周聿《春秋大义》《经义考》注曰佚。

徐定《潮州春秋解》十二卷《经义考》注曰佚。

谢谔《春秋左氏讲义》三卷《经义考》注曰佚。

高元之《春秋义宗》一百五十卷《经义考》注曰未见。

陈持《左氏国类》二十卷《经义考》注曰佚。

胡箕《春秋三传会例》三十卷《经义考》注曰佚。

<u>程大昌《演繁露》六卷</u>《宋史·艺文志》。存，有《儒学警语》本。《四库全书》本作《演繁露》十六卷《续演繁露》六卷。

洪迈《春秋左氏传法语》六卷《经义考》注曰佚。

刘夙《春秋讲义》一卷《经义考》注曰佚。

<u>刘朔《春秋比事》二十卷</u>存，有《四库全书》本，题沈棐撰，据陆心源《仪顾堂续跋》卷三考订，此书应为刘朔（刘克庄之叔祖）撰，详参余嘉锡《四库提要辩证》卷一。

耿秉《春秋传》二十卷《经义考》注曰佚。

<u>张震《春秋奥论》</u>《经义考》注曰佚，并云《群书考索》载一篇。张氏有《五经论》，含《易》《礼》《诗》《书》《春秋》论五篇，载《十先生奥论·前集》卷一及《群书考索·别集》卷十一。

郑绮《穀梁合经论》《经义考》注曰佚。

徐端卿《麟经渊源论》十篇《经义考》注曰佚。

董自任《春秋总鉴》十二卷《经义考》注曰佚。

刘本《春秋中论》三十卷《经义考》注曰佚。

<u>林尧叟《春秋左传句解》四十卷</u>存，有元刻本，题作《春秋正经全文左传增注句解》，缺卷三十六，卷三十四配明刻本《春秋集传大全》，藏上海图书馆。

　　<u>《音注全文春秋括例始末左传句读直解》七十卷</u>存，有《续修四库全书》影印国家图书馆藏元刻明修本。

周淳中《春秋说约》六卷《经义考》注曰佚。

徐得之《春秋左氏国纪》二十卷《经义考》注曰佚。

谢畴《春秋古经》十二篇《经义考》注曰佚。

赵彦柜《春秋左氏发微》十卷《经义考》注曰佚。

罗泌《春秋用周正论》一篇存，载《路史》卷四十二。

　　　　《即位书元非春秋立法论》一篇存，载《路史》卷四十五。

　　　　《论恒星不见》一篇存，载《路史》卷四三十四。

　　　　《获麟解》二篇存，载《路史》卷三十五。

薛季宣《春秋经解》十二卷《直斋书录解题》卷三。《经义考》注曰佚。

　　　　《春秋指要》二卷《直斋书录解题》卷三。《经义考》注曰佚。《浪语集》

　　　　卷三十载《春秋经解指要序》一篇。

马之纯《春秋左传纪事》《经义考》注曰佚。

周孚《春秋讲义》一卷存，载《蠹斋铅刀编》卷二十一。

李孟传《左氏说》十卷《经义考》注曰佚。

邹补之《春秋注》《经义考》注曰佚。

孙调《左氏春秋事类》二十卷《经义考》注曰佚。

林维屏《春秋论》《经义考》注曰佚。

吕祖谦《春秋集解》三十卷存，有《通志堂经解》本、《四库全书》本。旧题吕祖

　　　　谦，《四库提要》定为吕本中撰

　　　　《左传类编》六卷存，有《四部丛刊续编》影印瞿氏铁琴铜剑楼藏旧抄本。

　　　　《左氏博议》二十卷存，有《四库全书》本、《丛书集成初编》本，皆作二

　　　　十五卷。另有明万历间黄之寀刻十二卷本（藏北京大学图书馆）、明崇祯间刻六

　　　　卷本（藏北京大学图书馆），清康熙四十年宝翰楼刻四卷本（藏国家图书馆）。

　　　　《左氏传说》二十卷存，有《通志堂经解》本、《四库全书》本。

　　　　《左氏传续说》十二卷存辑本，收入《四库全书》。

　　　　《左氏博议纲目》一卷《经义考》注曰未见。

　　　　《春秋讲义》一卷存，载《东莱别集》卷十三。

　　　　《左传手记》一卷存，载《东莱别集》卷十三。

陈傅良《左氏章指》三十卷《经义考》注曰未见。

　　　　《春秋后传》十二卷存，有明刻本（藏国家图书馆）、《通志堂经解》本、

　　　　《四库全书》本。

王炎《春秋衍义》《经义考》注曰佚。

陆九渊《大学春秋讲义》一卷存，载《象山集》卷二十三。

陈藻《春秋问》一卷《经义考》注曰存。未见。

章元崇《春秋大旨》《经义考》注曰佚。

戴溪《春秋讲义》四卷《经义考》注曰佚。存辑本，收入《四库全书》。

杨简《春秋解》十卷《经义考》注曰未见，并载杨氏自序一篇。

　　《慈湖春秋传》十二卷存，有清郑氏注韩居抄本，藏重庆图书馆。

　　《论春秋》一卷存，载《慈湖遗书》卷九。

　　《春王正月说》一篇存，载《慈湖遗书》卷九。

　　《公至自唐论》一篇存，载《慈湖遗书》卷九。

　　《季札观乐说》一篇存，载《慈湖遗书》卷九。

　　《许世子弑君说》一篇存，载《慈湖遗书》卷九。

郑可学《春秋博议》十卷《经义考》注曰佚。

廖德明《春秋会要》《经义考》注曰佚。

羊永德《春秋发微》《经义考》注曰佚。

唐阅《左史传》五十一卷《经义考》注曰佚。

石朝英《左传约说》一卷《经义考》注曰佚。

　　《左传百论》一卷《经义考》注曰佚。

胡维宁《春秋类例》《经义考》注曰佚。

　　《左氏类编》《经义考》注曰佚。

俞成《矢鱼于棠说》一篇存，载《萤雪丛谈》。

丁锬《春秋要解》《经义考》注曰佚。

吴仁杰《春秋论》《经义考》注曰佚。

黄彬《春秋叙鉴》二卷《经义考》注曰佚。

李浃《春秋广诲蒙》《经义考》注曰未见。

叶适《论左氏春秋》一篇存，载《水心别集》卷六。

邓埏《春秋类对》《经义考》注曰佚。

黄干《读左氏传杂说》一篇存，载《勉斋集》卷三。

黄东《春秋大旨》《经义考》注曰佚。

时澜《左氏春秋讲义》十卷《经义考》注曰佚。

蔡幼学《春秋解》《经义考》注曰佚。

余嚞《春秋地例增释纪年续编》《经义考》注曰佚。

刘伯证《左氏本末》《经义考》注曰佚。

《三传制度辨》《经义考》注曰佚。

苏权《春秋解》三卷《经义考》注曰佚。

赵崇度《左氏常谈》《经义考》注曰佚。

贺升卿《春秋会正论》一卷《经义考》注曰佚。

陈震《春秋解》《经义考》注曰佚。

汤璹《春秋要论》《经义考》注曰佚。

郑文通《春秋集解》《经义考》注曰佚。

蔡沆《春秋五论》五卷存，载《蔡氏九儒书》卷四《复斋公集》。

张洽《春秋集传》二十六卷缺，有《宛委别藏》本，缺卷十八至二十、二十三至二十六共七卷。

　《春秋历代郡县地里沿革表》二十七卷《目录》二卷《经义考》注曰佚。

　《春秋集注》十一卷《纲领》一卷存，有宋宝祐三年临江郡庠刻本（藏国家图书馆）、《通志堂经解》本、《四库全书》本。

赵与权《春秋奏议》《经义考》注曰佚。

万镇《左传十辨》一卷《经义考》注曰佚。

虞知方《春秋大义》二十二卷《经义考》注曰佚。

　《春秋衍义》三卷《经义考》注曰佚。

李心传《春秋考义》十三卷《经义考》注曰佚。

范士衡《春秋本末》《经义考》注曰佚。

　《尊经传》《经义考》注曰佚。

章如愚《辨春秋本用周正》一篇存，载《群书考索·续集》卷十一。

　《季子来归说》一篇存，载《群书考索·续集》卷十二。

　《春秋卜郊说》一篇存，载《群书考索·续集》卷十一。

赵善湘《春秋三传通议》三十卷《经义考》注曰佚。

李起渭《春秋集解》《经义考》注曰佚。

余克济《春秋通解》十五卷《经义考》注曰佚。

杨泰之《春秋列国事目》十五卷《经义考》注曰佚。

　《公羊穀梁传类》五卷《经义考》注曰佚。

程公说《春秋分记》九十卷《经义考》注曰未见。存，有清影宋抄本（藏上海图书馆）、《四库全书》本。

　《春秋比事》十卷《宋史艺文志补》。佚。

《左氏始终》三十卷《宋史艺文志补》。佚。

陈宓《春秋三传抄》《经义考》注曰佚。

林万顷《春秋解》《经义考》注曰佚。

柴元祐《春秋解》《经义考》注曰佚。

王镒《春秋门例通解》十卷《经义考》注曰佚。

钱时《春秋大旨》《经义考》注曰佚。

<u>洪咨夔</u>《春秋说》三卷《经义考》注曰佚。存辑本，凡三十卷，收入《四库全书》。

<u>李琪</u>《春秋王霸列国世纪编》三卷存，有《通志堂经解》本、《四库全书》本。

杨景隆《春秋解》《经义考》注曰佚。

<u>魏了翁</u>《春秋要义》六十卷《经义考》注曰未见。今有《四库全书》本，作《春
　　　秋左传要义》，凡三十一卷。

章樵《补注春秋繁露》十八卷《经义考》注曰未见。

刘克庄《春秋揆》一卷《经义考》注曰存。未见。

<u>黄仲炎</u>《春秋通说》十三卷存，有《通志堂经解》本、《四库全书》本。

陈琰《春秋传解》十卷《经义考》注曰佚。

《左氏世系本末》四十卷《经义考》注曰佚。

饶鲁《春秋节传》《经义考》注曰佚。

林希逸《春秋三传正附论》十三卷《经义考》注曰未见。

龙淼《春秋传》《经义考》注曰佚。

牟子才《春秋轮辐》《经义考》注曰佚。

王文贯《春秋传》《经义考》注曰佚。

王柏《左氏正传》十卷《经义考》注曰未见。

《读春秋记》八卷《经义考》注曰未见。

缪烈《春秋讲义》《经义考》注曰佚。

徐梅龟《春秋指掌图》《经义考》注曰佚。

傅实之《春秋幼学记》《经义考》注曰佚。

陆鹏升《春秋讲义》黄震《黄氏日抄》卷九十七《陆大博墓志铭》。佚。

翁梦得《春秋指南》一卷《经义考》注曰佚。

《春秋摭实》二卷《经义考》注曰佚。

《春秋要论》十卷《经义考》注曰佚。

《春秋记要》十卷《经义考》注曰佚。

周敬孙《春秋类例》《经义考》注曰佚。

熊庆胄《春秋约说》《经义考》注曰佚。

陆震发《春秋丛志》一卷《经义考》注曰佚。

黄震《读春秋日抄》七卷存，载《黄氏日抄》卷七至卷十三。

   《读三传日抄》一卷存，载《黄氏日抄》卷三十一。

舒津《春秋集注》《经义考》注曰佚。

胡康《春秋诛意谴告》一百卷《经义考》注曰佚。

朱申《春秋左传集解》三十五卷存，有元刻本，题作《增修订正音点春秋左传详
  节句解》，缺卷二十九至三十一，藏北京大学图书馆；明万历十三年周日校刻
  本，题作《春秋左传详节句解》，藏南京图书馆。

家铉翁《春秋详说》三十卷存，有《通志堂经解》本（题作《则堂先生春秋集传
  详说》）、《四库全书》本。

赵孟何《春秋法度编》《经义考》注曰佚。

王应麟《春秋三传会考》三十六卷《经义考》注曰佚。

   《古文春秋左传》十二卷存，有清抄本，藏国家图书馆。

时少章《春秋志表日记》《经义考》注曰佚。

杨均《鲁史分门属类赋》三卷《经义考》注曰佚。《宋史艺文志》署崔昪撰，杨
  均注。

吕大圭《春秋或问》二十卷存，有《通志堂经解》本、《四库全书》本。

   《春秋五论》一卷存，有《通志堂经解》本、《四库全书》本。

谢璧《春秋缀英》二卷《经义考》注曰佚。

谢钥《春秋衍义》十卷《经义考》注曰佚。

   《左氏辨证》六卷《经义考》注曰佚。

刘庄孙《春秋本义》二十《经义考》注曰佚。

陈友沅《春秋集传》《经义考》注曰佚。

阳恪《春秋夏时考正》二卷《经义考》注曰佚。

牟楷《春秋建正辨》一卷《经义考》注曰存。未见。

商季文《春秋正朔辨》一卷《经义考》注曰佚。

吴思齐《左传阙疑》《经义考》注曰未见。

许谨《春秋经传》十卷《经义考》注曰佚。

徐文凤《春秋捷径》十卷《经义考》注曰佚。

曾元生《春秋凡例》《经义考》注曰佚。

<u>包天麟</u>《春秋传义》金武祥《江阴艺文志·校补》。佚。

<u>陈普</u><u>《春王正月说》</u>一篇存，载《石堂先生遗集》卷七。

　　《考仲子之宫义》一篇《经义考》注曰存。未见。

　　<u>《重耳天赐论》</u>一篇存，载《石堂先生遗集》卷十一。

丘葵《春秋通义》《经义考》注曰未见。

熊禾《春秋通解》《经义考》注曰佚。

　　《春秋论考》《宋史艺文志补》。佚。

任公辅《春秋明辨》《经义考》注曰佚。

谢翱《春秋左传续辨》《经义考》注曰佚。

程时登《春秋集传》《新安文献志·先贤事略》。佚。

赵震揆《春秋类论》四十卷《经义考》注曰佚。

张冒德《春秋传类音》十卷《经义考》注曰佚。

韩台《春秋左氏传口音》三卷《经义考》注曰佚。

陈德宁《公羊新例》十四卷《经义考》注曰佚。

　　《穀梁新例》六卷《经义考》注曰佚。

张干《春秋排门显义》十卷《经义考》注曰佚。

袁希政《春秋类要》五卷《经义考》注曰佚。

张德昌《春秋传类》十卷《经义考》注曰佚。

沈纬《春秋谏类》二卷《经义考》注曰佚。

洪勋《春秋图鉴》五卷《经义考》注曰佚。

　　《春秋加减》一卷《宋史·艺文志》。佚。

王叡《春秋守鉴》一卷《经义考》注曰佚。

　　《春秋龟鉴》一卷《宋史·艺文志》。佚。

涂昭良《春秋科义雄览》十卷《经义考》注曰佚。

　　《春秋应判》三十卷《经义考》注曰佚。

丁裔昌《春秋解问》一卷《经义考》注曰佚。

邵川《春秋括义》三卷《经义考》注曰佚。

刘英《春秋列国图》一卷《经义考》注曰佚。

　　《春秋十二国年历》一卷《经义考》注曰佚。

周彦熠《春秋名义》二卷《经义考》注曰佚。

毛邦彦《春秋正义》十二卷《经义考》注曰佚。

胡定《春秋解》十二卷《经义考》注曰佚。

萧之美《春秋三传合璧要览》二卷《经义考》注曰佚。

宋宜春《春秋新义》《经义考》注曰佚。

张应麟《春秋纂记》《经义考》注曰佚。

朱由义《春秋解》《经义考》注曰佚。

方九思《春秋或问》《经义考》注曰佚。

田君右《春秋管见》《经义考》注曰佚。

戴铨《春秋微》《经义考》注曰佚。

戴培父《春秋志》《经义考》注曰佚。

《延陵先生春秋讲义》二卷《经义考》注曰佚。

房氏《春秋说》《经义考》注曰佚。

莆田陈氏《春秋说》《经义考》注曰佚。

东海徐氏《春秋经旨》《经义考》注曰佚。

莆田方氏《春秋集解》《经义考》注曰佚。

三山林氏《春秋类考》《经义考》注曰佚。

神童江氏《春秋说》《经义考》注曰佚。

杨氏《春秋辨要》《经义考》注曰佚。

孔氏《春秋书法》《经义考》注曰佚。

范氏《春秋断例》《经义考》注曰佚。

王氏《春秋直解》《经义考》注曰佚。

陈氏《春秋解义》《经义考》注曰佚。

邹氏《春秋笔记》《经义考》注曰佚。

陈氏《春秋世家》《经义考》注曰佚。

张氏《春秋列传》《经义考》注曰佚。

佚名《春秋扶悬》三卷《经义考》注曰佚。

佚名《春秋比事》三卷《宋史·艺文志》。佚。

佚名《春秋要义》十卷《宋史·艺文志》。佚。

佚名《春秋策问》三十卷《经义考》注曰佚。

佚名《春秋夹氏》三十卷《经义考》注曰佚。

佚名《春秋文权》五卷《宋史·艺文志》。佚。

佚名《春秋释疑》二十卷《经义考》注曰佚。

佚名《春秋考异》四卷《经义考》注曰佚。

佚名《春秋加减》四卷《宋史·艺文志》。佚。

佚名《春秋直指》三卷《经义考》注曰佚。

佚名《春秋四传》二十卷《宋史·艺文志》。佚。

佚名《春秋类》六卷《经义考》注曰佚。

佚名《春秋例》六卷《经义考》注曰佚。

佚名《春秋表记》一卷《经义考》注曰佚。

佚名《春秋王侯世系》一卷《经义考》注曰佚。

佚名《春秋左氏传鉴》三卷《经义考》注曰佚。

佚名《春秋机要》一卷《经义考》注曰佚。

佚名《春秋国君名例》一卷《经义考》注曰佚。

佚名《鲁史春秋卦名》一卷《经义考》注曰佚。

佚名《春秋蒙求》三卷《经义考》注曰佚。

佚名《左传类要》五卷《经义考》注曰佚。

佚名《春秋义例》十卷《经义考》注曰佚。

佚名《春秋氏族名谥谱》五卷《经义考》注曰佚。

佚名《春秋括甲子》《经义考》注曰佚。

佚名《春秋地名谱》《经义考》注曰佚。《宋史·艺文志》著录《春秋释例地名谱》
    一卷。

佚名《春秋灾异应录》《经义考》注曰佚。

<u>佚名《春秋通论》二卷</u>存，有《四库全书》本。

附：

<u>宋庠《国语补音》三卷</u>存，有《四库全书》本。

林概《辨国语》二卷《经义考》注曰佚。

鲁有开《国语音义》一卷《经义考》注曰佚。

江端礼《非非国语》《经义考》注曰佚。

张九成《标注国语类编》《经义考》注曰佚。

刘章《非非国语》《经义考》注曰佚。

沈虚中《左氏国语要略》十卷《经义考》注曰佚。

吕祖谦《左氏国语类编》二卷《经义考》注曰未见。

戴仔《非国语辨》一篇《经义考》注曰存。未见。

六、孝经类

邢昺等《孝经正义》三卷存，有《四库全书》本。阮元校刻《十三经注疏》本分
　　　作九卷。

龙昌期《孝经注》《经义考》注曰佚。

任奉古《孝经讲疏》一卷《宋史·艺文志》。佚。

赵湘《孝经义》一卷《经义考》注曰佚。

宋绶《孝经节要》一卷《经义考》注曰佚。

吕公著《孝经要语》一卷《经义考》注曰佚。

司马光《古文孝经指解》一卷存，有《通志堂经解》本（题作《孝经注解》）、
　　　《四库全书》本，以司马光、范祖禹之说合为一书。

王安石《孝经解》一卷《经义考》注曰佚。

吕惠卿《孝经传》一卷《经义考》注曰佚。

范祖禹《古文孝经说》一卷存，与司马光《古文孝经指解》合为一书，有《通志堂
　　　经解》本（题作《孝经注解》）、《四库全书》本（题作《古文孝经指解》）。

赵克孝《孝经传》一卷《经义考》注曰佚。

张元老《孝经讲义》一卷《经义考》注曰佚。

何执中《孝经解》《经义考》注曰佚。

李公麟《孝经图》一卷《经义考》注曰未见。

家滋《孝经解义》二卷《经义考》注曰佚。

王裶《孝经解义》《经义考》注曰佚。

程全一《孝经解》《经义考》注曰佚。

林独秀《孝经指解》《经义考》注曰佚。

王文献《孝经详解》一卷《经义考》注曰佚。

林椿龄《孝经全解》一卷《经义考》注曰佚。

沈处厚《孝经解》一卷《经义考》注曰佚。

何俌《孝经本说》《经义考》注曰佚。

吉观国《孝经新义》《经义考》注曰佚。

王绹《孝经解》五卷《经义考》注曰佚。

俞观能《孝经类鉴》七卷《经义考》注曰佚。

江杞《孝经注》《经义考》注曰佚。

洪兴祖《古文孝经序赞》一卷《经义考》注曰未见。

张师尹《孝经通义》一卷（一作三卷）《经义考》注曰佚。

张九成《孝经解》四卷《经义考》注曰未见。

胡铨《读孝经杂记》一篇存，载《澹庵文集》卷四。

项安世《孝经说》一卷《经义考》注曰佚。四库馆臣从《永乐大典》辑出，载
　　《项氏家说·附录》卷一。

朱熹《孝经刊误》一卷存，有《朱子遗书》本、《四库全书》本。

唐仲友《孝经解》一卷《经义考》注曰佚。

王炎《孝经解》《经义考》注曰未见。

杨简《古文孝经解》一卷《经义考》注曰未见。

　　《论孝经》一卷存，载《慈湖遗书》卷十二。

黄干《孝经本旨》一卷《经义考》注曰未见。

朱申《孝经注解》一卷存　有明万历刻《孝经丛书》本（题作朱申注《文公所定
　　古文孝经》，藏国家图书馆），《通志堂经解》本（题作《晦庵先生所定古文孝
　　经句解》）。

冯椅《古孝经辑注》（一作《古孝经章句》）一卷《经义考》注曰佚。

龚栗《孝经集义》一卷《经义考》注曰佚。

史绳祖《孝经解》一卷《经义考》注曰未见。

袁甫《孝经说》三卷《经义考》注曰佚。

王遂《孝经说》《京口耆旧传》卷七。佚。

刘元刚《孝经衍义》《经义考》注曰佚。

胡侁《孝经释》一卷《经义考》注曰佚。

陈合《孝经正义》一卷《经义考》注曰未见。

方逢辰《孝经章句》一卷《经义考》注曰佚。

刘养晦《孝经解》《经义考》注曰佚。

王行《孝经同异》三卷《经义考》注曰佚。

俞浙《孝经审问》《经义考》注曰存。未见。《（成化）新昌县志》著录俞氏《孝经
　　审问开外传》十二卷。

胡子实《孝经注》二卷《经义考》注曰未见。

蔡子高《孝经注》《经义考》注曰佚。

姜融《孝经释文》《经义考》注曰佚。

陈鄂《孝经释文》一卷《经义考》注曰佚。

张翌《孝经口义》吴澄《吴文正集》卷七十三《故文林郎东平路儒学教授张君墓碣
　　铭》。佚。

董鼎《孝经大义》一卷存，有《四库全书》本。

胡一桂《孝经传赞》《经义考》注曰未见。

李应龙《孝经集注》一卷《经义考》注曰未见。

季氏《古文孝经指解详说》一卷《经义考》注曰佚。

七、尔雅类

邢昺《尔雅疏》十卷存，有阮元校刻《十三经注疏》本。

王安石《字说》二十卷《郡斋读书志》卷四。存张宗祥辑本，福建人民出版社二〇
　　〇五年版。

唐耜《唐氏字说解》一百二十卷《郡斋读书志》卷四。佚。

韩兼《字说解》陆游《老学庵笔记》卷二。佚。

刘全美《字说偏旁音释》一卷陆游《老学庵笔记》卷二。佚。

　　　　《字说叠解备检》一卷陆游《老学庵笔记》卷二。佚。

　　　　《字会》二十卷陆游《老学庵笔记》卷二。佚。

王雱《尔雅》《经义考》注曰佚。

陆佃《尔雅新义》二十卷《经义考》注曰未见。

　　《埤雅》二十卷存，有《四库全书》本。

郑樵《尔雅注》三卷存，有《四库全书》本。

潘翼《尔雅释》《经义考》注曰佚。

罗愿《尔雅翼》三十二卷存，有《四库全书》本。

程端蒙《小学字训》一卷《文献通考·经籍考》。佚。

李从周《字通》一卷存，有《四库全书》本。

王应麟《尔雅奇字音义》二卷存，有明抄本，藏北京师范大学图书馆。

佚名《互注尔雅贯类》一卷《宋史·艺文志》。佚。

八、四书类

（一）大学

司马光《大学广义》一卷《经义考》注曰未见。魏涛有辑文，凡五条，载《司马
　　　光佚书〈《大学》《中庸》广义〉稽考》（收入《宋史研究论丛》第十四辑，
　　　河北大学出版社二〇一三年版）。

　　　《致知在格物论》一篇存，载《传家集》卷六十五。

程颢《大学定本》一卷存，载《程氏经说》（八卷本）卷五。

程颐《大学定本》一卷存，载《程氏经说》（八卷本）卷五。

吕大临《大学解》一卷《经义考》注曰未见。《十先生奥论后集》卷十《圣贤论》
　　　上杨万里《颜子上》注、朱熹《晦庵集》卷三十九《答范伯崇》各引录吕大
　　　临《大学解》一条。

杨时《大学解》《闽中理学渊源考》卷一《文靖杨龟山先生时》。佚。

萧欲仁《大学篇》一卷《经义考》注曰佚。

何俌《大学讲义》《经义考》注曰佚。

廖刚《大学讲义》一卷存，载《高峰文集》卷十五。

张九成《大学说》一卷（一作二卷）《经义考》注曰未见。

谭惟寅《大学义》《经义考》注曰佚。

喻樗《大学解》一卷《经义考》注曰佚。

苏总龟《大学解》一卷《经义考》注曰佚。

宋晋之《大学讲义》一卷楼钥《攻愧集》卷一百九《朝散郎致仕宋君墓志
　　　铭》。佚。

石𡒄《大学解》朱熹《晦庵集》卷九十二《知南康军石君墓志铭》。佚。

朱熹《大学章句》一卷存，有《四书章句集注》本。

　　　《大学或问》二卷存，有《四书或问》本。

　　　《经筵讲义·大学》存，载《晦庵集》卷十五。

陈总龟《大学儒行编》《闽中理学渊源考》卷二十。佚。

薛季宣《大学解》一卷存，载《浪语集》卷二十九。

倪思《大学辨》（一作《大学僻解》）一卷《经义考》注曰佚。魏了翁《鹤山集》
　　　卷八十五《倪公墓志铭》题作《大学解辨》。

杨简《论大学》一卷存，载《慈湖遗书》卷十三。

邵困《大学解》一卷《经义考》注曰佚。

熊以宁《大学释义》一卷《经义考》注曰佚。

黄干《大学经一章解》一卷存，载《勉斋集》卷三。

    《大学章句疏义》一卷存，载《勉斋集》卷三。

辅广《大学问答》《（雍正）浙江通志》卷一百七十五。佚。

陈淳《答陈伯澡问大学》二篇存，载《北溪大全集》卷四十。

方禾《大学讲义》一卷《经义考》注曰佚。

池从周《大学发微》《（雍正）浙江通志》卷二百四十二引《黄岩县志》。佚。

吴如愚《大学解》徐元杰《楳野集》卷一《准斋先生吴公行状》。佚。

叶味道《大学讲义》一卷《经义考》注曰佚。

赵善湘《大学解》十卷《经义考》注曰佚。

孙袆《大学讲义》一卷《经义考》注曰佚。

真德秀《大学衍义》四十三卷存，有《四库全书》本。

    《经筵大学讲义》存，载《西山文集》卷十八。

董槐《大学记》一卷《经义考》注曰佚。

蔡模《大学演说》（一作《大学衍论》）一卷《经义考》注曰未见。

何基《大学发挥》四卷《经义考》注曰未见。

卢孝孙《大学通义》一卷《经义考》注曰未见。

季镛《大学编》王柏《鲁斋集》卷十一《跋季兄大学编》。佚。

王柏《大学》《经义考》注曰未见。

    《大学沿革论后论》存，载王柏《鲁斋集》卷九。

徐渊《大学直解》《（雍正）浙江通志》卷二百四十二引《（正德）兰溪县志》。佚。

陈尧道《大学说》十一卷《经义考》注曰佚。

程万里《大学说》苏天爵《滋溪文稿》卷十九《元故鄱阳程君墓志铭》。佚。

陆鹏升《大学讲义》黄震《黄氏日抄》卷九十七《陆大博墓志铭》。佚。

吴浩《大学口义》一卷《经义考》注曰佚。

车若水《重证大学章句》王逢《梧溪集》卷四《奉题车玉峰先生世运录后（有
    序）》。佚。

吴季子《大学讲义》二卷《经义考》注曰未见，云"《一斋书目》有"。

刘黻《格物说》一卷《经义考》注曰未见。

余学古《大学辨问》一卷《经义考》注曰佚。

何梦桂《大学说》一卷《经义考》注曰佚。

陈华祖《大学审明》《经义考》注曰佚。

金履祥《大学章句疏义》一卷《经义考》注曰未见。存，有《率祖堂丛书》本
（题作《宋金仁山先生大学疏义》）、《四库全书》本（题作《大学疏义》）。

《大学指义》一卷《经义考》注曰未见。

曾元生《大学演正》一卷《经义考》注曰佚。

黎立武《大学发微》一卷存，有《四库全书》本。

《大学本旨》一卷存，有《四库全书》本。

熊禾《大学广义》（一作《大学口义》）二卷《经义考》注曰未见，云"《一斋书
目》有"。

胡希是《大学稽疑》一卷《经义考》注曰未见，云"《一斋书目》有"。

王文焕《大学发明》一卷《经义考》注曰佚。

程时登《大学本末图说》一卷《经义考》注曰佚。

徐氏《大学解义》一卷《经义考》注曰未见。

（二）中庸

胡瑗《中庸义》一卷《经义考》注曰未见。

释契嵩《中庸解》五篇存，载《镡津集》卷四。

张方平《中庸论》三篇存，载《乐全集》卷十七。

余象《中庸大义》一卷《经义考》注曰佚。

姚辟《中庸说》《经义考》注曰佚。

陈襄《中庸讲义》一卷存，载《古灵集》卷十二。

司马光《中庸广义》一卷《经义考》注曰未见。魏涛有辑文，凡二十二条，载
《司马光佚书〈《大学》《中庸》广义〉稽考》（收入《宋史研究论丛》第十
四辑，河北大学出版社二〇一三年版）。

程颢《中庸解》一卷存，载《程氏经说》（八卷本）卷八。

乔执中《中庸义》一卷《经义考》注曰佚。

苏轼《中庸论》三篇存，载《苏东坡全集》卷四十九。

朱长文《中庸解》《姑苏志》卷四十九。佚。

范祖禹《中庸论》一卷存，载《范太史集》卷三十五。

黄裳《中庸论》一篇存，载《演山集》卷四十二。

吕大临《中庸解》一卷存辑本，载陈俊民辑校《蓝田吕氏遗著辑校》，中华书局一
九九三年版。

《中庸后解》一卷《经义考》注曰佚。

游酢《中庸解义》五卷（一作一卷）《经义考》注曰未见。存，《游定夫先生集》
　　载《中庸义》一卷。

杨时《中庸解》一卷《经义考》注曰未见。《龟山集》卷二十五载《中庸义序》
　　一篇。

晁说之《中庸传》一卷存，载《景迂生集》卷十二。

陈渊《中庸解义》一篇存，载《默堂集》卷二十二。

郭忠孝《中庸说》一卷《经义考》注曰佚。

罗从彦《中庸说》罗从彦《豫章文集》卷十四附录上《事实》。佚。

侯仲良《中庸说》一卷《经义考》注曰未见。

张九成《中庸说》一卷（一作六卷）《经义考》注曰未见。今缺，有《四部丛刊
　　三编》影印海盐张氏涉园照存京都东福寺藏宋刻本，存卷一至三。

张浚《中庸解》一卷《经义考》注曰未见。《永乐大典》卷五五一"庸"、卷五五
　　二"庸"、卷五五三"庸"、卷五五四"庸"、卷五五五"庸"、卷五五六"庸"
　　引魏公著《句解》凡十六条。张浚封魏国公，《句解》当即指《中庸解》。

潘好古《中庸说》一卷《经义考》注曰佚。

徐存《中庸解》《经义考》注曰佚。

谭惟寅《中庸义》《经义考》注曰佚。

晁公武《中庸大传》一卷《经义考》注曰未见。

郭雍《中庸说》一卷《经义考》注曰佚。

郑耕老《中庸训解》一卷《经义考》注曰佚。

喻樗《中庸解》一卷《（嘉靖）浙江通志·艺文志》。佚。

林光朝《中庸解》一卷《经义考》注曰未见。

史尧弼《中庸论》二篇存，载《莲峰集》卷六。

祝允之《中庸发原》韩元吉《南涧甲乙稿》卷十三《答祝允之书》。佚。

宋晋之《中庸讲义》楼钥《攻愧集》卷一百九《朝散郎致仕宋君墓志铭》。佚。

石𪩘《中庸集解》二卷存朱熹删定本，题名《中庸辑略》，凡二卷，有《朱子遗
　　书》《四库全书》本。

项安世《中庸说》一卷《经义考》注曰未见。四库馆臣从《永乐大典》辑出，载
　　《项氏家说·附录》卷二。

朱熹《中庸辑略》二卷存，有《四库全书》本。

　　《中庸章句》一卷存，有《四书章句集注》本。

《中庸或问》三卷存，有《四书或问》本。

《中庸语类》三卷存，载《朱子语类》卷六十三至卷六十五。

魏天祐《中庸说》《经义考》注曰佚。

薛季宣《中庸说》一卷《经义考》注曰佚。

马之纯《中庸解》一卷《经义考》注曰佚。

杨简《论中庸》一卷存，载《慈湖遗书》卷十三。

倪思《中庸集义》一卷《经义考》注曰佚。

钱文子《中庸集传》一卷《经义考》注曰佚。卫湜《礼记集说》卷一百二十五、
　　一百二十六、一百二十八、一百三十四、一百六十三征引数条。

万人杰《中庸说》一卷《经义考》注曰佚。

叶介《中庸讲义》《（雍正）浙江通志》卷二百四十二引《（正德）武义县志》。佚。

陈孔硕《中庸讲义》一卷《（雍正）福建通志》卷六十八。佚。

包定《中庸解疑》《（雍正）浙江通志》卷二百四十二。佚。

熊以宁《中庸续说》一卷《经义考》注曰佚。

邵困《中庸解》一卷《经义考》注曰佚。

张孝直《中庸口义》《万姓统谱》卷三十九。佚。

黄櫄《中庸解》一卷《经义考》注曰佚。

曹叔远《中庸注疏》孙诒让《温州经籍志》卷六引《（乾隆）温州府志》。佚。

黄干《中庸总说》一篇存，载《勉斋集》卷三。

《中庸总论》一篇存，载《勉斋集》卷三。

蔡渊《中庸通旨》一卷《经义考》注曰未见。《永乐大典》卷五五二、五五四、五
　　五五、五五六征引蔡渊《纲领》数条。《纲领》当即指蔡渊《通旨》。

《中庸思问》赵顺孙《四书纂疏·引用书目》。佚。《永乐大典》卷五五一、五
　　五二、五五三、五五五、五五六征引六条。

辅广《中庸问答》《（雍正）浙江通志》卷一百七十五。佚。

陈淳《答陈伯澡问中庸》一篇存，载《北溪大全集》卷四十一。

吴之巽《中庸口义》三卷《经义考》注曰佚。

刘黻《中庸就正录》一卷《经义考》注曰佚。

熊节《中庸解》三卷《经义考》注曰未见。

徐寓《中庸说》一卷《经义考》注曰存。未见。

林夔孙《中庸章句》一卷《经义考》注曰佚。

卫湜《中庸集说》《姑苏志》卷五十一。佚。《永乐大典》卷五五一至五五六征引十二条。

吴如愚《中庸解》徐元杰《楳野集》卷一《准斋先生吴公行状》）。佚。

赵善湘《中庸约说》一卷《经义考》注曰佚。

孙调《中庸发题》一卷《经义考》注曰佚。

<u>刘宰《中庸赞》</u>一篇存，载《漫堂集》卷二十五。

<u>袁甫《中庸详说》</u>二卷《经义考》注曰佚。存辑本，题作《蒙斋中庸讲义》，凡四卷，收入《四库全书》。

《中庸铭》一篇存，载《蒙斋集》卷十六。

郑霖《中庸讲义》一卷《经义考》注曰佚。

邹仲远《中庸解》姚勉《雪坡集》卷三十《与节干邹仲远书》）。佚。

<u>阳枋《中庸说》</u>存，载《字溪集》卷七《说经》前半卷。

何基《中庸发挥》八卷《经义考》注曰未见。

饶鲁《石洞中庸纪闻》佚。《永乐大典》卷五五一至五五六征引十二条。

《中庸讲义》佚。《永乐大典》卷五五六征引一条。

王万《中庸说》《经义考》注曰佚。

王柏《订古中庸》二卷《经义考》注曰未见。

<u>《中庸论》</u>二篇存，载《鲁斋集》卷十。

《中庸纂注批点》佚。《永乐大典》卷五五二"庸"征引二条。

王奕《中庸本义》一卷《经义考》注曰佚。

陈尧道《中庸说》十三卷《经义考》注曰佚。

张梦锡《中庸讲义》宋慈抱《两浙著述考》引张骥孙《梦锡圹志》。佚。

贾蒙《中庸集解》《经义考》注曰佚。

程万里《中庸说》苏天爵《滋溪文稿》卷十九《元故鄱阳程君墓志铭》）。佚。

陆鹏升《中庸讲义》黄震《黄氏日抄》卷九十七《陆大博墓志铭》）。佚。

陈华祖《中庸提纲》《经义考》注曰佚。

江泳《中庸解》一卷《经义考》注曰佚。

陈义宏《中庸解》一卷《经义考》注曰佚。

方逢辰《中庸注》一卷《经义考》注曰佚。

<u>陈著《白鹭洲书院讲义》</u>存，载《本堂集》卷九十四。

刘惟思《中庸简明传》一卷《经义考》注曰佚。

何梦桂《中庸致用》一卷《经义考》注曰佚。

金履祥《中庸标注》《明一统志》卷四十二。佚。

方公权《正通庸言》黄仲元《四如集》卷三《跋方石岩正通庸言》。佚。

<u>黎立武</u>《中庸指归》一卷存，有《四库全书》本。

　　　　《中庸分章》一卷存，有《四库全书》本。

李思正《中庸图说》一卷《经义考》注曰佚。

　　　　《中庸辑释》一卷《经义考》注曰佚。

郑彦明《中庸说》一卷《经义考》注曰佚。

赵若焕《中庸讲义》一卷《经义考》注曰佚。

程时登《中庸中和说》一卷《经义考》注曰佚。

王奎文《中庸发明》一卷《宋史艺文志补》。佚。

<u>佚名</u>《中庸集成》一卷存，有元刻本，藏台湾"中央图书馆"。

（三）论语

释赞宁《论语陈说》一卷《经义考》注曰佚。

勾微《论语精义》二十卷《经义考》注曰佚。

<u>邢昺</u>《论语正义》二十卷存，有阮元校刻《十三经注疏》本。

龙昌期《论语注》王辟之《渑水燕谈录》卷六《文儒》。佚。

胡瑗《论语说》佚。黄震《黄氏日抄》卷四十五载八条。

周式《论语集解辨误》十卷《续》一卷《经义考》注曰佚。

宋咸《论语增注》十卷《经义考》注曰佚，并据王应麟《玉海》录宋氏自序一篇。

纪亶《论语摘科辨解》十卷《经义考》注曰佚。

阮逸《论语增注》《经义考》注曰佚。

丘濬（托名韩愈）《论语解》吕南公《灌园集》卷十七《读亢仓子》。佚。

释文莹《论语解》《（景定）建康志》卷三十三。佚。

余象《论语集解》《经义考》注曰佚。

周敦颐《论语》《经义考》注曰佚。

<u>吕公著</u>《论语讲义》缺，《续资治通鉴长编》卷一百九十九载"学而时习之"、"有
　　　　朋自远方来，不亦乐乎"、"人不知而不愠，不亦君子乎"三条讲义，卷二百
　　　　零一载"子之所慎，斋、战、疾"一条讲义。

张载《论语说》佚。朱熹、吕祖谦编《近思录》卷二、五征引二条。

王安石《论语解》十卷《经义考》注曰佚。

《论语通类》一卷《经义考》注曰佚。

王无咎《论语解》十卷曾肇《曲阜集》卷三《王补之文集序》。佚。

沈季长《论语解》十卷王安礼《王魏公集》卷七《沈公墓志铭》。佚。

饶子仪《论语解》《万姓统谱》卷三十。佚。

王令《论语注》十卷《经义考》注曰佚。

吕惠卿《论语义》十卷《经义考》注曰佚。

程颐《论语解》一卷存，有《二程全书》本。

赵燮《论语说》一卷《经义考》注曰佚。

魏承禧《论语指归》十卷苏颂《苏魏公文集》卷五十七《承议郎集贤校理蔡公墓
　　　志铭》。佚。

冯正符《论语解》《文献通考》卷一百八十三《春秋得法忘例论》。佚。

苏轼《论语解》四卷（一作十卷）《经义考》注曰未见。

　　　《论语义》两篇存，载《苏东坡全集》卷五十三。

苏辙《论语拾遗》一卷存，有《两苏经解》《四库全书》本。

蔡申《论语纂》十卷《经义考》注曰佚。

史通《论语说》（一作《论语解》）《经义考》注曰佚。

孔武仲《论语说》十卷《经义考》注曰佚。

范祖禹《论语说》二十卷（一作十卷）《经义考》注曰佚。

陈祥道《论语全解》十卷存，有《四库全书》本。

刘正叟《重注论语》十卷《经义考》注曰佚。

龚原《论语全解》（一作《论语解》）《经义考》注曰佚。

傅济道《论语解》吕南公《灌园集》卷十二《复傅济道书》。佚。

王雱《论语口义》十卷《经义考》注曰佚。

何执中《论语讲义》《经义考》注曰佚。

黄裳《论语讲义》黄裳《演山集》卷二十二《延平讲论语序》。佚。

黄庭坚《论语断篇》一篇存，载《山谷全书·正集》卷二十。

吕大临《论语解》十卷存辑本，载陈俊民辑校《蓝田吕氏遗著辑校》，中华书局一
　　　九九三年版。

刘弇《论语讲义》《经义考》注曰未见，并载刘氏自序一篇。

王巩《论语注》十卷《经义考》注曰佚。

刘安世《论语解》二十卷《经义考》注曰佚。

谢良佐《论语解》十卷《经义考》注曰未见。

施景明《论语解》《（景定）建康志》卷三十三。佚。

游酢《论语杂解》一卷《经义考》注曰未见。存，有《游定夫先生集》本。

杨时《论语解》二卷《经义考》注曰未见。存《论语经筵讲义》，凡九篇，载《龟
　　山集》卷五。另有《论语义序》一篇，载《龟山集》卷二十五。

晁说之《论语讲义》五卷（一作十卷）《经义考》注曰未见。

邹浩《论语解义》十卷《经义考》注曰佚，并载邹氏自序一篇。

王端礼《论语解》《经义考》注曰佚。

傅谅友《论语讲义》《（雍正）福建通志》卷六十八。佚。

陈显《论语解》《（雍正）浙江通志》卷二百四十二。佚。

倪登《论语解》《经义考》注曰佚。

许翰《论语解》《经义考》注曰佚。

尹焞《论语解》十卷《经义考》注曰未见。存，有明祁氏澹生堂钞本，不分卷，藏
　　国家图书馆。
　　　《论语说》一卷《经义考》注曰未见。

汪革《论语直解》十卷《经义考》注曰佚。

苏过《孔子弟子别传》《经义考》注曰佚。

朱震《论语直解》十卷《经义考》注曰佚。

马永卿《论语解》《（康熙）江西通志》卷九十六。佚。

王绚《论语解》二十卷《经义考》注曰佚。

侯仲良《论语说》一卷《经义考》注曰佚。

叶梦得《论语释言》十卷《经义考》注曰未见。

程俱《论语（雍也）讲义》存，载《北山小集》卷二十九。

王宾《论语口义》《经义考》注曰佚。

曾元忠《论语解》《经义考》注曰佚。

陈渊《论语讲义》《默堂集》卷二十《讲论语序》，同卷载陈氏解《论语》之《子
　　张》《尧曰》二篇。

王庭珪《论语讲义》五卷《经义考》注曰佚。

陈禾《论语传》十卷《经义考》注曰佚。

周孚先《论语解》吕祖谦《东莱集·别集》卷八。《经义考》著录作周氏（失名）
　　《论语解》，注曰佚。

赵佶（宋徽宗）《论语解》二卷《经义考》注曰佚。

王苹《论语集解》《经义考》注曰佚。

李纲《论语详说》十卷《经义考》注曰未见。《梁溪集》卷一百三十八录有《论语详说序》。

胡舜陟《论语义》罗愿《罗鄂州小集》卷六《胡侍制舜陟传》。佚。

曾几《论语义》二卷《经义考》注曰佚。

江琦《论语说》五卷《万姓统谱》卷三。佚。《经义考》题作江奇，并引《闽书》云江奇一作江锜，误。据胡寅《左宣教郎江君墓志铭》，当作江琦。

上官愔《论语略解》《经义考》注曰佚。

黄锾《论语类观》《经义考》注曰佚。

许天瑞《论语解》《明文海》卷四百郭万程《宋福清儒林传》。佚。《经义考》误题作许文瑞。

叶隆古《论语解义》十卷《经义考》注曰佚。

蔡元鼎《论语讲义》《经义考》注曰佚。

胡宪《论语会义》《经义考》注曰佚。

王居正《竹西论语感发》十卷《经义考》注曰佚。

程瑀《论语解》四卷《新安文献志·先贤事略》。佚。

《论语集解》十卷《新安文献志·先贤事略》。佚。

郑刚中《论语解》三卷《经义考》注曰佚。

祁宽《论语说》朱熹《晦庵集》卷五十《答潘恭叔》。佚。

黄颜荣《论语说》《（雍正）福建通志》卷六十八。佚。

毕良史《论语探古》二十卷《经义考》据《通志·艺文略》著录，注曰佚。《经义考》另据《宋史·艺文志》著录章良史《论语探古》二十卷，注曰佚。《直斋书录解题》著录作毕良史《论语探古》二十卷。《经义考》所录乃一书，当以毕良史为是。

林子充《论语诗》五十首《经义考》注曰未见。

吴棫《论语指掌》十卷《文献通考·经籍考十一》。佚。

《论语续解》十卷《经义考》注曰佚。

《论语考异》一卷《经义考》注曰佚。

《论语说例》一卷《经义考》注曰佚。

卫致虚《论语解》卫泾《后乐集》卷十七《先祖考太师魏国公行状》。佚。

钱观复《论语解》二十卷《经义考》注曰佚。

洪兴祖《论语说》十卷《经义考》注曰佚。

黄祖舜《论语解义》十卷《经义考》注曰佚。

　　《论语答问》方大琮《铁庵集》卷二十二《黄判官（端巳）》。佚。

沈大廉《论语说》《经义考》注曰佚。

张九成《论语解》二十卷《经义考》注曰佚。

　　《论语绝句》一卷存，有《艺海珠尘》本。

陈一鹗《论语注》张九成《横浦集》卷十八《与陈开祖》。佚。

胡宗古《论语口义》周必大《文忠集》卷二十《胡彦英论语集解序》。佚。

张浚《论语解》四卷《经义考》注曰佚。

向子愬《鲁论集义》《经义考》注曰佚。

胡寅《论语详说》《经义考》注曰未见。胡寅《斐然集》卷十九载《鲁语详说序》。

鲁訔《论语解》十卷《（雍正）浙江通志》卷二百四十二。佚。

员兴宗《论语解》存，载《九华集》卷二十二。

李衡《论语说》《姑苏志》卷五十。佚。

潘好古《论语说》《经义考》注曰佚。

徐存《论语解》《经义考》注曰佚。

徐珦《论语解》《经义考》注曰佚。

胡铨《论语新说》周必大《文忠集》卷二十《胡彦英论语集解序》。佚。

王之望《论语讲义》一卷存，载《汉滨集》卷三。

　　《论语答问》一篇存，载《汉滨集》卷三。

王日休《论语训解》周必大《文忠集》卷一百八十六《王日休赞》。佚。

胡宏《论语指南》一卷存，载《五峰集》卷五。

王汝猷《论语归趣》二十卷《经义考》注曰佚。

曹宓《论语注》十篇《经义考》注曰佚。

何逢原《论语集解》十卷《经义考》注曰佚。蔡节《论语集说》卷二、三、九、
　　十征引数条。

章服《论语解》三卷《经义考》注曰佚。

史浩《论语口义》二十卷《经义考》注曰佚。

杜莘老《论语集解》十卷《经义考》注曰佚。

徐椿年《论语解》《经义考》注曰佚。

郑耕老《论语训释》《经义考》注曰佚。

喻樗《玉泉论语学》四卷（一作十卷）《经义考》注曰佚。

赵敦临《论语解》二十卷《（雍正）浙江通志》卷二百四十二引《奉化县志》。佚。

蔺敏修《论语解》《经义考》注曰佚。

黄开《论语发挥》《经义考》注曰佚。

左璠《论语发微》十卷《（雍正）浙江通志》卷二百四十二引《台州府志》。佚。

<u>王十朋《论语讲义》</u>存《学而》《为政》讲义二篇，载《梅溪先生文集》卷十九。

　　　<u>《论语三说》</u>一篇存，载《梅溪先生文集》卷十九。

林之奇《论语讲义》《经义考》注曰未见，云"《一斋书目》有"。

徐焕《论语赘言》二卷《经义考》注曰佚。

程迥《论语传》《经义考》注曰佚。

吴沆《论语发微》二卷《经义考》注曰未见，云"《一斋书目》有"。

陈知柔《论语后传》十卷《闽中理学渊源考》卷十二。佚。

林栗《论语知新》十卷《经义考》注曰佚。

李缯《论语解义》《（乾隆）江南通志》卷一百九十。佚。

苏总龟《论语解》《经义考》注曰佚。

曾季狸《论语训解》《两宋名贤小集》卷一百二十五。佚。

赵不息《论语解》叶适《水心先生文集》卷二十六《故昭庆军承宣使知大宗正事赠
　　　开府仪同三司崇国赵公行状》。佚。

谢谔《论语解》二十卷《经义考》注曰佚。

黄补《论语人物志》《经义考》注曰佚。

刘季裴《论语解》《万姓统谱》卷五十九。佚。

王滋《论语说》《（雍正）浙江通志》卷二百四十二引《台州府志》。佚。

刘懋《论语训解》《经义考》注曰佚。

丘义《论语纂训》一卷《经义考》注曰佚。

李石《论语说》《方舟集》卷十三《进〈易疏〉〈论语说〉状》。佚。

诸葛说《论语说》《经义考》注曰佚。

胡公武《论语集解》《经义考》注曰佚。

<u>郑汝谐《论语意原》</u>四卷存，有《四库全书》本。

丁明《论语解》二十篇《经义考》注曰佚。

何镐《论语说》《经义考》注曰佚。

朱熹《论语精义》十卷存,有《论孟精义》本。

　　《论语详说》(初名《训蒙口义》)《经义考》注曰佚。

　　《论语集注》十卷存,有《四书章句集注》本。

　　《论语或问》二十卷存,有《四书或问》本。

　　《论语课会说》一篇存,载《晦庵集》卷七十四。

张珹《论语拾遗》二十篇《宋会要辑稿·崇儒》五之三十九。佚。《经义考》误题
　　作张珫。

陈总龟《论语解》《闽中理学渊源考》卷二十。佚。

欧阳邦基《习斋论语讲义》杨万里《诚斋集》卷七十七《习斋论语讲义序》。佚。

张缜《鲁论明微》十卷杨万里《诚斋集》卷六十八《答张季长少卿书》。佚。《经
　　义考》题作张演,误。

卞圜《论语大意》二十卷《经义考》注曰未见。

吴英《论语问答》《经义考》注曰未见。

李承之《论语说》朱熹《晦庵集》卷八十二《跋胡澹庵所作李承之论语说序》。佚。

汤岩起《论语义》十卷《经义考》注曰未见,云"《一斋书目》有"。

魏天祐《论语说》《经义考》注曰佚。

张栻《癸巳论语解》十卷存,有《通志堂经解》本、《四库全书》本。

刘愚《论语解》《(雍正)浙江通志》卷二百四十二引《(万历)龙游县志》。佚。

薛季宣《论语小学》二卷《宋史·艺文志》。《经义考》据《宋史·艺文志》著
　　录,题作《论语少学》,注曰佚。

　　《论语直解》(一作《论语约说》)《经义考》注曰佚。

沈文炳《论语解》《经义考》注曰佚。

夏良规《论语解》《经义考》注曰佚。

李舜臣《家塾编次论语》五卷《经义考》注曰佚。

林亦之《论语解》《经义考》注曰佚。

宋蕴《论语略解》(一作《论语解义》)二十卷《经义考》注曰佚。

吕祖谦《论语说》存,载吕乔年《丽泽论说集录》卷六。

王时会《论语训传》《经义考》注曰佚。

王炎《论语解》《经义考》注曰未见。

袁涛《论语管窥》袁燮《絜斋集》卷二十《从兄学录墓志铭》。佚。

陆九渊《论语说》一篇存,载《象山集》卷二十一。

《白鹿洞书院论语讲义》一篇存，载《象山集》卷二十三。

杨简《论论语》二卷存，载《慈湖遗书》卷十、十一。

高元之《论语解》一卷《经义考》注曰佚。

赵善誉《论语说》朱熹《晦庵集》卷四十五《答虞士朋》。佚。

邹补之《论语注》《经义考》注曰佚。

冯诚之《复庵读论语》十卷《经义考》注曰佚。

戴溪《石鼓论语答问》三卷《经义考》注曰佚。存，有《四库全书》本。

马之纯《论语说》《经义考》注曰佚。

傅蒙《论语讲义》《经义考》注曰佚。

陈骏《论语笔义》《（雍正）福建通志》卷六十八。佚。

黄宙《论语解》《经义考》注曰佚。

钱文子《论语传赞》二十卷《经义考》注曰佚。

倪思《论语义证》二十卷《经义考》注曰佚。

傅子云《论语集解》《经义考》注曰佚。

汤烈《集程氏论语说》二卷《经义考》注曰佚。

胡泳《论语衍说》《经义考》注曰未见。

袁樞《论语说》袁燮《絜斋集》卷二十《亡弟木叔墓志铭》。佚。

滕璘《论语说》《经义考》注曰佚。

陈藻《论语解》《经义考》注曰佚。

赵汝谈《论语注》《（咸淳）临安志》卷六十七。佚。

黄櫄《论语解》《闽中理学渊源考》卷十三。佚。

柴元祐《论语解》《经义考》注曰佚。

陈仪之《论语讲义》二卷《宋史·艺文志》。佚。

李惟正《论语翼》魏了翁《鹤山集》卷七十二《金书剑南西川判官李君惟正墓志铭》。佚。

黄干《论语注义问答通释》十卷《经义考》注曰未见。

《论语意原》一卷《宋史·艺文志》。佚。

《论语集注学而疏义》一篇存，载《勉斋集》卷二十六。

柴中行《论语童蒙说》《经义考》注曰佚。

梁亿《论语集解》《经义考》注曰佚。

赵全叔《论语说》《蜀中广记》卷四十二。佚。

孙应时《论语说》《经义考》注曰佚。

刘砥《论语解》《经义考》注曰佚。

辅广《论语答问》《经义考》注曰未见。

<u>陈淳《论语讲义》</u>一卷存，载《北溪大全集》卷十八。

　　　<u>《答陈伯澡问论语再答陈伯澡问论语》</u>存，载《北溪大全集》卷三十七、三
　　　十八、三十九、四十。

孔元忠《论语抄》十卷刘宰《漫塘集》卷三十五《故长洲开国寺丞孔公行述》。佚。

张孝直《论语口义》《万姓统谱》卷三十九。佚。

吴炎《论语问答》《（雍正）福建通志》卷六十八。佚。

冯椅《论语辑说》《经义考》注曰佚。

叶秀发《论语讲义》《经义考》注曰佚。

杨泰之《论语解》三十卷《经义考》注曰佚。

林汝器《论语集说》朱熹《晦庵集》卷八十四《题林汝器论语集说后》。佚。

姜得平《论语本旨》一卷《经义考》注曰佚。

池从周《论语发微》《（雍正）浙江通志》卷二百四十二引《黄岩县志》。佚。

汤建《论语解》《（雍正）浙江通志》卷二百四十二。佚。

虞刚简《论语解》魏了翁《鹤山集》卷七十六《虞公墓志铭》。佚。

<u>詹初《序经·论语》</u>二篇存，载《宋国录流塘詹先生集》卷一。

吴如愚《论语解》徐元杰《楳野集》卷一《准斋先生吴公行状》。佚。

许奕《论语讲义》二卷《经义考》注曰佚。

赵善湘《论语大意》十卷《经义考》注曰未见，云"《一斋书目》有"。

陈易《论语解》《经义考》注曰佚。

陈宓《论语注义问答》《经义考》注曰佚。《（雍正）福建通志》卷六十八作二卷。

洪咨葵《论语注》《（雍正）浙江通志》卷二百四十二。佚。

魏了翁《论语要义》十卷《经义考》注曰未见。

赵燮《论语说》魏了翁《鹤山集》卷六十二《跋广汉赵燮论语说》。佚。

陈孜《论语发微》《经义考》注曰佚。

<u>王宗道《论语别传》</u>五卷存，有《赵氏三书》本，藏首都图书馆。

陈耆卿《论语记蒙》六卷《直斋书录解题》卷三。佚。《篔窗集》卷三载《论孟纪
　　　蒙序》《论孟纪蒙后予》。

王遂《论语说》《京口耆旧传》卷七。佚。

袁甫 <u>《经筵讲义·论语》</u>存，载《蒙斋集》卷一。

萧山 《论语讲说》《经义考》注曰佚。

陈如晦 《论语问答》《经义考》注曰佚。

王与之 《论语补义》《温州经籍志》卷六。佚。

叶士龙 《论语详说》卢文弨《经籍考》。佚。

刘元刚 《论语演义》《经义考》注曰佚。

蔡模 《论语集疏》《经义考》注曰未见。

<u>刘克庄 《论语讲义》</u>存二卷，载《后村先生大全集》卷八十四、八十五。

何基 《论语发挥》《经义考》注曰佚。

朱申 《论语辨》《经义考》注曰佚。

孔元龙 《论语集说》《经义考》注曰佚。

李用 《论语解》《经义考》注曰佚。

钟宏 《论语约说》《经义考》注曰佚。

陈琰 《编次论语》《续文献通考·经籍考一》。佚。

陈沂 《论语说》《续文献通考·经籍考一》。佚。

饶鲁 《论语石洞纪闻》十七卷《经义考》注曰未见。

王万 《论语说》《经义考》注曰佚。

<u>徐元杰 《经筵论语讲义》</u>存，载《楳野集》卷一。

吴潜 《论语衍究》吴泳《鹤林集》卷三十一《答吴毅夫书》。佚。

蔡节《论语集说》十卷存，有宋淳祐六年湖类刻本（藏国家图书馆）、《通志堂经
　　解》本、《四库全书》本。

胡侁 《论语释》《经义考》注曰佚。

王柏《论语通旨》二十卷《经义考》注曰佚。

　　《论语衍义》七卷《经义考》注曰佚。

　　《鲁经章句》《经义考》注曰佚。

潘墀《论语语类》二十七卷《经义考》注曰佚。

王奕 《论语说》《（雍正）浙江通志》卷一百八十二。佚。

谢正夫 《论语言仁》方岳《龟山集》卷一《跋谢正夫论语言仁》。佚。

时少章《论语大义》《经义考》注曰佚。

　　《论语赘说》《（嘉靖）浙江通志·艺文志》。佚。

王梦松 《论语解》十卷《湖州府志·艺文》。佚。

林文昭《论语觲》一卷《经义考》注曰佚。

叶由庚《论语纂》《经义考》注曰佚。

程万里《论语说》《经义考》注曰佚。

梁椅《论语翼》《经义考》注曰佚。

吕中《论语讲义》《经义考》注曰佚。

黄震《读论语日抄》一卷存，载《黄氏日抄》卷二。

林公一《论语类》五册刘黻《蒙川遗稿》卷四《故友林道初察推墓志铭》。佚。

李春叟《论语传说补》《经义考》注曰佚。

马廷鸾《论语会编》《续文献通考·经籍考一》。佚。

田真子《论语说约》姚勉《雪坡集》卷二十五《回田贤良送所注论语说约》。佚。

汉郑玄注，王应麟辑《古文论语》二卷存，有《碧琳琅馆丛书》本。

王应麟《论语考异》一卷存，有明崇祯九年诗瘦阁刻本（藏日本京都大学图书馆）、
　　　　《三鱼堂四书大全》本。

杨公节《论语讲义》刘克庄《后村先生大全集》卷二十六《杨公节论语讲义》。佚。

金履祥《论语集注考证》十卷存，有《率祖堂丛书》本、《丛书集成初编》本。
　　　　《读论语管见》王柏《鲁斋集》卷九《金吉甫管见》。佚。

刘庄孙《论语章指》《经义考》注曰佚。

单庚金《增集论语说约》《经义考》注曰佚。

齐梦龙《论语解》《四书通·引用姓氏书目》。佚。

黄方子《论语讲义》《经义考》注曰佚。

佚名《东谷论语》一卷《宋史·艺文志》。佚。

佚名《论语井田义图》《崇文总目·论语类》。佚。《玉海》卷一百七十六征引三条。

佚名《论语玄义》十卷《经义考》注曰佚。

佚名《论语要义》十卷《经义考》注曰佚。

佚名《论语口义》十卷《经义考》注曰佚。

佚名《论语展掌疏》十卷《经义考》注曰佚。

佚名《论语阅义疏》十卷《经义考》注曰佚。

佚名《论语世谱》三卷《经义考》注曰佚。

佚名《论语撰人名》一卷《经义考》注曰佚。

佚名《论语意原》一卷《经义考》注曰佚。

佚名《论语枢要》《经义考》注曰佚。

（四）孟子

<u>种放</u>《述孟志》存，载《国朝二百家名贤文粹》卷四。

<u>孙奭</u>《孟子音义》二卷存，有清初影宋抄本（藏国家图书馆）、《通志堂经解》本。

　　<u>《孟子正义》</u>十四卷（赵岐注，题孙奭疏）存，有阮元校刻《十三经注疏》
　　本。《朱子语类》卷十九谓此疏为邵武士人假托，余嘉锡《四库提要辩证》卷二
　　亦谓"其不出奭手，确然可信"。然仍是宋人所作，姑录于此。

冯休《删孟子》一卷《宋史·艺文志》。佚。

孙抃《辨孟》束景南《朱熹佚文辑考·批柯国材辨孟》。佚。

释文莹《孟子解》《（景定）建康志》卷三十三。佚。

<u>李觏</u>《常语》一卷存，载《直讲李先生文集》卷三十二至三十四。

<u>题苏洵撰</u>《苏老泉批点孟子》二卷存，有明万历四十一年程开祐刻本（藏上海图
　　　　书馆）、国家图书馆藏明纪五常刻本。此为托名之作，姑录于此。

李彖《孟子讲义》《经义考》注曰佚。

<u>司马光</u>《疑孟》一卷存，有《说郛》本。

张载《孟子解》二十四卷《经义考》注曰存。未见。可参林乐昌《张载佚书〈孟
　　子说〉辑考》，载《中国哲学史》二〇〇三年第四期。

王安石《孟子解》十四卷《经义考》注曰佚。

<u>题刘敞注</u>《孟子外书》四卷存，有《函海》本、《拜经楼丛书》本。

张简《点注孟子》十四卷《经义考》注曰佚。

<u>徐积</u>《嗣孟》一篇存，载《节孝集》卷二十八。

<u>沈括</u>《孟子解》一卷存，载《长兴集》卷十九。

蒋之奇《孟子解》六卷《经义考》注曰佚。

王令《孟子讲义》（一作《孟子解》）五卷《经义考》注曰未见。《广陵先生文
　　集》卷十四有《说孟子序》一篇，卷十三有《读孟子》一篇，可备参。

<u>程颐</u>《孟子解》一卷存，载《程氏经说》（八卷本）卷七。

丰稷《孟子注》佚。朱熹《孟子集注》卷七注引"丰氏曰"三条。

<u>苏辙</u>《孟子解》一卷存，有《两苏经解》本、《四库全书》本。

史通《孟子义》（一作《孟子解》）《经义考》注曰佚。

范祖禹等《五臣解孟子》十四卷《郡斋读书志》卷十。佚。

王向《孟子解》吕南公《灌园集》卷八《王梦锡集序》。佚。

李撰《孟子讲义》十四卷《经义考》注曰佚。

《广孟子说养气论》三篇《经义考》注曰佚。

龚原《孟子解》十卷《经义考》注曰佚。

傅济道《孟子解》吕南公《灌园集》卷十二《复傅济道书》。佚。

王雱《孟子注》十四卷《经义考》注曰佚。

许允成《孟子新义》十四卷《经义考》注曰佚。

黄庭坚《孟子断篇》一篇存，载《山谷全书·正集》卷二十。

章甫《孟子解义》十四卷《经义考》注曰佚。

周谓《孟子解义》《经义考》注曰佚。

吕大临《孟子讲义》十四卷存辑本，载陈俊民辑校《蓝田吕氏遗著辑校》，中华书
　　局一九九三年版。

蔡参《孟子广义》一卷《经义考》注曰佚。

司马康等《孟子节解》十四卷《经义考》注曰佚。

黄敏《孟子余义》一卷《经义考》注曰佚。

席旦《石经孟子》十四卷《郡斋读书志》卷十。佚。

《孟子解义》十四卷《经义考》注曰佚。

陈旸《孟子解义》十四卷《经义考》注曰佚。

游酢《孟子杂解》一卷《经义考》注曰佚。存，有《游定夫先生集》本。

杨时《孟子解》一卷存，载《龟山集》卷八。另有《孟子义序》一篇，载《龟山
　　集》卷二十五。

汪澥《孟子详解》《（嘉庆）旌德县志》卷九。佚。

晁说之《诋孟》《经义考》注曰佚。

邹浩《孟子解义》十四卷《经义考》注曰佚，并载邹氏自序一篇。

尹焞《孟子解》十四卷《经义考》注曰佚。存，有清乾隆间抄本，凡二卷，藏西安
　　市文管会。

叶梦得《孟子通义》十卷《经义考》注曰佚。

程俱《孟子讲义》四篇存，载《北山集》卷二十九。

刘谊夫《孟子指要》冯时行《缙云文集》卷四《书孟子指要后》。佚。

陈禾《孟子传》十四卷（一作《孟子解》十卷）《经义考》注曰佚。

汪琦《孟子说》五卷《经义考》注曰佚。

上官愔《孟子略解》《经义考》注曰佚。

蔡元鼎《孟子讲义》《经义考》注曰佚。

王居正《孟子疑难》十四卷《经义考》注曰佚。

郑刚中《孟子解》三卷《经义考》注曰佚。

施德操《孟子发题》一卷存，有明方士骐刻本（藏国家图书馆）、《四库全书存目丛书》影印《横浦先生文集》附刻本。

张九成《孟子解》十四卷《经义考》注曰未见。今缺，存二十九卷，题作《孟子传》，有《四部丛刊三编》影印海盐张氏涉园照存吴潘氏滂喜斋宋刊本。

《孟子拾遗》一卷《经义考》注曰未见。存，载《横浦先生文集》卷十五。

蒋夔《孟子解》《（康熙）江西通志》卷八十五。佚。

张浚《孟子句解》佚。《永乐大典》卷六千五百五十八"齐宣王问曰"条、六千五百五十九"孟子谓齐宣王曰"条、"孟子见齐宣王"条、"齐宣王问曰"条、"孟子见齐宣王"条、"齐人伐燕"条征引《句解》凡六条。

李流谦《孟子解》存八篇，载《永乐大典》卷六千五百五十八至六千五百五十九。

刘章《剌剌孟》一卷《经义考》注曰佚。

陆筠《翼孟音解》（一作《翼孟》）《经义考》注曰佚。

潘好古《孟子说》《经义考》注曰佚。

徐存《孟子解》《经义考》注曰佚。

徐珣《孟子解》《经义考》注曰佚。

王日休《孟子训解》周必大《文忠集》卷一百八十六《王日休赞》。佚。

郑厚《孟子论》八篇存，见《尊孟辨》卷下引《艺圃折衷》。

胡宏《释疑孟》一卷存，载《五峰集》卷五。

王汝猷《孟子辨疑》十四卷《经义考》注曰佚。

史浩《孟子杂说》二篇存，载《鄮峰真隐漫录》卷四十。

黄次伋《评孟》《经义考》注曰佚。

章服《孟子解》三卷《经义考》注曰佚。

郑耕老《孟子训释》《经义考》注曰佚。

喻樗《孟子解》《无锡县志》卷三。佚。

赵敦临《孟子解》《经义考》注曰佚。

徐时动《孟子说》四十卷《经义考》注曰佚。

黄开《孟子辨志》《经义考》注曰佚。

王十朋《孟子讲义》汪应辰《文定集》卷二十三《龙图阁学士王公墓志铭》。佚。

林之奇《孟子讲义》《经义考》注曰佚，并载林氏自序一篇。

韩元吉《孟子论》一篇存，载《南涧甲乙稿》卷十七。

程迥《孟子章句》《经义考》注曰佚。

余允文《尊孟辨》三卷《续辨》二卷《别录》一卷存，有《四库全书》本、
　　　　《守山阁丛书》本。

刘季裴《孟子解》《经义考》注曰佚。

刘懋《孟子训解》《（雍正）福建通志》卷六十八。佚。

杨万里《孟子论》三篇存，载《诚斋集》卷八十六。

朱熹《孟子集注》十四卷存，有《四书章句集注》本。

　　《孟子精义》十四卷存，有《论孟精义》本。

　　《孟子或问》十四卷存，有《四书或问》本。

　　《孟子问辨》十一卷存，有《朱子全书》本。

　　《孟子要略》《经义考》注曰未见。存，曾国藩《曾文正公文集》载朱氏《孟
　　　子要略》五卷附录一卷。

　　《读余氏尊孟辨说》一卷存，有《朱子全书》本。

　　《孟子纲领》一篇存，载《晦庵集》卷七十四。

题张孝祥撰《纪孟十诗》一卷赵与时《宾退录》卷二。佚。

魏天祐《孟子说》佚。《经义考》卷二百三十五著录黎天祐《孟子说》，此"黎天
　　　祐"当为"魏天祐"之讹。

张栻《孟子详说》十七卷《经义考》注曰未见。《南轩集》卷十五载张氏《孟子讲
　　　义》一篇。

　　《癸巳孟子说》七卷存，有《通志堂经解》本、《四库全书》本。

刘愚《孟子解》《（雍正）浙江通志》卷二百四十二引《（万历）龙游县志》。佚。

王自中《孟子旨义》佚。《经义考》题作王自申，误。

夏良规《孟子解》《经义考》注曰佚。

邹补之《孟子注》《经义考》注曰佚。

吕祖谦《孟子说》存，载吕乔年《丽泽论说集录》卷七。

陈傅良《经筵孟子讲义》二篇存，载《止斋集》卷二十八。

袁涛《孟子说》袁燮《絜斋集》卷二十《从兄学录墓志铭》。佚。

陆九渊《孟子说》一篇存，载《象山集》卷二十一。

许升《孟子说》《经义考》注曰佚。

杨简《论孟子》一卷存，载《慈湖遗书》卷十四。

彭龟年《孟子好辩章讲义》存，载《止堂集》卷八。

詹体仁《孟子说》《詹元善先生遗集》卷下《童伯羽四书集成序》。佚。

戴溪《石鼓孟子答问》三卷《经义考》注曰佚。

陈骏《孟子笔义》《经义考》注曰佚。

黄宙《孟子解》《经义考》注曰佚。

钱文子《孟子传赞》十四卷《经义考》注曰佚。

倪思《孟子问答》十二卷《经义考》注曰佚。

傅子云《孟子指义》《经义考》注曰佚。

张孝直《孟子口义》《万姓统谱》卷三十九。佚。

汤烈《孟子集程氏说》一卷《郡斋读书附志·拾遗》。佚。

罗点《孟子讲义》袁燮《絜斋集》卷十二《赠太保罗公行状》。佚。

陈藻《孟子解》《经义考》注曰佚。

曇渊《孟子注》《经义考》注曰佚。

包定《孟子答问》《（雍正）浙江通志》卷二百四十二。佚。

赵汝谈《孟子注》《续文献通考·经籍考一》。佚。

陈舜申《孟子集解》七卷《（雍正）福建通志》卷六十八。佚。

张显父《孟子问答》《经义考》注曰佚。

黄樵《孟子解》《闽中理学渊源考》卷十三。佚。《经义考》卷二百三十五载陈樵
　　《孟子解》，此"陈樵"当为"黄樵"之讹。

李惟正《翼孟》《经义考》注曰佚。

黄干《孟子讲义》一卷存，载《勉斋集》卷二。

　　　《孟子说》一篇存，载《勉斋集》卷三。

包逊《孟子讲义》真德秀《西山文集》卷三十六《跋包敏道讲义》。佚。

孙奕《孟子明解》十四卷《经义考》注曰未见，云"《聚乐堂艺文目》有之"。

赵全叔《孟子讲义》《蜀中广记》卷四十二。佚。

刘砥《孟子注解》《经义考》注曰佚。

辅广《孟子答问》《经义考》注曰未见。

陈淳《孟子口义》《北溪大全集》附录陈宓《北溪先生墓志铭》。佚。

冯椅《孟子图》《经义考》注曰佚。

谯仲午《孟子旨义》《经义考》注曰佚。

吴汝愚《孟子解》徐元杰《楳野集》卷一《准斋先生吴公行状》。佚。

赵善湘《孟子解》十四卷《经义考》注曰佚。

陈易《孟子解》《经义考》注曰佚。

袁甫《孟子解》《经义考》注曰佚。

洪咨夔《孟子注》《（雍正）浙江通志》卷二百四十二。佚。

魏了翁《孟子要义》十四卷《经义考》注曰未见。

陈耆卿《孟子记蒙》十四卷《直斋书录解题》卷三。佚。《筼窗集》卷三载《论孟纪蒙序》《论孟纪蒙后序》。

刘元刚《孟子演义》《经义考》注曰佚。

何基《孟子集注考》一篇存，载《何北山先生遗集》卷一。

蔡模《孟子集疏》十四卷存，有《通志堂经解》本、《四库全书》本。

朱申《孟子笺》《经义考》注曰佚。

饶鲁《孟子记闻》《经义考》注曰佚。

　　《孟子讲义》《永乐大典》卷六千五百五十八、六千五百五十九征引九条。

王万《孟子说》《经义考》注曰佚。

王柏《孟子通旨》七卷《经义考》注曰未见。

王奕《孟子说》《经义考》注曰佚。

时少章《孟子大义》《（嘉靖）浙江通志·艺文志》。佚。

　　　　《孟子赘说》《（嘉靖）浙江通志·艺文志》。佚。

王梦松《孟子解》七卷《湖州府志·艺文》。佚。

黄震《读孟子日抄》一卷存，载《黄氏日抄》卷三。

马廷鸾《孟子会编》《经义考》注曰佚。

吕大圭《孟子说》《永乐大典》卷五千三百四十三引《三阳志》。佚。

金履祥《孟子集注考证》七卷存，有《金祖堂丛书》本、《四库全书》本。

陈普《孟子纂要》《经义考》注曰佚，并载陈氏自序一篇。

王应麟《孟子考异》存，有明崇祯九年诗瘦阁刻本（藏日本京都大学图书馆）、《三鱼堂四书大全》本。

张氏《孟子传》三十六卷《宋史·艺文志》。佚。

佚名《集百家孟子解》十二卷《经义考》注曰佚。

佚名《七家孟子讲义》《遂初堂书目》。佚。

佚名《四注孟子》十四卷《宋史·艺文志》。佚。

佚名《孟子诸儒集义》《（景定）建康志》卷三十三。佚。

佚名《孟子直讲》《（景定）建康志》卷三十三。佚。

（五）四书总义

喻樗《四书性理窟》《经义考》注曰佚。

司马光等《六家中庸大学解义》一卷《经义考》注曰未见。

曾日文《四书解》一卷存，有《罗卷汇编》本。

黄裳《论语孟子义》一卷存，载《演山集》卷四十。

罗从彦《论孟师说》陈渊《豫章文集》卷十六《论孟师说跋》。佚。

蔡元鼎《中庸大学解》《经义考》注曰佚。

　　《四书讲义》《经义考》注曰佚。

汪天任《论孟新意》十卷《（康熙）江西通志》卷八十七。佚。

程遂《论孟解》十卷《新安文献志·程克俊传》。佚。

李郁《论孟遗稿》《续文献通考·经籍考一》。佚。

李如篪《论孟说》存，载《东园丛说》卷中。

王时敏《四书说》十卷《经义考》注曰佚。

朱熹《论孟精义》三十四卷《纲领》一卷存，有《四库全书》本。

　　《四书语类》五十一卷存，载《朱子语类》卷十四至六十四。

　　《四书章句集注》二十六卷存，有民国十五年寿春孙氏小墨妙亭翻刻清内府
　　覆刻宋淳祐本（藏国家图书馆）、一九五七年中华书局排印本。

　　《四书或问》三十六卷存，有明正德十二年闵开刻本（藏上海辞书出版社）、
　　《四库全书》本（作三十九卷）。

　　《玉山讲义》一篇存，载《晦庵集》卷七十四。

谭惟寅《四书本旨》《（雍正）广东通志》卷四十四。佚。

魏天祐《四书说》《经义考》注曰佚。

江默《四书训诂》六卷《经义考》注曰未见。

王遇《四书解义》《经义考》注曰佚。

张津《四书疑义》《经义考》注曰佚。

陈亮《语孟发题》二篇存，载《陈亮集》卷十。

童伯羽《四书集成》《詹元善先生遗集》卷下《童伯羽四书集成序》。佚。《经义
　　考》题作《四书训解》，注曰未见。

刘熵《四书集成》《经义考》注曰佚。

刘炳《四书问目》《经义考》注曰佚。

胡泳《四书衍说》《经义考》注曰佚。

程永奇《四书疑义》《经义考》注曰佚。

陈舜申《四书集解》《万姓统谱》卷十八。佚。《经义考》误题作陈舜中。

陈孔硕《中庸大学讲义》《经义考》注曰未见。

黄干《四书纪闻》《经义考》注曰未见。

李子宽《论孟解》孙应时《烛湖集》卷十八《邑人李子宽公绰以所著〈十说〉及
　　　〈论孟解〉相示，极有可敬，而老且贫，只一子又丧之，遂为无告之民。复以
　　　诗见投，览之悽然，赠以八句》。佚。

蔡渊《中庸大学思问》《经义考》注曰未见。
　　　《论孟思问》《闽中理学渊源考》卷二十五。佚。

陈淳《中庸大学讲义》一卷《经义考》注曰佚。《北溪大全集》卷十六载《大学发
　　　题》《中庸发题》各一篇。
　　　<u>《四书字义》二卷</u>附录一卷存，有清光绪二十七年湖南求贤讲舍刻巾箱本，
　　　藏湖北图书馆。

潘柄《四书讲义》《经义考》注曰未见。

黄士毅《四书讲义》《经义考》注曰未见。

杨泰之《论语孟子类》七卷《经义考》注曰佚。

孙绘《拙斋论孟说》《经义考》注曰佚。

李兴宗《论孟俗解》《续文献通考·经籍考一》。佚。

叶味道《四书说》《经义考》注曰未见。

傅子云《中庸大学解》《经义考》注曰未见。

柴元祐《中庸大学说》《经义考》注曰佚。

李起渭《中庸大学要语》《经义考》注曰佚。

谢兴甫《中庸大学讲义》三卷《宋史·艺文志》。佚。

<u>钱时《融堂四书管见》十三卷</u>存，有明抄本（藏国家图书馆）、《四库全书》本。
　　　"四书"指《论语》《孝经》《中庸》《大学》。

<u>真德秀《四书集编》二十六卷</u>存，有《通志堂经解》本、《四库全书》本。

魏文翁《中庸大学讲义》二卷《经义考》注曰佚。

韦御带《论孟集语》方岳《秋崖集》卷三十八《韦御带论孟集语》。佚。

卢孝孙《四书集义》一百卷《经义考》注曰佚。欧阳守道《巽斋文集》卷二载

《四书集义序》一篇。

《四书集略》四十二卷《经义考》注曰未见。

王遂《读大学中庸记》《京口耆旧传》卷七。佚。

黄裔昌《四书讲义》《续文献通考·经籍考一》。佚。

黄必昌《中庸大学讲稿》《经义考》注曰佚。

陈已《四书讲义》《（景定）建康志》卷四十九。佚。

田畴《四书说约》《经义考》注曰佚。

蔡模《四书集疏》《经义考》注曰未见。

葛绍体《四书述》《经义考》注曰佚。

刘伯谌《四书说》《经义考》注曰佚。

熊庆胄《庸学绪言》一卷《经义考》注曰佚。

冯去疾《四书定本》《经义考》注曰佚。

陈应隆（一作陈应龙）《四书辑语》四十卷《经义考》注曰未见。

陈沂《大学中庸说》《（雍正）福建通志》卷六十八。佚。

石赓《四书疑义》《经义考》注曰佚。

吴观《四书疑义》《经义考》注曰佚。

牟少真《中庸大学发蒙俗解》《经义考》注曰佚。

饶鲁《中庸大学纂述》二卷《经义考》注曰未见。《饶双峰讲义》载《中庸序》
　　一篇。

《庸学十一图》一卷《经义考》注曰未见。

黄绩《四书遗说》《经义考》注曰佚。

沈贵珤《四书要义》七篇《经义考》题作沈贵瑶，注曰未见。据董真卿《周易会
　　通·姓氏》、《新安文献志》卷七十洪焱祖《程山长若庸传》，当作沈贵珤。
　　《宋元学案》卷八十九有传。

倪公晦《学庸约说》《经义考》注曰佚。

王柏《标注四书》《经义考》注曰佚。

谢升贤《四书解》《经义考》注曰佚。

王梦松《中庸大学解》五卷《湖州府志·艺文》。佚。

诸葛泰《四书解》《经义考》注曰佚。

章允崇《四书管见》《经义考》注曰佚。

戴侗《四书家说》《经义考》注曰佚。

张梦锡《论孟讲义》宋慈抱《两浙著述考》引张骥孙《圹志》。佚。

陈元大《四书讲义》《经义考》注曰佚。

戴景魏《中庸大学要义》《经义考》注曰佚。

程准《中庸大学理粹》白珽《湛渊静语》卷一。佚。

赵顺孙《四书纂疏》二十六卷存，有元刻元印本（藏日本静嘉堂文库）、《通志堂
　　　经解》本、《四库全书》本。

刘黻《中庸大学说》二篇《经义考》注曰存，载《蒙川集》。未见。

吕大圭《论语孟子集解》《闽中理学渊源考》卷四十。佚。

方逢辰《中庸大学释传》三卷《经义考》注曰未见。

严肃《四书言仁录》吴澄《吴文正集》卷十六《四书言仁录序》。佚。

丘渐《四书衍义》《经义考》注曰佚。

祝洙《四书集注附录》《经义考》注曰未见。

胡仲云《四书管窥》《经义考》注曰未见。

吴真子《四书集成》存，有元刻本，存三十卷，藏国家图书馆。

周焱《四书衍义》《经义考》注曰佚。

曾子良《四书解》《经义考》注曰佚。

胡升《四书增释》《经义考》注曰未见。

王幼孙《中庸大学章句》二卷《经义考》注曰佚。

谢枋得《四书解》李奎《叠山集》卷五《褒崇忠节奏疏》。佚。

方燧《学庸集说》《（雍正）浙江通志》卷二百四十二引《（万历）温州府志》。佚。

何梦桂《中庸大学说》二篇《经义考》注曰存，载集中。未见。

何逢原《四书解说》《经义考》注曰佚。

陈焕《四书补注》《经义考》注曰佚。

缪主一《四书说》《温州经籍志》卷六引《（乾隆）温州府志》卷二十七。佚。

黄仲元《四书讲稿》《经义考》注曰未见。今存《四如讲稿》（或作《六经四书讲
　　　稿》），有《四库全书》本，卷一、二讲《论语》《孟子》，卷三讲《大学》
　　　《中庸》，当即指此。

吴梅《四书发挥》《经义考》注曰佚。

龚霆松《四书朱陆会同注释》二十九卷《会要》一卷《经义考》注曰或作张霆
　　　松，未见。据明张宇初《岘泉集》卷三《故绍庵龚先生墓志》，当作龚霆松。

张翌《四书归极》一册明《文渊阁书目》卷一。佚。

卫富益《四书考证》《经义考》注曰佚。

郑朴翁《四书指要》二十卷《经义考》注曰未见，云"《一斋书目》有"。

冯华《四书直解》《经义考》注曰未见。

董鼎《四书疏义》《经义考》注曰佚。

郑仪孙《中庸大学章句》一卷《经义考》注曰佚。

陈普《四书句解钤键》《经义考》注曰佚。

<u>《四书讲义》</u>二卷《经义考》注曰存，并加按语云："石堂《四书讲义》附载《石堂集》，《大学》十篇，《中庸》二篇，《论语》十篇，《孟子》四篇。"《石堂先生遗集》卷一有《大学》《中庸》各一篇，卷十三有《大学要略序》一篇。

《学庸旨要》《闽中理学渊源考》卷三十三。佚。

丘葵《四书目讲》《宋元学案》卷六十八《北溪学案》。佚。

胡一桂《四书提纲》《经义考》注曰佚。

郭陞《四书述》《经义考》注曰佚。

江恺《四书讲义》《经义考》注曰佚。

<u>熊禾《四书章句集注标题》</u>三十卷缺，有元刻本，存二十二卷，藏国家图书馆。

梁志道《四书通纪》《经义考》注曰佚。

<u>赵悳</u>《四书笺义纂要》十二卷《补遗》一卷《续遗》一卷存，有《续修四库全书》影印清道光二十四年钱氏刻《守山阁丛书》本。

张庆之《四书讲义》《（乾隆）江南通志》卷一百九十。佚。

彭长庚《四书辨疑》刘岳申《申斋集》卷九《彭齐全叔墓志铭》。佚。

鲁川胡氏《中庸大学说要》《经义考》注曰佚。

徐氏《大学中庸说》吴澄《吴文正集》卷六十三《跋徐侍郎文集后》。佚。

佚名《四先生中庸大学解》《遂初堂书目》。佚。

九、五经总义类

孔维等校勘《五经正义》一百八十卷《经义考》注曰佚。

<u>孔维等撰</u>，民国缪荃孙录《宋校勘五经正义奏请雕版表》一卷存，载《艺风堂读书志》。

胡旦《演圣通论》六十卷据《直斋书录解题》，包括《易》十七，《书》七，《诗》十，《礼记》十六，《春秋》十，其第一卷为目录。《经义考》注曰佚。

蒋至《经解》《经义考》注曰佚。

黄敏求《九经余义》一百卷《经义考》注曰佚。

孙奭《经典徽言》五十卷《经义考》注曰佚。

赵恒（宋真宗）《十一经诗》二十七章《经义考》注曰佚。

胡顺之《经典质疑》六卷《经义考》注曰佚。

卢士宗《五经精义》《经义考》注曰佚。

贾昌朝《群经音辨》七卷存，有《泽存堂五种》本、《四库全书》本。

章崇业《五经释题杂问》一卷《经义考》注曰佚。

杨安国等《五经精义》二百二十卷《经义考》注曰佚。

齐唐《五经要旨》五十卷《经义考》注曰佚。

苏洵《六经论》存，含《易论》《礼论》《乐论》《诗论》《书论》《春秋论》各一
　　篇，载《苏老泉先生全集》卷六。

刘彝《七经中义》一百七十卷《经义考》注曰佚。

刘敞《七经小传》五卷存，有《通志堂经解》本、《四库全书》本，均作三卷。
　　《公是遗书》三十七卷存，有清乾隆十六年水西刘氏刻本，藏上海图书馆。

张载《经学理窟》五卷存，载《张子全书》卷四至八。

王安石《三经新义》存辑本，程元敏辑有《三经新义稽考汇评》，台湾"国立"编
　　译馆一九八六年版。

吴师孟《经义》存《章子有一于是乎》一篇，载《经义模范》。

唐淹《五经彻旨》三十卷《（光绪）丹棱县志》卷七。佚。

杨绘《群经索蕴》三十三卷《经义考》注曰佚。

程颐《河南经说》七卷存，有《四库全书》本，题作《程氏经说》。《二程全书》
　　本题作《河南程氏经说》，凡八卷。

苏轼、苏辙撰，明焦竑辑《两苏经解》六十四卷存，有明万历二十五年金陵毕
　　氏刻本，藏国家图书馆。

王庠《经说》一篇《经义考》注曰缺。未见。

黄裳《六经之失》一篇存，载《演山集》卷四十五。

杨时《三经义辨》十卷《经义考》注曰未见。

周行己《经解》一卷存，载《浮沚集》卷二。

刘安节《经义》十七篇存，载《刘左史集》卷二、卷三。

刘安上《经义》八篇存，载《给事集》卷五。

胡野《诸经讲义》《经义考》注曰佚。

黄彦远《五经指南》《经义考》注曰佚。

张邦彦《经解》《经义考》注曰佚。

邹首《六经解》《经义考》注曰佚。

陈光《六经讲解》《经义考》注曰佚。

张布《六经讲解》《经义考》注曰佚。

程俱《汉儒授经图》《经义考》注曰佚。

王廷珪《六经讲义》十卷《经义考》注曰佚。

张纲《六经辨疑》五卷《经义考》注曰佚。

《六经确论》十卷《经义考》注曰佚。

罗无竞《经解》《经义考》注曰佚。

潘殖《忘筌书》十卷存，有《浦城遗书》本。

吴沆《群经正论》四卷《经义考》注曰佚。

程迨《五经解题》二十卷《新安文献志·程克俊传》。佚。

王居正《三经辨学》三十八卷《经义考》注曰佚。

张九成《无垢乡党少仪咸有一德论语孟子拾遗》一卷《直斋书录解题》卷
　　三。佚。

张文伯《九经疑难》十卷缺，有《宛委别藏》本，存卷一至四。

姚孝宁《经义》存《反复其道七日来复》《圣人亨以享上帝》《利用宾于王》三篇，
　　载《经义模范》。

胡铨《胡忠简公经解》三十六卷附六卷存，有清乾隆五十二年余杭官署刻本，藏
　　南京图书馆。

晁公武《石经考异》《玉海·艺文部》。佚。

周燔《六经音义》十三卷《宋史·艺文志》。佚。

李盛《六经释文》二卷《宋史·艺文志》。佚。

张虙《石经注文考异》四十卷《宋史·艺文志》。佚。

宋藻《群经滞穗》一百篇《经义考》注曰佚。

梁南一《六经辨疑》《经义考》注曰佚。

徐存《六经讲义》《经义考》注曰佚。

王之望《六艺折中于夫子论》一篇存，载《汉滨集》卷十四。

王日休《六经训解》周必大《文忠集》卷一百八十六《王日休赞》。佚。

任文荐　《六经章句》《经义考》注曰佚。

李焘　《五经传授图》一卷《经义考》注曰佚。

杨汝南　《经说》三卷《经义考》注曰未见。

洪适　《经子法语》《经义考》注曰未见。

喻良能　《诸经讲义》《经义考》注曰佚。

李石　《方舟经说》六卷存，有《涉闻梓旧》本。

黄开　《六经指南》《经义考》注曰佚。

杨甲撰，毛邦翰补　《六经图》六卷存，有明万历四十三年吴继仕熙春楼刻本（藏
　　　　山西大学图书馆）、《四库全书》本。

叶仲堪　《六经图》七卷《经义考》注曰佚。

郑伯熊　《六经口义拾遗》《经义考》注曰佚。

张震　《五经论》存，载《十先生奥论·前集》卷一。

杨万里　《六经论》一卷存，载《诚斋集》卷八十五。

项安世《项氏家说》十卷《附录》四卷《经义考》注曰未见。四库馆臣从《永乐
　　　　大典》辑出，编次为《项氏家说》十卷《附录》二卷，卷一、二为《易说》，
　　　　卷三为《书说》，卷四为《诗说》，卷五为《周礼》，卷六为《礼记》，卷七为
　　　　《论语》《孟子》，是为《说经篇》凡七篇。八、九、十三卷，依次为《说事
　　　　篇》《说政篇》《说学篇》。附录二卷为《孝经说》《中庸臆说》。

朱熹　《书临漳所刊四经后》四篇存，载《晦庵集》卷八十二。

朱熹撰，清程川编　《朱子五经语类》八十卷存，有《四库全书》本。

毛居正　《六经正误》六卷存，有《四库全书》本。

俞亨宗　《群经感发》十卷《经义考》注曰佚。

唐仲友《说斋六经解》一百五十卷《经义考》注曰未见。

　　　　《九经发题》一卷存，有《金华唐氏遗书》本。

　　　　《帝王经世图谱》十六卷附录一卷存，有《金华丛书》本。

吕祖谦　《丽泽论说集录》十卷存，有《四库全书》本。

陈傅良　《五经论》一卷存，载《十先生奥论后集》卷四。

陆九渊　《经义》二十四篇存，载《象山外集》卷一、卷四。

王炎　《诸经考疑》《经义考》注曰佚。

李舜臣　《群经义》七卷〔一作八卷）《经义考》注曰佚。

游桂　《畏斋经学》十二卷《经义考》注曰佚。

彭龟年《训蒙经解》《经义考》注曰佚。今《止斋集》卷八载《易》之《需》卦解，《诗》之《中谷有蓷》《狡童》《鸡鸣》诸解及《孟子好辩章讲义》等篇；《永乐大典》卷三千五百零七至三千五百零八载《易》之《坤》卦解，卷一万一千九百零三载《诗》之《河广》解。

刘光祖《山堂疑问》一卷《经义考》注曰佚。

曾丰《六经论》一卷存，载《缘督集》卷十四。

陈亮《六经发题》一卷存，载《陈亮集》卷十。

吴猎《经解》《经义考》注曰佚。

孙奕《九经直音》十五卷存，有元刻本，藏国家图书馆。《四库全书》本题作《明本排字九经直音》，不署撰人名氏，凡二卷。

毛璞《六经解》《经义考》注曰佚。

华镗《六经解》《经义考》注曰佚。

张贵谟《泮林讲义》三卷《经义考》注曰佚。

俞言《六经图说》十二卷《经义考》注曰佚。

周士贵《经括》一卷《经义考》注曰佚。

叶适《习学记言·经》十四卷存，有《四库全书》本。

《五经论》一卷存，载《水心别集》卷五。

《进卷》一卷存，含《皇极》《大学》《中庸》论三篇，载《水心别集》卷七。

詹初《日录》二篇存，载《宋国录流塘詹先生集》卷二。

黄干《六经讲义》一卷《经义考》注曰未见。今《勉斋集》卷二十四载《临川郡学讲义》《隆兴府东湖书院讲义》《新淦县学讲义》《竹林精舍祠堂讲义》《安庆郡学讲义》《南康白鹿书院讲义》，卷二十五载《汉阳军学讲义》。

任洙《六祖经要》四卷《郡斋读书志》卷四。佚。

任希夷《经解》十卷《经义考》注曰佚。

傅芷《群经讲义》《经义考》注曰佚。

戴厚《经解》三十卷《经义考》注曰佚。

危稹《诸经讲义集解》《经义考》注曰佚。

徐大受《经解》《经义考》注曰佚。

辅广《五经注释》《经义考》注曰佚。

李大同《群经讲义》十五卷《经义考》注曰佚。

车似庆《五经论》《经义考》注曰佚。存，有《续台州丛书》本，凡一卷。

章如愚《群书考索经说》三十二卷存，载《群书考索·六经门》《群书考索·经籍
　　门》等。

陈埴《木钟集》十一卷存，有《四库全书》本。

吴梅卿《经说》《经义考》注曰佚。

王士奇《诸经释疑》《经义考》注曰佚。

许奕《九经直音》九卷《经义考》注曰未见。存，有元刻细黑口本（藏国家图书
　　馆）、清同治九年刘履芬抄本，均作十五卷。

　　《九经正讹》一卷《经义考》注曰佚。

　　《诸经正典》十卷《经义考》注曰佚。

林观过《经说》一卷《经义考》注曰佚。

黄彬《经语协韵》二十卷《经义考》注曰佚。

钱承志《九经简要》十卷《经义考》注曰佚。

张伯文《九经疑难》十卷《经义考》注曰未见。今缺，存卷一至四，有明末祁氏澹
　　生堂蓝格抄本（藏国家图书馆）、《宛委别藏》本。

高定子《经说》五卷《经义考》注曰佚。

真德秀《西山读书记》四十卷存，有《四库全书》本。

魏了翁《九经要义》二百六十三卷《经义考》注曰缺。存《五经要义》一百三十
　　四卷，有清光绪间江苏书局刻本，藏上海图书馆。

李彦华《经传辨疑》三十六卷《经义考》注曰佚。

吴之巽《诸经讲义》五卷《经义考》注曰佚。

史尧辅《诸经讲义》五十卷《经义考》注曰佚。

戴栩《五经说》《经义考》注曰佚。

王遂《诸经讲义》《京口耆旧传》卷七。佚。

岳珂《刊正九经三传沿革例》一卷存，有《四库全书》本。张政烺以为此书乃元
　　初人岳浚采录廖莹中《九经总例》而撰成，详参《古籍整理情况简报》第二八
　　二期。

刘元刚《三经演义》十一卷《经义考》注曰佚。

饶鲁《五经讲义》《经义考》注曰未见。存，有清乾隆五十六年石洞书院刻本（藏
　　上海图书馆）、清乾隆五十六年刻道光二十九年饶士坤等重修本（藏北京大学图
　　书馆），均题作《饶双峰讲义》，凡十六卷。

王奕《六经说》《经义考》注曰佚。

杨伯嵒《九经补韵》一卷存，有《百川学海》本、《四库全书》本。

黄补《九经解》《经义考》注曰佚。

沈贵瑶《经说》《宋元学案》卷八十九《介轩学案》。佚。

李伯玉《斛峰经义》《经义考》注曰佚。

贾铸《考信录》三十卷《经义考》注曰未见。

黄震《日抄经说》三十一卷存，载《黄氏日抄》卷一至三十一。

姚勉《讲义》二卷存，载《雪坡集》卷八、九。

黄大昌《晦庵经说》三十卷《经义考》注曰未见。

夏良规《五经解》《经义考》注曰佚。

林洪范《五经义方》十卷《经义考》注曰佚。

马廷鸾《六经集传》《经义考》注曰佚。

王应麟《六经天文编》二卷存，有《四库全书》本。

　　　　《玉海·艺文·易、书、诗等》九卷存，载《玉海》卷三十五至四十三。

　　　　《困学纪闻·易、书、诗等》八卷存，载《困学纪闻》卷一至八。

应翔孙《经传蒙求》《经义考》注曰佚。

胡仲云《六经蠡测》《经义考》注曰佚。

王义端《经疑》十五篇《经义考》注曰佚。

陆正《七经补注》《经义考》注曰佚。

张惟政《编次四经》《宋史艺文志补》。含朱熹《孝经刊误》《家礼》及真德秀《心经》《政经》。佚。

谢枋得《五经类纂珍抄》四卷存，有清抄本，茅坤纂注，藏国家图书馆。

　　　　《檀孟批点》二卷（明杨慎附注）存，有《三代遗书》本。

牟巘《六经音考》《经义考》注曰佚。

王所《五经类编》二十五卷《经义考》注曰佚。

俞浙《六经审问》十卷《经义考》注曰佚。本题作余浙，误。《经义考》另著录俞氏《孝经审问》。

赵元辅《六经图》五卷《经义考》注曰未见。

黄浚《五经通略》二卷《经义考》注曰未见。

颜宗道《经说》一卷《经义考》注曰未见。

曹泾《五经讲义》四卷《经义考》注曰未见。

郑君老《五经解疑》《经义考》注曰佚。

张卿弼《六经精义》一百卷《经义考》注曰佚。

赵孟至《九经音释》九卷《经义考》注曰未见。

赵憙《五经辨疑》《经义考》注曰未见。

叶梦鱻《经史子要》《经义考》注曰未见。《万姓统谱》卷一百二十四题作《经史旨要》。

张沂《辨经正义》七卷《经义考》注曰佚。

俞酉发《经传补遗》三十卷《经义考》注曰佚。

梅宽夫《裕堂先生诸经讲义》一卷解《周易》《诗经》《论语》《孟子》《大学》《中庸》诸义。《经义考》注曰未见。

黄仲元《经史辨疑》《经义考》注曰未见。

　　《四如讲稿》六卷存，有明嘉靖二十七年黄文炳刻本（题作《黄四如先生六经四书讲稿》，藏北京大学图书馆）、《四库全书》本。

俞琰《经传考注》《经义考》注曰未见。

陈普《六经讲义》《经义考》注曰佚。

戴表元《讲义》二卷存，载《剡源集》卷二十五、二十六。

熊朋来《五经说》七卷存，有《通志堂经解》本、《四库全书》本。

凌尧辅《大学中庸孝经诸书集解音释》《经义考》注曰佚。

周明辨《五经手判》六卷《经义考》注曰佚。

熊禾《五经全文训解》三十二卷存，有明崇祯间熊友兮白炤山房刻本，藏美国哈佛燕京图书馆。

张孝祥《经义》存《作归禾作嘉禾》《我见舅氏如母存焉》《我心之忧日月逾迈》《归马于华山之阳放牛于桃林之野》《俾以形旁求于天下》五篇，载《经义模范》。作者生平、年代无考，与别号于湖居士的南宋词人张孝祥非一人。

佚名《授经图》三卷《经义考》注曰佚。

佚名《兼讲书》五卷《经义考》注曰佚。

佚名《九经要略》一卷《经义考》注曰佚。

佚名《六经疑难》十四卷《经义考》注曰佚。

佚名《九经经旨策义》九卷《经义考》注曰佚。

佚名《六经奥论》六卷存，有《通志堂经解》本、《四库全书》本。旧题郑樵撰，朱彝尊以为非，四库馆臣考订为宋末人所作。

佚名《莆阳二郑先生六经雅言图辨》八卷存，有清吴骞跋语过录明抄本，藏台湾"国立中央图书馆"。

参考文献

一、基本典籍类

班固：《汉书》，中华书局 1962 年版。

晁公武撰，孙猛校证：《郡斋读书志校证》，上海古籍出版社 1990 年版。

陈邦瞻：《宋史纪事本末》，中华书局 1977 年版。

陈乐素：《宋史艺文志考证》，广东人民出版社 2002 年版。

陈振孙撰，徐小蛮、顾美华点校：《直斋书录解题》，上海古籍出版社 1987 年版。

程颐：《程氏经说》，《四库全书》本。

程颢、程颐撰，王孝鱼点校：《二程集》，中华书局 1981 年版。

董真卿：《周易会通》，《四库全书》本。

杜佑撰，王文锦等点校：《通典》，中华书局 1988 年版。

范仲淹撰，李勇先、王蓉贵校点：《范仲淹全集》，四川大学出版社 2002 年版。

韩愈、李翱：《论语笔解》，《四库全书》本。

韩愈撰，钱仲联、马茂元校点：《韩愈全集》，上海古籍出版社 1997 年版。

洪迈：《容斋随笔》，上海古籍出版社 1978 年版。

胡广等：《四书大全》，《续修四库全书》本。

胡瑗：《周易口义》，《四库全书》本。

黄震：《黄氏日抄》，《四库全书》本。

黄宗羲原著，全祖望补修，陈金生、梁运华点校：《宋元学案》，中华书局 1986 年版。

江少虞：《宋朝事实类苑》，上海古籍出版社 1980 年版。

李翱：《李文公集》，《四库全书》本。

李樗、黄櫄：《毛诗集解》，《四库全书》本。

李觏：《李觏集》，王国轩校点，中华书局 1981 年版。

李焘:《续资治通鉴长编》,中华书局 1979—1995 年版。

李攸:《宋朝事实》,《四库全书》本。

刘攽:《彭城集》,《丛书集成初编》本。

刘敞:《七经小传》,《四库全书》本。

刘敞:《公是弟子记》,《四库全书》本。

柳开:《河东先生集》,《四部丛刊》本。

刘琳、沈治宏编著:《现存宋人著述总录》,巴蜀书社 1995 年版。

刘昫等:《旧唐书》,中华书局 1975 年版。

刘毓庆:《历代诗经著述考(先秦—元代)》,中华书局 2005 年版。

刘知几撰,浦起龙释:《史通通释》,上海古籍出版社 1978 年版。

柳宗元撰,曹明纲标点:《柳宗元全集》,上海古籍出版社 1997 年版。

吕中:《宋大事记讲义》,《四库全书》本。

吕祖谦:《历代制度详说》,《四库全书》本。

吕祖谦编,齐治平点校:《宋文鉴》,中华书局 1992 年版。

陆淳:《春秋集传纂例》,《四库全书》本。

马端临:《文献通考·经籍考》,华东师范大学出版社 1985 年版。

马端临撰,上海师范大学古籍研究所、华东师范大学古籍研究所点校,《文献通考》,中华书局 2011 年版。

欧阳修:《诗本义》,《四库全书》本。

欧阳修:《欧阳修全集》,中国书店 1986 年版。

欧阳修、宋祁:《新唐书》,中华书局 1975 年版。

石介:《徂徕集》,《四库全书》本。

《十三经注疏》整理委员会整理,李学勤主编:《十三经注疏》(标点本),北京大学出版社 1999 年版。

契嵩:《镡津集》,《四库全书》本。

屈守元、常思春主编:《韩愈全集校注》,四川大学出版社 1996 年版。

邵博撰,刘德权、李剑雄点校:《邵氏闻见后录》,中华书局 1983 年版。

邵伯温撰,李剑雄、刘德权点校:《邵氏闻见录》,中华书局 1983 年版。

司马光:《易说》,《四库全书》本。

司马光:《书仪》,《四库全书》本。

司马光:《古文孝经指解》,《四库全书》本。

司马光：《资治通鉴》，中华书局 1978 年版。

司马光：《潜虚》，《四库全书》本。

司马光：《涑水纪闻》，上海书店 1990 年版。

司马光：《温国文正公文集》，《四部丛刊》本。

司马迁：《史记》，中华书局 1959 年版。

僧肇撰，张春波校释：《肇论校释》，中华书局 2010 年版。

苏轼：《东坡易传》，《四库全书》本。

苏轼：《东坡书传》，《四库全书》本。

苏轼：《东坡志林》，《四库全书》本。

苏轼：《苏东坡全集》，北京燕山出版社 2009 年版。

苏颂撰，王同策等点校：《苏魏公文集》，中华书局 1988 年版。

苏辙撰，俞宗宪点校：《龙川略志·别志》，中华书局 1982 年版。

苏辙撰，曾枣庄、马德富校点：《栾城集》，上海古籍出版社 1987 年版。

孙复：《春秋尊王发微》，《四库全书》本。

孙复：《孙明复小集》，《四库全书》本。

孙奭：《孟子音义》，《四库全书》本。

陶宗仪编：《说郛》，中国书店 1986 年版。

脱脱等：《宋史》，中华书局 1977 年版。

王安石：《周官新义》，《四库全书》本。

王安石：《临川先生文集》，中华书局 1959 年版。

王安石撰，邱汉生辑校：《诗义钩沉》，中华书局 1982 年版。

王溥：《唐会要》，中华书局 1955 年版。

王先谦：《庄子集解》，上海书店 1986 年影印世界书局《诸子集成》本。

王先谦：《荀子集解》，上海书店 1986 年影印世界书局《诸子集成》本。

王尧臣等编次，钱东垣等辑释：《崇文总目》，《丛书集成初编》本。

王应麟：《汉艺文志考证》，《四库全书》本。

王应麟：《玉海》，《四库全书》本。

王应麟撰，翁元圻等注，栾保群、田松青、吕宗力校点：《困学纪闻》，上海古籍出版社 2008 年版。

王梓材、冯云濠编撰，沈芝盈、梁运华点校：《宋元学案补遗》，中华书局 2012 年版。

吴兢：《贞观政要》，《四库全书》本。

许维萍等点校，林庆彰等编审：《点校补正经义考》，台北"中央研究院"中国文哲研究所筹备处 1997 年版。

徐乾学：《资治通鉴后编》，《四库全书》本。

颜之推：《颜氏家训》，上海书店 1986 年影印世界书局《诸子集成》本。

佚名：《宋史全文》，《四库全书》本。

尤袤：《遂初堂书目》，《四库全书》本。

永瑢等：《四库全书总目》，中华书局 1965 年版。

曾枣庄、刘琳主编：《全宋文》，上海辞书出版社 2006 年版。

张载撰，章锡琛点校：《张载集》，中华书局 1978 年版。

赵汝愚编：《宋名臣奏议》，《四库全书》本。

中国古籍总目编纂委员会编：《中国古籍总目·经部》，中华书局 2012 年版。

周敦颐撰，陈克明点校：《周敦颐集》，中华书局 2009 年版。

周密著，张茂鹏点校：《齐东野语》，中华书局 1983 年版。

朱熹：《周易本义》，《四库全书》本。

朱熹：《四书章句集注》，中华书局 1983 年版。

朱熹撰，黎靖德编，王星贤点校：《朱子语类》，中华书局 1986 年版。

朱彝尊：《经义考》，中华书局 1998 年版。

《宋史艺文志·补·附编》，商务印书馆 1957 年版。

二、研究著作类

[美] 包弼德著，刘宁译：《斯文：唐宋思想的转型》，江苏人民出版社 2001 年版。

卞孝萱、张清华、阎琦：《韩愈评传》，南京大学出版社 1998 年版。

陈寅恪：《唐代政治史述论稿》，上海古籍出版社 1997 年版。

陈寅恪：《隋唐制度渊源略论稿》（外二种），河北教育出版社 2002 年版。

陈振：《宋史》，上海人民出版社 2003 年版。

陈植锷：《北宋文化史述论》，中国社会科学出版社 1992 年版。

岑仲勉：《隋唐史》，河北教育出版社 2000 年版。

冯晓庭：《宋初经学发展述论》，台北万卷楼图书有限公司 2001 年版。

顾宏义：《宋代四书文献论考》，上海古籍出版社 2014 年版。

顾永新：《欧阳修学术研究》，人民文学出版社 2003 年版。

侯外庐主编：《中国思想通史》（第四卷），人民出版社 1960 年版。

胡昭曦、刘复生、粟品孝：《宋代蜀学研究》，巴蜀书社 1997 年版。

蒋伯潜、蒋祖怡：《经与经学》，上海书店 1997 年版。

姜广辉主编：《中国经学思想史》（第三卷），中国社会科学出版社 2010 年版。

姜海军：《程颐〈易〉学思想研究》，北京师范大学出版社 2010 年版。

姜鹏：《北宋经筵与宋学的兴起》，上海古籍出版社 2013 年版。

李建军：《宋代〈春秋〉学与宋型文化》，中国社会科学出版社 2008 年版。

李祥俊：《王安石学术思想研究》，北京师范大学出版社 2000 年版。

李泽厚：《中国古代思想史论》，天津社会科学院出版社 2003 年版。

林庆彰主编：《经学研究论著目录》（1912—1987），台北汉学研究中心 1989 年版。

林庆彰主编：《经学研究论著目录》（1912—1987），台北汉学研究中心 1995 年版。

林庆彰主编：《经学研究论著目录》（1988—1992），台北汉学研究中心 2002 年版。

刘成国：《荆公新学研究》，上海古籍出版社 2006 年版。

刘复生：《北宋中期儒学复兴运动》，台北文津出版社 1991 年版。

刘起釪：《尚书学史》，中华书局 1989 年版。

吕思勉：《隋唐五代史》，上海古籍出版社 1984 年版。

马兴祥：《北宋经学与文论》，人民出版社 2011 年版。

马宗霍：《中国经学史》，上海书店 1984 年版。

皮锡瑞：《经学通论》，中华书局 1954 年版。

皮锡瑞撰，周予同注释：《经学历史》，中华书局 1959 年版。

漆侠：《宋学的发展和演变》，河北人民出版社 2002 年版。

钱穆：《中国学术思想史论丛》，台北联经出版事业公司 1998 年版。

沈松勤：《北宋文人与党争》，人民出版社 1998 年版。

沈玉成、刘宁：《春秋左传学史稿》，江苏古籍出版社 1992 年版。

孙昌武：《唐代古文运动通论》，百花文艺出版社 1984 年版。

谭德兴：《宋代诗经学研究》，贵州人民出版社 2005 年版。

汪惠敏：《宋代经学之研究》，台北师大书苑有限公司 1989 年版。

王仲荦：《隋唐五代史》，上海人民出版社 1988 年版。

吴国武：《经术与性理——北宋儒学转型考论》，学苑出版社 2009 年版。

吴国武：《两宋经学学术编年》，凤凰出版社 2015 年版。

吴雁南，秦学顾，李禹阶：《中国经学史》，福建人民出版社 2001 年版。

萧永明：《北宋新学与理学》，陕西人民出版社 2001 年版。

许凌云：《中国儒学史》（隋唐卷），广东教育出版社 1998 年版。

杨天保：《金陵王学研究》，上海人民出版社 2008 年版。

杨新勋：《宋代疑经研究》，中华书局 2007 年版。

余敦康：《内圣外王的贯通——北宋易学的现代阐释》，学林出版社 1997 年版。

张立文：《宋明理学研究》，人民出版社 2002 年版。

张清华：《韩学研究》，江苏教育出版社 1998 年版。

章权才：《魏晋南北朝隋唐经学史》，广东人民出版社 1996 年版。

章权才：《宋明经学史》，广东人民出版社 1999 年版。

张跃：《唐代后期儒学》，上海人民出版社 1994 年版。

周予同撰，朱维铮编：《周予同经学史论著选集》，上海人民出版社 1996 年增订版。

朱汉民等：《中国学术史》（宋元卷），江西教育出版社 2001 年版。

后 记

2002 年，我成为扬州大学首批硕博连读的研究生，追随田汉云先生攻读博士学位。田先生是研治经学史的专家，兼擅经学与文学的交叉研究。基于导师专长和自身积累，遂选定"北宋经学与文学关系研究"作为博士论文选题，并展开资料搜集和论文写作。由此，对宋代经学有了初步的了解。毕业后，为持续宋代经学的研究，先后以"宋代经学著述汇考"申报全国高校古委会课题，以"宋代经学史论"申报辽宁省社科基金课题，均获得资助。这为本书的写作提供了有利条件。在研究过程中，陆续写成数篇论文，先后发表于《理论月刊》《国学学刊》《文艺评论》等学术刊物。

纵览宋代经学，著述如林，名家辈出，问题繁杂，别具特色，要想全面深入探讨，实非易事。在考录宋代经学著述的基础上，本书对北宋经学发展脉络作了初步梳理，对北宋经学流派和名家名作择要剖析，对宋代经学"变古"之成因与表现也有一定的揭示。但由于研究材料的广博、研究问题的繁难，又受到学力和时间的限制，不当之处在所难免，祈请学界同好批评指正。

顾炎武《与施愚山书》有云，古之经学"非数十年不能通"。诚哉斯言！然虽不能至，心向往之。

本书的出版，得到了大连市人民政府的资助，特此致谢！同时，还要感谢田汉云、汪俊、顾农、傅刚等师长长期以来的悉心指教，张庆利、王卫平、许德胜、洪飏等学院领导的大力支持，以及爱人李成荣、爱女高碧遥的付出与陪伴！

高明峰
戊戌春记于大连小筑楼

责任编辑：邵永忠

封面设计：黄桂月

责任校对：吕　飞

图书在版编目（CIP）数据

北宋经学史论／高明峰 著．—北京：人民出版社，2018.8（2021.4 重印）

ISBN 978 - 7 - 01 - 019507 - 0

Ⅰ．①北…　Ⅱ．①高…　Ⅲ．①经学—历史—研究—中国—北宋

　Ⅳ．①Z126.274.41

中国版本图书馆 CIP 数据核字（2018）第 144668 号

北宋经学史论

BEISONG JINGXUE SHILUN

高明峰　著

人 民 出 版 社 出版发行

（100706　北京市东城区隆福寺街 99 号）

北京一鑫印务有限责任公司印刷　新华书店经销

2018 年 3 月第 1 版　2021 年 4 月第 3 次印刷

开本：710 毫米×1000 毫米 1/16　印张：23.5

字数：370 千字

ISBN 978 - 7 - 01 - 019507 - 0　定价：68.00 元

邮购地址　100706　北京市东城区隆福寺街 99 号

人民东方图书销售中心　电话（010）65250042　65289539